法学阶梯 INSTITUTIONES | 普通高等教育法学规划教材 普通高等教育"十一五"国家级规划教材

民法总论

General Theory To Civil Law

| 第六版 |

梁慧星 著

法律出版社
—北 京—
始创于1954年

好书,同好老师和好学生分享

图书在版编目(CIP)数据

民法总论 / 梁慧星著. --6版. --北京 : 法律出版社, 2021(2025.7重印)
ISBN 978-7-5197-5947-6

Ⅰ. ①民… Ⅱ. ①梁… Ⅲ. ①民法-中国-教材
Ⅳ. ①D923

中国版本图书馆CIP数据核字(2021)第196037号

民法总论(第六版)
MINFA ZONGLUN (DI-LIU BAN)

梁慧星 著

责任编辑 吴 昉
装帧设计 乔智炜

出版发行 法律出版社
编辑统筹 法律教育出版分社
责任校对 周合芝
责任印制 刘晓伟
经　　销 新华书店

开本 787毫米×1092毫米 1/16
印张 20.75 **字数** 382千
版本 2021年10月第6版
印次 2025年7月第7次印刷
印刷 三河市龙大印装有限公司

地址:北京市丰台区莲花池西里7号(100073)
网址:www.lawpress.com.cn
投稿邮箱:info@lawpress.com.cn
举报盗版邮箱:jbwq@lawpress.com.cn
销售电话:010-83938349
客服电话:010-83938350
咨询电话:010-63939796

书号:ISBN 978-7-5197-5947-6
定价:45.00元

出版说明

法律出版社在其奋进发展的六十年光辉历程中，秉精诚之心，集全社之力，服务于我国法学教育事业，致力于法学教材出版。尤其在改革开放三十余年间，本社以“传播法律信息，推进法制进程，积累法律文化，弘扬法治精神”为宗旨，协同司法部法学教材编辑部，规划并组织出版了国家“八五”“九五”期间的法学规划教材，为我国改革开放之初的法学教育和法治建设做出了开创性贡献；进入21世纪之后，法律出版社又根据教育部的部署和指导，相继规划并组织出版了“十五”、“十一五”和“十二五”法学规划教材，为我国法学教育事业的发展与改革付出了艰辛努力。

承蒙法学教育领域专家作者的信任，以及广大法律院校师生的支持，法律出版社经过三十年的发展与积累，相继出版各类法学教材达四百余种。在学科范围方面，完成以法学核心课程为重心，涉及法学诸学科的“全品种”横向结构；在培养层次方面，健全以本科教育为根本，兼顾职业教育和研究生教育的“多层次”纵向结构，进而打造“法律版”法学教科书体系，以期更好地为法学教育服务，为法治建设贡献绵薄之力。

近年来，法律出版社应因法学教育的发展变化，在教材编写体例及系列安排方面做出相应调整。在教材编写体例方面，结合当前教学实际与培养方案，将系统、全面的理论知识讲授与灵活、丰富的法律实践和能力训练相结合，倡导教材内容差异化，增加教材可读性，以期更好地培养法科学生的思维能力和法学素养。在教材系列安排方面，全力推进新品教材编写与注重既有教材修订相结合，根据教材风格与特色进行适当的套系整合，集中现有的国家级规划教材和在编的规划教材，形成以“普通高等教育法学规划教材”为名的全新教材系列。

本系列教材多为出版多年并广受好评的经典教科书。此次全新推出，既是向长期以来关心支持法学教育出版事业的专家作者的崇高致敬，也是法律出版社为中国当代法学教育事业发展拳拳努力之情的真诚表达。法律出版社将以高度的精品意识和质量标准，不断丰富、完善本系列教材的结构和内容；除教材文本之外，还将配有多层次、多形式的教辅材料，更好地为广大师生服务。

“好书，同好老师和好学生分享”，法律出版社愿与法律共同体诸同仁，分享好书，分享智识，分享法治进程中的点点滴滴！

法律出版社　谨识

2014年10月

作者简介

梁慧星　1944年1月出生，四川眉山青神人。中国社会科学院学部委员、北京理工大学珠海学院民商法律学院名誉院长。1966年，毕业于西南政法学院；1981年，毕业于中国社会科学院研究生院，获民法硕士学位，入中国社会科学院法学研究所从事民法学研究。1983年，任助理研究员；1985年至1988年，担任《法学研究》杂志副主编；1988年，由助理研究员晋升研究员；1990年，获得国家人事部授予的“有突出贡献中青年专家”称号；1992年，享受国务院颁发的政府特殊津贴；1993年，任民法学博士生导师；1988年至1998年，任中国社会科学院法学研究所民法研究室主任；1999年至2013年，任《法学研究》杂志主编；2006年，当选为中国社会科学院学部委员；2001年至2007年，兼任山东大学法学院院长；2012年，任北京仲裁委员会主任。曾任第四届、第五届、第六届国务院学位委员会委员；中国人民政治协商会议第十届全国委员会委员、社会和法制委员会委员；第十一届全国人民代表大会代表（主席团成员）、法律委员会委员。主要著作如下：独著《民法总论》《为了中国民法》《民法解释学》《裁判的方法》《法学学位论文写作方法》《读条文 学民法》《民事解答录》《民法总则讲义》《合同通则讲义》《生活在民法中》；合著《中国物权法研究》《中国物权法草案建议稿附理由》《中国民法典草案建议稿附理由》；主编“民商法论丛”（1994年创设）、“中国民商法专题研究丛书”（100部）、“新时代法学学术文库”。

第六版序言

中华人民共和国成立后，法律界开展对“旧法”观点的批判，此前的法学教材均遭废弃，法学教育曾直接采用苏联教材，并请苏联专家授课。1957 年，中国出版第一部民法学教材，即中央政法干校编著的《中华人民共和国民法基本问题》。此民法教材亦于 1959 年后停止使用。1962 年，笔者考入西南政法学院法律系本科，民法学课程已改称“民事政策学”，使用本校自编的《民事政策学》教材。

国家在经历十年“文化大革命”后实行改革开放。1978 年，恢复法学本科和研究生招生考试。教学采用各院系自编民法教材。1982 年，出版司法部组织和集体编写的《民法学》统编教材。1995 年，司法部教材编辑部组织编写“九五规划教材”，采纳学者建议，分别编写民法总论与各民法分论教材。本书即是笔者当时受委托撰写的民法总论教材。1996 年，其第一版由法律出版社出版；2001 年，根据《合同法》修订再版；2007 年，修订三版；2010 年，根据《物权法》《侵权责任法》修订四版；2017 年，根据《民法总则》修订五版。

第六版根据《民法典》分则各编对全书进行修订，力求内容与《民法典》规定及其立法思想一致，并新增若干内容，对文字进行校订。敬请读者留意。

法律出版社领导和编辑同志为本书出版付出辛劳，谨此致谢！

是为序。

梁慧星

2021 年 5 月 30 日

第五版序言

欣逢《中华人民共和国民法总则》颁布施行！

本版主要是根据《民法总则》的规定对全书进行了修订，并用《民法总则》条文替换原《民法通则》条文。请读者留意！

感谢上海财经大学法学院李宇副教授审校全稿并提供建议。

是为序。

梁慧星

2017 年 4 月 14 日

修订四版序言

本书作为普通高等教育规划教材于1996年初版。先后在2001年和2007年两次修订。《侵权责任法》《农民专业合作社法》《电子签名法》《人体器官移植条例》的颁布实施,及最高人民法院新发布有关《合同法》和诉讼时效的司法解释,促成本次修订。修订中参考了《法国民法典》近年新修订的内容,参考了新《荷兰民法典》、《魁北克民法典》、《俄罗斯联邦民法典》等一批较新的民法典及《欧洲民法典草案》(DCFR),参考了《美国第三次代理法重述》。顺便提及,由欧盟各国最优秀的民法学者、法官、律师历时四年共同完成的《欧洲民法典草案》(DCFR),已于2008年年底提交欧盟理事会审议,无论最终能否获得通过及以何种形式通过,均将对当代民法发展产生重大影响。

此次修订,涉及字词勘误、体例调整、新内容增添、陈旧文献删除、新文献添加及某些理论观点的修正和变更,凡二百余处,请予留意。博士生李宇同学预先对全书进行审读并提出修改建议,谨此致谢。

梁慧星

于北京城南半夏书屋

2010年11月7日

修订三版序言

本书初版于1996年,修订再版于2001年。此次修订,涉及章节调整、论据添加、注释增补、字词改错及个别见解变更,凡百余处。华东政法学院民商法研究生李宇同学曾预先校阅全书,所提出修改意见,大部被采纳。谨此表示感谢。

梁慧星

于云南昆明六榕居

2007年6月18日

序　　言

本书是司法部教材编辑部组织编写的“九五”高校法学规划教材民商法教材系列的一种，出版于1996年。当时合同法尚在起草之中，书中涉及合同法的内容时都是引用草案。现在依据合同法有关条文作了修订，并对若干章节作了补充、调整，对错误和不准确之处做了订正，增补了注释。此次修订得到许多朋友的鼓励和帮助。在北京大学做博士后的张谷同志对本书从体例结构、论点论据、文字注释等诸方面提出七十条修订意见，大部被采纳。谨此致谢。

梁慧星

2001年1月26日

目　　录

第一章 导 论

第一节 民 法 概 述

一、民法的概念

(一)民法之语源

近代“民法”一词,是从罗马法之“ius civile”一词沿袭而来。故罗马法之市民法,为今日各国民法之语源。

罗马法有市民法(ius civile)与万民法(ius gentium)之分。前者适用于罗马市民,后者适用于罗马市民以外的人。自公元3世纪后,因对罗马境内所有的住民均赋予市民权的结果,市民法与万民法的对立遂告消失。于是,中世纪以来,“ius civile”一词,遂成为罗马法的总称,其后用于私法之义。民法的法语为“droit civil”,英语为“civil law”,德语为“buergerliches Recht”,荷兰语为“Burgerlyk Regt”。日语之“民法”一词,是庆应四年(1868年),学者津田真道由荷兰语翻译而来。中国民法学者梅仲协在其所著《民法要义》中指出:“民法一语,典籍无所本,清季变法,抄自东瀛,东瀛则复从拿破仑法典之droit civil,译为今称。”[1]

中国历史上之中华法系,并无法律领域之划分,各种社会关系,均由同一法律调整。即学者所谓诸法合一,并无民刑之分。历代统治者虽重视法典编纂,但多为刑法之规定。其中涉及民事关系者,如户、婚、钱债等,亦仅以采用刑罚制裁者为限,实质上仍属刑法规范。而一般民事关系,主要由习惯法调整。其根源在于,在漫长的帝制社会中,因统治者长期推行“重农抑商”的经济政策,自给自足的自然经济始终占据主导地位。商品生产和商品交换被限制在狭小的范围内,市场经济极不发达。且在政治上实行专制主义统治,个人自由、平等、权利、义务等观念无由发生。因此不具备民法产生和发展的基本条件。至清末进行法制改革,聘请日本学者起草民法典草案,始有现代意义的民法。可见,中国民法是继受而来。

---

[1] 梅仲协:《民法要义》,中国政法大学出版社1998年版,第14页。

(二)形式民法与实质民法

民法,有所谓形式民法与实质民法之分。形式民法,指以民法命名的成文法典。实质民法,不仅包括成文的民法典,还包括一切属于民法性质的法律、法规及判例法、习惯法。

(三)普通民法与特别民法

民法,有普通民法与特别民法之分。所谓普通民法,是指民法典。民法典为整个私法之普通法。民法典对于人、地域、事项等不作限定,规范一般民事生活关系,因此属于普通法。在采民商合一主义国家的各民事单行法,以及采民商分立主义国家的商法典,相对于作为普通法的民法典而言,属于特别法。中国采民商合一主义,《民法典》为普通法,而《公司法》《票据法》《海商法》《保险法》《专利法》《商标法》《著作权法》等均属于特别法。法官裁判案件时,遇普通法与特别法均有规定的事项,应当优先适用特别法的规定。

二、习惯民法与成文民法

民法,有习惯民法与成文民法之分。在民法发展沿革上,是先有习惯民法,后有成文民法。恩格斯在《论住宅问题》一书中写道:“在社会发展某个很早的阶段,产生了这样一种需要:把每天重复着的生产、分配和交换产品的行为用一个共同规则概括起来,设法使个人服从生产和交换的一般条件。这个规则首先表现为习惯,后来便成了法律。”〔2〕这段话揭示了民法的产生和发展过程,即先有习惯,然后由习惯发展成为法律。此处所称的法律当然包括习惯法和成文法。

习惯民法的历史无从查考。迄今我们可以在一些文明发展较迟的民族和地区发现它的存在。成文民法的历史至少可以上溯到距今四千多年前。1901 年 12 月一支法国探险队在伊朗古城苏萨发现的《汉穆拉比法典》,是公元前 18 世纪古巴比伦王国第六代国王汉穆拉比(约公元前 1792 年至公元前 1750 年在位)颁布的法律,无疑是世界上完整保存下来的最早的法典。该法典正文共计 282 条,其所规定虽不限于民法,但属于民法的条文有 237 条,占全部条文的 84%。

三、罗马民法

古代法典中对后世影响最大的是罗马法。罗马法已有二千七百多年的历史,最初是一个小型农村公社的习惯法,后来发展成为一个拥有广大领土和多种民族的商业社

〔2〕《马克思恩格斯选集》(第 2 卷),人民出版社 1995 年版,第 538 ~ 539 页。

会的比较完备的法律。公元前450年，罗马共和国元老院迫于民意，设立立法委员会，收集整理当时的习惯法规则，制定为法律条文予以公布，即《十二表法》。《十二表法》的大部分条文（第三表至第八表）属于规定民事关系的法律规范。[3] 随着罗马帝国版图的扩张，社会经济关系日益复杂，调整民事关系的法律规范日积月累，变得非常庞杂繁复。遂产生法律编纂问题。

公元527年，东罗马帝国皇帝优士丁尼继位，第二年设立法典编纂委员会，开始法典编纂工作。委员会首先对罗马帝国现存法律进行整理修订，剔除其中过时的和相互矛盾的内容，编成《优帝法典》；其次对罗马法学者的理论著作进行摘录，编成《学说汇纂》；再次仿照通行的教材，编成法律教科书《优帝法学阶梯》；最后将帝国新颁布的法令汇编为《优帝新律》。上述《优帝法典》、《学说汇纂》、《优帝法学阶梯》和《优帝新律》被赋予同样的法律效力，共同构成完整的罗马法典，世称"民法大全"。

可见，罗马法本身经历过一个漫长的发展过程。罗马法的内容非常庞杂，从现代法学观点来看，包括不同性质的法律规范，甚至实体法与程序法合为一体，没有像现代法一样的部门划分。但罗马法中最主要并对后世产生深远影响的，是规定民事关系的规范即民法。罗马法反映商品生产的要求，对商品生产和商品交换中一切主要的法律关系，如买主与卖主、债权人与债务人，以及所有权、契约、侵权行为等作了明确的规定。现代民法的主要法律概念、原则和制度，在罗马法中都有规定。

四、近代民法与现代民法

（一）近代民法之制定

近代各国制定民法典，均有其特殊政治社会背景。1804年的《法国民法典》，旨在重建法国大革命推翻旧政权后之法律秩序，以贯彻自由、平等、博爱的理想。《奥地利民法典》的制定，是为了推行女皇玛丽娅·特雷莎（Maria Theresia）的政治及行政改革。1896年的《德国民法典》，旨在实践一个民族、一个国家、一个法律的目标。1898年施行的《日本民法典》，则是明治维新的产物，目的在于推行维新变法及废除领事裁判权。

中国制定民法典的目的，亦在于废除领事裁判权。1843年签订的《中英五口通商附粘善后条款》和《中英五口通商章程》，开外国人在华享有领事裁判权之先例。此后法、美、挪、俄、德、荷等17国，均通过不平等条约取得在华领事裁判权。领事裁判权的

[3] 《十二表法》第一表，传唤；第二表，审判；第三表，求偿；第四表，家父权；第五表，继承及监护；第六表，所有权及占有；第七表，房屋及土地；第八表，私犯；第九表，公犯；第十表，宗教法；第十一表，前五表补充；第十二表，后五表补充。

存在,严重损害中国国家主权。因此,自清末以来,中国政府一直致力于废除领事裁判权。1902 年,清朝政府与英、美、日、葡续订商约,四国先后承诺:以“中国法律制度皆臻完善”为放弃领事裁判权的条件。1927 年南京国民政府与比利时、丹麦、西班牙、意大利续订商约,均规定以“1930 年 1 月 1 日前颁布民商法典”为撤销领事裁判权的条件。可见,废除领事裁判权是导致中国继受西方法制、制定民法典的直接动因。[4]

(二)近代民法模式

由欧洲大陆法所确立的民法近代模式,集中表现为:

第一,抽象的人格。即对于一切人,不分国籍、年龄、性别、职业,具有平等的权利能力。当时,在资本主义体制下作为市场交换主体的劳动者、消费者、大企业、中小企业等具体类型,在民法典上,被抽象为“人”这一法人格。[5] 法人的权利能力,被认为与自然人相同,仅法人格的取得,因公益法人、营利法人而有不同。

第二,私的所有。私的所有制,是资本主义社会的根基。其确立,系近代法的辉煌成果。民法典规定的以所有权为中心的物权制度,使私的所有制法律制度化。物权,被视为绝对权和对世权,具有可以对抗一切人的绝对性。

第三,私法自治。私法上的法律关系之创设,纯依私人的自由意思。此私法自治,与自由平等的人格,为近代私法的根本原则。私法自治,是维持市场自由竞争的法原则。作为私法自治原则的下位原则,有契约自由、遗嘱自由、团体设立的自由诸原则,其中,以契约自由原则为最重要。

第四,自己责任。私法自治,系自由平等的法人格者的意思自治。因此,自由之行使致他人遭受损害或不利益的情形,行为人只在有故意、过失时,始承担民事责任。此即所谓自己责任原则。

(三)现代民法模式

所谓民法的现代模式,集中表现为:

第一,具体的人格。基于抽象的法人格,由于对一切人作抽象的对待,在多种法律关系中,造成了经济上的强者,对经济上的弱者的支配,反过来动摇了民法的基础。其结果,导致从抽象的法人格中,分化出若干具体的法人格。其典型的例子,是在劳动法上形成了劳动者的具体人格,由雇用契约的主体成为服从团体法理的劳动法的主体。为了阻止大企业垄断的弊害,反垄断法成为着目于企业的规模、业种的独立的法域。

---

〔4〕 但各国在华领事裁判权一直到抗战末期的 1944 年才被废除。

〔5〕 “法人格”,即现今中国民法所谓“民事主体”。

此外，在消费者保护法及环境保护法上，消费者和公害的受害者，成为独特的法人格类型。[6]

第二，私的所有的社会制约。私的所有制，不仅是近代法的根基，即使在现代法上也未被根本动摇。但是，对土地所有权的公法规制，以及对某些生活物资的统制，使所有权具有社会性。即所谓所有权附有义务。禁止权利滥用的法理之发达，也凸显所有权的社会性。

第三，受规制的竞争。民法的近代模式中，变化最大的莫过于私法自治原则，特别是契约自由原则。自由竞争，为近代社会之活力源泉，但也带来社会的许多弊害。所谓“私法的公法化”，即为了防止和纠正这些弊害而对交易进行公法的规制，造成了契约制度衰退的印象。作为近代民法基本原则的私法自治，已经受有限制，不再是从前的状况。

第四，社会责任。现代社会中，公害事故、交通事故、缺陷产品致损事故等大量受害的发生，使支持个人的自己责任的社会、经济伦理发生动摇。与此相应，代替个人的过失责任，产生了以举证责任转换所加重的过失责任（过失推定）、无过失责任或严格责任，此外还导入了社会保障性质的受害补偿制度。[7]

值得注意的是，民法的现代模式并非完全取代其近代模式，而是构成两者共生的现象。在近代模式与现代模式之间起桥梁作用的是判例和特别法，此外，诚实信用原则等一般条款也起着重要作用。从理论上说明此两种模式的共生现象，是民法解释学上饶有兴味的研究课题。[8]

五、大陆法系民法与英美法系民法

大陆法系因支配整个欧洲大陆各国而得名，因在历史上是由罗马法演变而来，故又称罗马法系。11 世纪至 16 世纪，罗马法法律思想风靡欧洲各国，其中尤以法国、德国受其影响最巨。法国于 16 世纪至 18 世纪制定的有关商事、海事、民事的法律，以及 1804 年颁布的《法国民法典》，无不师承罗马法。德国在 15 世纪末，曾将罗马法作为普通法而予适用，其后各种法典之制定，亦大抵脱胎于罗马法。法、德均为欧洲大国，具有影响力量，其立法与法律思想遂为欧陆各国所仿效，并进而影响亚洲、非洲和拉丁美洲各国，成为一个气势磅礴的大陆法系。大陆法系民法形式上的特征，在于法典化

---

〔6〕 新修正的《德国民法典》正式将消费者与经营者作为两类特殊主体规定于总则的第一章第一节之中（第13、14 条），以贯彻对消费者的特别保护及对经营者的特别规制，突破了民法典只规定抽象人格的传统做法，系现代民法动向的反映。

〔7〕 例如，我国《民法典》侵权责任编第 1216 条规定：“……机动车不明、该机动车未参加强制保险或者抢救费用超过机动车强制保险责任限额，需要支付被侵权人人身伤亡的抢救、丧葬等费用的，由道路交通事故社会救助基金垫付……”

〔8〕 本节近代民法与现代民法部分内容，参见[日]北川善太郎：《民法总则》，有斐阁 1993 年版，第 13～16 页。

即制定有成文的民商法典。

英美法系又称普通法系,是由英国法发展而来,与大陆法系相对称。在11世纪以后,英国逐渐建立巡回审判及陪审制度,审判案件系以盎格鲁—撒克逊民族固有习惯及累积的判例为主要依据。此种不成文的法律称为普通法。英国资产阶级革命后,保留了历史上形成的判例法制度,在此基础上吸收了罗马法的许多术语和法律原则,借助于罗马法发展了旧的制度,使之适应资本主义市场经济的要求。因此,英国民法没有采取法典形式,而是由判例法规则和一些制定法构成契约法、财产法、家庭法和侵权行为法等法律分支,它们在内容上相当于大陆法系的民法。16世纪以后,英国殖民地遍及海外,其法律制度均受英国法的支配。美国于1776年独立以后,其民商法制及司法制度仍因袭英国法,且英国判例迄今仍为美国法院所引用。故美国法实渊源于英国法,进而形成了英美法系。[9] 值得注意的是,20世纪以来,大陆法系和英美法系出现相互渗透和接近的趋势,集中表现为大陆法系国家对判例的重视,和英美法系国家尤其是美国越来越重视编纂法典。[10] 因此,学者指出两大法系有合流的趋势。[11] 此外,加拿大的《魁北克民法典》、美国的《路易斯安那民法典》等,具有"融合两大法系"的特点,值得重视。

六、民法的构造[12]

(一)民法上的法律关系模型

民法所设想的社会关系如下——

有甲、乙二人,各有自己的财产A、B。甲、乙二人相互协商,就交换各自的财产达成合意。另有一人丙,对甲或乙(及其财产)实施了侵害行为。就此,三个当事人间形成需要由民法予以规范的三种不同的关系:第一,甲、乙之间的约束关系;第二,甲、乙与各自的所有物之间的关系;第三,甲、乙与加害者丙之间的关系。

---

〔9〕 但美国法经历了独特的发展历程,在契约法、侵权行为法、商法等领域呈现自己的特色。另在19世纪美国法典编纂运动中,加利福尼亚、蒙大拿、佐治亚、达科他(后分为南达科他与北达科他)等州制定有民法典。关于普通法的法典化,参见Gunther A. Weiss, *The Enchantment of Codification in the Common Law World*, 25 Yale J. Int'l L. 435 (2000); Mark D. Rosen, *What Has Happened to the Common Law? —Recent American Codifications, and Their Impact on Judicial Practice and the Law's Subsequent Development*, Wis. L. Rev. 1119(1994)。

〔10〕 美国《统一商法典》(Uniform Commercial Code)系英美法系影响最大的一部法典,由美国法学会和美国统一州法全国委员会联合起草,已被美国各州所采纳。该法典包括11编,采取总则、分则结构,实现了美国商法在州际交易范围内,关于货物买卖、货物租赁、票据、资金划拨、提单仓单、流通证券、担保交易等各领域法律规则的统一。

〔11〕 参见管欧:《法学绪论》,台北,1982年自版,第32页。

〔12〕 本节从民法所设想的法律关系模型阐明民法的逻辑构造,主要参见[日]内田贵:《民法I:总则·物权总论》,东京大学出版会1994年版,第11~17页。

第一种关系，在民法上称为契约关系。第二种关系，是财产所有关系。第三种关系，又依对所受侵害的救济方法不同而分为两种情形：其一，在财物被侵占的情形，则要求加害人丙返还财物；其二，在财物被毁坏不能返还或人身伤害的情形，则要求以金钱赔偿损害。此即民法所规范的基本的关系。

（二）权利、义务

以上三种关系，民法用权利与义务的概念予以表现。换言之，民法将市民社会的各种社会现象，还原为所谓权利义务的法律概念。上述第一种契约关系中，甲、乙间因契约的成立，甲对乙取得一定的权利。反言之，则乙对甲负有一定的义务。民法关于契约关系发生什么样的权利义务，乙怠于履行义务时甲可以采取什么样的保护手段等，规定了各种规则。此类规则即构成契约法。

第二种关系，即财产所有关系中，甲、乙对各自所有物的关系，被作为对物的权利，称为所有权。民法就所有权的内容形成了详细的规则，同时在所有权受侵害（财物被侵占）的情形，所有人可以采取的救济方法（要求返还财物），也被纳入所有权的效力之中。此即所有权法。

第三种关系，即侵害关系中，在基于所有权的救济（要求返还财物）之外，给予受害人请求金钱赔偿的权利。有关的规则构成侵权行为法。

（三）以契约和所有权为基轴的体系化

基于以上三种典型的法律关系，构成契约法、所有权法和侵权行为法。英美法国家虽然没有民法典，而所谓普通法即是大致按照这种模式对判例法加以整理，形成契约法、财产法、侵权行为法。此外还有家庭法。《法国民法典》的原有结构也与此种模式大致相当，即第一编人，是关于法律关系主体的规定，家庭法也包含在内；第二编财产，即关于对物权的规定；第三编财产取得方法，系以契约法为中心，侵权行为法也包含在内。

（四）以物权和债权为基轴的体系化

与《法国民法典》不同的是《德国民法典》，其作为权利义务的体系化构成更为彻底。《日本民法典》、中华民国时期制定的民法典均系仿照《德国民法典》的结构。

因契约关系所生的权利，具体地讲，是要求契约的相对人遵守其约束的权利；抽象地讲，则是要求特定的相对人为某种行为的权利。例如，甲要求乙为交付财物 B 的行为。这种权利称为债权，而与此对应的相对人的义务，则称为债务。因此，契约被作为发生债权的原因。

按照这样的抽象化的思考方法，在前述第三种关系中，要求损害赔偿的权利，也可以说是要求作为加害人的特定的相对人为支付赔偿金的行为的债权。这样,侵权行为和契约都是债权的发生原因。

与此相对应的是,前述第二种关系的权利,即人对物的权利。为了与债权相区别,被称为物权。[13]

于是民法上作为法律关系模式的三种法律关系,所发生的权利被归结为以下两类:

第一,债权,涵盖了契约即第一种法律关系和侵权行为即第三种法律关系。

第二,物权,即所有权,属于第二种法律关系。

(五)债权法的体系

债权和物权这种分类,还未将法律关系模式所可能发生的事态完全包括。

首先,看债权,现实中存在既非契约,也不构成侵权行为的情形,而可能发生要求特定的相对人为某种行为的权利。例如,一个出租车驾驶人发现一个行人倒在路旁,主动将他送进医院治疗,出租车驾驶人应当有向该人要求支付运费和医药费的权利。这在民法上称为无因管理,也作为债权发生原因之一。

其次,虽然缔结契约,却因某种情事而无效,但一方不知无效,已经交付了标的物,后来请求返还。因契约无效,这一返还请求不能以契约所生债权为根据。这种无合法原因而交付物或金钱,而使相对人获得不当利益的情形,应当发生请求返还的特别债权。民法将这种情形称为不当得利,也作为债权发生原因之一。

据此,债权的发生原因,即有契约、无因管理、不当得利和侵权行为四种。[14] 有关的规定,在民法上称为债权法。图 1-1 即为债权法的体系:

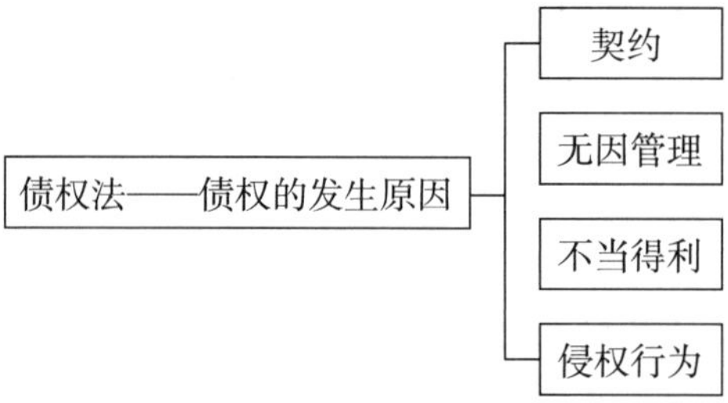

图 1-1 债权法的体系

---

〔13〕 需特别注意的是,民法理论上称债权为“对人的权利”,物权为“对物的权利”,系学术研究上的便利用语,不可因此误认债权为“对人关系”、物权为“对物关系”。无论债权、物权,均属于人与人之关系上的权利。

〔14〕 此为最常见的债权发生原因,此外还有证券之发行、捐助行为等。

（六）物权法的体系

再看物权。作为直接支配特定物的权利，仅有所有权一种，则于实际生活多所不便。所谓所有权，是对物的完全的支配权。例如，土地所有人将所有权内容中的一部分，如用益的权能让予他人，即由该他人支配其使用价值。这种由所有权权能之一部分（用益权能）构成的权利，称为用益物权，如建设用地使用权（地上权）、土地承包经营权（永佃权）、地役权。在所有权的内容中，除用益权能外，还有支配物的交换价值的权能。土地所有人将土地供作债权的担保，即将所有权中支配物的交换价值的权能让予他人，由该他人支配其交换价值。这种支配他人财产的交换价值的权利，称为担保物权，如抵押权、质权。用益物权和担保物权，其内容被限定于所有权权能之一部分，因此称为限制物权。

这样，民法在所有权之外又承认几种物权（另外还有作为事实支配状态的占有），这些规定构成物权法，如图 1－2 所示：

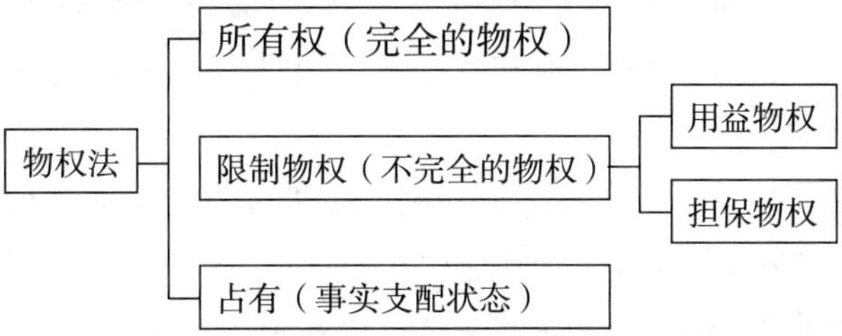

图 1－2　物权法的体系

（七）民法的体系

以上的债权法和物权法，合称财产法（财产关系法）。[15] 而民法除规范财产关系外，还规范身份关系。[16] 设想一个男人和一个女人，由于相互爱慕而恋爱，由恋爱而结婚；一经结婚组成家庭，即发生夫妻关系；进而生育子女，即发生父母子女关系；子女再结婚、再生育子女，即发生各种亲属关系。关于因家庭而发生的各种身份关系及财产关系的法律规则，构成亲属法。此外，因某个家庭成员死亡而发生的财产移转的法律规则，构成继承法。继承法属于以身份关系为基础的财产法。亲属法与继承法，合称身份法（身份关系法）。债权法、物权法、亲属法和继承法，构成整个民法的体系，如图 1－3 所示：

---

〔15〕 值得注意的是，大陆法系的财产法概念与英美法系的财产法概念有重大差异：后者一般指调整（对世性的）财产权的法律，与契约法、侵权行为法、回复原状及不当得利法等并列，大体相当于大陆法系的物权法。

〔16〕 请注意，此所谓“身份关系”，《民法典》总则编称为“人身关系”。其第 2 条规定：“民法调整平等主体的自然人、法人和非法人组织之间的人身关系和财产关系。”

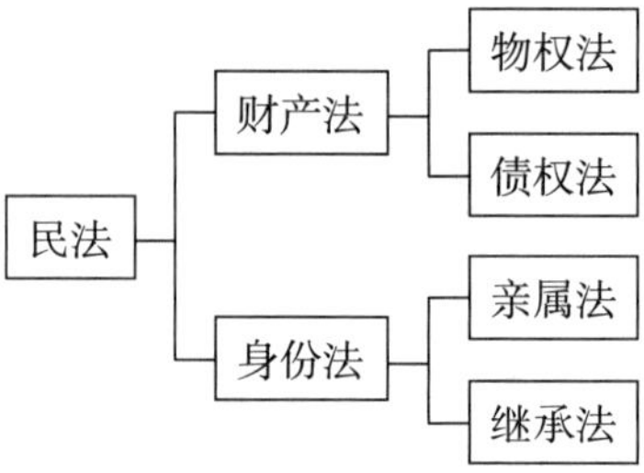

图1-3 民法的体系

七、民法的编纂

(一)民商分立与民商合一

1. 民商分立主义

大陆法系民法,在立法体例上有所谓民商分立主义与民商合一主义。其中,民商分立为旧制,为19世纪前进行民法编纂的国家所采用,如法国、德国、日本、西班牙、葡萄牙、比利时。这些国家均有民法典和商法典,其中商法典为民法的特别法。

2. 民商合一主义

民商合一主义,系19世纪以后进行民法编纂的国家所采用的立法体例。1847年,意大利学者摩坦尼利(Motanelli)提出"民商二法统一论",主张制定统一的民法典,得到各国学者赞同。采纳此主张制定统一民法典的国家有瑞士、泰国、意大利、苏俄、匈牙利等。

民商合一主义的主要论据如下:其一,近代商法典的前身是中世纪欧洲商人团体的习惯法,亦即商人的法。但现在所谓商人这个特殊的阶层已不存在,甚至特殊的商行为亦已失去其特殊性。像票据制度、保险制度等过去仅商人利用的制度,现今已普及于社会生活的各个方面,为全社会的人所利用。其二,即使在民商分立的国家,也难以确立划分民事行为与商事行为的严格界限,有的国家只是以民事法庭和商事法庭的管辖来划分,有很大的任意性,因民法典与商法典的并存而引起法律适用上的困难和混乱。〔17〕

3. 中国现行立法采民商合一主义

中国清末进行法制改革,本采民商分立主义,分别起草民法典和商法典。至国民政府制定民法,改采民商合一主义。1949年后由于继受苏联民法理论,迄今仍坚持民商合一。改革开放以来,偶有个别学者主张制定商法典,但未为立法部门和绝大多数学者所接受。

---

〔17〕 参见谢怀栻:《大陆法国家民法典研究》,载《外国法译评》1995年第2期。

4. 中国制定民法典应坚持民商合一主义

大陆法系民法编纂向来有所谓民商分立与民商合一之别。其中民商分立为旧制，为19世纪前编纂民法的国家所采，如法、德、日、西、葡、荷、比等。但民商分立，非出于理性认识，而是由历史传统形成的既成事实。原因是欧陆各国在资本主义的早期发展中，形成商人特殊阶层和特殊利益，形成商事习惯和商事法庭，形成了独立于民法之外的商法。如法国于1673年路易十四统治时期，颁布了《陆上商事条例》，即第一个商法。1681年又颁布了《海事条例》，类似于海商法。至法国大革命后拿破仑主持法典编纂时，法国商事法已有百余年的历史，民商分立已经是历史既成事实。

资本主义的市场经济因各国资产阶级相继掌握政权而获得进一步的发展。市场经济大发展的结果，导致人的普遍商化，生产者直接成为商人，商人直接成为生产者，商业职能与生产职能融合为一，并进而导致商人特殊阶层和特殊利益的消失。从前经营商业是商人的特权，现今人人得而为之。鉴于此，1847年意大利学者摩坦尼利率先提出"民商二法统一论"，得到各国学者响应。瑞士首先采纳民商合一主义，1881年制定含有公司、票据等商法规范的债务法，1907年制定民法典，并将债务法并入民法典作为第五编，与前四编同时施行。其后，1922年《苏俄民法典》、1924年《泰国民商法典》、1959年《匈牙利民法典》、1978年《南斯拉夫债法》、1994年《俄罗斯联邦民法典》、1994年《魁北克民法典》、2012年新《捷克民法典》、2013年新《匈牙利民法典》、2014年新《阿根廷民商法典》等，均采民商合一主义。意大利原采民商分立，有1865年的民法典和1882年的商法典，后改采民商合一，将原民、商二法典合并为1942年的新民法典。荷兰、巴西与此类似，1992年新《荷兰民法典》、2002年新《巴西民法典》均废止原先的民商分立而改采民商合一。2009年全文公布的《欧洲民法典草案》，亦采用民商合一主义。

中国清末改制，聘请日本学者松冈义正起草民法典草案，本采民商分立主义。后国民政府制定民法时，由立法院院长胡汉民、副院长林森向国民党中央政治会议提议，请订民商统一法典。其提案谓："查民商分编，始于法皇拿破仑法典，维时阶级区分，迹象未泯，商人有特殊之地位，势不得不另订法典，另设法庭，以适应之。欧洲诸邦，靡然相效，以图新颖。然查商法所订定者，仅为具有商业性质之契约，至法律上原则或一般之通则，仍须援用民法。而商法上最重要之买卖契约，且多在民法中规定，是所谓商法者，仅为补充民法之用而已。其于条例，固已难称美备，且社会经济制度递嬗，信用证券日益发达，投资商业者风起云涌，一有限公司之设立，其股票与债券类分散于千百非商人之手，而签发支票汇票等事，昔日所谓之商行为，亦非复商人之所专有，商行为与非商行为之区分，在学说上彰彰明甚者，揆诸事实，已难尽符……吾国商人本无特殊地位，强予划分，无有是处。此次订立法典，允宜考社会实际之状况，从现代立法之潮流，订为民商统一之法典。"经中央政治会议决议交付审查，经胡汉民等拟定民商法划一提案审查报告书,提请公决,复经中央政治会议第183次会议通过,交由立法院遵照起草,完成民商统一之民法典。[18]

上述民商法划一提案审查报告书,详述采民商合一之理由,归纳其要点如下:其一,商法之于民法以外成为特别法典者,实始于法皇路易十四,维时承阶级制度之后,商人鉴于他种阶级各有其身份法,亦遂组织团体,成为商人阶级,而商法法典渐亦相因而成。此商法法典别订于民法法典之外者,乃因于历史上商人之特殊阶级也。我国自汉初弛商贾之律后,四民同受治于一法,买卖钱债,并无民商之分。清末虽有分订民法法典及商法法典之议,民国以来亦沿其说,而实则商人本无特殊阶级,亦何可故为歧视。其二,反对民商法典合一者之言曰:商法所订,重在进步,民法所订,多属固定。此在昔日之陈迹,容或有之,不知凡法典应修改者,皆应取进步主义,立法者认为应修改即修改,与民商合一与否无关。例如,英国民商合一,而公司法施行后亦有数次之修改,而德国为民商分立之国,乃商法之改变还不如英国,于此可见进步与否,并不在民商之合一与否。其三,反对民商法典合一者之言曰:商法具有国际性,民法则否。此亦狃于旧见之说,民商合一,对于商事法规应趋于大同与否,立法者尽可酌量规定,并不因合一而失立法之运用。其四,昔时各国之商法,以人为标准,即凡商人所为者,即入于商法,德国于1897年所订之商法亦然。法国自大革命之后,以为不应为一部分之人专订法典,故其商法以行为为标准,即凡商行为即入于商法。然何种行为系商行为,在事实上有时颇不易分,我国如亦编订商法法典,则标准亦殊难定。其五,各国商法之内容,极不一致,日本商法分为总则、公司、商行为、票据及海商五编。德国商法无票据,法国则以破产法及商事法院组织法订入商法法典。可知商法应规定之事项,原无一定范围,而划为独立之法典,亦止自取其扰。再者法典应订有总则,取其纲举目张,足以贯穿全体,关于商法则不能以总则贯穿其全体。其六,在有商法法典之国,其商法仅系民法之特别法,而最重要之买卖契约,仍多规定于民法,而民法上之营利社团法人,仍须准用商法。则除有特别情形,如银行交易所之类外,民法商法牵合之处甚多,无取于两法之并立。且民商划分,如一方为商人,一方非商人,适用上亦感困难。[19]

中华人民共和国成立以来,国民政府制定的民国民法被废除。此后该仅在中国台湾地区适用,并对台湾地区经济的发展起了重大作用。民商合一主义之合理性迄今未有任何动摇。中国在民国民法之后转而继受苏联的民法立法和民法理论,而苏联亦系民商合一,因此民商合一至今未变。2020年5月28日颁布采民商合一主义的《民法典》,属于民事基本法。《海商法》《公司法》《票据法》《保险法》《证券法》《专利法》《商标法》《著作权法》等,均属民事特别法。民商合一绝不是轻视商法。其实质不过

〔18〕 参见胡长清:《中国民法总论》,中国政法大学出版社1997年版,第26页。

〔19〕 参见胡长清:《中国民法总论》,中国政法大学出版社1997年版,第27~28页。

是将民事生活和整个市场适用的共同规则集中规定于民法典,而将适用于特定类型主体、局部市场或个别市场关系的规则,规定于各民事特别法。民商合一所反映的正好是在现代化市场经济条件下的所谓“民法的商法化”。毫无疑问,应继续坚持民商合一主义的立法体例。

(二)编纂体例

1. 两种编纂体例

民法之编纂体例有两种:其一称为罗马式,又称法学阶梯式;其二称为德意志式,又称潘德克顿式(Pandectae)。

罗马式乃仿效罗马法学家盖尤斯的法学教科书《法学阶梯》(Institutiones)的体例。《法学阶梯》分为三编,第一编人法,第二编物法,第三编诉讼法。《法国民法典》原采此体例,唯将诉讼法排除在外,第一编人,第二编财产及对所有权的各种限制,第三编取得财产的各种方法。[20] 须注意同属于法学阶梯式的《智利民法典》是四编制:第一编人法;第二编财产及其所有、占有、使用和收益;第三编继承;第四编债的通则和各类合同。其第一编是原封不动的盖尤斯的《法学阶梯》的体例,后三编则是采用《优帝法学阶梯》的体例。《智利民法典》中有物权和债权的区分,这是潘德克顿式体例所具有的特点,而在法学阶梯式中(包括在之前的《法国民法典》中)是不存在的。

德意志式乃是德国法学者于著述中所用体例,为《德国民法典》所沿用。共分五编,第一编总则,第二编债之关系法,第三编物权法,第四编亲属法,第五编继承法。

2. 潘德克顿式编制体例

“潘德克顿”一词,系罗马法大全即优士丁尼法典中的《学说汇纂》(Pandectae)的音译。19 世纪的德意志法学,通过对《学说汇纂》的研究构成近代民法理论体系,称为潘德克顿法学。基于这一理论体系所制定的《德国民法典》,称为潘德克顿式民法典。以《德国民法典》为模式的民法典编纂体例,称为潘德克顿式编制体例,亦称德国式编制体例。

所谓潘德克顿式编制体例,即民法典的编排依前述民法体系分为债权、物权、亲属、继承四编,并在此四编之前设总则编,规定民法共同的制度和规则。这样,民法典共分五编,第一编总则,然后依次为债权编、物权编、亲属编、继承编。不仅如此,债权、物权、亲属、继承各编之开头,也往往设第一章,规定该编的共同制度和共同规则,作为该编的总则。以《日本民法典》为例:第一编民法总则;第二编物权,其第一章为物权

---

[20] 《法国民法典》现已改采“五编制”。2006 年将原第三编中的保证、质押、优先权与抵押权等三部分内容抽出,作为新增的第四编“担保”。2002 年新增第五编“适用于马约特岛的规定”,主要内容系关于前三编在新成为法国海外省的马约特岛施行的规定。

总则;第三编债权,其第一章为债权总则,第二章契约,其第一节为契约总则;第四编亲属,其第一章为亲属总则;第五编继承,其第一章为继承总则。1992 年新《荷兰民法典》,为晚近最具影响力的民法典之一,在保留法国法系的大量内容之余,体例上向德国法系接近,[21] 虽在体例上自成一格,仍属潘德克顿编制体例之变种,其特色在于,不设总则编,而设第三编财产法总则,以统领第四编继承、第五编物权、第六编债法总则、第七编各种合同、第八编运送法。

3. 潘德克顿式的特色

潘德克顿式编制体例的特色,在于采用所谓"提取公因式"的方法,从各种法律关系中抽象出共同规则,集中规定在各别的规定之前,称为总则。关于各种契约的共同规定,作为契约的总则;关于契约、无因管理、不当得利和侵权行为的共同规定,作为债权总则;关于物权、债权、亲属、继承的共同规定,作为民法典的总则。通过这一立法技术,使民法典的人法和财产法两大部分的内容得以整合,构成一个逻辑严密、前后呼应的有机整体。这一编制体例,因着重法律规则的逻辑性和体系化,有利于保障裁判的统一性和公正性。

潘德克顿编制体例的长处,正在于这种从一般到特殊,从抽象到具体的彻底的体系化。但也正是这一特点,使初学者稍感困难。对于一个初学者来说,总则规定因为太抽象,总是比具体规定更难以理解。此外,从法律适用的观点来看,法典的规定与现实的法律关系并不对应,使未经专业训练的人难以掌握。例如,要了解关于买卖的规定,不能只查阅法典买卖契约一节的规定,在买卖契约的规定之前,还须查阅契约总则的规定,在契约总则之前还应查阅债权总则的规定,在债权总则之前还须了解民法总则的规定。因此,潘德克顿式民法典,被认为是为法学家制定的法典,称为学说法。

4. 中国民法典采德国式编制体例

大陆法系民法典之两种编制体例,学者通说认为以德国式为优。中国制定民法,从清末以来,自《大清民律草案》至民国时期公布的民法典,均采德国式。中华人民共和国成立后,1956 年的民法草案仿照 1922 年的《苏俄民法典》,设总则、所有权、债、继承四编,而将亲属排除在外,仍属于德国式体例。1964 年的民法草案仅设总则、财产的所有和财产的流转三编,颇类似于《法国民法典》的体例。1982 年的民法草案第四稿,仿照 1964 年的《苏俄民法典》和 1978 年修订的《匈牙利民法典》,设八编:第一编

[21] 新《荷兰民法典》(Burgerlijk Wetboek)从 1947 年开始立法,该法典并非一次性全部通过,而是分编逐步通过。第一编人和家庭法于 1970 年生效,第二编法人于 1976 年生效,第八编运送工具和运送于 1991 年生效。1992 年 1 月 1 日,第三编财产法总则、第五编物权、第六编债法总则以及第七编各种合同的部分内容生效,同时,荷兰旧民法典中部分有名合同的规定,被直接纳入新法,即第七编之一。至此,新民法典最重要的内容完成。2003 年第四编继承法生效,2012 年第十编国际私法生效。原定的第九编知识产权法,拟将知识产权法中的私法规范纳入,而将行政程序等公法规范留于单行法,但因技术上的困难、比荷卢统一知识产权法的进展及欧盟知识产权法指令的快速更新,迄今未能完成。

民法的任务和基本原则;第二编民事主体;第三编财产所有权;第四编合同;第五编智力成果权;第六编财产继承权;第七编民事责任;第八编其他规定。这一编制体例,仍属于德国式之变种。

2020 年的《民法典》,是以德国式编制体例为基础,分为七编:第一编,总则;第二编,物权;第三编,合同;第四编,人格权;第五编,婚姻家庭;第六编,继承;第七编,侵权责任。其特点在于,不设债权编,而代之以合同编和侵权责任编;将属于债权总则的大部分内容纳入合同编通则,小部分内容纳入总则编(民事权利章),而以合同编通则代替债权总则;将侵权行为改称侵权责任,置于法典最后;另设人格权编于财产法之后、身份法之前。至于总则、物权、婚姻家庭(亲属)、继承各编,与德国式民法典无异。可见,仍属于德国式编制体例之变体。

德国式编制体例的特点,在着重法律规则的逻辑性和体系性,法律有严谨的逻辑性和体系性,便于法官的正确适用,易于保障法制统一和裁判的公正。着重法律的逻辑性和体系性,也便于人民系统地学习和掌握法律。民法典作为社会的法制基础,保障民主、人权的基石,人民和企业的行为准则,人民系统掌握法律、切实享有民事权利的基本工具,其逻辑性和体系性具有特别重要的意义。此即中国民法典编纂,仍采德国式编制体例的理由。

八、中国民法的沿革

(一)中国历史上有无民法

关于中国历史上是否有民法,学者间意见各异。肯定中国历史上有民法的学者,以梅仲协、[22]胡长清、[23]张晋藩[24]等为代表;否定中国历史上有民法的学者,以梁启超、王伯琦、谢怀栻等为代表。谢怀栻先生指出,中国几千年不存在什么私法或民法。像婚姻、买卖等属于私法范围的事,也是一部分归之于刑律,一部分归之于礼。[25]

我们今天所谓的民法,是指以主体地位平等、意思自治、权利义务结构和民事责任为特征的近现代民法。中国历代统治者虽重视法典编纂,产生过唐律、明律、清律等杰出的法典,均属于刑事法律。其中涉及民事生活关系的条文,如户、婚、钱债等,不符合近现代民法的主体平等、意思自治、权利义务结构和民事责任等特征,实质上仍属于刑法规范。因此,应当肯定中国历史上不存在民法。

中国历史上不存在民法,其根本原因在于,在漫长的帝制社会中,统治者推行"重

---

〔22〕 参见梅仲协:《民法要义》,中国政法大学出版社 1998 年版,第 14 ~ 16 页。

〔23〕 参见胡长清:《中国民法总论》,中国政法大学出版社 1997 年版,第 16 页。

〔24〕 参见张晋藩:《中国法制通史》,法律出版社 1999 年版,第 214 页。

〔25〕 参见《谢怀栻法学文选》,中国法制出版社 2002 年版,第 369 页。

农抑商”的经济政策,自给自足的自然经济始终居主导地位,商品生产和商品交换被局限于狭小的范围,且在政治上实行专制主义,个人自由、平等、权利、义务等观念无由发生,不具备近现代民法产生和发展的基本条件。现今中国民法,非中国所固有,而是清末从外国民法继受而来。

(二)第一次民法编纂

中国在公元1894～1895年的中日战争中被东邻日本战败,宣告“洋务运动”失败。中国人终于认识到:仅靠学习西方先进技术不能真正实现“自强”的目的,还必须学习西方政治法律制度。但统治集团内部“后党”与“帝党”之间,对于应否废弃中国传统法制意见冲突,不能达成共识。1900年8月,英、法、德、俄、美、日、意、奥八国联军攻占北京,慈禧太后和光绪皇帝仓皇出逃。次年,中国政府被迫与英、法、德、俄、美等十一国签订不平等条约,其中规定中国政府支付赔款4.5亿两白银。此次事变,终于促使统治集团内部达成共识:中国要富强,非学习西方法律制度不可。

1901年慈禧太后颁布上谕,实行“新政改革”。1902年,光绪帝下诏:“参酌外国法律,改订律例。”1907年委派沈家本、俞廉三、英瑞为修律大臣,设立修订法律馆,主持起草民刑法典。沈家本通过到日本考察的侍郎董康,邀请日本东京控诉院判事松冈义正、东京帝国大学刑法教授冈田朝太郎、司法省事务官小河滋次郎、东京帝国大学商法教授志田钾太郎来华,协助起草法典,并在京师法律学堂担任教习。中国之继受外国法,于兹揭幕。

1908年民法典编纂正式开始,由松冈义正起草总则、物权、债权三编;由陈录、高种、朱献文起草亲属、继承两编。[26] 依据修订法律大臣俞廉三、刘若曾宣统三年(1911年)九月初五的奏疏,此次民法典编纂的宗旨如下:

第一,注重世界最普通之法则。瀛海交通于今为盛,凡都邑钜埠,无一非商战之场,而华侨之流寓南洋者,生齿日益繁庶,按国际私法向据其人之本国法办理,如一遇相互之诉讼,彼执大同之成规,我守拘墟之旧习,利害相去不可以道里计。是编为振斯弊,凡能力之差异,买卖之规定,以及利率时效等项,悉采用普通之制,以均彼我而保公平。

第二,原本后出最精确之法理。学术之精进由于学说者半,由于经验者半,推之法律,亦何莫不然?以故各国法律愈后出者最为世人注目,义取规随,自殊剽袭。良以学问乃世界所公,初非一国所独也。是编关于法人及土地债务诸规定,采用各国新制,既

---

〔26〕 起草亲属、继承二编的三人,陈录是法国巴黎大学法学学士,1907年回国,担任修订法律馆纂修、法部主事等职;高种是日本中央大学法学学士,历任北洋法政学堂、京师法律学堂教习,及宪政编查馆、修订法律馆编纂;朱献文是京师大学堂速成科第一期保送日本留学生,获法学学士学位。参见俞江:《清末民法学的输入与传播》,载《法学研究》2000年第6期。

原于精确之法理,自无凿枘之虞。

第三,求最适于中国民情之法则。立宪国政治几无不同,而民情风俗一则由于种族之观念,一则由于宗教之支流,不能强令一致,在泰西大陆尚如此区分,矧其为亚欧礼教之殊?人事法缘于民情风俗而生,自不能强行规抚,致贻削趾就履之诮。是编凡亲属婚姻继承等事,除与立宪相背酌量变通外,或本诸经义,或参诸道德,或取诸现行法制,务期整饬风纪,以维持数千年民彝于不敝。

第四,期于改进上最有利益之法则。文子有言:“君者盘也,民者水也,盘圆水圆,盘方水方。”是知匡时救弊,贵在转移,拘古牵文,无裨治理。中国法制历史大抵稗贩陈编,创制盖寡。即以私法而论,验之社交非无事例,征之条教,反失定衡,改进无从,遑谋统一?是编有鉴于斯,特设债权物权详细之区别,庶几循序渐进,冀收一道同风之益。[27]

1910年年底,民法典起草完成,称为《大清民律草案》,是为现代中国民法之始。该草案由总则、债权、物权、亲属、继承五编构成,共1569条。其编纂体例及前三编内容,参考《德国民法典》和《日本民法典》。1911年进入审议程序。其中,总则、物权、债权三编经内阁审核之后交资政院议决;亲属、继承二编,因部分条款受到批评,认为不符合传统习俗,暂交理学馆商议斟酌,再行奏进议决。因同年10月辛亥革命推翻清王朝,这一民法典草案未及正式颁布生效。但是,通过这一民法典草案,大陆法系民法尤其是德国民法的编纂体例及法律概念、原则、制度和理论体系被引入中国,对现代中国民事立法和民法理论产生了深远的影响,且充分显示了我中华民族如何在外来压力之下,毅然决定抛弃固有传统法制,继受西方法学思潮,以求生存的决心、挣扎和奋斗。

中国之继受大陆法系的德国民法,是受日本的影响。[28] 其所以不采英美法系,纯粹由于技术上的理由。大陆法系与英美法系,虽无优劣高下之分,但英美法是判例法,不适于依立法方式予以继受。其所以不采法国民法而采德国民法之主要理由,系德国民法公布在后,其立法技术及内容均较《法国民法典》进步。[29]

中国制定民法典的目的,在于废除领事裁判权及变法维新。但领事裁判权一直到抗战末期的1944年才被废除。唯西洋法律之继受,对中国法制之现代化,具有深远重大的影响。[30] 中国继受西方民法的结果,形成一个与中国传统律例全然不同的民法规则体系及一个与中国传统律学全然不同的民法学知识体系。这套规则体系和知识

---

〔27〕 参见杨鸿烈:《中国法律发达史》(下册),上海书店1990年版,第906~907页。

〔28〕 参见王泽鉴:《民法五十年》,载王泽鉴:《民法学说与判例研究》(第5册),1991年自版,第4页。

〔29〕 王宠惠先生在其于1907年出版的《德国民法典》(英译本)中说:“与拿破仑法典不同,德国民法是用字最审慎、体裁编例最科学之法典,系最卓越德国法学者二十二年细心研究之成果。”王宠惠先生并引述英国法制史学者梅特兰(Maitland)之意见,强调:“德国民法系举世最缜密的国内法。”转引自王泽鉴:《民法五十年》,载王泽鉴:《民法学说与判例研究》(第5册),1991年自版,第9页。

〔30〕 参见王泽鉴:《民法五十年》,载王泽鉴:《民法学说与判例研究》(第5册),1991年自版,第3~4页。

体系与其他近代意义的部门法和部门法学及法理学一起,构成一个更大的规则和知识体系,即中国近代法和近代法学,从而替代了中国古代律例和律学。[31]

(三)第二次民法编纂

中华民国建立,北洋政府设立法典编纂会,后更名修订法律馆,主持起草民刑法典。乃以《大清民律草案》为基础,予以增删修改,于1925年完成民法修正案,史称第二次民律草案,共1745条。总则编略有变动,如在第一章第二节法人,增第四款外国法人,第三章法律行为增设第一节行为能力,且条文比《大清民律草案》总则编少100条。债编改动较多并采用了《瑞士债务法》的一些原则,如第一章通则增第一节债之发生,第五节债之消灭,增第一款通则,第二章契约与《大清民律草案》不同。物权编改动之处甚少,只增加第六章抵押权和第八章典权。亲属编其篇目有所变动,且条理也比较清晰精密,第二章家制增第三节家产,第四章亲子增第二节亲子关系、第七节养子,第五章监护增第三节照管,比《大清民律草案》亲属编多出100条。继承编文字和结构改动很多,并比较清晰而有条理,条文数比《大清民律草案》继承编多出115条。这部法典草案曾经司法部通令各级法院作为条理引用,但最终并未成为正式法律。

(四)国民政府的民法编纂

1927年4月国民政府在南京成立,6月设立法制局,作为起草法律的机构。1928年12月国民政府立法院成立,取代法制局,负责法典编纂。1929年1月29日,立法院设立民法起草委员会,由傅秉常、焦易堂、史尚宽、林彬、郑毓秀五人组成,并聘司法院长王宠惠、考试院长戴传贤及法国人宝道(Padoux)为顾问,以何崇善为秘书,胡长清为纂修,从同年2月1日开始编纂民法典。同年4月完成总则编,经立法院4月20日审议通过,于5月23日正式公布;同年11月完成债编,经立法院11月8日审议通过,11月22日正式公布;同年11月完成物权编,经立法院11月19日审议通过,11月30日正式通过;1930年12月完成亲属编和继承编,经立法院审议通过,于12月26日正式公布。至此,民法典各编全部完成,是为中国历史上第一部民法典。该法典共分总则、债、物权、亲属、继承五编,共29章,1225条。这一法典的制定,乃以第二次民律草案为基础,着重参考德国和瑞士的立法经验,并参考了法国、日本和苏俄民法典。[32]

---

〔31〕 参见俞江:《近代中国民法学中的私权理论》,北京大学出版社2003年版,第11页。

〔32〕 梅仲协先生指出:"现行民法,采德国立法例者,十之六七,瑞士立法例者,十之三四,而法日苏联之成规,亦尝撷取一二,集现代各国民法之精英,而弃其糟粕,诚巨制也。"参见梅仲协:《民法要义》,中国政法大学出版社2004年版,"初版序"。

1949年,中华人民共和国成立,这一民法典被明令废除。[33]

(五)中华人民共和国成立后的民法编纂(1949~1977年)

1950年颁布第一部《婚姻法》,[34]使婚姻家庭关系脱离民法调整范围。1954年,根据《宪法》规定,由全国人大常委会组织民法起草,至1956年12月完成民法草案,分为总则、所有权、债、继承四编,共525条。由于此后发生整风、反右等政治运动,以致民法起草工作中断。这一民法草案,是以1922年的《苏俄民法典》为蓝本。例如,四编制体例的采用,将亲属法排除在民法之外;抛弃"物权"概念而仅规定"所有权";不使用"自然人"概念而用"公民"概念代替;仅规定诉讼时效而不规定取得时效;强调对社会主义公共财产的特殊保护等。这表明中国民法,由此前继受德国民法,转而继受苏联民法。

中华人民共和国成立以后,在法律界开展了对"旧法"观点的批判,随之而来的整风、反右运动,几乎将民国时期的法律人才"一网打尽"。1949年前的全部民法教材均遭废弃,法学教育直接采用苏联民法教材,请苏联专家授课。[35] 直到1957年才出版第一部民法教材,即由中央政法干校编著的《中华人民共和国民法基本问题》。[36] 这一民法教材,是在参考苏联民法理论的基础上编写的,表明中国民法学对苏联民法学的全面继受。

20世纪50年代,中国继受苏联民法和苏联民法学,与当时中国面对资本主义国家的"封锁",不得不采取"一边倒"的外交政策,[37]以及大规模翻译苏联民事法律和民法学著作,邀请苏联专家来中国介绍苏联民事立法经验并在各法律院系任教,及派遣留学生到苏联学习法律等因素有关。但最根本的原因,是中国移植了苏联以单一公有制为基础的计划经济体制。[38]

值得注意的是,1956年的民法草案,虽然是以《苏俄民法典》为蓝本,但由于该《苏俄民法典》本身是参考《德国民法典》制定的,这就决定了中华人民共和国第一个民法

[33] 中共中央于1949年2月发布《关于废除国民党的六法全书与确定解放区的司法原则的指示》。民国民法在中国大陆被废除,而在中国台湾地区继续生效。

[34] 参考了《苏俄婚姻、家庭及监护法典》和革命根据地时期的婚姻法(条例)。

[35] 在院系调整后的人民大学法律系、中央政法干部学校和北京政法学院、西南政法学院、西北政法学院、华东政法学院等,主干课程教师由苏联专家担任,采用苏联教材。参见何勤华、李秀清:《外国法与中国法——20世纪中国移植外国法反思》,中国政法大学出版社2003年版,第25~26页。

[36] 这部民法教材在进入1959年后已停止使用,笔者1962年考入西南政法学院法律系,民法学课改称"民事政策学",采用本校自编的《民事政策学教材》。

[37] 参见何勤华、李秀清:《外国法与中国法——20世纪中国移植外国法反思》,中国政法大学出版社2003年版,第21页。

[38] 参见何勤华、李秀清:《外国法与中国法——20世纪中国移植外国法反思》,中国政法大学出版社2003年版,第323页。

典草案及此后的民事立法和民法理论仍旧与大陆法系民法尤其是《德国民法典》相通,有着相同的基本概念、基本原则、基本制度和编纂体例。[39]

1962 年,中国在经历三年困难时期和“大跃进”“共产风”造成的严重经济困难后,调整经济政策,强调发展商品生产和商品交换。于当年开始第二次民法起草,至 1964 年 7 月,完成《民法草案(试拟稿)》。起草人设计了一个既不同于德国民法也不同于苏俄民法的三编制体例:第一编“总则”、第二编“财产的所有”、第三编“财产的流转”。一方面将亲属、继承、侵权行为等排除在法典之外,另一方面将预算关系、税收关系等纳入法典,且一概不使用“权利”“义务”“物权”“债权”“所有权”“自然人”“法人”等法律概念,企图既摆脱苏联民法的影响,并与资产阶级民法彻底划清界限。显而易见,这是受到国际国内政治斗争特别是中苏两党论战影响的结果。

1964 年起,在全国范围内开展的“社会主义教育运动”(以下简称“四清运动”),导致第二次民法起草中断。而“四清运动”至 1966 年升级为“文化大革命”。“文化大革命”期间,各级人民法院、检察院和公安机关被撤销,[40]整个国家陷入无政府状态,包括政法学院在内的全部大学停办,包括民法学者在内的法律教师和研究人员被下放到农村的“五七干校”接受思想改造,致中国民法立法、司法、教学和理论研究中断。

(六)改革开放后的民事立法

中国在经历十年“文化大革命”之后实行“改革开放”,从单一公有制基础上的计划经济体制向社会主义市场经济体制转轨,民法的地位和作用开始受到重视。1979 年 11 月,五届全国人大常委会法制委员会成立民法起草中心小组(通称“民法起草小组”),从全国调集了一批民法学者和实际部门的民法专家,开始了第三次民法起草工作。[41] 1980 年 8 月 15 日形成《中华人民共和国民法草案(征求意见稿)》(第一

---

〔39〕 因苏联民法也是从德国民法继受而来,由此决定了中国民法始终未脱离大陆法系中的德国法系。现今的中国、日本和韩国,均继受德国民法的概念体系和编制体例,被称为“东北亚的德国法系”。参见[日]北川善太郎:《民法总则》,有斐阁 1993 年版,第 105 页。

〔40〕 1967 年 1 月后,在地方各级成立由军队控制的“革命委员会”,下设一个“人保组”,“人保组”内部有负责侦破案件的“侦破组”和负责审理案件的“办案组”。

〔41〕 1979 年五届全国人大常委会法制委员会副主任委员陶希晋给中共中央写了一封信,建议不制定民法典,因为民法是资产阶级的法律。中共中央把这封信批到中国社会科学院,院长胡乔木批给了法学研究所。法学研究所民法经济法研究室慎重研究之后,给中共中央写了《关于制定中国民法典的研究报告》,认为中国改革开放,发展社会主义商品生产和商品交换,不能不依靠民法,建议尽快制定中国民法典。中共中央领导同志在该研究报告上作了批示。于是,1979 年 11 月,五届全国人大常委会法制委员会,从全国调集了一批民法学者和实际部门的民法专家,成立民法起草小组,由杨秀峰任组长、陶希晋任副组长,启动第三次民法典编纂。

稿)。[42] 1981年4月10日形成《中华人民共和国民法草案(征求意见二稿)》。[43] 1981年7月31日形成《中华人民共和国民法草案(第三稿)》。[44] 1982年5月1日完成《中华人民共和国民法草案(第四稿)》。[45]

《民法草案(第四稿)》的编制体例和内容,主要参考1962年的《苏联民事立法纲要》、1964年的《苏俄民法典》和1978年修订的《匈牙利民法典》。但在此时,全国人大常委会考虑到经济体制改革刚刚开始,社会生活处在变动之中,一时难以制定一部完善的民法典,决定暂停民法典起草工作,改采先分别制定单行法,待条件具备时再制定民法典的方针。1981年6月3日,全国人大常委会决定暂停民法典起草,并解散民法起草小组。[46]

1981年颁布《经济合同法》。[47] 从"经济合同"名称的采用,到关于强调按照国家计划订立、履行合同,赋予经济合同管理机关确认合同无效的权力,及行政性经济合同仲裁制度的规定,可以看出《经济合同法》深受苏联经济法学理论的影响。

1985年颁布《涉外经济合同法》。[48] 由于对外经济贸易关系的特殊性质,决定了该法不可能以苏联经济法学理论为根据。除法律名称保留了"经济合同"概念,留有一点苏联经济法理论的痕迹外,整部法律的结构、基本原则和内容,主要是参考英美契约法和《联合国国际货物销售合同公约》(CISG),是中国民法继受英美法和国际公约的滥觞。

近现代民法是由一整套概念、原则、制度构成的逻辑严密的体系。适于制定单行法的,只是其中分别规范各类社会关系的特别规则("分则"),而规范各类社会关系的共同规则和共同制度("总则"),不能采取单行法的形式"各搞各的"。因缺乏这些规范各类社会关系的共同规则和共同制度,分别制定的单行法也难于发挥作用和正确实施。并且,随着改革开放的推进,商品生产和商品交换不断扩大,民事生活越来越活跃,新的问题、新的矛盾、新的纠纷不断涌现,因缺乏规范各类社会关系的共同规则和

---

〔42〕 该版本共6编41章501条。

〔43〕 该版本共6编42章426条。

〔44〕 该版本共8编45章510条。

〔45〕 该版本包括第一编民法的任务和基本原则、第二编民事主体、第三编财产所有权、第四编合同、第五编智力成果权、第六编财产继承权、第七编民事责任、第八编其他规定,共8编43章465条。

〔46〕 但在1981年6月3日宣布暂停民法典起草和解散民法起草小组之后,民法起草小组仍然坚持继续工作,于1981年7月31日在第二稿基础上修改形成《中华人民共和国民法草案(第三稿)》,1982年5月1日又在第三稿基础上进一步修改完成《中华人民共和国民法草案(第四稿)》。实际情况是,到1982年5月1日之后,民法起草小组才真正解散。

〔47〕 《经济合同法》包括7章47条:第一章总则;第二章经济合同的订立和履行;第三章经济合同的变更与解除;第四章违反经济合同的责任;第五章经济合同纠纷的调解和仲裁;第六章经济合同的管理;第七章附则。

〔48〕 《涉外经济合同法》包括7章43条:第一章总则;第二章合同的订立;第三章合同的履行和违反合同的责任;第四章合同的转让;第五章合同的变更、解除和终止;第六章争议的解决;第七章附则。

共同制度,影响法律秩序的建立和维持。因此,客观上要求我国制定一部全面调整各种民事关系的基本法律。六届全国人大常委会决定,在《民法草案(第四稿)》的基础上,先制定一部概括性的民事基本法律。[49] 这就是1986年颁布的《民法通则》。[50]

《民法通则》的起草是以《民法草案(第四稿)》为基础,但基于改革开放以来强化对私权保护的要求,该法许多内容已经超越苏联和东欧民法。例如,总结中华人民共和国成立以来,特别是"文化大革命"期间侵犯人民私有财产和人身权的教训,在第一章第5条规定:"公民、法人的合法的民事权益受法律保护,任何组织和个人不得侵犯";第五章第一节专设第75条第2款规定:"公民的合法财产受法律保护,禁止任何组织或者个人侵占、哄抢、破坏或者非法查封、扣押、冻结、没收";在第五章专设第四节规定公民享有"生命健康权"(第98条)、"姓名权"(第99条)、"肖像权"(第100条)、"名誉权"和"人格尊严"(第101条)。并在第六章第三节明文规定侵害财产权的侵权责任(第117条),侵害生命健康权的侵权责任(第119条),侵害姓名权、肖像权、名誉权的侵权责任(第120条)及国家机关或者国家机关工作人员侵犯公民合法权益的民事责任(第121条)。《民法通则》的这些规定,具有极重大深远的历史意义,堪称中国的"人权宣言"。

随着时间的推移,苏联和东欧国家的立法经验和民法理论,不能满足中国改革开放和发展社会主义商品经济实践的要求。尤其进入20世纪90年代,社会主义市场经济体制被确定为经济体制改革的目标,政治禁区渐次被打破,民法学者开始参考民国时期的民法著作、台湾地区的民法著作和西方资本主义发达国家的民法和判例学说,导致这一时期的民事立法从继受苏联东欧民法制度,转向继受市场经济发达国家和地区的民法制度。

为了适应发展现代化市场经济的要求,实现交易规则的统一和与国际接轨,1993年《合同法》开始起草,于1999年3月15日通过,同年10月1日起施行,《经济合同法》、《涉外经济合同法》和《技术合同法》同时废止。[51] 这部法律采用了典型的德国民法的概念体系,许多原则、制度和条文,直接采自德国民法、日本民法和中国台湾地区"民法",一些重要的制度直接采自《国际商事合同通则》(PICC)、《联合国国际货物销售合同公约》(CISG)、《欧洲合同法通则》(PECL)和英美契约法。

为了实现有形财产归属和利用关系基本规则的完善与现代化,1998年《物权法》开始起草,经过全国人大常委会先后七次审议,于2007年3月16日经第十届全国人

---

〔49〕 参见《1986年民法通则诞生　中国进入权利时代》,载《检察日报》2009年8月31日。

〔50〕 《民法通则》包括第一章基本原则、第二章公民(自然人)、第三章法人、第四章民事法律行为和代理、第五章民事权利、第六章民事责任、第七章诉讼时效、第八章涉外民事关系的法律适用、第九章附则,共9章156条。

〔51〕 《合同法》包括总则8章、分则15章,共23章428条。

大第五次会议通过，同年 10 月 1 日起施行，《担保法》有关担保物权的规定同时废止。[52]《物权法》采用了典型的德国民法的概念体系，其物权变动模式采法国民法“债权合意主义”与德国民法“登记生效主义”相结合的折中主义，主要内容参考借鉴德国、法国、日本和我国澳门特区民法以及我国台湾地区的相关规定，也有继受英美财产法的制度，如特别动产集合抵押等。

为了强化对于人民和企业民事权益的保护，完善侵权责任制度，2009 年 12 月 26 日第十一届全国人大常委会第十二次会议通过《侵权责任法》，于 2010 年 7 月 1 日起施行。[53]《侵权责任法》是以《民法通则》第六章民事责任的第一节一般规定、第三节侵权的民事责任、第四节承担民事责任的方式为基础，总结《民法通则》实施以来的裁判实践经验和民法理论研究成果，并广泛参考借鉴发达国家和地区的经验而制定的。其整体模式近似于《欧洲民法典草案》的“一般条款 + 特别列举”模式，采过错责任原则与无过错责任原则的“二元归责”，主要内容参考、借鉴德国、法国、日本民法以及中国台湾地区相关规定，部分制度采自英美侵权法，如惩罚性赔偿、医疗损害责任中的知情同意规则等。

20 世纪 90 年代以来的立法表明，中国民法对外国民法的继受，已呈现继受目标“多元化”的现象。即在维持大陆法系的德国民法概念体系的基础上，广泛参考借鉴发达国家和地区成功的立法经验和判例学说，兼采英美法系的灵活制度，并与国际公约和国际惯例协调一致。从“单一继受”转向“多元继受”，表明中国民法和民法学进入了一个新的发展阶段。

（七）中国民法典编纂

至 20 世纪 90 年代后期，我国提出要在 2010 年建成具有中国特色的社会主义法律体系。按照构想，宪法和民法、刑法、民事诉讼法、刑事诉讼法等基本法应当制定成文法典。宪法、刑法、刑事诉讼法、民事诉讼法均已制定了成文法典并在八届全国人大期间进行了修订，唯独民法未制定法典，只有一个《民法通则》和各单行法。虽说《民法通则》及各民事单行法，在保障公民和企业的民事权利、规范市场交易秩序、维护社会公平正义和促进社会主义市场经济发展等方面，发挥了极其重要的作用，但《民法通则》毕竟不能代替民法典的地位和作用，许多重要的、基本的民法制度的欠缺，不能适应市场经济和社会生活对法律调整的要求。

1998 年 3 月，八届全国人大王汉斌副委员长决定恢复民法典起草，并委托九位民

---

〔52〕《物权法》包括总则、所有权、用益物权、担保物权和占有，共 5 编 19 章 247 条。

〔53〕《侵权责任法》包括总则 4 章、分则 7 章加上附则，共 12 章 92 条。

法学者专家成立民法起草工作小组,[54]负责起草物权法和民法典草案。按照民法起草工作小组第一次会议决定的计划,第一步通过《合同法》,第二步通过《物权法》,第三步编纂民法典,实现民事法律的法典化。

2002 年 1 月,时任九届全国人大委员长李鹏同志指示加快民法典的起草,同月法制工作委员会委托学者起草,[55]当年即完成一部民法典草案,同年 12 月人大常委会对该民法典草案进行第一次审议,然后在新闻媒体公布征求修改意见。[56]

2004 年 6 月,十届全国人大常委会再次变更立法计划,搁置民法典草案的审议修改工作,恢复物权法草案的修改、审议。2007 年 3 月 16 日第十届全国人大第五次会议通过《物权法》,同年 10 月 1 日起施行。2009 年 12 月 26 日第十一届全国人大常委会第十二次会议通过《侵权责任法》,2010 年 7 月 1 日起施行。2010 年 10 月 28 日第十一届全国人大常委会第十七次会议通过《涉外民事关系法律适用法》,自 2011 年 4 月 1 日起施行。

2014 年 10 月,中共中央四中全会《关于全面推进依法治国若干重大问题的决定》明确提出"编纂民法典"。按照立法机关于 2016 年 7 月公布的《关于中华人民共和国〈民法总则〉(草案)的说明》,编纂工作按照"两步走"的工作思路进行:第一步,编纂民法典总则编(《中华人民共和国民法总则》);第二步,编纂民法典各分则编,拟于 2018 年上半年整体提请全国人大常委会审议,经全国人大常委会分阶段审议后,争取于 2020 年 3 月将民法典各分编一并提请全国人民代表大会会议审议通过,从而形成统一的民法典。

2017 年 3 月 15 日《民法总则》由中华人民共和国第十二届全国人民代表大会第五次会议通过,同日由中华人民共和国主席令第 66 号公布,自 2017 年 10 月 1 日起施行。

2020 年 5 月 28 日,第十三届全国人民代表大会第三次会议通过《民法典》,同日中华人民共和国主席令第 45 号公布,自 2021 年 1 月 1 日起施行。《婚姻法》《继承

---

〔54〕 民法起草工作小组的九位成员是:中国政法大学教授江平、中国社会科学院法学研究所研究员王家福、北京大学教授魏振瀛、清华大学教授王保树、中国社会科学院法学研究所研究员梁慧星、中国人民大学教授王利明、最高人民法院原经济审判庭副庭长费宗祎、全国人大常委会法制工作委员会原民法室副主任肖峋及原经济法室主任魏耀荣。

〔55〕 委托中国社会科学院法学研究所梁慧星研究员负责起草总则编、债权总则编和合同编;人民大学法学院王利明教授负责起草人格权编和侵权行为编;中国社会科学院法学研究所郑成思研究员负责起草知识产权编;最高人民法院唐德华副院长负责起草民事责任编;中国政法大学巫昌桢教授负责起草亲属编和继承编;最高人民法院退休法官费宗祎负责起草涉外民事关系的法律适用编。

〔56〕 2002 年《民法草案》包括九编:第一编总则,117 条;第二编物权法,329 条;第三编合同法,454 条;第四编人格权法,29 条;第五编婚姻法,50 条;第六编收养法,33 条;第七编继承法,35 条;第八编侵权责任法,68 条;第九编涉外民事关系的法律适用法,94 条。共计 1209 条。此《民法草案》因十届全国人大常委会予以搁置而成废案。

法》《民法通则》《收养法》《担保法》《合同法》《物权法》《侵权责任法》《民法总则》同时废止。

第二节 民法的法源

一、法源的意义

在古代或中世纪的社会中所谓的神判及裁判，都是依据裁判者每次的判断进行，一般不能预测裁判的结果，使法的安定性受到损害，进而使民众失去对裁判的信任。而在近代国家，法院裁判案件必须遵从一定的基准。因此，发生法院裁判案件时应从何处寻求可以作为裁判基准的法律规范的问题，亦即所谓法源问题。民法，是调整市民的一般生活关系的规范，同时当这些关系发生纷争时，即作为法官裁判的准据。因此，所谓民法的法源，是指作为私法的普通法的实质意义民法的存在形式。〔57〕

二、成文法主义与不成文法主义

作为私法普通法的民法的存在形式，有成文法与不成文法之分。法典及成文的单行法等，属于成文法；习惯法及判例法等，属于不成文法。大陆法系的国家或地区，采以民法典为基轴的成文法主义。所以，民法典、成文的特别法及附属法为重要的法源。此外，作为对成文法法源的补充，习惯法及判例法，也起着重要的作用。中国大陆（内地）及台湾地区、澳门特区属成文法主义。

英美法系各国，采不成文法主义，因此判例法是基本的法源，而成文法只起补充的作用。成文法主义的优点是，法律的内容明确，有利于维持法的统一性、安定性，有利于保障裁判的公正等，其缺点是法律的内容僵硬化，缺乏弹性，难以适应社会的变动。反之，不成文法主义，比较容易修改法的内容，因而有适应社会变动的弹性。但其反面，则伴有法律内容复杂、不易了解，以致人民大众与法律知识疏远的弊害。〔58〕中国香港特区自1997年回归后其原有法制不变，仍属不成文法。

需补充说明的是，20世纪以来，大陆法系国家为补救成文法易于僵化、缺乏弹性的缺点，日益重视发挥诚信原则等一般条款及判例的作用，英美法系国家为补救不成文法内容复杂、难以了解的缺点，则日益重视法律的条文化，如美国的法律重述和《统一商法典》。

---

〔57〕 参见［日］三和一博、平井一雄：《要说民法总则》，苍文社1989年版，第5～6页。

〔58〕 参见［日］三和一博、平井一雄：《要说民法总则》，苍文社1989年版，第6页。

三、中国民法的法源

(一)法律

1.《民法典》

大陆法国家,民法法典为民法最主要的法源。它包罗民法规范之大部分,居于民事基本法的地位。中国《民法典》分为:第一编总则;第二编物权;第三编合同;第四编人格权;第五编婚姻家庭;第六编继承;第七编侵权责任。共计 1260 条。

2. 民事单行法

现行民事单行法有:属于知识产权法(无体财产法)的《专利法》《商标法》《著作权法》;属于商事法性质的《公司法》《票据法》《保险法》《证券法》《海商法》。

3. 行政法律中的民法规范

行政法律中也往往包含了民法规范,也属于现行民法之构成部分。如《产品质量法》第三章关于严格产品责任的规定,《消费者权益保护法》第六章、第七章关于民事责任的规定,《道路交通安全法》第 74 条关于交通事故损害赔偿的规定,均属于民法规范。

(二)行政法规

按照《立法法》第 7 条和第 8 条的规定,民事法律的制定和修改,属于国家立法权;有关民事基本制度的事项,只能由全国人民代表大会制定法律。按照该法第 9 条的规定,全国人民代表大会及其常务委员会有权作出决定,授权国务院根据实际需要,对尚未制定法律的属于第 8 条规定的部分事项,先制定行政法规。此所谓行政法规,指国务院所行使的立法权限的性质而言,但就其法规的内容,则有行政性法规与民事性法规的区别。例如,国务院制定的《计算机软件保护条例》《集成电路布图设计保护条例》《植物新品种保护条例》,属于民事性法规。即使属于行政性法规,其中也可能包含有民法规范,如国务院 2007 年制定的《商业特许经营管理条例》第 22、23 条关于特许人有义务向被特许人披露信息的规定,即属于民法法源。[59]

(三)有权解释

有解释权的机关对民事法律所作解释,目的在于阐释民法规范的构成要件及法律

---

〔59〕 需特别注意的是,行政法规中与民事法律相抵触的规定,因与上位法抵触而当然失其效力,无须法律明令废止,法院应适用法律而不得适用该行政法规。例如,国务院 2002 年制定的《医疗事故处理条例》第五章关于医疗事故赔偿的规定,即因《侵权责任法》的施行而当然失效,法院审理医疗损害侵权责任案件,应当适用《侵权责任法》第七章医疗损害责任之规定(现今应当适用《民法典》侵权责任编第六章医疗损害责任的规定)。

效果以便于各级法院正确适用,甚至通过解释以补充现行法的漏洞,有创立规则的性质,亦应属于现行民法法源之一部分,包括立法解释与司法解释。

全国人民代表大会常务委员会作出的立法解释,与法律有同等效力。民事立法解释迄今仅有全国人民代表大会常务委员会《关于〈中华人民共和国民法通则〉第九十九条第一款、〈中华人民共和国婚姻法〉第二十二条的解释》(已失效)。

最高人民法院的司法解释,数量较多,其形式分“解释”、“规定”、“批复”和“决定”四种(2007 年最高人民法院《关于司法解释工作的规定》第 6 条)。如 2020 年 12 月 29 日发布的《关于适用〈中华人民共和国民法典〉时间效力的若干规定》、2020 年 12 月 29 日发布的《关于适用〈中华人民共和国民法典〉物权编的解释(一)》、2020 年 12 月 31 日发布的《关于适用〈中华人民共和国民法典〉有关担保制度的解释》、2020 年 12 月 29 日发布的《关于适用〈中华人民共和国民法典〉婚姻家庭编的解释(一)》、2020 年 12 月 29 日发布的《关于适用〈中华人民共和国民法典〉继承编的解释(一)》、2020 年 12 月 29 日发布的《关于审理劳动争议案件适用法律问题的解释(一)》、2020 年 12 月 29 日发布的《关于审理建设工程施工合同纠纷案件适用法律问题的解释(一)》、2020 年 12 月 8 日发布的《关于审理食品安全民事纠纷案件适用法律若干问题的解释(一)》、2020 年 12 月 29 日修正的《关于审理融资租赁合同纠纷案件适用法律若干问题的解释》、2020 年 12 月 29 日修正的《关于审理建筑物区分所有权纠纷案件适用法律若干问题的解释》、2020 年 12 月 29 日修正的《关于审理买卖合同纠纷案件适用法律问题的解释》、2020 年 12 月 29 日修正的《关于审理医疗损害责任纠纷案件适用法律若干问题的解释》等。

(四)习惯

即使成文法国家有了完备的民法典,也不可能做到对民事生活一切关系都有明确规定,更何况社会生活总是不断发展变化,将不断产生一些新的关系、新的问题及新的案型,无法从现行法找到相应的规定。因此,各国大抵承认习惯为民法的法源。《民法典》总则编第 10 条规定,“处理民事纠纷,应当依照法律;法律没有规定的,可以适用习惯,但是不得违背公序良俗”。即明文规定习惯为民法法源。

所谓习惯,是指多数人对同一事项,经过长时间,反复而为同一行为。因此,习惯是一种事实上的惯例。其通行于全国者,谓之一般习惯。通行于一地方者,谓之地方习惯。为一般人所遵行者,谓之普通习惯。适用于特种身份或职业及地位者,谓之特别习惯。现代各国民法均承认习惯为法源之一。各国民法多采习惯以补充法律规定之不足。唯民事采用之习惯,必须具备以下要件:其一,须有习惯之存在;其二,须为人人确认其有法之效力;其三,须属于法律所未规定之事项;其四,须不悖于公共秩序与善良风俗。

此所谓“习惯”,指民事习惯,涵盖交易习惯及交易习惯之外的民事习惯。关于什么是交易习惯,原最高人民法院《关于适用〈中华人民共和国合同法〉若干问题的解释(二)》(法释〔2009〕5号)第7条规定:“下列情形,不违反法律、行政法规强制性规定的,人民法院可以认定为合同法所称‘交易习惯’:(一)在交易行为当地或者某一领域、某一行业通常采用并为交易对方订立合同时所知道或者应当知道的做法;(二)当事人双方经常使用的习惯做法。对于交易习惯,由提出主张的一方当事人承担举证责任。”理解所谓习惯(民事习惯),当然可以参考上述关于交易习惯的司法解释。法庭采用作为裁判依据(法源)的习惯,不得违背公序良俗,[60]并且不得违反法律、行政法规的强制性规定,自不待言。

按照民法原理,法律是国家制定或者认可并以国家强制力保障其实施的行为规则。国家立法机关所制定的法律称为制定法。社会生活中存在的习惯(事实上的习惯),经法院采用作为裁判依据因而具有法律拘束力,该项事实上的习惯即因法院之采用(亦即国家的认可)才成为习惯法。故《民法典》总则编第10条所称“习惯”,应指事实上的习惯,不得解释为“习惯法”。《民法典》第142条所称“习惯”及《民法典》合同编所称“交易习惯”(如第509条第2款),亦应作同一解释。[61]

另须注意,仅于法律无明文规定的事项,可以适用习惯,而对法律有明文规定的事项,绝无适用习惯的余地。因此,习惯之作为法源,原则上仅具有补充法律的效力;作为此原则之例外,是在法律明文规定“如另有习惯”则不适用该法律规定的情形(《民法典》合同编第515条第1款),此种情形,习惯具有优先于法律的效力。

(五)判例法

在英美法系国家,判例法为民法之主要法源,自不待言。大陆法系国家,民法之主要法源是民法典及其他成文法,判例法的地位不如英美法国家那样重要。中国民法理

---

〔60〕 这里介绍两则中华民国时期最高法院的判例:(1)“现行法上并无认不动产之近邻有先买权之规定,即使有此习惯,亦于经济之流通,地方之发达,均有障碍,不能予以法之效力”(1941年上字第191号);(2)“卖产应先尽亲房之习惯,有悖于公共秩序,不能认有法之效力”(1930年上字第1710号)。

〔61〕 《大清民律草案》第1条规定:“民事本律所未规定者,依习惯法;无习惯法者,依条理。”系体现自然法观点,即认为社会生活中存在之习惯即是法律。1929年,以《大清民律草案》第1条为基础制定《中华民国民法》第1条,立法者删去“习惯法”的“法”字。仅称“习惯”而不称“习惯法”,表明立法者持实定法观点,即事实上之习惯须经国家认可,方才成为法律。1928年上字第613号判例:“习惯法之成立,须以多年惯行之事实及普通一般人之确信心为其基础。”同年上字第691号判例:“习惯法则应以一般人所共信不害公益为要件,否则纵属旧有习惯,亦难认为有法之效力。”是以《大清民律草案》第1条为解释依据。《中华民国民法》总则编于1929年5月15日公布,同年10月10日施行。施行后涉及第1、2条的判例多达20余则(据陈忠五主编《民法》),均一律称“习惯”,而不称“习惯法”。值得注意的是,若干民法著作,仍拘泥于《中华民国民法》施行前的两件判例,而将《中华民国民法》第1条所称“习惯”曲解为“习惯法”,将第2条所称“习惯”解释为包括“习惯法”和“事实上之习惯”在内,并将此外条文所称“习惯”解释为“事实上之习惯”。此项解释,亦违背同一法律所用同一法律概念必须作同一解释的法律解释原则,读者不可不察。

论原不承认判例法的地位。但由于民事立法不完善,给判例法的发展留下很大的余地。最高人民法院发布的批复、解答和案例中所形成的许多判例规则,无疑是中国民法之一部。最高人民法院提倡所谓“案例指导制度”,值得重视。

依照《最高人民法院关于案例指导工作的规定》,最高人民法院发布的指导性案例,各级人民法院审判类似案例时应当参照(第7条)。《〈最高人民法院关于案例指导工作的规定〉实施细则》进一步规定,各级人民法院正在审理的案件,在基本案情和法律适用方面,与最高人民法院发布的指导性案例相类似的,应当参照相关指导性案例的裁判要点作出裁判(第9条);各级人民法院审理类似案件参照指导性案例的,应当将指导性案例作为裁判理由引述,但不作为裁判依据引用(第10条)。[62]

(六)法理

所谓法理,是指依据民法之基本原则所应有的原理。按照现行法律,所谓法理并无拘束力,因此不构成民法的法源。但有解释权的机关在对民事法律进行解释,及法官裁判案件遇法律无明文规定时,又往往以法理作为解释和裁判的根据。于是,法理通过解释或裁判获得了法律拘束力。解释或裁判引为根据的法理,因而成为民法之法源。

所谓法理,在日本民法称为条理;奥地利民法称为“自然的法原理”;意大利民法称为“法的一般原则”;《德国民法典》第一草案称为“由法律精神所得之原则”。中国清末改制,历次民法草案均仿日本民法称为条理,而民国政府1929~1930年制定民法,改称法理。关于法理与条理是否同一,有少数学者如黄右昌先生采否定说,认为法理为正当之理,属于客观的,而条理为自然之理,属于主观的。多数学者采肯定说,如王泽鉴先生认为,法理之基本功能既在于补充法律及习惯法之不备,使执法者自立于立法者之地位,寻求就该当案件所应适用之法则,以实现公平正义,调和社会生活上相对立的各种利益,则所谓法理,应指自法律精神演绎而得出之一般法律原则,为谋社会生活事物不可不然之理,与所谓条理、自然法、法律通常之原理,为同一事物之名称,实质内容应无不同。因此,应采多数说,即认为法理与条理为同一概念。[63]

关于何为条理,日本学者亦有分歧。依通说,所谓条理,指物的道理、事物的本性等,作为社会上一般人通常必须遵从的原理。石田穰指出,迄今的学说将条理视为“依理性判断事物的道理”,或“作为实定法基础的基本的价值体系”,即当作一种抽象

---

〔62〕 本书认为,最高人民法院此项意见尚有斟酌余地,例如,第50号指导性案例创设“夫妻双方同意采用人工生殖的子女视为婚生子女”的规则、第65号指导性案例创设“专项维修基金不适用诉讼时效”的规则,已经具有“判例法”的地位和效力,法庭审理同类型案件,于判决书说理部分引述该指导性案例原述裁判理由之后,即应直接引用该指导性案例作为本案判决依据,而无须在指导性案例之外、引用另外的判决依据。

〔63〕 参见王泽鉴:《民法总则》,台北,三民书局2000年版,第64~65页。

的概念。而抽象的概念,不能起到具体判断基准的作用。因此,石田穰认为,所谓条理,是指与法律(包括习惯法)调和的法命题。这种条理,无疑将作为决定法律或契约内容的基准。

在理解了何为条理之后,所应回答的问题是:条理是否构成法源?与刑事案件存在罪刑法定主义不同,对于民事案件即使没有成文的规范,也必须裁判解决。此即法官不得以无法律规定为由拒绝裁判案件的原则。因此,遇法律未有规定的情形,只能依据条理裁判。《瑞士民法典》第1条规定,在制定法无规定又无习惯法的情形,法官应依据自己作为立法者所应制定的规范裁判。日本明治八年(1875年)太政官布告第103号裁判事务心得第3条规定,民事裁判,无成文的法律,则依习惯;无习惯,则应推考条理裁判之。但学者认为,该裁判事务心得第3条,只是基于裁判的本质而提出的当然要求,并不是直接赋予条理以法的效力。换言之,如果将法源的意义,理解为具体法命题的法的存在形式,则条理并非法源。但若将法源广义地理解为法院裁判的基准,则条理亦应属于法源。[64] 以上学者关于什么是条理及条理是否为法源的解释,可以作为我们理解法理概念的参考。

《民法典》总则编第10条关于民法法源的规定,只规定了第一层次"法律"和第二层次"习惯",而未规定第三层次"法理"。不规定"法理"作为第三层次的民法法源,应有其理由。按照中国的国情,在法律规定和习惯之外,还有最高人民法院制定和发布的各种司法解释。最高人民法院司法解释,被认为具有相当于法律规定的效力,可以作为裁判案件的依据。最高人民法院司法解释,多数情形是针对现行法律规定如何理解、解释、适用所进行的解释,但针对未有法律规定的案型,创设裁判规则,以弥补法律规定不足的司法解释也不少。例如,最高人民法院《关于适用〈中华人民共和国合同法〉若干问题的解释(二)》(已失效)第26条,创设情事变更规则;最高人民法院《关于审理买卖合同纠纷案件适用法律问题的解释》第2条创设预约合同规则、第3条创设买卖合同特别效力规则,即其著例。此外,最高人民法院近年还推行指导性案例制度,所发布的指导性案例,亦可作为法官裁判案件的依据。

质言之,按照中国国情,法官裁判既没有法律规定也没有相应习惯的案件,还要看最高人民法院针对本案型是否有司法解释规则,是否有相应的指导性案例,可资引为裁判依据,并不像立法例和传统民法理论那样直接适用法理。如果照搬立法例和传统民法理论,明文规定法理作为第三层次的法源,则最高人民法院司法解释和指导性案例,将被排斥于民法法源之外,未尽妥当。是否可以将最高人民法院司法解释、指导性案例和法理,都明文规定为民法法源,恐怕还有待于理论的深入研究和实践经验的观察。此外,考虑到中国法官人数众多而素质参差不齐,如果法律明文规定"可以适用

〔64〕 参见[日]三和一博、平井一雄:《要说民法总则》,苍文社1989年版,第11~12页。

法理”，难免有导致“法理滥用”，损及司法公正性和统一性之虞。至于立法虽未明文规定“可以适用法理”，并不排除法官于裁判既没有法律规定和习惯，也没有相应的司法解释和指导性案例的案件时，可以参考“公认的法理”，自不待言。[65]

（七）学说

法学家对成文法之阐释、对习惯法之认知及法理之探求，称为学说。[66] 学说只是代表学者个人的意见，属于学理解释，不能直接发生任何拘束力。但在成文法国家，学说实居于领导地位。关于某一法律问题，学者见解一致的，法院裁判上多会采用，学者见解不一致时，则采多数说。唯采少数说者，亦属有之。至于法院舍学者意见而不采，独创已见者，其例殊少。于此情形，法院应负有详述理由之法律上义务，自不待言。[67] 自改革开放以来，最高人民法院遇有疑难案件，也往往征求学者意见并采为判决依据。学说因被采为判决依据而发生拘束力，可谓为间接的法源。

第三节　民法的本质

一、民法为市民社会的法

民法为市民社会的法。与此相对应，公法为政治国家的法。此所谓市民社会乃相对于政治国家而言。欧洲各国在 18 世纪末至 19 世纪初，发生了政治国家与市民社会的彻底分离。即以“家”为原型的各种各样的自立权力构成的传统政治社会解体，集中了一切政治要素的国家与作为纯粹经济社会的市民社会彻底分离。自中世纪末期以来，关于国家权力的“公”的观念，即已开始与无关国家权力的“私”的领域相分离。但当时所谓“私”的领域，暂时仍然包含有政治的要素。与公权力无关系的“私人”，享有“私权”。该“私权”不限于纯粹经济关系所产生的权利，政治的权利也包含在内。

---

〔65〕 参考法理的判决，如成都市国土资源局武侯分局与招商（蛇口）成都房地产开发有限责任公司、成都港招实业开发有限责任公司、海南民丰科技实业开发总公司债权人代位权纠纷案（载《最高人民法院公报》2012 年第 6 期），判决书谓：“依据民法基本原理，代物清偿作为清偿债务的方法之一，是以他种给付代替原定给付的清偿，以债权人等有受领权的人现实地受领给付为生效条件，在新债务未履行前，原债务并不消灭，当新债务履行后，原债务同时消灭”；又如，邓记与湖南弘丰房地产开发有限公司商品房买卖合同纠纷申请案，最高人民法院（2014）民提字第 71 号民事判决书谓：“法理上讲，虚假意思表示的合同对内和对外产生不同的法律效果。从对内效果看，意思表示真实是合同生效要件，由于缔约双方意思表示不真实，双方所签订的合同并未生效，亦对双方不产生拘束力。但对外而言，缔约双方不能以其意思表示不真实为由对抗第三人”。

〔66〕 参见王伯琦编著：《民法总则》，台北，正中书局 1997 年版，第 8 页。

〔67〕 参见王泽鉴：《民法总则》，台北，三民书局 2000 年版，第 77 页。

换言之,尚未与前国家的既得权切断关系。继法兰西革命之后,在德意志也进行了一般的农民解放,破坏了既得权体系。特别是,在帝室裁判所和帝国宫廷法院因帝国的瓦解而消灭后,此前对于权利受侵害的一切场合均给予法律保护的裁判所的权限逐渐缩小,最终只对“市民相互间私的经济关系”提供法律保护。例如,在普鲁士,依1842年5月11日的法律,完全否定裁判所关于行政处分合法性的审查权,即为这一发展的结果。于是,一方面,一切政治权力集中于国家之手;另一方面则使市民社会从政治国家获得解放,成为纯粹的经济社会。

与此历史阶段相对应,“市民社会”一词的意义亦发生变化。希腊语与拉丁语中相当于市民社会的称谓,原指政治社会,并且是古代城邦国家中自由民的共同体。直至近代,仍在相当长的一段时期内使用此义。其转机是孟德斯鸠的《论法的精神》。在该书中,形容词“civil”与表示政治性纵向关系的形容词“politique”被区别开来,前者用以表示以法为媒介的市民间横向结合关系。至19世纪,此种区分得到理论化、体系化的发展,理论上将与国家相对的非政治的社会作为市民社会,倡导“权力机构=国家,非权力机构=市民社会”之二分法。德国学者施泰因认为,市民社会是在以人权宣言的原理为基础的社会体制中,与国家权力相分离而谋求国家维持社会安定的经济社会。黑格尔与马克思对市民社会理论又各有发挥,但已倾向于政治性目的。当时思想家的共同见解是,将自由资本主义体制下的经济社会作为市民社会;在暴力为国家垄断时,国家的角色限于通过警察、军队等维持社会秩序与经济基础的完善,即所谓守夜人国家,国家由此丧失了以暴力等强制要素干预经济活动的权力,整体上的经济作为企业自由活动之结果,而得以顺利运行。[68]

至现代,市民社会的含义更日益丰富,已不以经济社会为限,市民社会的主角,亦不限于个人与企业,举凡消费者保护组织、环境保护组织、人权保护组织、动物保护组织等非营利组织或非政府组织,皆为重要力量。须注意的是,市民社会与政治国家的分立,并非私人利益与公共利益的分立;市民社会乃是私人自由活动的方式,实现普遍的公共利益,正如亚当·斯密所言,人人追求其自身目标,结果促成公益的实现。政治国家则是借助政治权力的行使,服务于公共利益。两者可谓殊途同归。不可将市民社会贬低为自私自利的社会。市民社会的重大意义之一,即是限定国家权力的界限,维护私人的权利与自由。市民社会的存续与运行,不取决于政治国家;人在市民社会中的资格、权利与自由,不以在政治国家中的资格或身份为条件。[69] 政治国家存在的意义,唯在于维护市民社会的正常运行。民法作为市民社会的法,具有限制国家权力的

---

〔68〕 参见[日]星野英一:《民法劝学》,张立艳译,北京大学出版社2006年版,第68~71页。

〔69〕 在民法典上直接明文体现市民社会与政治国家分立的立法例,如《法国民法典》第7条规定,民事权利之行使独立于政治权利之行使。1997年《格鲁吉亚民法典》第10条第1款规定,民事权利之行使,不依赖于宪法或其他公法所规范的政治权利。

功能。保障一个自生自发的秩序，一个自主自在的空间，乃民法之宗旨。

二、民法为私法

（一）公私法划分是法律最基本的分类

公私法划分是法律最基本的分类，学习法律必须从了解和掌握公私法划分入手。不掌握公私法划分，就不可能正确适用法律。

日本著名学者美浓部达吉曾举日本法的规定说明区分公私法的意义。《日本医师法施行规则》第9条第2项规定："开业之医师，当患者请求诊治时，非有正当理由，不得拒绝。"《日本民法典》第218条规定："土地所有者不得设置屋檐或工作物，使雨水直泻于邻地。"仅从文字上看，两者并无不同，在性质上均属于禁止性规定。但因公法私法之所属不同，而法律效果完全不同。在前一种情形下，医师无正当理由拒绝为患者诊病，属于公法上的违法行为，应受公法上的制裁，而遭拒绝的患者不能向他提出损害赔偿请求。而在后一情形，土地所有者设置工作物使雨水直泻于邻地，属于私法上的违法行为，受害的邻人有权向法院起诉，请求判决该土地所有者停止侵害并支付损害赔偿。

将众多法律，依一定的观点加以归类组织而形成之秩序，学说上称为法律体系。自罗马法以来，法律在法学传统上分为两类：一为公法，二为私法。关于公法与私法的区别，涉及两个基本问题：

第一，区别之标准何在？对此学者见解分歧。大体言之，凡规定国家或公共团体为其双方或一方主体之法律关系，而以权力服从关系为基础者为公法。例如，宪法、刑法及所得税法，其所规定之法律关系，属于公法关系。仅规定私人间或私团体间之相互关系，而以平等关系为其基础者为私法。例如，民法、公司法、票据法、海商法及保险法，其所规定之法律关系，即属于私法关系。

第二，区别之意义何在？除理论上认识目的外，在于实体上的差异和程序上的区分。实体上的差异详见下文。程序上私法案件由普通法院（民事审判庭）管辖，适用民事诉讼程序。公法案件中，刑事案件由普通法院（刑事审判庭）管辖，适用刑事诉讼程序；行政案件，可以适用行政救济程序，由行政机关进行复议，亦可向法院提起行政诉讼，由行政法院（行政审判庭）管辖，适用行政诉讼程序。

（二）关于区分标准的诸说

公私法划分标准，主要有三种学说。其一，利益说，为罗马法学者乌尔比安所倡，认为规定国家之事者为公法，规定私人利益者为私法。其二，意思说，德国学者拉邦德所倡，认为规定权力者及服从者之意思的为公法，规定对等者之意思的为私法。其三，主体说,为德国学者耶律内克所倡,得到日本著名学者美浓部达吉的赞同。此说认为,公法主体至少有一方是国家或国家授予公权者,私法主体法律地位平等。

(三)公私法划分反对论

凯尔逊认为,国家与国民之间的关系,亦系权利义务关系,而非权力服从关系,与私人间对等的关系,实无所异。并非一为公法关系,二为私法关系。因此,法律均为国法,应有共同观念,而适用共同的原则。

黄右昌认为,所有的法律都是民众的法律,不必强分公私。且如民事诉讼法,德国学者谓为公法,法国学者谓为私法,足见界说不明。盖学说越多,剖析越难,根本取消,反而明白。乃力主推翻公法私法之区别,而代之以根本法与附属法之分。

(四)现今通说

公法与私法区分之基本标准在于,公法主体至少有一方是国家或由国家授予公权并以公权主体之身份参与法律关系者,私法主体都是个人、非公权者的团体或非以公权主体身份参与法律关系的国家或公权者。此为现今学者之通说。

(五)强调公私法划分的重要意义

将法律划分为公法与私法,是近代的事。古代法是诸法合体,不加分类。德国学者基尔克指出,整个中世纪,一切人之间的关系,包括个人之间的交换关系和国家与人民之间的统治关系,都被包含在一个单一法中。日本学者美浓部达吉曾以日本王朝时代最完备的法典《大宝令》为例,说明立法者未认识到公私法的区别。中国直到清末法制改革以前,均为诸法一体,无公法与私法之别,乃学界共识。但法律之分为公法与私法,是人类社会文明进步的重大成果。基尔克说过,公法与私法的区别,是今日整个法秩序的基础。美浓部达吉将公私法的区别称为现代法的基本原则。他说,在现代国家,一切法律规范无不属于公法或私法之一方,且因所属不同而其意义不同。对于国家所制定的一切法规,若不究明该规定属于公法或私法,而欲了解其内容和所生效果,盖不可能!

关于公私法划分标准,主要有三种学说,已如前述。各种学说划分标准歧异,难以统一,但若将各说综合来看,亦不难发现划分公私法的大体规律。不可否认,"二战"以来,一些被公认属于公法或私法的法域,出现了相互交错的现象,例如,所谓"私法公法化"及"公法私法化",但不可因此否认公法与私法的划分。因为社会生活中确实存在两类不同性质的社会关系,两类不同性质的审判机关,两类不同性质的诉讼程序。区分公私法的意义在于,易于确定法律关系性质,应适用何种法律规定,应采用何种救济方法或制裁手段,以及案件应由何种性质的法院或审判庭受理,应适用何种诉讼程序。

中华人民共和国成立以来的法学曾经否认公私法划分，其理由有二：其一，认为公私法划分掩盖了法律的阶级本质，是资产阶级学者的分类；其二，认为列宁曾反对公私法划分。实际上，没有哪个国家的立法者在法律上明文规定何者为公法、何者为私法；且反对公私法划分的资产阶级学者代不乏人，如外国的凯尔逊、威雅、玛克尔、奥斯丁，中国的黄右昌。可见公私法划分与法律阶级本质、学者阶级立场无关，公私法划分也并不妨碍另依法律阶级本质进行划分。列宁虽说过民法不是“私的东西”，但不能因此断言列宁反对公私法划分。且列宁的意见万难作为我们今天认识民事法律性质的依据，因为列宁终其一生都没有放弃消灭商品经济（市场经济）的主张，不可能正确认识社会主义市场经济条件下法律的本质和作用。

当前强调公私法划分，重点在于正确认识民事法律属于私法而不是公法，为社会主义市场经济法律体系的建立奠定坚实的法理基础。且承认并区分公法与私法，将导致法观念及国家观念的更新和进步。认识到公法之目的，在于保护人民和企业私权（民事权益），以此为出发点，才有可能正确处理公法与私法、公权与私权、国家与人民、政府与社会、政治与经济等重大关系。

所谓公与私，是相对应的概念。以国家为公，则人民为私；以政府为公，则社会为私；以行政为公，则民事为私；以政治为公，则经济为私；以团体为公，则个体为私。由此进而提倡所谓私权神圣，即人民和企业的民事权利不可侵犯，非有重大的正当理由并依法定程序，不得予以限制或剥夺。[70] 提倡所谓私法自治，即在民事生活、经济生活领域，由当事人自己协商决定他们之间的权利义务关系，原则上国家不直接干预，只在当事人间发生纠纷不能通过协商解决时，国家才出面进行“第二次性的干预”，亦即由人民法院以仲裁者身份对当事人间的纠纷作出裁判。可见，强调公私法划分，不仅具有重大的理论意义，更有重大的实践意义。

（六）公法优位与私法优位

法律区分为公法与私法，是现代法基本原则和法秩序之基础。但在公私法区分的前提下，还有一个如何处理公法与私法的相互关系的问题。亦即公法优位主义与私法

---

〔70〕 鉴于私权遭受大规模侵犯的惨痛历史教训，原《民法通则》在第一章基本原则的第5条规定：“公民、法人的合法的民事权益受法律保护，任何组织和个人不得侵犯。”2020年《民法典》总则编第3条规定：“民事主体的人身权利、财产权利以及其他合法权益受法律保护，任何组织或者个人不得侵犯。”独联体各成员国与东欧各国民法典亦多将私权神圣明文规定为基本原则。如《俄罗斯联邦民法典》第1条（民事立法的基本原则）第2款第2句规定：“民事权利可依联邦法律受到限制，但仅以为了保护宪法制度的基本原则、道德、健康、他人权利与合法利益及保障国防与国家安全所必需者为限。”《亚美尼亚民法典》第3条（基本原则）第2款第3句规定：“民事权利仅可依法律限制之，且该限制须为保障国防与社会安全、社会秩序、健康与社会道德、保护他人权利与自由、荣誉与名誉所必需。”《立陶宛民法典》第2条第2款与之类似。

优位主义的对立。公法与私法在地位上的优劣,实际反映历史的变迁与时代的进步。公法优位主义,以公法地位优于私法,私法被包括在公法之中。实际是一切专制国家的法制。私法优位主义,认为私法应居于优越地位。其根据为“社会契约论”,为实现法治国家的前提条件。

公法优位主义认为,公法较之于私法应居于优越地位。一切社会生活领域和一切社会关系,莫不属于公法和公权力的作用范围,仅对于某些社会关系,划出一定范围,授权当事人自己去处理,而国家对此仍保留撤回之权。公法优位主义,亦即国家中心主义的法律观,在国家与社会、国家与人民的关系上,强调以国家为中心,国家应凌驾于社会之上,国家应凌驾于人民之上;一切法律、法规,莫非国家意志的表现,一切权利、权力,莫非出于国家之授予。它认为国家利益应绝对优于一切个人和企业利益,国家权力可不受任何限制,国家行为具有天然合理性;一切社会领域,一切社会关系,均应受国家行政权力的支配;甚至进而否认私法与私权,用公法手段调整私法关系,用行政权力和行政手段直接进行经济运作;国家似乎全知全能,肩负无限的职能,具有无限的能力,可以任意限制、变更和决定社会、历史、经济、科学乃至艺术发展的客观规律。

私法优位主义恰好相反,认为私法较之于公法应居于优越地位。公法之设,目的在保障人民和企业的私权;人民和企业之私权神圣,非有重大的正当事由及依法定程序,不得予以限制和剥夺。应严格区分公法与私法,严格区分公法领域与私法领域,并实行不同的法律原则。在私法活动领域,实行私法自治原则或称意思自治原则,即由法律地位平等的当事人,通过自由协商决定他们之间的权利义务关系,国家原则上不作干预,只在发生纠纷不能通过协商解决时,才由审判机关出面进行裁决。法律为人民的意志,国家只行使人民依法授予的权力和担负人民依法赋予的职能。尤其对于经济生活,国家并无进行广泛干预的职权,只在维护公正自由的竞争秩序的必要限度内,才可进行适当且合比例的干预,而由市场参加者的自由意思和市场经济客观规律发挥作用。至于文学、艺术、科学、学术,则应实行完全的自由。

三、民法为行为规范兼裁判规范

法律规范有行为规范与裁判规范之分。所谓行为规范,是指法律主体从事活动所应遵循的规则;裁判规范,指法院裁判案件所应遵循的规则。例如,刑法、刑事诉讼法、民事诉讼法均属于裁判规范。如《刑法》第 232 条关于犯故意杀人罪处死刑、无期徒刑或 10 年以上有期徒刑的规定,非行为规范,而属于裁判规范。民法是为一切民事主体规定的行为规则,无论经济活动如订立和履行合同,或家庭生活如结婚、离婚,均应遵循。唯此种行为规范,是以国家强制力为其保障。如不遵守此行为规范,发生民事纠纷,诉请法院裁判时,法院应以民法作为裁判之基准。因此,民法亦为法官裁判案件之裁判规范。可见民法兼具行为规范与裁判规范的双重属性。

四、民法为实体法

法律分为实体法与程序法。实体法与程序法的区别，是以法律的实质及其施行的手续为标准。规定法律主体的权利义务或具体事项的法律是实体法，规定实体法如何运用和如何施行的程序手续的法律是程序法。民法规定民事主体相互间的权利义务的实体内容，而这些权利义务的实现受到障碍时，当事人应依民事诉讼法等所规定的程序、手续请求国家机关救济。因此，民法属于实体法，而民事诉讼法属于程序法。须注意的是，民法虽为实体法，其中亦可能包含少量程序性的规定。[71]

在学理上，实体法常与程序法相对称，但在实务上，则程序法先于实体法而适用。如原告向法院提起民事诉讼，法院立案庭先依民事诉讼法审查是否符合起诉条件、是否属于法院管辖范围并决定是否受理，其不应受理者，法院应裁定不予受理或驳回起诉，并无适用实体法民法之余地。若经审查认为符合民事诉讼法关于案件受理的规定，则决定受理（立案），然后审判庭依民法的规定从实体上审查其诉讼请求有无理由，并作出判决。

五、民法的功能

民法的功能，亦即民法的作用。对此问题，若在资本主义市场经济条件下，本无特别论述之必要。因为在了解民法作为行为规范和裁判规范的双重属性之后，其所发挥的重大作用，已不言自明。但社会主义国家曾经长期实行计划经济体制，推行消灭商品经济的政策，以致在一个相当长的时期，民法之名虽存而实已亡。并且在苏联及东欧若干国家发生过关于是否应保留民法的争论。按照现代经济法学派的主张，社会主义国家在消灭私有经济之后，民法已经丧失其存在基础，至多只能调整公民之间的关系。至于整个国民经济关系，则应由一个新的法律部门即经济法进行统一调整。中国从改革开放之始，也曾发生关于经济法与民法的长期论战。民法的作用问题，不用说即是论战的一个焦点。在今天，由于社会主义市场经济体制已经确立，民法的地位已经不再受到怀疑。但关于民法作用的认识尚有待提高。

现代民法的功能可概括如下：

第一，为现代市场经济活动提供行为规范。民法为现代化市场提供一般规则及市场活动的行为规范。使市场参加者可以遵循这些规则从事活动，进行预测、计划和冒险，并建立和维护正常的市场秩序。例如《民法典》合同编，规定市场交易的基本规则。一些特殊的市场，如证券市场和期货市场的特殊交易规则，则由作为民事特别法

---

〔71〕 例如，《民法典》总则编第 15 条关于自然人出生时间和死亡时间的规定；物权编第 216 条至第 223 条关于不动产登记的规定；婚姻家庭编第 1049 条关于结婚登记的规定、第 1076 条至第 1078 条关于离婚登记的规定等。

的证券法和期货法规定。可见民法的作用之一,是促进社会主义市场经济的发展。

第二,为人权提供基础性保障。所谓人权,是指作为一个人应有的权利。什么是人权?1966 年联合国大会通过"国际人权两公约"(《公民权利和政治权利国际公约》《经济、社会及文化权利国际公约》),实现了人权的定型化。1977 年 12 月 16 日,联合国大会第 105 次全体会议,通过 32/130 号决议,即《关于人权新概念的决议》,明文规定了 12 类基本人权。[72] 这 12 类人权与《民法典》规定的民事权利,既有区别也有联系。例如,民事权利中的"生命权"(《民法典》第 110 条),就是"生存权"的基础;"自然人的人身自由"(《民法典》第 109 条),就是"基本自由"的基础。没有"生命权",作为基本人权的"生存权"就无从谈起;没有"人身自由",作为基本人权的"基本自由"也无从谈起。《宪法》第 33 条第 3 款规定:"国家尊重和保障人权。"保障人权是公法和私法共同的任务。按照《民法典》侵权责任编,无论侵害"生命权、健康权"还是侵害"人身自由",均将被追究侵权责任。《民法典》合同编第 506 条规定,免除人身伤害责任的免责条款无效。我国法院审理"冒名上学"的案件,曾将"受教育权"解释为民法上的权利而予以保护。鉴于民事权利是享受基本人权的基础,民法保护民事权利,也就是保护基本人权。可见,民法为人权提供基础性的保障。

第三,维护社会公平正义。在现代市场经济条件下,民法担负着维护社会公平正义的重要作用,发挥着协调各种利益冲突的调节器的功能。所谓公平正义,是指不同的人群、阶层、行业以及生产者、经营者、消费者和劳动者,在利害关系上大体平衡,不致过分悬殊。民法保护一切个人和企业在不损害他人利益和社会利益的前提下谋求自己的利益,不允许靠损害他人利益和社会利益而发财致富,妥善协调各种利益冲突,被称为社会利益冲突的"调节器"。

第四,促进民主政治。民法要求划分民事生活和政治生活,民事生活领域实行私法自治原则,有利于抑制行政机关的膨胀和限制行政权力滥用。行政机关侵害民事权利亦应依法承担法律责任。最终有利于实现政府职能转换,实现社会主义民主政治。

第五,维护公序良俗,促进物质文明和精神文明。中国民法的物质基础,是中国特色社会主义的市场经济和婚姻家庭关系。民法反映社会主义市场经济和婚姻家庭关系的本质特征和要求,通过对财产关系的民法调整,建立和维护竞争、公平、健康有序的市场经济法律秩序,通过对身份关系的民法调整,建立和维护和睦、健康、亲情的婚姻家庭生活秩序。我国已经确立社会主义核心价值观和全面建成社会主义现代化强国的目标,民法所蕴含的诸如自由、平等、博爱、公平、正义、法治、协商、自尊、自爱、自

---

〔72〕 联合国《关于人权新概念的决议》规定的 12 类基本人权是:第一,生存权;第二,平等权;第三,社会保障权;第四,环境权;第五,自决权;第六,发展权;第七,知情权;第八,接受公正审判权;第九,安全权;第十,基本自由;第十一,受教育权;第十二,和平权。

强、廉洁自律、人格尊严、意思自治、契约自由、自己责任、平等保护、诚实信用、公序良俗、利益衡量,及禁止权利滥用等理念和原则,当然是社会主义和谐社会的应有之义,应当吸收并融入正在建构的中国特色社会主义价值体系当中。应当重视和发挥民法的重要作用,促进社会主义物质文明和精神文明的发展,实现全面建成社会主义现代化强国的第二个百年奋斗目标。

六、民法的基本原理

(一)私法自治的意义

民法是调整民事生活的法律,公法是调整政治生活的法律,两者所遵循的基本原理也不相同。公法所遵循的基本原理为国家意志决定,其决定自由受有严格限制。以征收利息税〔73〕为例,是否开征利息税,是由全国人民代表大会通过税法修改作出规定的;对某个公民征收多少利息税,是由税务机关依据税法决定的;如果该公民对于应否纳税及纳税数额有异议,提起行政复议,应由上级税务机关作出复议决定。全国人民代表大会关于开征利息税的规定、税务机关关于某个公民应纳税款的决定以及上级税务机关就行政复议作出的复议决定,均为国家意志的体现,并不征求纳税义务人的同意。此即国家意志决定。国家拥有权力,且公法上的行为后果一般非由决定者自负,而由人民承担,因此法律严格限制其决定自由,权力的行使须陈述理由,合法与否须受法院审查。〔74〕

与此不同,民法所遵循的基本原理为私法自治。所谓私法自治,亦称意思自治,是指经济生活和家庭生活中的一切民事权利义务关系的设立、变更和消灭,均取决于当事人自己的意思,原则上国家不作干预。只在当事人之间发生纠纷不能通过协商解决时,国家才以仲裁者的身份出面予以裁决。私法自治的实质,即由平等的当事人通过协商决定相互间的权利义务关系。私法自治这一基本原理,体现在民法的各个部分,例如,在物权法上称为所有权自由,指所有权人在法律许可范围内可以自由占有、使用、收益和处分其所有物;在合同法上称为合同自由,指当事人自己决定是否订立合同,与谁订立合同,以什么形式订立合同及决定合同内容;在亲属法上称为婚姻自由与收养自由,个人有结婚与离婚的自由,收养关系的设立与解除原则上亦由个人自决;在继承法上称为遗嘱自由,指个人在生前可以订立遗嘱,决定其身后遗产的处分;在商事

---

〔73〕 我国的利息税始于1950年颁布的《利息所得税暂行条例》,其中规定,对存款利息征收5%的所得税。1959年,利息税停征。1999年8月30日,根据第九届全国人民代表大会常务委员会第十一次会议《关于修改〈中华人民共和国个人所得税法〉的决定》再次恢复征收,1999年11月1日《对储蓄存款利息所得征收个人所得税的实施办法》规定税率为20%。2007年8月15日起,降至5%。2008年10月9日起,暂免征收利息税。

〔74〕 参见[德]迪特尔·梅迪库斯:《德国民法总论》,邵建东译,法律出版社2000年版,第9页。

法上称为“营业自由”,指具有行为能力的人,可以按照自己的意思从事商事活动。须说明的是,私法自治并非不受限制,在现代市场经济条件下,国家为了对市场宏观调控和维持市场秩序,为了保护消费者、劳动者利益及社会公共利益,有必要制定一些特别法规对私法自治予以适度的限制。

(二)私法自治的功能

私法自治,系建立在19世纪个人自由主义之上的基本原则。对于排除当时封建身份关系及各种法律对个人之束缚,废除法人尤其是公司之特许主义,保障私有财产之处分,实现营业自由,对于维护个人之自由与尊严,促进社会经济之发展、文化之进步,发挥了极重大的作用。

私法自治原则,适用于一切私法关系,包括婚姻或家庭关系。在财产法领域,私法自治原则要求经济活动之运作不应经由国家之支配,而应经由个人意思决定所表现之自由竞争。个人自主及自由竞争,成为调整经济活动之高度有效手段,在市场经济体制下,可以将劳力与资本引导至能产生最大利益之场所。其他调整手段,尤其是国家的干预措施,常会造成缓慢、昂贵、冗杂、低效率之资源分配及利用、破坏市场机制,且往往导致腐败。

(三)私法自治的限制

私法自治原则,在现代市场经济条件下,其功能之发挥须以当事人之自由平等及由此而产生的自由竞争、机会均等为前提条件,始足确保契约内容之妥当性。一个离乡背井之劳工,赖出卖劳力维持生活,如何能与企业主讨价还价磋商劳动条件?一个无资力的市民,通常仅能购买最低廉之物品,买卖契约之自由,徒具虚名,无多大意义可言。一般消费者,零散孤立,欠缺必要资讯,如何对抗在市场上居于优势地位之企业厂商?在此种情形,国家法律必须介入,通过制定和实施保护劳动者、消费者的特别法,以维护社会正义。民法本身对如何醇化私法自治,亦多设有规定。如法律行为违反强制或禁止规定者无效,法律行为有悖于公共秩序或善良风俗者无效,以限制私法自治原则之滥用。

第四节 民法的本位

一、义务本位

民法的基本观念,亦即民法的基本目的,或基本作用,或基本任务,学者称之为民法的本位。民法基本观念之演变，因时代之不同，可分为三个时期。其初为义务本位时期，自罗马法至中世纪。其次为权利本位时期，自 16 世纪开始，经 17、18 世纪之孕育，而成熟于 19 世纪。自 20 世纪起开始另一时期，称为社会本位时期。

英国法律史学家梅因研究古代法，认为社会之进步，有其不移之轨迹。其初人与人之间的关系，局限于家族，各成员均有其特定身份，而整个社会秩序，即以此身份关系为基础。故不论在经济政治或社会方面，均以家族为单位，个人不具有独立地位，从而亦不能有其独立意思之表达。此种以身份关系为基础的社会的法律，称为义务本位的法律。此为人类社会法制之第一时期，即义务本位时期。此一时期，自罗马法时代至中世纪，绵延近两千年。例如，罗马法上的家父，为罗马法律制度之中心，罗马城邦即以家为建立之基础。与现代法制上财产权与身份权之划分，其性质显然不同。在古代罗马法上，权利虽已有相当之分类，但在观念上其分别甚不明显。家父对于子女及奴隶之权力，与对于物之支配权，并无显著不同。中国历史上社会之组织及法律制度，情形亦复相若。中国所谓伦常关系，亦即身份关系，层级相属，个人仅为家族之构成分子，不具有独立的地位。法律的基本观念，在使各人尽其特定身份上之义务，是谓义务本位之法律。

所谓义务本位，乃以义务为法律之中心观念，义务本位的立法皆系禁止性规定和义务性规定，且民刑责任不分。目的在于对不同身份的人规定不同的义务，以维护身份秩序。其典型立法例，为 1794 年制定的《普鲁士一般邦法》。这一法典是在学者沃尔夫的自然法论强烈影响之下编纂的，是以身份制社会作为前提的“义务体系”，与沃尔夫认为法乃以义务为基础的思想相符。《普鲁士一般邦法》不承认私法自治，不是将各种各样的法律关系的形成委之于个人的自由意思，而是针对各种不同身份规定特别详细的义务目录。例如，该法典用 86 个条文规定家长与仆役的权利义务关系。其中作为主人对仆役的义务，规定了如约定给予食物，则必须提供当地通常的食物使之吃饱为止；必须给予参加教堂礼拜的时间等。权利义务依各种各样的特别身份而规定。个人依所属的身份，而成为相应的权利义务的主体。

二、权利本位

自中世纪以后，社会日渐进步，家族日渐解体，社会秩序以个人之间由合意所形成之关系为基础。个人成为经济、政治、社会各方面的独立主体，任何关系之发生，均以个人之意思为依归。即梅因所谓由身份到契约之进步。此一进步，实为近代文明建立之基础，亦为现代法制与古代法制本质之区别。

由于民智渐开，社会进步，家族渐形解体。个人乃有自我之感觉，权利观念亦油然而生。权利之设定与义务之负担，必须基于独立自由之意思，各人立于平等之地位。易言之，权利之设定与义务之负担，必须基于契约。契约制度中，必须包含自由及平等两个基本观念。一方在上,一方在下,是为命令与服从,绝不能成立契约。至于自由,更是契约制度之必要观念。契约为两个意思趋于一致之行为。既言意思,不可能不自由。既称意欲,绝不能被动。故契约制度,唯在自由及平等两个概念上方能建立。双方的意思一经合致,权利义务即行发生。昔之强制义务,今成为同意义务,义务观念从而大减;昔之绝对义务,今成为权利之内容,权利观念从而大涨。法律之基本任务,亦由使人尽其义务而转向保护权利,为使权利之内容得以实现,方有义务之履行。是谓权利本位之法制。[75] 于是,权利成为法律之中心观念,个人权利之保护,成为法律最高使命。与此前以义务为中心的立法相对照,称为权利本位的立法,其集中体现为近代民法三大原则的确立。

近代民法三大原则如下:

第一,契约自由原则。尊重个人意思自由,个人取得权利,负担义务,完全取决于个人自由意思。契约之内容、方式、成立及契约对方当事人之选择,听凭当事人自由,国家不作干预。[76]

第二,尊重私人财产亦即所有权绝对原则。所有权为绝对支配权,排斥一切干预,并得以遗嘱处分。土地所有权之范围,上达天空,下至黄泉,几无限制。

第三,自己责任亦即过失责任原则。个人只对自己的行为负责,而对他人的行为绝不负责。又自己对自己的行为负责,须以有故意、过失为限。倘非出于故意、过失,纵然损害他人,亦不承担责任。

三、社会本位

上述权利本位的立法,是资本主义上升时期的自由主义法律思想和自由放任经济政策的产物。其对于人类文明之贡献,在于极力保护个人财产权,刺激自由竞争,而促成资本主义市场经济的发达。但 19 世纪中期以后,出现了各种严重的社会问题,如劳资对立、贫富悬殊等,均与三大原则有关。因此,民法思想为之一变,由极端尊重个人自由变为重视社会公共福利,并对三大原则有所修正。于是形成社会本位的立法思想。观之 20 世纪以来的立法,乃有峰回路转之势。契约之地位,一部又被身份占领。当今之各种社会立法,诸如最低工资之规定、最高工时之限制、耕地佃租之限制、耕地所有权之剥夺、消费者权利的保护,无非对于意思自由之限制,无非对于权利观念之打击。义务之负担,不必尽由于义务人之意思,法律之任务,亦未必尽在保护各个人之权利。为使社会共同生活之增进,法律即强使人负担特定之义务,限制或剥夺其某种权

---

〔75〕 参见王伯琦编著:《民法总则》,台北,正中书局 1979 年版,第 32 页。

〔76〕 法国 1804 年《拿破仑法典》第 1134 条第 1 款规定:依法成立的契约,在缔结契约的当事人间有相当于法律的效力。2016 年《法国债法》修正后,该条序号变为第 1103 条。

利，是之谓社会本位之法制。

但所谓社会本位之法制，亦仅权利本位法制之调整，绝非义务本位法制之复活。法国1804年之拿破仑法典，为典型之权利本位法律，而以契约自由、权利之不可侵及过失责任为其基本原则。凡此三大原则，迄今仍为世界各国法制之基础。[77] 试观现代各国民法，法律行为之构成仍以自由之意思表示为要素。权利之保护，仍为法律之最大任务。民事责任之构成，一般情形仍以故意过失为要件。诚然，各种劳动立法和消费者保护立法，以及规范市场竞争秩序的立法，多有关于意思自由之限制；关于权利之行使，应遵循诚实信用原则，禁止权利滥用；若干特殊侵权行为责任实行无过失责任原则，不以故意过失为成立要件。但此均属原则之例外，拿破仑法典中之三大原则，谓其已有修正则可，谓其已非原则则不可。即令所谓身份，亦非义务本位时代之身份，更不得谓历史趋势已转向从契约到身份。实则20世纪以来所谓社会化之法制，在于矫正19世纪立法过分强调个人权利而忽视社会利益之偏颇，其基本出发点，仍未能脱离个人及权利观念。观之将来民法之趋向，唯有在个人权利与社会利益之间，谋求其调和。法律一日为人类社会之规范，则可以断言个人观念、权利观念必有其一日之存在！[78]

所谓社会本位的立法，其集中表现是：

第一，契约自由的限制：对缔结契约加以公法的监督，注重保护经济上的弱者。

第二，所有权绝对原则之限制：如魏玛宪法规定，所有权附有义务。各国法律明定禁止权利滥用。所有权之行使亦应遵守诚实信用原则。

第三，无过错责任原则之采用：法律明定，对于高度危险责任、产品责任、公害责任等实行无过错责任原则。

四、中国民法的本位

（一）权利本位思想在现行法上的体现

《民法典》总则编，系以权利为中心。其第一章基本原则，第1条明定立法目的："为了保护民事主体的合法权益"，第3条规定私权保护（私权神圣）原则，第5条规定意思自治（私法自治）原则；第二章自然人、第三章法人、第四章非法人组织，为关于权利主体之规定；第五章民事权利，列举规定人格权、物权、债权、知识产权及其他民事权利；第六章民事法律行为、第七章代理、第九章诉讼时效，为关于权利变动之规定；第八章民事责任，为关于民事权利保护与救济之规定。第114条规定民事主体依法享有物

---

〔77〕 参见王伯琦编著：《民法总则》，台北，正中书局1979年版，第33页。

〔78〕 参见王伯琦编著：《民法总则》，台北，正中书局1979年版，第34页。

权。物权为直接支配特定物和排他的权利。《民法典》侵权责任编第 1165 条第 1 款规定过错责任为原则。可知中国民法仍属于权利本位的立法。

(二)社会本位思想在现行法上的体现

《民法典》总则编第 6 条规定公平原则;第 7 条规定诚信原则;第 8 条规定公序良俗原则;第 132 条规定禁止权利滥用;第 143 条规定以“不违反法律、行政法规的强制性规定,不违背公序良俗”为法律行为有效要件;第 154 条规定“行为人与相对人恶意串通,损害他人合法权益的民事法律行为无效”。《民法典》侵权责任编第 1166 条规定无过错责任原则,并对监护人责任、使用人责任、产品生产者责任、机动车交通事故责任、环境污染责任、高度危险责任等案型,适用无过错责任。[79]

(三)中国民法坚持权利本位兼顾社会公益

民法上所谓本位问题,是指民法以何者为中心。实则反映民法思想随时代和历史的变迁,为衡量民法进步与否的基本标志。即由法律制度之进化过程观之,民法由义务本位进入权利本位,其后进入社会本位。如法国、德国、日本等国民法典,均为权利本位之立法。唯在“二战”以后通过修订,增添若干社会本位的色彩。所谓社会本位之立法思想,即强调法律应兼顾社会公共利益,对个人自由和个人权利作适当限制。当代资本主义国家民法学说提倡社会本位,有其进步意义。但社会主义国家,曾经在一个相当长的时期无视人民的权利和利益,片面强调国家、社会利益,在法律思想上表现为彻底的社会本位。中国有长达数千年的义务本位法制传统,个人观念、权利观念、自由观念十分薄弱。中华人民共和国成立后,曾长期实行单一公有制的计划经济体制,靠个人崇拜、阶级斗争、政治运动治国,片面强调国家和社会利益,否定个人利益和个人权利,已趋于极端的社会本位。改革开放以来,虽然制定了许多保护人民私权的法律,但因采渐进式改革模式,以行政手段推动向市场经济转轨,部门和地方行政权力因而膨胀、扩张,导致以“公共利益”为借口滥用公权,侵夺人民合法权益的严重社会问题。对所谓社会本位立法思想,应有清醒认识,不可盲从、照搬。且所谓公共利益,往往真假难分,一切危害人民福祉、侵夺人民私权之违法行为,无不假公共利益之名。中国《民法典》,是从中国的国情、社会主义市场经济体制即社会生活实际出发,要贯

---

〔79〕《民法典》侵权责任编规定适用无过错责任原则的案型,包括监护人责任(第 1188 条);用人者责任(第 1191 条、第 1192 条);产品生产者责任(第 1202 条);环境污染责任(第 1229 条);高度危险作业损害责任(第 1236 条);民用核损害责任(第 1237 条);民用航空器损害责任(第 1238 条);占有、使用高度危险物损害责任(第 1239 条);从事高空、高压、地下挖掘或高速轨道运输工具损害责任(第 1240 条);遗失、抛弃高度危险物损害责任(第 1241 条);非法占有高度危险物损害责任(第 1242 条);饲养的动物致人损害责任(第 1245 ~ 1247 条、第 1249 条);等等。

彻权利本位立法思想,强调对人民和企业私权的切实保护,并着重于限制公权力的滥用,即使出于真正公共利益之目的,须对人民私权有所限制,亦设有严格程序和救济措施,在切实保护人民私权的基础上兼顾对社会公益的保护。换言之,中国民法坚持权利本位兼顾社会公益的立法思想。

第五节 民法的基本原则

一、原则的意义

(一)原则的含义

"原则"一词有各种各样的意义。按照法国有名的法学用语辞典,与"原则"一词大致对应的"principe"一词至少有七种不同的含义。择其要者:其一,指非法律的一般规范,从这种一般规范可以导出法律规范。作为具体的例子,可以举国民主权等。其二,作为法律规定的一般条款。例如,《法国宪法》序言中的"政治的、经济的、社会的原则"。其三,即在法律文本中没有明文的、具有法律拘束力的法的一般原则。例如,无论何人也不能将自己所没有的权利移转给他人。第三种含义的原则,称为未有法律条文的法律原则。[80]

(二)原则的功能

原则的功能为:其一,作为对法律条文理解和解释的基准。这是指那些表明该时代、该社会的基本原理的原则,这些原则居于其他原则和条文的上位,正如宪法居于其他法律的上位一样。例如,契约自由的原则,即被作为解释其他各种条文的基准。其二,与普通法律条文同样的作用。这是指那些比较技术性的原则。例如,无效行为不生效果的原则。

(三)原则的分类

按照日本学者星野英一的意见,对法律原则可作如下分类:其一,关系法律全体的原则。例如,普通法与特别法的关系那样的原则。其二,作为制度的根据在学问中所主张的原则。例如,私法自治的原则。其三,表明民法典内在的基本价值的原则。例如,一切人权利能力平等、契约自由、所有权绝对及过失责任,被称为近代民法的基本

---

〔80〕 参见[日]星野英一:《未有条文的民法"原则"》,载《法学教室》1993年第5期。

原则。其四,比较纯粹的法技术的原则。例如,无效行为不生效的原则;土地和建筑物为各别之物的原则。值得注意的是,在第三和第四之间存在一种中间状态,例如,契约仅在当事人之间有效(合同的相对性)、债务人的总财产作为债权人共同的担保等原则。[81]

二、民法基本原则的意义

(一)民事立法的指导方针

民法基本原则,是贯穿于整个民事立法,对各项民法制度和民法规范起统率与指导作用的立法方针。它是中国社会主义经济政治制度、经济体制和经济政策在法律上的集中反映,是中国民法所调整的社会关系本质特征的集中反映。民法基本原则之内涵,集中体现了民法区别于其他法律的特征,在民法与其他法律如行政法、经济法之间划了一条界线。

(二)一切民事主体均应遵循的行为准则

民法基本原则,不仅是民事立法的指导方针,并且是一切民事主体应当遵循的行为准则。民事主体在进行民事活动时,不仅应遵循具体的民法规范,并且应遵循民法基本原则。在现行法缺乏相应的具体规范时,应按照民法基本原则的要求行事。

(三)解释民事法律法规的依据

民法基本原则也是对法律法规进行解释的依据。法院在审理民事案件时,须对所应适用的法律条文进行解释,阐明法条的含义,确定其构成要件和法律效果。法院在对法律条文进行解释时,如有两种相反的含义,则应采用其中符合于民法基本原则的含义。无论采用何种解释方法,其解释结果均不能违反民法基本原则。违反民法基本原则的解释,不得谓为正确的解释。

(四)补充法律漏洞、发展学说判例的基础

民法基本原则不仅是法院解释民事法律法规的依据,并且是补充法律漏洞、发展学说判例的基础。法院于审理案件时,从现行法不能获得裁判的依据,说明现行法存在法律漏洞。这时,法院应进行法律漏洞补充。而民法基本原则,可用来补充法律漏

---

〔81〕 参见[日]星野英一:《未有条文的民法“原则”》,载《法学教室》1993年第5期。

洞。换言之,在现行法缺乏相应的具体规范时,法院可直接适用民法基本原则裁判案件。[82] 同时,学者对民法进行研究和解释时,亦应以民法基本原则作为基础,不得违背民法基本原则。无论何种学说,如果违背民法基本原则,不得谓为妥当的学说。

三、中国民法的基本原则

(一)民事权利保护原则

中国民事立法之规定民事权利保护原则,始于《民法通则》。原《民法通则》第5条规定:"公民、法人的合法的民事权益受法律保护,任何组织和个人不得侵犯。"考虑中国在改革开放前长期实行计划经济体制、否认"私权""私利",民法立法明文规定此项基本原则,具有极其重大的意义。《民法典》总则编将"民事权益"概念分解为"人身权利、财产权利以及其他合法权益",其第3条规定:"民事主体的人身权利、财产权利以及其他合法权益受法律保护,任何组织或者个人不得侵犯。"关于人身权利、财产权利及其他合法权益,《民法典》总则编第五章"民事权利"并有列举规定。

中国民法之民事权利保护原则,相当于传统民法所谓"私权神圣"之基本原理(原则),属于不言自明,立法例上少有规定。所谓"私权",是与"公权"相对应的法律概念,泛指私法关系上的权利,与中国民法用语"民事权利"同义。不仅个人的民事权利属于私权,国有企业的民事权利也属于私权,作为特别法人的国家机关(机关法人)享有的民事权利也属于私权。所谓"私权神圣"亦即"民事权利保护",是现代法治第一要义、首要目的。中国立法规定为民法第一项基本原则,有其历史原因。

中华人民共和国历史上曾经实行单一公有制的计划经济体制,一度彻底否定私有、私益和私权。20世纪80年代初实行改革开放、向市场经济转轨,私有、私益和私权逐渐得到认可。迄今为止中国特色社会主义市场经济的实践表明,正是因为承认和保护私有、私益和私权,激发了人民群众和企业的生产积极性和创造性,达成经济社会巨大发展的成就。同时在私权保护方面还存在不足之处,有必要进一步强调和强化对私权的法律保护。

此项原则,原《民法通则》规定在第5条(在平等原则、公平原则和诚信原则之后)。《民法总则草案》曾经将这一原则规定在第9条,其位置在平等原则、意思自治原则、公平原则、诚信原则、公序良俗原则和生态环境保护原则之后。全国人民代表大会审议《民法总则草案》时,根据全国人大代表的意见,将其位置提前,规定在第3条,

---

[82] 需注意的是,可以直接适用作为裁判依据的基本原则,只是属于授权条款性质的诚实信用原则、禁止权利滥用原则。其他基本原则,不具有授权条款的性质,不能作为裁判的依据。

置于各项基本原则之首位。[83] 私权保护作为第一项民法基本原则,其强调私权保护之立法者意思,突出了中国民法之权利本位色彩。

需说明的是,民事权利保护原则属于指导性原则,不仅是民事立法的既定方针、解释民事法律法规的准则,也是国家公权力行使的目的所在。但是,民事权利保护原则不具有裁判规范的性质和功能,人民法院裁判案件不得引用为裁判依据,自不待言。

(二)平等原则

所谓平等原则,指在民事活动中一切当事人法律地位平等,任何一方不得将自己的意志强加给对方。同时,法律对当事人提供平等的法律保护。

平等原则,最集中地反映了民法所调整的社会关系的本质特征,是民法区别于其他部门法的主要标志,也是在市场经济条件下对合同关系当事人的法律要求。此原则在法国、德国、日本、瑞士等国民法以及中国台湾地区相关规定中,未有明文规定,学者称为无须明文规定的公理性原则。鉴于中国在实行计划经济体制时期曾经背离平等原则,靠隶属关系组织生产和供应,改革开放以来也曾发生过强迫对方服从自己意志,签订所谓“霸王合同”的现象,法律明文规定平等原则,有其重要意义。[84] 平等原则的含义是,参加民事活动的当事人,无论是自然人或法人,无论其所有制性质,无论其经济实力强弱,其在法律上的地位一律平等,任何一方不得把自己的意志强加给对方,法律也对双方提供平等的法律保护。

需注意的是,平等原则所要求的平等非指经济地位上的平等或经济实力的平等,而是“法律地位”的平等,以免滋生疑义。此法律地位平等,是对民事活动当事人的基本要求,应贯彻民事活动之始终。无论自然人、法人或者非法人组织,无论营利性法人、非营利法人或者特别法人,他们在从事民事活动时,法律地位是一律平等的。但在民事活动之外,他们的法律地位就不见得平等。例如,机关法人在参加民事活动如订立建设工程合同、政府采购合同、建设用地使用权出让合同时,是以特别法人身份,其与合同对方当事人之间,在法律地位上是完全平等的,既不能单方面决定合同内容或者变更合同内容,在不履行合同义务的情形,也不能不承担违约责任;但同一国家机关在民事活动之外,是以行政法主体身份,行使行政、经济管理权,其与被管理的公民或者企业之间,是管理者与被管理者的关系,法律地位当然是不平等的。

平等原则是民事生活的指导性原则,不仅要求民事主体在参与民事活动中遵循平

---

〔83〕 与之相应,在第五章增加关于平等保护财产权利的规定(第 113 条)、关于征收和征用须公平合理补偿的规定(第 117 条)。

〔84〕 参见[日]星野英一:《未有条文的民法“原则”》,载《法学教室》1993 年第 5 期。

等原则,不得将自己的意思强加给对方,也要求人民法院和仲裁机构,在处理民事纠纷案件时平等对待双方当事人,不能偏袒任何一方。虽然如此,平等原则并不具有裁判规范的性质,不能直接作为裁判案件的依据。违反平等原则的民事法律行为(合同),不能直接依据平等原则认定其无效,而应当依据具体的裁判规范(如胁迫、显失公平)处理。

(三)意思自治原则

所谓意思自治原则,指参加民事活动的当事人在法律允许的范围内享有完全的自由,按照自己的自由意思决定实施民事法律行为、缔结民事法律关系,为自己设定权利或对他人承担义务,任何机关、组织和个人不得非法干预。

需注意的是,意思自治原则在民法分则及民事特别法中有不同的称谓,在合同法中称为合同自由原则,在物权法中称为所有权自由原则,在婚姻家庭法中称为婚姻自由(包括结婚自由和离婚自由)原则和收养自由原则,在继承法中称为遗嘱自由原则,在商事特别法中称为营业自由原则。其中,以合同自由原则为典型,多数立法例往往仅对合同自由原则作明文规定。因此,民法理论常以合同自由原则代替意思自治原则。

中华人民共和国历史上的一段时期,曾经实行以单一公有制为基础的计划经济体制,通过行政手段和方法(指令性计划、票证)组织生产、流通、分配和消费。无论生产者或者消费者,均无自己的自由意思,无所谓合同自由原则,当然也就不存在真正意义上的合同制度。20 世纪 80 年代初实行经济体制改革和开放政策,向市场经济体制转轨,开始重视和发挥合同制度的重要作用,认识到没有意思自治就没有真正的合同和合同制度。于是,1999 年《合同法》第 4 条明文规定了合同自由原则。改革开放以来的实践经验表明,由于承认和保护民事主体的合同自由(意思自治),激发了人民群众和企业的生产积极性和创造精神,这是导致中国经济奇迹的主因。因此,《民法典》总则编第 5 条在原《合同法》第 4 条规定合同自由原则的基础上,对意思自治原则作了明确表述。

需特别注意的是,意思自治是贯彻整个私法的基本原则(原理),无论经济生活或者家庭生活,均应遵循不悖。但意思自治原则不具有裁判规范的性质,不能直接作为认定民事法律行为(合同、身份关系上的协议)无效的依据。对于违背意思自治原则的合同或者协议,人民法院应当依据体现意思自治原则的具体裁判规范(如欺诈、胁迫、重大误解、显失公平)处理。

(四)公平原则

所谓公平原则,指民事法律行为内容的确定,应当合乎公平。由当事人一方或第三方确定民事法律行为内容的,其确定只在符合公平原则时,始得对他方当事人发生效力。民法公平原则,主要是针对合同关系而提出的要求。是当事人缔结合同关系,尤其是确定合同内容时,所应遵循的指导性原则。现代民法设立公平原则之目的,在对于市场交易的合同关系,要求兼顾双方的利益,并为"诚实信用"原则、"情事变更"原则、"显失公平"规则树立判断基准。

《民法典》总则编第 6 条规定,"民事主体从事民事活动,应当遵循公平原则,合理确定各方的权利和义务"。但"民事活动"一语文义过宽,包括民事经济活动和民事身份活动,而民事身份活动如父母子女关系及身份关系上的协议,并无公平原则适用余地,即使民事经济活动中的物权人行使权利、设定和行使担保物权等,似也无公平原则直接适用之可能。因此,应当对"民事活动"一语作限缩解释,解释为民事经济活动中的合同行为。并且,合同作为一种"民事活动",包括合同的订立和合同的履行两个阶段,而公平原则的实质是要求合同当事人之间在利益关系上大体平衡,系着重针对合同订立时权利义务的确定而言,至于合同的履行阶段,则主要受诚信原则之支配。鉴于此,条文用"合理确定各方的权利和义务"一句,实际上将公平原则的适用限定于合同的订立阶段,值得注意。

考虑到现实生活中存在依一方预先制定的格式合同条款签约的情形,而按照社会生活经验,制定格式条款的一方往往侧重于自己一方利益的考虑,易于导致格式条款内容有失公平,甚至有处于优势地位的当事人滥用合同自由、通过格式条款损害相对方合法权益的情形,因此《民法典》合同编通过对格式条款的规制(第 496 ~ 498 条),以确保公平原则之贯彻。

需特别注意,公平原则不具有裁判规范的性质和功能。人民法院审理案件认定合同内容违背公平原则时,不得直接依据公平原则裁判,而应当适用体现公平原则的具体裁判规范,如显失公平(总则编第 151 条)、情事变更原则(合同编第 533 条)以及规制格式条款的条文(合同编第 496 ~ 498 条)。顺便指出,裁判实务中时有个别法官不懂得公平原则不具有裁判规范的性质和功能,竟然直接依据公平原则认定合同无效。这样的判决构成法律适用错误,二审法院或再审法院当以适用法律错误为由予以撤销(发回重审)或者改判。

(五)诚实信用原则

所谓诚实信用原则,简称诚信原则。这一原则要求民事活动的当事人在行使权利和履行义务时,应当遵循诚实信用的道德准则,秉持诚实,恪守承诺。诚信原则在各国民法上大都有明文规定。诚实信用,为市场经济活动中的道德准则。在市场经济条件下,每一个有劳动能力的人,都应当通过市场交换获取利益和生活资料。用已有的财产(资金)牟利,用自己的技术、知识或者体力劳动换取工资报酬,均合乎诚实信用的道德标准,应受法律保护。

法律绝不允许靠损害他人利益和社会公益获得利益。诚实信用原则,涉及当事人之间的利益关系和当事人与社会之间的利益关系。诚实信用原则的目标,是在这两重利益关系中实现平衡。在当事人之间的利益关系中,诚实信用原则要求尊重他人利益,以对待自己事务之注意对待他人事务,不得通过损害他人而谋取自己的利益。当发生特殊情况使当事人间的利益关系失衡时,应依据诚信原则予以调整,使利益平衡得以恢复,由此维持良性市场经济秩序。在当事人与社会的利益关系中,诚实信用原则要求当事人不得通过自己的活动损害第三人和社会的利益,必须以符合其社会经济目的的方式行使自己的权利。在现代化市场经济条件下,诚实信用已成为一切市场参加者所应遵循的道德准则。它要求市场参加者符合"诚实商人"和"诚实劳动者"的道德标准,在不损害其他竞争者、不损害社会公益和市场道德秩序的前提下,去追求自己的利益。

《民法典》总则编第 7 条规定:"民事主体从事民事活动,应当遵循诚信原则,秉持诚实,恪守承诺。"鉴于条文"民事活动"语义过宽,应采限缩解释方法,将民事身份关系(婚姻家庭关系)的活动排除在外,限于民事经济(市场经济)活动中的权利行使和义务履行行为。质言之,诚信原则的适用范围仅限于市场经济活动中的行使权利、履行义务。婚姻家庭关系及非市场经济关系领域的活动(行为),无所谓诚实信用,而应当遵循公序良俗原则(第 8 条)。

诚实信用原则,在性质上属于一般条款(授权条款),其实质在于,当出现立法当时未预见、未设具体法律规定的新案型时,授权法院依诚实信用原则,行使公平裁量权,直接调整当事人之间的权利义务关系,实现当事人之间利益关系的"衡平"。现代民法理论称之为"帝王规则"。

特别要注意的是,人民法院适用诚信原则作为裁判依据,有严格的前提条件——必须涉案行为(合同)在现行法上未有具体规定、构成法律漏洞,并且既不能从习惯、司法解释及指导性案例获得裁判依据,也不能通过类推适用别的法条获得公正判决时,才能适用诚信原则裁判本案。即使构成法律漏洞,如果可以从习惯、司法解释或指导性案例获得裁判依据,或者可以采用类推适用方法、类推适用类似法条获得公正判决,却直接适用诚信原则裁判本案,仍应构成法律适用错误。这在民法解释学上,称为(法官)"向一般条款的逃避"。

(六)公序良俗原则

所谓公序良俗原则,指民事法律行为的内容及目的不得违反公共秩序或善良风俗。原《民法通则》制定时,因受苏联民事立法和民法理论的影响,未使用公共秩序和善良风俗概念,而用"社会公德""社会公共利益"代替,但民法学者仍将"社会公德"

和“社会公共利益”解释为“公序良俗”。《民法典》总则编第 8 条规定:“民事主体从事民事活动,不得违反法律,不得违背公序良俗。”条文采用“公序良俗”这一通用法律概念,具有重要意义。

需注意公序良俗为大陆法系民法概念,如《法国民法典》第 6 条规定:“任何人不得以特别约定违反有关公共秩序和善良风俗的法律。”《日本民法典》第 90 条规定:“以违反公共秩序或善良风俗的事项为标的的法律行为无效。”英美法系“公共政策”(public policy)概念与大陆法上的公序良俗概念相当。在英美法系合同法中,违反公共政策的合同,不具有强制执行的效力。

公序良俗原则,是现代民法一项重要的基本原则。在现代市场经济条件下,具有维护国家利益、社会公共利益及一般道德秩序的功能。立法者在制定法律时,不可能预见一切损害国家利益、社会公益和道德秩序的行为,并设置详尽的禁止性规定,故以公序良俗原则弥补禁止性规定之不足。公序良俗原则在性质上为授权性规定,授权法院(法官)遇有损害国家利益、社会公益和社会道德秩序的行为,而又缺乏相应的禁止性法律规定时,以违反公序良俗为由判决该行为无效。

公序良俗原则和诚实信用原则具有相同的性质和功能,为现代民法限制当事人意思自治、维护社会公益和法律秩序的有力手段。虽然诚实信用与善良风俗均属于一种道德准则,但二者存在和发生作用的领域不同。诚实信用系市场交易中的道德准则,而善良风俗系家族关系中的道德准则,亦即性道德和家庭道德。因此,需把握诚实信用为市场经济活动中的道德准则,仅对市场交易及与市场交易密切相关的关系适用诚实信用原则;凡不属于市场交易及与市场交易密切相关的关系,均不能适用诚实信用原则,而属于公序良俗原则的管控范围,以避免发生混淆。

值得注意的是,《民法典》总则编在第 8 条规定公序良俗原则之外,另在规定民事法律行为效力的第六章第三节,专设第 153 条第 2 款规定:“违背公序良俗的民事法律行为无效。”毋庸置疑,该款规定是法院(法官)裁判案件据以认定违背公序良俗的民事法律行为无效的裁判规范。鉴于此,第 8 条规定的公序良俗原则仅作为一项指导性原则和行为规范发挥作用,不具有授权条款的性质和功能,此与大陆法系其他民法的情形有别。人民法院裁判案件认定涉案行为(合同、协议)违反公序良俗原则时,应当适用《民法典》第 153 条第 2 款,而不得适用第 8 条公序良俗原则,请予特别注意。

(七)生态环境保护原则

生态环境保护原则规定在《民法典》总则编第 9 条:“民事主体从事民事活动,应当有利于节约资源、保护生态环境。”保护环境、节约资源,本属于环境保护法的基本原则。在中国经济高速发展的同时造成自然环境严重破坏的当下,《民法典》将其提升至基本法并规定为一项民法基本原则,当有其重大意义。(1)鉴于民法的行为规范性质,《民法典》第 9 条将保护环境、节约资源明定为民法基本原则,作为一切民事主体从事民事活动、实施民事法律行为的行为准则;(2)第 9 条规定环境保护基本原则,可以作为侵权责任编规定和强化环境侵权责任的立法根据;(3)因该条之规定,环境保护和节约资源将属于我国“公共秩序”的当然内容,民事主体实施可能造成生态环境严重损害和资源严重浪费的民事法律行为,将被法庭认定为“公序违反行为”,并依据《民法典》第 153 条第 2 款关于“违背公序良俗的民事法律行为无效”的规定,确认该行为无效;(4)民事主体的权利行使行为(事实行为)造成环境严重损害或者资源严重浪费的,将构成权利滥用行为而被法庭依据《民法典》第 132 条禁止权利滥用原则,禁止其权利行使行为或者追究其侵权责任。[85]

请注意第(3)项和第(4)项,赋予人民法院于民事主体的行为实际造成生态环境损害严重后果之前,以“公序良俗违反”或者“权利滥用”为由依法制止该行为,避免实际造成生态环境损害的严重(往往是无可补救)后果,弥补了此前民法只是在造成生态环境严重损害的结果之后追究侵权(赔偿)责任的不足。需注意的是,人民法院最终引用、作为裁判根据的是“公序良俗违反”(《民法典》第 153 条第 2 款)或者“禁止权利滥用原则”(《民法典》第 132 条),并不是第 9 条的“生态环境保护原则”。“生态环境保护原则”只是作为法庭判断被告危害生态环境的行为是否构成“公序良俗违反”和“权利滥用”的判断标准。质言之,本条不具有裁判规范的性质和功能。

鉴于损害生态环境行为之特殊性,往往不能确定具体的受害人(受害主体),因此,不能像一般侵权行为案件那样,由受害民事主体作为原告起诉,而应当由地方人民检察院作为原告提起公益诉讼案件,自不待言。

(八)民事权利行使自由原则

所谓民事权利行使自由原则,指民事主体按照自己的意思依法行使民事权利,不受任何组织和个人的干涉。

传统民法理论特别关注所有权(物权)行使自由,而将所有权行使自由原则与合同自由原则、遗嘱自由原则等并列,作为意思自治原则的下位原则。虽然传统民法仅列举所有权行使自由原则,所有权(物权)之外的一切民事权利也同样应由权利人依自己的意思自由行使。因民事权利之行使取决于权利人的意思,任何人不得干涉,本属于民法意思自治原则(第 5 条)的应有之义。鉴于改革开放以来的一段时间,曾发生对民事权利的保护不周、公权力对民事主体行使权利滥加限制和干涉的社会问题,

---

〔85〕 补充一点,民事主体实施可能造成环境严重损害和资源严重浪费的民事法律行为,依据《民法典》第 132 条禁止权利滥用原则确认该行为无效,须以该民事主体具有损害他人(包括国家)之故意为要件,故不如认定为“违反公序行为”而依据《民法典》第 153 条第 2 款的规定确认该行为无效简便。

《民法典》总则编特设第 130 条明文规定民事权利行使自由原则,具有重要实践意义。

条文所谓“不受干涉”,应当解释为“不受非法干涉”,包括不受他人(自然人、法人、非法人组织)的非法干涉,不受行政管理机关的非法干涉,不受法院(仲裁机构)的非法干涉。他人(及行政管理机关)非法干涉民事主体行使民事权利,将构成侵权行为,干涉者将被依法追究侵权责任(排除妨害、赔偿损失)。法庭非法干涉民事主体行使民事权利,将构成判决适用法律错误,成为上诉、再审改判的理由;仲裁庭非法干涉民事主体行使民事权利,将构成滥用程序,成为法院撤销裁决或者不予执行裁决的理由。

应特别注意的是,按照现代民法原理和立法例,民事权利行使之自由有其正当界限(必要限度),不允许民事权利之行使超过其正当界限、损害社会公共利益和他人合法权益。因此,条文明示民事主体按照自己的意思“依法行使”民事权利,要求民事主体行使权利时遵循法律关于各类民事权利行使原则、条件及方法的规定。民事主体行使权利超过正当界限、损害社会公共利益及他人合法权益,构成权利滥用行为。

(九)禁止权利滥用原则

原《民法通则》未规定禁止权利滥用原则。但《宪法》第 51 条对禁止权利滥用设有规定:“中华人民共和国公民在行使自由和权利的时候,不得损害国家的、社会的、集体的利益和其他公民的合法的自由和权利。”因此,学者和法官采合宪性解释方法,认为禁止权利滥用也当然是中国民法的一项基本原则。《民法典》总则编第 132 条明文规定,“民事主体不得滥用民事权利损害国家利益、社会公共利益或者他人合法权益”,弥补了民事立法的不足。

禁止权利滥用原则,属于诚信原则的下位原则,性质上属于授权条款、裁判规范。因立法者难以预见并对一切损害国家利益、社会公共利益和第三人利益的行为设置禁止性强制规定,故设禁止权利滥用原则,作为法院禁止权利滥用行为、确认其行为无效的法律根据。

按照民法原理,构成权利滥用需四个要件:一是行为人拥有合法权利;二是其行为属于权利行使行为;三是因行使权利损害国家利益、社会公共利益或者他人合法权益;四是行为人以故意损害国家利益、社会公共利益或者他人合法权益为目的。具备这四项要件,即构成权利滥用行为。权利滥用的效果,视权利行使之方法而有不同。如权利行使为民事法律行为,则应判决该民事法律行为无效;如权利行使为事实行为,该行为尚未进行,则应判决禁止该事实行为;如该权利滥用之事实行为正在继续,则应判决责令其停止该事实行为;如权利滥用之行为已经造成损害,则应判决行为人承担侵权损害赔偿责任。

如何认定行为人是否具有损害国家、社会和他人的故意? 法庭并不要求原告(受害人)举证证明行为人(被告)具有故意,而是采用客观判断方法:比较行为人行使权利所获得的利益与因此给国家、社会或者他人造成的损害(损失)之大小,如果行为人(被告)因此获得的利益微小,而给国家、社会或者他人造成的损害(损失)巨大,法庭即应认定行为人(被告)具有损害国家、社会或者他人之故意。[86]

第六节 民法与邻近法律部门

一、民法的调整对象

(一)民法是调整民事生活的法律

从法学角度来看,整个社会生活可以划分为两个领域:民事生活领域和政治生活领域。民事生活领域涵盖了全部经济生活和家庭生活,在欧陆著作中称为市民社会。政治生活领域包括国家的组织、国家的活动即立法、司法、行政以及公民政治权利的行使等,在欧陆著作中称为政治国家。民事生活领域和政治生活领域所应遵循的法律规则是不同的,民法是民事生活领域的法律规则。政治生活领域的法律规则,包括宪法、刑法、诉讼法、行政法、经济法等,属于公法。因此,民法是调整民事生活包括经济生活和家庭生活的法律。

(二)民法调整民事生活中的财产关系和人身关系

一个国家的全部法律规则,构成一个内部井然有序的法律体系。法律体系划分为若干重要构成部分,每一个重要构成部分,称为一个独立的法律部门。民法是中国统一的社会主义法律体系的一个重要构成部分。作为独立的法律部门的民法,以民事生活领域为其调整范围。但是,民事生活领域存在多种社会关系,并非都适于由法律调整,例如,社交、情感、友谊等关系既不适于也无必要由法律调整。适于且有必要由法律调整的,只是其中的财产关系和身份关系(人身关系)。《民法典》总则编第 2 条规定:"民法调整平等主体的自然人、法人和非法人组织之间的人身关系和财产关系。"根据这一规定,民法的调整对象包括两种社会关系,即发生在自然人、法人、非法人组织之间的人身关系和财产关系。其中,所谓"人身关系",是指婚姻、家庭关系,传统民

---

[86] 1992 年的新《荷兰民法典》第 3:13 条规定:"……2. 行使权利专以损害他人为目的,或者不符合授予其权利的目的,或者考虑到行使权利所得利益与所致损害不成比例而依诚信原则不能允许其行使权利的,属于权利滥用。"

法理论称为“身份关系”。

根据《民法典》总则编第2条的规定,民法是调整平等民事主体之间的人身关系和财产关系的法律规则的总称。所谓“调整”,是指运用民法的基本原则和各项具体规定,对现实生活中发生的属于民法调整范围的各种财产关系和人身关系,分别予以确认、保护、限制、制裁,旨在保障民事主体的合法权益,建立和维护竞争、公平、有序的经济生活秩序,及和睦、健康、亲情的家庭生活秩序。

二、民法与经济法

民法与经济法都是调整经济关系(财产关系)的法律部门,因此容易被混淆。改革开放初期,中国法学界曾经发生过民法学与经济法学的论争。1979年8月7~8日,中国社会科学院法学研究所邀请在京法律院系的学者召开“民法与经济法问题学术座谈会”,会上形成所谓“大经济法观点”与所谓“大民法观点”的对立,[87]由此揭开长达7年之久的民法学与经济法学论争的序幕。论争焦点是,如何正确划分民法与经济法的界限。直到原《民法通则》的颁布,才从立法上解决了这个问题。在第六届全国人民代表大会第四次会议上王汉斌同志在《关于中华人民共和国民法通则(草案)的说明》中,专门谈到这一问题。他说:“民法主要调整平等主体间的财产关系,即横向的财产、经济关系。政府对经济的管理,国家和企业之间以及企业内部等纵向经济关系或者行政管理关系,不是平等主体之间的经济关系,主要由有关经济法、行政法调整。”这就指明了民法所调整的财产关系,是平等主体之间的财产关系,亦即所谓横向的经济关系。这种财产关系,主要是商品所有者之间以货币为媒介进行的商品交换和劳务提供,市场规律起着作用,因而具有平等、自愿、等价有偿等特征。经济法所调整的财产关系或者经济关系,主要属于纵向的财产关系或经济关系。这种财产关系往往是基于国家对经济的管理,而发生在国家与企业或个体生产者之间,因而具有管理与被管理、监督与被监督、指令与服从的行政隶属性特征。民法除调整经济关系外,还调整身份关系,这与经济法只调整经济关系是不同的。

三、民法与行政法

行政法是指现代国家据以实施国家行政管理的法律规则的总称。行政法的调整对象是国家行政管理机关在行使国家行政管理职能中彼此之间,以及国家行政管理机关与公民、法人、其他组织之间发生的社会关系,其中也包括某些财产关系。作为行政

---

〔87〕 所谓“大经济法观点”,主张经济法调整社会主义组织之间的经济关系,民法仅调整个人之间的经济关系。所谓“大民法观点”,主张凡是横向的经济关系包括社会主义组织之间、社会主义组织与个人之间以及个人与个人之间的财产关系,均由民法调整,经济法仅调整纵向的经济关系。参见[日]铃木贤:《中国民法经济法论争的展开及其意义》,载《北海道法学》(第39卷第4号),第1013~1016页。

法调整对象的财产关系,具有下列特征:其一,双方当事人中至少有一方是国家行政管理机关,当事人的法律地位不是平等的,属于一种管理与被管理、监督与被监督、命令与服从的行政隶属关系。其二,这类财产关系的发生取决于国家行政管理机关的命令或指令,无须征得被管理、被监督一方的同意,国家行政管理机关则须依法行事,不具有意思自治性质。其三,这类财产关系通常是无偿的,不具有市场交换的性质。可见,民法与行政法是截然不同的法律部门。

四、民法与劳动法

劳动法是调整劳动关系和由劳动关系而产生的劳动保险、劳动福利等社会关系的法律规则的总称。劳动法的调整对象中也包括某些财产关系,如职工的工资、劳动保险金、福利待遇等。中国在改革开放前的劳动关系主要是全民所有制企业和集体所有制企业与职工之间的关系,具有计划经济的特征。改革开放以来,国家推行劳动管理体制的改革,劳动关系的基础是劳动合同关系。单就作为劳动法调整对象的基础关系的劳动合同关系而言,与民法有极密切的联系,如劳动合同双方当事人法律地位平等、劳动合同关系的发生取决于双方的意思表示等。但是,由于国家实行社会主义的劳动政策,特别着重劳动者就业和选择职业的权利、取得劳动报酬的权利、休息休假的权利、获得劳动安全卫生保护的权利、接受职业技能培训的权利、享受社会保险和福利的权利、参加和组织工会的权利等的保障,使劳动合同关系区别于一般民事合同关系,使劳动法区别于民法。当劳动合同关系发生纠纷时,应当首先适用劳动合同法、劳动法的有关规则,劳动合同法、劳动法没有规定的事项,则应适用民法关于合同关系的规定。可见,劳动法中关于劳动合同关系的法律规则,具有民法的特别法的性质。德国法学上称之为特别私法。值得注意的是,晚近法律发展,劳动合同法有回归民法之势,如新《荷兰民法典》将雇用合同(劳动合同)纳入第七编各种合同(第7:610-692条)。

第七节 民法学及其学习方法

一、民法与民法学

一个国家的全部法律规则依照一定的逻辑关系构成一个法律规则体系,称为法律体系。这个法律体系,犹如一个金字塔,最上层是宪法,其次是各基本法,再次是各单行法,下面是各种法规、规章。各基本法及其所统率的单行法、法规、规章等,作为法律体系的一个构成部分,称为法律部门。民法,是一个国家法律体系中的一个重要法律部门。

科学,大体上分为自然科学与社会科学。自然科学,是研究自然界的现象,探求自然界规律的科学。例如,天文学、地理学、物理学、化学、动物学、植物学、矿物学等,属于自然科学。社会科学,是研究社会现象,探求人类社会生活中的规律的科学。例如,政治学、经济学、历史学、社会学、法学等,属于社会科学。法学(法律学),是以法律为研究对象的科学。法学,通常分为理论法学与实用法学。法理学、法哲学、法史学、法社会学等,属于理论法学。宪法学、民法学、刑法学、行政法学、经济法学、国际法学、诉讼法学等,属于实用法学。民法学,是以民法为研究对象的科学,在科学分类中属于社会科学,在社会科学分类中属于法学,在法学分类中属于实用法学。简而言之,民法学是研究民法的实用法学。

二、民法学的主要内容

民法学的主要内容,可以大体分为三个部分。第一部分的内容,是学者对民法规则(民法立法、习惯、判例)进行整理并依一定的逻辑顺序所构成的体系,称为法源论。学习掌握这部分内容,我们可以了解什么是民法,民法的性质、任务、作用,特别是掌握民法的概念、原则、制度和理论的体系。第二部分的内容,是关于解释适用民法的方法和规则的理论,称为方法论。学习掌握这部分内容,我们可以掌握如何正确解释适用民法的方法。第三部分的内容,是学者运用民法方法针对假设的或者实有的案例,所提出的具体解释意见,称为解释论。这部分内容,可以作为我们正确理解民法概念、原则、制度的参考,及运用民法方法解释适用民法的参考。

如果我们通过学习,熟练掌握了第一部分内容,可以说我们具有了较多的民法知识。但有了民法知识,并不等于有了运用民法和研究民法的能力。因此,在学好第一部分内容,即掌握了比较扎实的民法知识的基础上,还必须进一步学好第二部分内容,即掌握民法方法论。无论是从事民法教学和理论研究的学者,或者是从事民法裁判和诉讼实务的法官、律师,其民法素养和民法实务能力的高低,在具有了比较扎实的民法知识基础上,关键就看他是否熟练掌握了解释适用法律的方法、规则和理论,亦即看他是否掌握了现代民法方法论。至于第三部分内容,只是学者自己的解释论,其价值在为我们提供如何理解、解释、适用民法的示范和参考。

三、学习民法学的基本方法

学习民法学的方法大致有两种:其一,是从抽象到具体、从一般到特殊的学习方法,即基本上按照民法典的结构顺序进行学习。其二,是从具体到抽象、从特殊到一般的学习方法,即从具体的事例(实有的或者假设的案例)入手学习民法。第一种方法,可以使我们对民法获得一个整体的把握,即掌握民法的概念、原则、制度和理论的体系,为进一步学习、研究民法或者从事民法实务奠定扎实的民法知识基础。但这种学习方法,对初学者来说,要理解、记忆许多专业概念术语有相当的难度。第二种方法,从具体的案例入手,可以唤起对民法理论的兴趣,但仅靠这种学习方法不大可能准确理解和掌握整个民法的基本结构和概念、原则、制度、理论体系。因此,现在提倡交替采用上述两种学习方法。即为了掌握民法的基本结构和整个概念、原则、制度和理论体系,须采用第一种方法,精读一两种较好的民法教材或者体系书。在此基础上再采用第二种方法,阅读一些民法实例演习著作,使我们结合实例对民法各项概念、原则、制度获得正确的理解和把握。然后再阅读一些具有较高学术水准的专题研究著作和专题研究论文,以进一步提高我们的民法理论素养。并且,在具有比较扎实的民法知识的基础上,应阅读民法方法论著作和民法判例研究论文,以掌握解释适用民法的方法、规则和理论,提高运用民法和研究民法的能力。

在采用第一种学习方法时,须注意以下两个问题:

第一,要遵循循序渐进的规律,先学好民法总论部分的内容,再循序学习物权、债权、亲属、继承。民法总论部分,不仅是整个民法的基础,而且是整个现代法制的基础。学好这部分内容,再学习其他部分就比较容易。当学习其他部分内容时,也应遵循同样的规律,先着重学好该部分的基础知识。例如,学习债权部分,应先着重掌握债权总论部分,然后再学习债权分论部分;学习合同部分,也应先着重学习合同总论部分,然后再学习各种合同。

第二,遵循"阅读、记忆、理解、运用"的规律。民法是一套概念、原则、制度和理论的体系,其基础是一整套有严密逻辑关系的概念,掌握了这套概念,就掌握了民法的思维框架。经验表明,法官在裁判中、律师在处理案件中、学者在分析案例中如果出现失误,往往源于没有掌握好这套概念或者发生概念混淆。因此,学习民法首先强调记忆。但民法概念有其专门含义,相互间有其逻辑关系,因此不能仅凭死记硬背,在记忆的同时应强调对概念的理解。特别是初学者,一定要着重记忆和理解这两个环节,边阅读、边记忆、边理解,在理解的前提下增强记忆,在记忆的基础上加深理解。再就是在初步掌握了民法概念、原则、制度和理论的体系和方法的基础上,要强调联系实际,即运用所掌握的民法知识和方法分析实有的或者假设的案例,针对具体的案例解释、适用民法规则,然后得出对该案例的处理(判决)意见。在这样的运用中,不仅可以加深理解和记忆,而且可以使所学民法知识逐渐转化成自己的民法素养和民法实务能力。

第二章　民事法律关系

第一节　民事法律关系概述

一、人无时无刻不在民事法律关系中

民事法律关系，是现代社会中最重要的一类社会关系。一个自然人，从出生至死亡，一个企业，从登记成立到宣布解散，无时无刻不是处在各种民事法律关系中。例如，一个自然人一出生，即发生各种身份关系、监护关系和法定代理关系；成年后将直接同商业企业发生购买消费品的关系；同房屋所有人发生房屋租赁关系；同银行发生储蓄关系；同保险公司发生保险关系；同缝纫、修理等企业发生加工承揽关系；同公共电汽车公司和铁路、航空企业发生运送关系；对自己的合法收入和所购置的财产则发生财产所有关系；对自己精神创作的成果则发生知识产权关系；对父母的遗产则发生财产继承关系；在受到他人非法侵害或非法侵害他人时则发生损害赔偿关系等。再如一个企业，要获取原材料、设备或销售产品，须同其他企业发生买卖关系；扩建厂房或建职工宿舍，须同建筑公司发生建设工程承包关系；同其他企业联合，则发生合伙或合资设立公司等关系；采用新技术新工艺，须同科研机构发生技术转让和使用许可关系；委托他人代购代销，则发生委托代理关系；从银行借入资金，则发生借贷关系等。上述种种关系，皆为民事法律关系。可见民事法律关系对于每一个人和每一个企业，具有何等重要的意义！

二、民事法律关系为法律关系之一种

法书万卷，法典千条，头绪纷繁，莫可究诘，然一言以蔽之，其所研究或所规定者，不外法律关系而已。何为关系？人与人间生活上之联系也。若世界上只有一人，如鲁滨孙之漂流荒岛，自无所谓关系可言。必须我之外有你，你之外有他，而我你他又非处于相互隔绝之状态，亦即彼此间于生活上时有联系，即构成社会关系。但人类社会生活之内容，极为错综复杂，因而所发生之关系，自亦不止一种。例如，宗教关系、同乡关系、师生关系、同学关系、同事关系、恋爱关系、朋友关系等，不一而足。不过这些关系并非法律关系，因其不受法律所支配之故。所谓法律关系，是指人类社会生活关系中，

受法律所支配的关系。法律关系之本质在于,因法律之规定而在当事人间发生的权利义务关系。法律关系之区别于他种关系,正在此权利义务。[1]

由上可知,民事法律关系,首先是一种法律关系,即法律上的权利义务关系。一般社交关系,如友谊关系,社会组织内部成员间的关系,通常也被认为有某种"权利义务",但不是法律上的权利义务关系,因此不是民事法律关系。其次,并非一切法律上的权利义务关系,都是民事法律关系。民事法律关系只是法律关系中的一种。法律关系分为公法关系与私法关系,民事法律关系只是其中的私法关系,即由民法所规定的权利义务关系。由公法所规定的各种权利义务关系,如由税法规定的税收关系,由财政法规定的财政关系,由行政法规定的各种行政关系,由诉讼法规定的各种诉讼关系,均不属于民事法律关系。民事法律关系的主要特征是,当事人相互独立,法律地位平等,大多数情形民事法律关系的发生取决于当事人的意思,且民事法律关系由民事法律责任作为保障。

三、民事法律关系是一种法律形式

实际上,民事法律关系只是一种法律形式,它的实际内容则是各种各样的社会生活关系,如财产所有关系、财产使用关系、商品交换关系、身份关系等。《民法典》总则编第 2 条规定:"民法调整平等主体的自然人、法人和非法人组织之间的人身关系和财产关系。"属于民法所调整的各种社会生活关系,只有采取民事法律关系的形式,才能得到民法和其他法律的保护。民法正是通过为社会关系的参加者设定民事权利和民事义务,使之具有民事法律关系的法律形式,并运用国家强制力保障民事权利和民事义务的实现,以达到调整社会关系的目的。

第二节 民事法律关系的要素

一、民事法律关系的构成

法律关系之构成,分动静两种要素。静的要素为主体与客体。动的要素为权利义务,及其变动与变动之原因。申言之,主体为权利义务之所属,客体为权利义务之所附,而主体之间,即凭借客体以彼此联系,联系之内容即为权利义务。至于此种联系何由始,何所终,有何效果,是为权利义务之变动以及变动之原因问题。可见,法律关系虽错综复杂,然而分析之不过上述诸端而已。如能把握以上重点,对于任何法律之研

〔1〕 参见郑玉波:《民法总则》,台北,三民书局 1979 年版,第 63 页。

究,必能以简驭繁,迎刃而解。盖法律规定,无论其范围之大小,总不外乎法律关系,而法律关系之构成,总不外乎上述之要素。整个民法之内容,不外乎法律关系之主体、客体、权利义务及其变动和变动之原因。民法典的每一编及每一特别法之内容,亦不外乎此,不过各有详略而已。〔2〕 可知民事法律关系的要素,包括主体、客体、内容、变动、原因。

二、民事法律关系的主体

民事法律关系的主体,又称民事权利义务的主体,或简称民事权利主体,或权利主体。现行《民法典》,称为"民事主体"。"民事权利主体"一语,有两种意义。其一,就特定权利而言,指称该特定权利之所归属,例如,说某街某号房产的所有权主体为某甲;其二,就抽象而言,指享有民事权利承担民事义务的法律资格,例如,说幼儿虽无意思能力亦可为民事权利主体。此所谓民事法律关系主体,或民事权利主体,系后一种意义,指参加民事法律关系而享有民事权利承担民事义务的法律资格。

要成为民事权利主体,首先须是适于享有民事权利之社会存在;其次须经法律之认可。虽有适于享有民事权利之社会存在,如法律不予认可,仍不能为民事权利主体。例如,古罗马及中国奴隶社会中的奴隶。而在现代社会,凡自然人均可为民事权利主体。近现代民法所认可的民事权利主体有两种,即自然人和法人。我国《民法典》规定的民事权利主体为三种:自然人、法人及非法人组织。自然人,指有血肉之躯和生命的人类。法人,指无血肉之躯和生命,而由法律赋予权利能力,依法独立承担民事责任之社会组织。〔3〕 非法人组织,是指不具有法人资格,而由法律赋予权利能力,由其成员或设立人承担无限责任的组织。〔4〕

民法上得为民事权利主体者,称为"人"。得为民事权利主体之法律资格,称为"人格"。此所谓"人格",亦即民事权利能力。故法律上所谓"人",指有民事权利能力之主体。通常所称权利人、义务人、责任人、当事人、第三人、相对人等,均包括自然人、法人和非法人组织;而讲未成年人、成年人、失踪人、收养人、被收养人、继承人、被继承人等,则专指自然人。

三、民事法律关系的客体

民事法律关系的客体,是与民事法律关系的主体相对应的概念。如上所述,民事

---

〔2〕 参见郑玉波:《民法总则》,台北,三民书局 1979 年版,第 63 ~ 65 页。

〔3〕 《民法典》总则编第 57 条规定:"法人是具有民事权利能力和民事行为能力,依法独立享有民事权利和承担民事义务的组织。"第 60 条规定:"法人以其全部财产独立承担民事责任。"

〔4〕 《民法典》总则编第 102 条第 1 款规定:"非法人组织是不具有法人资格,但是能够依法以自己的名义从事民事活动的组织。"第 104 条规定:"非法人组织的财产不足以清偿债务的,其出资人或者设立人承担无限责任。法律另有规定的,依照其规定。"

法律关系的主体，亦即民事权利的主体，同样民事法律关系的客体即为民事权利的客体。因此，著作中迳称为民事权利客体或私权客体。[5]

需注意的是，有的著作将权利的客体称为权利的“对象”、权利的“标的”、权利的“内容”或权利的“目的”。依关于权利本质的通说，权利系由特定利益与法律上之力两要素构成，本质上是受法律保护的特定利益。此特定利益之本体，即权利的客体，亦可称为权利的标的，或权利的对象。但是，“权利内容”一语含义广泛，可以包括权利的一切作用，不可与客体并称。“目的”一词，系一种心理状态，与客体的含义相去甚远。故不应将权利客体概念与权利内容或权利目的概念相混。[6]

各国民法典大多未对私权的客体作一般性的规定，而是仅规定其中适用于民法各编的客体——物。但在实际上，物仅为民事权利客体之一种，民事权利因其种类不同，可以有不同的客体。因此，对于民事法律关系的客体不可一概而论，应区分不同的关系、不同的民事权利而论其客体。显而易见，所有权的客体是物，用益物权的客体也是物，但担保物权的客体除物之外还可以是权利（如权利质权）。继承权的客体（遗产）既有物也有权利。债权的客体既不是物也不是债务人，而是债务人的行为，称为给付（此给付的标的包括物和劳务）。人格权的客体，为人格利益，如生命、健康、身体、姓名、肖像、自由、名誉、隐私等。知识产权的客体，是人的精神的创造物（可以与有体物相对应而称为无体物）。形成权的客体，则是法律关系自身。至于传统民法所谓身份权，其权利客体为特定身份关系之对方当事人。[7] 可见，民事法律关系之客体，或民事权利的客体，具有多样性。且随着现代社会中，财产及具有财产价值的东西日益扩张，民事权利客体的多样性也日益扩张。[8]

四、民事法律关系的内容

民事法律关系的内容，指民事法律关系的权利主体所享有的权利和义务主体所负担的义务，即民事权利和民事义务。例如，在所有权关系中，所有人为权利主体，他所享有的权利，是对客体即所有物的占有、使用、收益和处分的权利。所有人之外的一切人均是义务主体，他们所负的义务是不得妨害所有人对所有物的占有、使用、收益和处分的不作为义务。所有人对所有物的占有、使用、收益和处分的权利，及义务主体不得

---

〔5〕 参见本书第五章民事权利客体。

〔6〕 参见王伯琦编著：《民法总则》，台北，正中书局 1979 年版，第 103 页注 1。

〔7〕 参见黄右昌：《民法诠解总则编》，商务印书馆 1947 年版，第 58 页；李宜琛：《民法总则》，台北，正中书局 1977 年版，第 47 页；史尚宽：《民法总论》，台北，正大印书馆 1980 年版，第 16 页；郑玉波：《民法总则》，台北，三民书局 1979 年版，第 48 页。需注意的是，身份权的实质在于对人的支配，与人类社会文明发展的进程相悖。随着社会的发展，身份权逐渐受到限制，自“二战”结束以来，进一步走向消亡。参见梁慧星：《中国民法经济法诸问题》，中国法制出版社 1999 年版，第 42 ~ 47 页。

〔8〕 《民法总则》立法中有学者建议设专章规定权利客体，未被立法机关采纳。

予以妨害的义务,即构成所有权关系的内容。而所有人的权利和义务主体的义务所共同涉及的所有物,即为所有权关系的客体。再如买卖关系中,买受人和出卖人都既是权利主体又是义务主体。买受人所享有的权利是请求出卖人交付商品,所负的义务是向出卖人支付价款;出卖人的权利是请求买受人支付价款,所负的义务是向买受人交付商品。交付商品和支付价款的权利义务即为买卖关系的内容。而交付商品的行为和支付价款的行为,即为买卖关系的客体。民事法律关系虽然多种多样,但其内容不外乎民事权利与民事义务。当然,民事权利与民事义务又有各种分类和差异,将在本章第四节论述。

五、民事法律关系的变动

(一)民事法律关系的变动与民事权利的变动

民事法律关系的变动,指民事法律关系的发生、变更、消灭。因民事法律关系之变动,通常产生民事权利和民事义务变更的结果,有的著作遂将民事法律关系的变动等同于民事权利的变动。但民事法律关系的变动为产生民事权利变动之前提,两者应有区别,不可混淆。其差别如下:

第一,民事法律关系的发生,与民事权利的发生不尽一致。通常情形,民事法律关系发生时,民事权利和民事义务即行发生。但在附停止条件或附始期的法律行为,其民事法律关系虽已发生,但其权利须待条件成就或期限届至,方才发生。又如,虽有亲属关系并不当然发生受扶养的权利,须待发生不能维持生活且无谋生能力之状态,其受扶养之权利方才发生。

第二,民事法律关系的变更,与民事权利的变更并不相同。例如,债权债务关系内容的变更,若属于法律关系性质变更或标的物变更,自将导致民事权利性质和内容的变更,但如果仅仅是履行期限、履行方式的变更或所附条件、所附期限的变更,却并不导致民事权利的变更。

第三,民事法律关系的消灭,与民事权利的消灭亦不相同。如在租赁关系中,租金请求权因清偿而消灭,但租赁关系并不随之消灭,须待期限届满方才消灭。又如,代理关系消灭,但因代理关系而产生的报酬请求权并不消灭。

(二)民事权利的变动的分类

尽管民事法律关系的变动与民事权利的变动,有上述差别,不应混淆,但因民事权利的变动,为民事法律关系变动所产生的法律效果,因此民事权利的变动为法律上最为重要和最为复杂的问题。民事权利的变动,为民法物权、债权、亲属、继承各部分规定的主要内容。在此仅对民事权利变动的分类,作概括说明。

1. 民事权利的发生

第一，民事权利的绝对发生，指民事权利独立的、不依附于既存之其他权利而发生。自权利主体言之，则为权利的原始取得，即不基于他人所有之权利而独立取得新权利。如因先占无主物而取得所有权，因创作作品而取得著作权。

第二，民事权利的相对发生，指基于他人既存的权利而发生权利。自权利主体言之，则为权利的继受取得，或传来取得，即因他人所有之权利而取得权利，如因买卖而取得财产所有权，因抵押而取得抵押权，因继承而取得财产所有权。

继受取得，又可分为移转的继受取得，与设定的继受取得。前者指权利主体变更而权利内容并不变更，如所有权的让与、债权的让与；后者指前权利主体仍保有其权利，而基于该权利而为另一主体设定新权利。换言之，即在既存的权利之上为他人设定性质不同的新权利，如所有人在自己的所有物上为他人设定用益物权或担保物权，即其适例。

2. 民事权利的消灭

民事权利自其主体脱离，称为民事权利的消灭。自权利主体言之，则为权利的丧失。权利的消灭，亦可分为绝对消灭与相对消灭。绝对消灭，指权利本身终局的消灭，例如，因标的物灭失而致所有权消灭，抵押权因实行而消灭，债权因清偿而消灭。相对消灭，并非权利本身消灭，只是权利脱离原主体而改属新主体而已。例如，因买卖而使标的物所有权改属买受人，自出卖人言之，为所有权消灭。因此，权利相对消灭，即权利的移转。自受让人方面言之，则为权利的继受取得。亦即权利主体之变更。实则权利相对发生、权利主体变更、权利相对消灭，是同一问题之由不同角度观察而已。

3. 民事权利的变更

第一，民事权利主体之变更。民事权利的变更，指民事权利不失其同一性而变更其形态。首先是主体的变更，即因权利在不同主体间移转而生之变更。自新主体方面言之，为权利的移转的继受取得。因此，民事权利主体之变更，亦即权利的相对发生。

第二，民事权利内容之变更。内容之变更，又可分为量的变更与质的变更。量的变更，如所有权客体之增减，及债权因一部清偿所生变更。质的变更，如无息债权变为有息债权，合同债权因债务人不履行而变为损害赔偿请求权。

第三，民事权利作用之变更。作用之变更，指权利效力的变更。例如，第二顺位抵押权变为第一顺位抵押权，不得对抗第三人的权利变为得对抗第三人的权利。我国海商法关于船舶物权变动采登记对抗主义，依抵押权设定合同而取得船舶抵押权，在未登记时不具有对抗第三人的效力，经登记即具有对抗第三人的效力。于此情形，属于船舶抵押权作用之变更。严格言之，作用之变更，亦可属于权利内容之变更。

六、民事法律关系变动的原因

民事法律关系的变动即发生、变更、消灭,绝不是无缘无故的,须有一定的原因。导致民事法律关系变动的原因,称为法律事实。所谓法律事实,是指能够引起民事法律关系发生、变更、消灭的客观情况。但并非一切客观情况都能引起民事法律关系的变动。例如,属于自然现象的日出、日落、刮风、下雨,属于人的活动的散步、读报、起床、睡觉,均不能引起民事法律关系发生、变更和消灭,因此不能成为法律事实。而时间的经过,严重自然灾害的发生,战争和封锁禁运,人的出生、死亡、成年、失踪、精神失常等,却能引起民事法律关系的发生、变更和消灭,因而属于法律事实。可见,客观情况是否成为法律事实,取决于法律的规定。因此,所谓法律事实,是指依据法律的规定,能够引起民事法律关系变动的客观情况。

法律事实分为两大类,即自然事实和人的行为。其简述如下。

(一)自然事实

民法上所称的自然事实,指人的行为之外的,能够引起民事法律关系发生、变更或消灭的一切客观情况。自然事实又分为两种:状态和事件。

第一,状态,指某种客观情况的持续。例如,人的下落不明、精神失常,时间经过等,均属于自然事实中的状态。

第二,事件,指某种客观情况的发生。例如,人的出生、死亡,不当得利,混同,继承开始,及自然灾害的发生,战争爆发,发生动乱,均属于自然事实中的事件。无行为能力的未成年人或成年人的"行为",完全行为能力人在无意识或神志错乱中所为的"行为",亦应属于事件。

(二)人的行为

法律上所称人的行为,指人有意识的活动。无意识的活动,如人在熟睡或昏迷状态中的动作,及受他人暴力强迫所为的动作,均不属于行为。无行为能力的未成年人及成年人,〔9〕因其无意识能力,所为动作也不得称为行为。并非一切行为均可成为法律事实,但人的行为为法律事实之大部,并且是最重要的法律事实。

人的行为中,由民法所规定的,为民法上的行为;由其他法律如行政法、诉讼法等所规定的,属于其他法律上的行为。需注意的是,其他法律上的行为,亦可引起民事法律关系的发生、变更和消灭,同样可以成为民法上的法律事实。例如,因申请而获得主

---

〔9〕 无行为能力的成年人,在国外立法例称为"成年障碍者",我国《民法典》总则编称为"不能辨认自己行为的成年人",其外延较"成年障碍者"窄。《民法典》总则编第21条第1款规定:"不能辨认自己行为的成年人为无民事行为能力人,由其法定代理人代理实施民事法律行为。"

管机关颁发的技术进口许可证从而使进口技术的合同生效。但法律事实中的行为，主要是民法上的行为。民法上的行为可作如下分类。

1. 合法行为

合法行为，是指符合民法规定，至少不违反民法规定，能引起民事法律关系发生、变更或消灭的行为。合法行为，包括以下三种：

第一，法律行为。[10] 需注意的是，行为分类上法律行为属于合法行为，是就法律行为是民事主体实现意思自治的合法手段而言的。法律行为是合法行为，与民事主体实施的具体法律行为，因其目的内容违法而无效、因其意思表示存在瑕疵而可撤销，并不矛盾。法律行为是最常见、最重要的法律事实，如合同、遗嘱等。本书将在第六章论述。

第二，准法律行为。准法律行为包括：意思通知，是指表示内心某种欲望或意思的行为，如要约拒绝、履行催告、选择权行使催告；观念通知，指表示对于某种事项之观念的行为，如承诺迟到通知、发生不可抗力通知、瑕疵通知、债权让与通知、债务的承认；感情表示，指表示某种感情的行为，如被继承人之宽恕。此三类行为，虽由法律规定而当然发生效力，但均以表示一定心理状态于外部为特征，与法律行为同属于表示行为，学说上称为准法律行为。关于法律行为之规定可否类推适用于准法律行为，不可一概而论，应视各种准法律行为之具体情形而定。

第三，事实行为。事实行为，是指基于某种事实之状态或经过，发生法律所特别规定的效力之行为。事实行为，亦称非表示行为，不以表现内心的意思为必要，其法律效果亦不取决于行为人的意思，因此区别于属于表示行为的法律行为。但事实行为，行为人当然有其内心的意思，只是无须将其内心意思表示出来而已，因此属于人的行为，而不同于自然事实。如先占、加工、拾得遗失物、发现埋藏物、无因管理，及作为债权标的之给付行为，如交货、付款，属于事实行为。建造房屋等建筑物，制造船舶、飞机、机动车、机器、设备、家具、工具，及创作艺术品等，均属于事实行为。[11] 事实行为不适用关于意思表示的规定及关于行为能力的规定。

2. 违法行为

违法行为，指违反民法规定，侵犯他人合法权益，依法应承担民事责任的行为。包括侵权行为、违约行为。

---

〔10〕 我国《民法典》总则编称为“民事法律行为”。《民法典》总则编第 133 条规定：“民事法律行为是民事主体通过意思表示设立、变更、终止民事法律关系的行为。”因此，可以认为“法律行为”概念是“民事法律行为”概念的简称。

〔11〕《民法典》物权编第 231 条规定：“因合法建造、拆除房屋等事实行为设立或者消灭物权的，自事实行为成就时发生效力。”

3. 其他行为

其他行为,指作为法律事实的人的行为中,除合法行为、违法行为之外的行为。如防卫过当、避险过当。

第三节 民事能力

一、法律上所谓能力

法律上所谓能力,是指在法的世界中作为法律主体进行活动,所应具备的地位或资格。民法上有三种能力:民事权利能力、民事行为能力及民事责任能力。民事权利能力,是作为民事主体"人"所具有的"静的"能力;民事行为能力及民事责任能力,是关于"人"的活动的"动的"能力。一切私法上之法律关系,均以此三种能力为基础。[12]需注意的是,法律关于民事权利能力、民事行为能力和民事责任能力的规定,属于强行法规定。此类能力谁也不能放弃其全部或一部分,亦不能由当事人予以限定或变更。

二、民事权利能力

(一)民事权利能力的概念

民事权利能力,即权利能力,指据以充当民事主体,享受民事权利和承担民事义务的法律地位或法律资格,又称法人格,或人格。

在奴隶社会,只有奴隶主才享有民事权利能力,才能充当民事法律关系的主体。奴隶不具有民事权利能力,在法律上看,奴隶不是人,而是会说话的工具,其法律地位与牛马、器物相同,只能成为民事法律关系的客体。在封建社会中,人们享有的民事权利能力大小不等,取决于他们在封建等级制度中所处的地位。贫苦农民处于封建等级制度的最底层,其地位低下,因而其民事权利能力最小,实际上只是承担义务的能力。无论奴隶制家庭或封建制家庭,都只有家长才具有民事权利能力,才可以参加民事法律关系,才能够享有民事权利和承担民事义务。妻子和子女不享有民事权利能力,其法律地位相似于奴隶。资产阶级在推翻封建统治之后,建立了资本主义的经济制度和政治制度,在法律上规定了自然人民事权利能力平等的原则。如《奥地利民法典》第17条、《法国民法典》第8条、《瑞士民法典》第11条,均明文规定一切自然人享有平等

---

〔12〕 参见王伯琦编著:《民法总则》,台北,正中书局1979年版,第40页。

的民事权利能力，相对于奴隶社会和封建社会，无疑是一大进步。但需注意的是，民事权利能力毕竟只是一种法律资格，享有这一资格并不等于实际取得民事权利。能否在实际上享有民事权利，除必须具备民事权利能力外，还必须实施法律行为或有其他法律事实。

在古代罗马法上，并没有近代民法意义上的权利能力概念。在罗马法上，要成为完全的权利义务主体，须具有三种资格：自由权（status libertatis）、市民权（status civitatis）、家族权（status familiae）。当时还没有用“权利能力”一词来概括这三种资格，而是用人格或人格权（caput）来总称这三种资格。中世纪罗马法学也是如此。近代意义的一般的权利能力概念，是由何人所倡，学者意见不一。是学者弗朗茨·冯·蔡勒（Franz von Zeiller，1753～1828年）所起草的《奥地利民法典》第一次在法律上使用了权利能力概念。由于承认一般的权利能力，使该法典成为取向私法自治的法典。因此，可以断言，权利能力概念，产生于18世纪后半期至19世纪的欧洲。

（二）民事权利能力的取得和消灭

自然人和法人都有民事权利能力。自然人一出生，即被认为有民事权利能力。法人应依法成立才被赋予民事权利能力。此外，还有所谓非法人组织，实际上在许多方面亦与法人同样对待。

民事权利能力，为充当民事法律关系主体的法律资格，无此法律资格，即不得作为民事主体。需注意的是，民法关于民事权利能力的规定，属于强行性规定，不允许当事人依自由意思予以排除或变更。因此，任何人不得抛弃其民事权利能力，合同中如有限制当事人民事权利能力的内容，应为无效。此外，自然人的民事权利能力有不受剥夺的性质，虽立法者亦不得剥夺之；自然人即使受刑事处分，其一般民事权利能力仍不受影响。

（三）一般民事权利能力与特别民事权利能力

民事权利能力可分为一般民事权利能力与特别民事权利能力。一般民事权利能力，泛指参加一般民事法律关系的法律资格；特别民事权利能力，指参加特定的民事法律关系所要求的法律资格。一般民事权利能力，法律对于一切自然人均平等地赋予，不因年龄、性别、民族、种族、国籍、信仰、文化程度及财产状况而有不同，贯彻民事权利能力平等原则。但是，对于某些特定的民事法律关系，法律有特别的要求。自然人与法人，基于性质上的差异，存在特别民事权利能力的差别。如自然人有充当继承关系和婚姻关系主体的民事权利能力，而法人不具有这类民事权利能力，不得享有继承关系和婚姻关系上的权利。此外，本国人与外国人之间，基于政策上的考虑，也有特别民事权利能力的差异。

三、民事行为能力

(一)民事行为能力的概念

民事行为能力,即行为能力,指民事主体据以独立参加民事法律关系,以自己的法律行为取得民事权利或承担民事义务的法律资格。民法理论上,关于民事行为能力概念,有广义概念与狭义概念之别。广义民事行为能力概念,既包括实施法律行为的能力,也包括实施非法行为的能力;狭义民事行为能力概念,仅指实施法律行为的能力。我国《民法典》总则编第二章第一节对自然人的民事行为能力设有规定。《民法典》总则编虽未对民事行为能力概念下定义,但依解释,应当认为我国民法所称民事行为能力,采狭义概念。因非法行为,如侵权行为,唯发生行为人的责任问题,而不发生行为是否生效问题,不要求有民事行为能力。至于合法行为中的事实行为,亦仅有构成问题,而无效力问题,也不要求有民事行为能力。

民事行为能力和民事权利能力,是现代民法上两项最重要的法律资格。民事权利能力,是充当民事法律关系主体所必须具备的法律资格。凡具有民事权利能力,均可成为民事法律关系主体,可以享有民事权利和承担民事义务。民事行为能力,是民事主体独立实施法律行为的法律资格。凡有民事行为能力,即可不依赖于他人而独立实施法律行为,参加民事法律关系,为自己取得民事权利或设定民事义务。对于自然人来说,人人都有民事权利能力,即自然人民事权利能力平等。自然人的民事权利能力,以生存为条件,一经出生即当然具有民事权利能力。但自然人的民事行为能力,并不是从一出生即当然享有,也不是一切自然人都具有民事行为能力。法律只对有一定判断力的人赋予民事行为能力。自然人虽然一经出生即具有民事权利能力,可以成为民事法律关系主体,但要独立从事民事活动,实施法律行为,为自己取得权利和设定义务,除有民事权利能力外,还必须具备民事行为能力。具有民事行为能力的自然人,才能够不依赖于他人而独立实施法律行为,参加民事法律关系,为自己取得民事权利或设定民事义务。可见,对于自然人而言,区别民事权利能力与民事行为能力,有重要意义。但对于法人而言,只要具备民事权利能力,也就在同样的范围被赋予民事行为能力。因此,在自然人须要求有民事行为能力,而在法人只须有民事权利能力即可。

(二)意思能力

意思能力,指自然人认识自己行为的动机与结果,并根据此认识决定其正常的意思之能力。瑞士民法称为判断能力,中国台湾地区“民法”称为识别能力。意思能力为法律赋予自然人民事行为能力之前提。有意思能力,始有民事行为能力;无意思能力,即无民事行为能力。需注意的是,此所谓意思能力,并非法律所赋予的地位或资格。意思能力的有无,是事实问题,须就各个具体的法律行为,考虑行为人的年龄、智力及精神状态而决定之,并无统一的标准。但这在实践上又难以彻底贯彻,否则将影响交易活动的正常进行,并增添许多法律程序和手续。因此,民法采取变通办法,以达到一定年龄且精神正常为标准,规定哪些自然人具有意思能力,因而具有民事行为能力;其余则不具有意思能力,因而不具有民事行为能力。

行为能力与意思能力的区别,于实践中有其重要意义。依《民法典》总则编规定,未满 8 周岁的未成年人,因其不具有意思能力,在法律上属于无行为能力人,其独立实施的法律行为,因此应无效。年满 18 周岁的成年人,因其具有意思能力,法律上属于完全行为能力人,其所实施的法律行为,当然不得以欠缺行为能力而主张无效。但若能举证证明实施该行为之际处于无意思能力之状态,如因醉酒或疾病发作而陷于昏迷状态,则仍得以行为时欠缺意思能力而主张该行为无效。同理,不能辨认自己行为的成年人已依《民法典》总则编规定宣告为无行为能力人,其所实施的法律行为,应当然无效。其未依《民法典》总则编上述规定宣告者,仍得以意思能力欠缺而主张该行为无效,唯此种情形,须负举证责任。

四、民事责任能力

(一)民事责任能力的概念

民事责任能力,指民事主体据以独立承担民事责任的法律地位或法律资格,又称侵权行为能力。凡具有民事责任能力的主体,将对自己的行为所造成的违法后果承担民事责任。反之,无民事责任能力的主体,在其行为给他人造成损害时,其本人将不受法律追究,而由其监护人承担民事责任。

《民法典》总则编虽未规定民事责任能力概念,但从《民法典》侵权责任编第 1188 条关于无民事行为能力人、限制民事行为能力人造成他人损害应由其监护人承担民事责任的规定解释,不仅有民事责任能力之存在,并且将民事责任能力与民事行为能力相联系:凡依法具有民事行为能力者,均具有民事责任能力。《民法典》侵权责任编第 1190 条第 1 款同时规定,完全民事行为能力人在无意思能力时致人损害而无过错的,不承担侵权责任,仅负适当补偿义务。

(二)民事责任能力与民事行为能力

民事责任能力与民事行为能力,虽然相互联系,有其一必有其二,但毕竟是两种不同的资格,不应混淆。二者区别如下:其一,目的不同。法律设民事行为能力,在于使主体可以按照自己的意思追求自身利益;设民事责任能力之目的,在于对主体的违法行为追究民事责任,保护他人和社会利益。其二,效力不同。民事行为能力为决定法律行为是否有效的根据,民事责任能力为决定主体是否自己承担民事责任的根据。其三,性质不同。民事行为能力总是具体的,有一定的范围。民事责任能力是抽象的,并无一定范围。主体的行为超出其民事行为能力范围将不生效,但其违法行为无论是否超出民事行为能力范围,均发生法律效果,即应受法律追究。

(三)民事责任能力之判断

关于民事责任能力之判断,通说认为,应概以行为时有无意思能力为断,即须就其各个具体的行为,审查其有无识别能力,以决定其责任。法律上并未如行为能力制度,以年龄等设定其划一之标准。盖不法行为系应受制裁之问题,依理应就具体情形决定,不适于依抽象的标准决定。[13] 此种学说着重于行为人之保护,但难免有所偏颇,实践中徒增纷扰,不利于对他人之保护。且民事责任仅涉及责任人之财产利益,不及于人身,与刑事责任有别。以民事行为能力之有无,作为判断民事责任能力的根据之一,实有利于实务及对他人利益之保护。因此较通说为优。

第四节 民事权利

一、权利的概念

"权利"一词,系外国法律名词之意译,在拉丁文中为"ius",在法语中为"droit",在英语中为"right",在德语中为"Recht",均含有正义、直道之意。日本学者初译为"权理",后改译为"权利"。中国法律上"权利"一词,来自日本。人群共处,各有主张,涉及不同的利益,不免发生冲突。为维护社会生活,自须定其分际,法律乃于一定要件之下,就其认为合理正当者,赋予个人某种力量,以享受其利益。因此,所谓权利,是指得享受特定利益之法律上之力。权利为主观化之法律,法律为客观化之权利,行使权利,乃为法律而斗争,实寓有伦理上之意义。[14]

二、权利的本质

(一)关于权利本质的学说

权利的本质是什么?学者对于这一问题的回答颇不一致,约有三种学说。

---

〔13〕 此种主张参见郑玉波:《民法总则》,台北,三民书局1979年版,第84页;王伯琦编著:《民法总则》,台北,正中书局1979年版,第51页;[日]北川善太郎:《民法总则》,有斐阁1993年版,第41页。

〔14〕 参见郑玉波:《民法总则》,台北,三民书局1979年版,第44页;王泽鉴:《民法总则》,台北,三民书局2000年版,第92页。

1. 意思说

意思说为德国罗马法学者温德夏德（Windscheid，1817～1893年）所倡。此说认为，权利之本质为意思之自由，或意思之支配。即权利为个人意思所能自由活动或所能自由支配的范围。意思为权利之基础，无意思即无权利，故权利之本质应归结为意思。

2. 利益说

利益说为德国著名学者耶林（Jhering，1818～1892年）所倡。此说主张，权利之本质为法律所保护的利益，凡依法律归属于个人的利益，无论精神的或物质的，即为权利。

3. 法力说

法力说以德国学者梅克尔（Merkel，1836～1896年）为代表。此说认为，权利之本质为法律上之力。依此说，权利总是由"特定利益"和"法律上之力"两个因素构成。所谓"法律上之力"，系由法律所赋予的一种力量，凭借此种力量，可以支配标的物。此为现今之通说。

（二）三种学说之比较

关于权利本质的三种学说，其中第一种学说，将权利之本质归结为个人的意思。其不足之处在于，无法解释无意思能力之未成年人及不能辨认自己行为的成年人，何以能作为权利主体，及在许多情形权利之取得、变更与丧失，并不取决于当事人的意思。可见意思说不足采。第二种学说，认为权利之本质为法律所保护的利益，颇具说服力。按照唯物论，一切社会关系无不包含某种利益。法律调整社会关系，正是将各种社会关系所体现的利益，用法律上权利义务的形式固定下来，并运用国家强制力保障其实现。无论何种情形，一提到权利，利益也就在其中了。此前笔者曾表示过赞同利益说。[15] 现在看来，此说也有不尽合理之处。因为法律所保护的利益，未必都表现为权利。例如，交通安全无疑是一种重大利益，但并未表现为个人的权利；反之，所表现出来的是要求人人遵守交通规则的义务。人人遵守交通规则，也就享受交通安全的利益。此即所谓反射利益。再如，所谓自然债，如时效经过之债，债务人自愿履行后不得以不知时效已过而要求返还，对债权人而言显然属于受法律保护的利益，但因不具备诉请法院强制执行的效力，难谓为法律上的权利。第三种学说，认为权利由特定利益和法律上之力两要素构成，可以克服利益说之不足。因此值得赞同。

---

〔15〕 参见梁慧星：《民法》，四川人民出版社1988年版，第55～56页。

三、权利的意义

关于权利之本质,既采法力说,则权利应为一种法律上之力。此法律上之力,与通常所谓实力不同。通常所谓实力,乃个人的腕力,法律上之力乃由法律所赋予,是受法律的支持与保障的一种力量,依此力量既可支配标的物,也可请求他人为特定行为。此法律上之力,还须与"特定的利益"要素相结合,才构成权利。此利益指生活利益,包括财产利益和非财产利益两种。前者如一般之财富,后者如生命、身体、健康、自由、名誉、隐私等。生活利益本来很广泛,其中受法律保护者,称为法律利益,简称法益。法律为保护个人特定法益,特予以法律上之力,使之能够享受特定的利益,并于反面课予相对人以相当的拘束(义务),以确保此利益之享受。此可享受特定利益的法律上之力,即为权利。例如,物权为直接支配其标的物而享受其利益的排他性权利。其中"支配其标的物而享受其利益",即所谓特定利益,而"直接支配"和"排他性",即法律上之力。再如,债权为请求特定人为特定行为之权利。其中"特定人为特定行为",即特定利益,而"请求"即为法律上之力。各种权利,莫不如此。

四、权利的分类

(一)以权利之根据为标准

权利首先区分为公权与私权,以与公法与私法相对应。其区分标准尚有分歧,通说为"法律根据说"。即以权利所根据的法律为区分标准,根据公法所规定者为公权,根据私法所规定者为私权。民法为私法,民法上的权利属于私权。以下仅论述私权。

(二)以权利之标的为标准

以权利之标的是否具有财产价值,可将私权分为财产权与非财产权两大类。但财产权与非财产权的划分并不是绝对的。因为,通常划归财产权一类的某些权利,并不一定有财产价值。例如,江、河、湖、海、山脉、草原本身并非商品,无从计较财产价值,但并不影响它们作为财产权的标的。再如,私人信函、亲人遗物,纵无财产价值,亦不妨作为所有权标的。同理,通常属于非财产权的某些权利,也未必不具有财产价值。如法人名称权,当然具有财产价值。纵是自然人肖像权,亦可有财产价值。因此,民法理论上对于权利的分类,往往先确定非财产权,非财产权以外的权利,均属于财产权。区分财产权与非财产权的意义在于:其一,财产权原则上可以转让、抛弃,非财产权原则上不可转让、抛弃;其二,财产权受侵害时,原则上不适用精神损害赔偿,[16] 非财产

〔16〕 例外情形,如《民法典》侵权责任编第 1183 条第 2 款规定:"因故意或者重大过失侵害自然人具有人身意义的特定物造成严重精神损害的,被侵权人有权请求精神损害赔偿。"

权受侵害时，原则上可适用精神损害赔偿。

1. 非财产权

非财产权，是指与权利主体之人格、身份不可分离之权利。可再分为人格权与身份权。人格权指存在于权利人自己人格上的权利，亦即，以权利人自己的人格利益为标的之权利。人格权因出生而取得，因死亡而消灭，不得让与或抛弃，如生命权、身体权、健康权、自由权、姓名权、名誉权、肖像权、隐私权等。[17] 传统民法上的身份权，是指亲属权，如夫权、亲权、家长权等，性质上属于支配他人人身和财产的支配权。"二战"后的政治运动、女权运动，促成民事立法改革，导致支配权性质的身份权被废除。现代民法已经不存在支配权性质的身份权。中国民法所谓身份权，指身份关系（婚姻家庭关系）上的扶养费、抚养费、赡养费请求权及监护权、探视权。前者（扶养费、抚养费、赡养费请求权）是基于身份关系的财产权；后者（监护权、探视权）属于非财产权。

2. 财产权

财产权，是指可以与权利人的人格、身份相分离而具有财产价值的权利，如物权、债权、知识产权等。

3. 兼有以上两种性质的权利

兼有财产权和非财产权双重性质的权利，有继承权、社员权。此种权利可否转让、抛弃以及可否适用精神损害赔偿，应就其性质予以个别认定，即考虑权利双重性质之间的关系，何种性质为目的、何种性质为手段。其财产权性质为非财产权性质服务的权利，应适用非财产权的规定，如继承权；[18] 其非财产权性质为财产权性质服务的权利，应适用财产权的规定，如股权。[19]

值得注意的是，中国民法学界关于股权性质曾发生争论。有谓股权之本质为所有权者，有谓股权之本质为债权者。而两种见解均非正确。股权系综合性权利，既有非财产权性质的表决权，亦有财产权性质的获得股息和公司解散时取回剩余财产的权利，性质上属于社员权。

（三）以权利之作用为标准

以权利之作用为划分标准，即以"法律上之力"的性质为划分标准。法律上之力，

---

〔17〕 20 世纪末以来，现代化市场经济的发展出现了"名人代言""角色商品化"，即所谓"人格商品化"现象，与传统民法理论上人格权属于非财产权的原理发生冲突。判例和学说，突破人格权的非财产权性原理，承认"人格权具有财产价值"。《民法典》侵权责任编第 1182 条规定："侵害他人人身权益造成财产损失的，按照被侵权人因此受到的损失或者侵权人因此获得的利益赔偿；被侵权人因此受到的损失以及侵权人因此获得的利益难以确定，被侵权人和侵权人就赔偿数额协商不一致，向人民法院提起诉讼的，由人民法院根据实际情况确定赔偿数额。"

〔18〕 法律将继承财产的权利赋予特定身份的人，旨在保障与死者有特定关系的人的利益，即特定的身份利益。

〔19〕 法律赋予表决权并非以表决权本身的实现为根本目标，而是旨在保障股东充分、有效地享有股权中的财产权。

依其性质不同,可分为"支配力""请求力""变动力",与此相对应可将权利区分为支配权、请求权、变动权三类。

1. 支配权

支配权,是指权利人得直接支配其标的,而具有排他性的权利。此类权利的作用,有两方面,即于积极方面可直接支配其标的物,而无须他人行为之介入;于消极方面可禁止他人妨碍其支配,而具有排他性。物权为典型的支配权,其他如准物权、知识产权、人格权及身份权亦为支配权。

2. 确认权

确认权,是指权利人请求法院确认权利归属、行为效力的权利。确认权,属于法律对其他权利或者权利行使所特别赋予之救济权,故民法教科书未将其作为与支配权、请求权等并列的权利类型。如在支配权中的物权、知识产权因权利归属发生争议时,法律赋予当事人请求法院对系争权利的归属作出确认的权利。确认权,属于法律为解决支配权(物权、知识产权)归属争议所特别赋予之救济权。此外,于当事人对法律行为是否有效发生争议、对解除权行使行为是否有效发生争议情形时,法律亦赋予当事人请求法院确认行为效力的确认权。确认权必须采用诉的方式行使。确认权行使之诉,即确认之诉,与形成之诉(形成权行使之诉)、给付之诉(请求权行使之诉),构成民事诉讼法上诉的三种类型。鉴于确认之诉在诉讼法上的重要性,民法学有必要将确认权作为与支配权、请求权等并列的实体权类型。

3. 请求权

请求权,是指权利人得请求他人为特定行为(作为、不作为)的权利。请求权在权利体系中居于枢纽之地位。因为任何权利,无论其为相对权或绝对权,为发挥其功能,或恢复不受侵害之圆满状态,均须借助于请求权之行使。请求权与支配权不同,权利人不能对权利标的为直接支配,只能对义务人为请求。债权为典型的请求权。债权人不能直接支配债务人的行为,也不能支配债务人的人身,只能请求债务人为特定行为。但须注意,债权与请求权为两个概念,不可混淆。债权系请求权的基础权利,请求权系债权所具有的作用之一。[20]

请求权系由基础权利而发生,必先有基础权利,而后始有请求权。因此,请求权以其基础权利之不同,可分为:债权上请求权、物权上请求权、准物权上请求权、知识产权上请求权、人格权上请求权、身份权上请求权。唯债权上请求权系从债权成立时当然

〔20〕 学说上认为债权的效力有给付保持力、请求力及执行力。给付保持力,指债权人得受领并保持债务人所给付之标的,是一切债权都具有的最本质的效力。请求力,指债权期限到来时,要求债务人即时履行以实现其内容的效力,请求权即体现此请求力。执行力,又称掴取力,指债权依其请求力不能实现的情形,得凭借国家公权力强制实现其内容的效力,诉权即体现此执行力。参见[日]北川善太郎:《债权总论》,有斐阁1993年版,第10~11页。

发生，且请求权为债权最主要作用，因此可以说债权性质上为典型的请求权。而其余的请求权，则多于基础权利受侵害时，方才发生。

另外，须对请求权与诉权加以区别。请求权概念，系由德国学者温德夏德所创。在此之前，唯认有诉权，而不知有请求权。经温德夏德之研究，始于诉权（公权）之外，承认有私权之请求权。因此，请求权存在于平等的当事人之间，属于私权，而诉权系私人请求国家予以保护的诉讼权利，存在于私人与国家之间，属于公权。通常情形，凡请求权均伴有诉权，在对方当事人不依请求履行义务时，请求权人可诉请法院强制对方当事人履行义务，亦得于诉讼外请求履行。但请求权与诉权，性质不同，不得视为一体。[21] 请求权纵不存在或已消灭，仍不妨碍诉权之存在。

需特别注意的是请求权基础之概念。所谓请求权基础，指足以支持某项特定请求权之法律规范。例如，甲驾车不慎撞伤乙，乙得向甲请求损害赔偿，即应以《道路交通安全法》第 76 条的规定为基础。无请求权基础者，即无请求权可言。在实务上发生权利人同时有两个以上的请求权可以行使的现象，称为请求权竞合。例如，《民法典》总则编第 186 条规定："因当事人一方的违约行为，损害对方人身权益、财产权益的，受损害方有权选择请求其承担违约责任或者侵权责任。"于请求权竞合的情形，权利人得选择其一行使之。由于各种请求权的构成要件、举证责任、内容及时效期间各有不同，故在具体案件，对所有可能成立的请求权，均须依其构成要件，确实加以检讨，始足维护当事人利益。此称为请求权基础思考方法，其基本公式为"谁得向谁，依据何种规范，主张何种权利"，其中所依据之规范，即为请求权基础。[22]

4. 变动权

变动权是权利人依自己的意思使法律关系发生变动的权利。变动权之作用，在使法律关系发生、变更、消灭，因此区别于支配权、确认权和请求权。变动权，依所变动之法律关系不同，再分为形成权、抗辩权和可能权。

（1）形成权

形成权，是指权利人依自己的行为，使自己与他人间的法律关系归于消灭的权利，如撤销权、解除权、抵销权等。形成权之主要功能在于，权利人得依其单方之意思，消灭已成立之民事法律关系。形成权的行使方式有不同，如撤销权必须采用诉的方式行使；解除权既可以诉的方式行使，亦可以意思表示方式行使；抵销权只能以意思表示方式行使。另需注意的是，形成权与请求权亦有密切关系，即形成权之行使，作为既存民事法律关系消灭的法律后果，将可能发生物权请求权性质的返还原物请求权、债权请

---

〔21〕 参见李宜琛：《民法总则》，台北，正中书局 1977 年版，第 49～50 页。

〔22〕 关于请求权基础的思考方法，参见［德］梅迪库斯：《请求权基础》，法律出版社 2012 年版；王泽鉴：《法律思维与案例研习：请求权基础理论体系》（第四章"请求权基础"），台北，1999 年自版，第 60～204 页。

求权性质的损害赔偿请求权。

顺便指出,中国民法上的某些概念系采用日本学者用汉字翻译法语、德语民法之概念。有的概念的汉语文义与对译民法概念意义吻合,如撤销权之"撤销"、解除权之"解除"和抵销权之"抵销",均是使既存法律关系"消灭"的意思,但形成权之"形成",汉语文义是使某种关系"产生"的意思,与形成权使既存法律关系"消灭"的意思,正好相反。

(2)抗辩权

抗辩权,是指权利人用以对抗他人请求权之权利。抗辩权的作用在于防御,而不在于攻击,因此必待他人之请求,始得对其行使抗辩权。如同时履行抗辩权、不安抗辩权、先诉抗辩权等。抗辩权又分为永久的抗辩权与延期的抗辩权。时效届满后债务人的抗辩权,为永久的抗辩权,而同时履行抗辩权和不安抗辩权均系延期的抗辩权。请求权与抗辩权乃居于对立之地位。在解题或分析案件时,应当兼顾。此种请求权与抗辩权对立性思考方式,系法律基本思维能力,应予重视。[23]

抗辩权与诉讼上的抗辩不同。抗辩是诉讼中的防御方法之一。被告陈述应由自己负担举证责任的事实并以此与原告主张的法律效果或权利关系相对抗,称为抗辩。[24] 在诉讼进行中,被告得提出各种抗辩,归纳言之,可分为三类:其一,权利障碍之抗辩(rechtsverhindernde Einwendung),即主张原告之请求权,基于特定的事由,自始不发生。例如,法律行为当事人无行为能力;限制行为能力人订立合同未得法定代理人追认;合同内容违反法律强制性规定;合同内容违反公共秩序与善良风俗;无权代理未得本人追认;合同不成立。其二,权利消灭之抗辩(rechtsvernichtende Einwendung),即主张原告之请求权虽曾一度发生,唯其后因特定事由,已归于消灭,如已清偿及代物清偿、提存、抵销、免除、混同、撤销权行使、权利不当行使。其三,抗辩权(Einrede),即被告对于原告之请求,有拒绝给付之权利,如诉讼时效抗辩权、同时履行抗辩权、不安抗辩权、先诉抗辩权。

前两类抗辩,即权利障碍之抗辩和权利消灭之抗辩,学说上称为诉讼上的抗辩,而后者为实体法上的抗辩权。其主要区别在于,诉讼上抗辩的效力,既足以使请求权归于消灭,故在诉讼进行中,当事人纵未提出抗辩,法院亦应审查事实,如果认为有抗辩事由存在,须依职权作出有利于该当事人之判决。相反,因抗辩权的效力,仅在对抗已存在之请求权,故有抗辩权人是否主张其权利一任其自由,法院不得依职权援引。唯被告在诉讼上主张其抗辩权时,法院方有予以审查之义务。[25]

---

〔23〕 参见王泽鉴:《基础理论》,台北,1996 年自版,第 94 页。

〔24〕 参见[日]兼子一、竹下守夫:《民事诉讼法》,白绿铉译,法律出版社 1995 年版,第 77 ~ 78 页。

〔25〕 参见王泽鉴:《基础理论》,台北,1996 年自版,第 89 ~ 94 页;梅仲协:《民法要义》,中国政法大学出版社 1998 年版,第 39 ~ 40 页。

(3)可能权

可能权,是指权利人依自己的行为而使他人与他人间的法律关系发生变动的权利,如代位权、代理权、(法人代表人之)代表权等。其中代理权之本质为权利或仅为一种地位,学说存有分歧,详见本书第七章第三节。

(四)以效力所及的范围为标准

以效力所及的范围为标准,可分为绝对权与相对权。所谓绝对权,是指得对一切人主张的权利,又称对世权。所谓相对权,是指仅得对特定人主张的权利,又称对人权。物权、人格权、知识产权,均属于绝对权,而债权属于相对权。但新近学说有否认绝对权与相对权区别之趋势,主张债权于受第三人侵害时,亦可向之主张损害赔偿。因此认为债权亦有对世性。[26]

本书认为,债权是否为相对权与侵害债权是否成立侵权责任,为不同的问题。债权性质上属于相对权,其主要理由是:债权存在于特定的当事人之间,不具有对世性;债权仅具有请求力,而对于给付标的物或债务人并无支配力;债权不具有社会公开性,第三人难以知悉其存在,因而不具有排他性。因此,绝对权与相对权的区别,应当维持。至于第三人侵害债权是否成立侵权责任,关键不在于债权之是否具有对世性或属于绝对权,而在于民事权利之不可侵性。[27] 因第三人行为致债务人不能履行对债权人的给付义务时,应由债务人对债权人承担违约责任,债权人不能依侵权法迳向该第三人请求赔偿损害。此在《民法典》合同编第593条已有明文规定。但第三人的行为系出于故意以违背善良风俗的方法加损害于债权人时,当依侵权法对债权人承担赔偿责任。[28]

(五)以相互关系为标准

以权利之相互关系为标准,可分为主权利与从权利。如以抵押权担保债权,则受

---

〔26〕 参见王伯琦编著:《民法总则》,台北,正中书局1979年版,第29页。

〔27〕 我国台湾地区"最高法院"1969年台上字第1504号判决:按债权具有不可侵性,依故意或过失侵害他人之债权者,故应负侵权行为上之责任,但此以第三人之行为对债权之存续或其法律上效力有直接影响者为限。例如第三人以侵害他人之债权之意思,毁灭其特定之标的物件时,或故意对债务人之身体加以拘束使其不能为债权标的之特定给付时等是[《裁判选辑民事法》(第11册),第264页]。转引自王泽鉴:《侵权行为法:基本理论、一般侵权行为》(第1册),台北,1998年自版,第200页注1。

〔28〕 《德国民法典》第826条规定:"以违反善良风俗的方法对他人故意施加损害的人,对受害人负有赔偿损害的义务。"我国台湾地区"民法"第184条第2句规定,故意以违背善良风俗之方法,加损害于他人者,亦同。学者受委托起草的中国合同法(建议草案)第八章违约责任,就第三人侵害债权专设第157条规定:"第三人故意违背善良风俗侵害他人债权的,应负赔偿损害的责任。"在1999年1月7~12日合同法专家讨论会上,有专家认为该条属于侵权法,不应在合同法规定,因此提交全国人大常委会第四次审议的合同法草案,遂将该条删去。

担保债权为主权利,该抵押权为从权利。区分主权利与从权利的意义在于:从权利的变动,原则上依附于主权利;主权利的变动,则不受从权利影响。

(六)以与权利主体之关系为标准

以权利与其主体之关系为标准,可分为专属权与非专属权。专属权,指专属于权利人而不能让与的权利,如人格权、身份权为专属权。〔29〕专属权以外的权利,为非专属权,一般的财产权多属于非专属权。

(七)以是否已具备全部成立要件为标准

以是否已具备全部成立要件为标准,可分为完整权与期待权。已具备全部成立要件、具备现实性之权利,属于完整权。物权、债权、知识产权等一般的权利属于完整权。反之,尚未具备全部成立要件、将来有实现可能性的权利,称为期待权,如继承权,须待"继承开始"(被继承人死亡)之时且被继承人死亡时留有个人财产(遗产),才能成为现实性的权利,因此,继承权属于期待权。又如,所有权保留买卖中买受人的权利、附生效条件合同上的权利,均属于期待权。

(八)其他权利

1. 财产管理权

财产管理权,是指依据代理权或授权行使他人的权利的权限。这种意义上的财产管理权可视为技术性的权利之一种。所有权人享有所有权,但该所有权的行使,不限于所有权人。为了补充和扩大私法自治,财产管理关系中,由所有权人以外的人管理他人财产的情形不少。尤其在今天,权利行使者非权利归属者的情形日益增多。代理权、授权、同意权、追认权、失踪人财产代管人之管理权、监护人对被监护人财产的管理权等,其共同点在于,是管理他人财产的技术手段性权利。〔30〕

2. 实质性的权利与技术性的权利

民事权利又可分为实质性的权利与技术性的权利。实质性的权利,指以实质的生活利益为内容的权利。决定利益排他的归属的物权、知识产权,及以取得利益为目的的债权和继承权,即其典型。实质性的权利,又分为财产权与身份权。与此相对,作为法律关系变动原因,具有技术手段性质的权利,称为技术性的权利。如确认权、形成

〔29〕《民法典》合同编上"专属于债权人自身的权利",不得作为债权人代位权之标的(第535条),最高人民法院《关于适用〈中华人民共和国合同法〉若干问题的解释(一)》(已失效)第12条规定:"合同法第七十三条第一款规定的专属于债务人自身的债权,是指基于扶养关系、抚养关系、赡养关系、继承关系产生的给付请求权和劳动报酬、退休金、养老金、抚恤金、安置费、人寿保险、人身伤害赔偿请求权等权利。"

〔30〕参见[日]北川善太郎:《民法总则》,有斐阁1993年版,第34页。

权、抗辩权、请求权,即其适例。[31]

3. 新产生的权利类型

私法的基础是市场经济,其中心是财产权,作为其主体则具有法人格,即权利能力。当初并未从人权的视点考察私权,随着社会的进步,重视人的尊严的法思想给予现代法很大影响,致现代法承认人格权为私权。人格权中产生了肖像权、姓名权,及更为一般的隐私权。此外,近代法上的私权,如物权及债权,是抽象的,具有明确的内容,并由国家强制力保障其实现。但在现代,发生了与这种意义的私权性质不同的私权,如消费者权、环境权、日照权、生存权等。[32]

1962 年 3 月 15 日,美国总统肯尼迪在《关于保护消费者利益的国情咨文》中表述了四项消费者权利,即消费者有安全的权利、了解的权利、选择的权利、意见被尊重的权利。这四项权利迅即传遍世界,得到消费者的赞同,并成为各国消费者组织的奋斗目标。后经补充,增加损害救济的权利,被公认为消费者的五项基本人权。中国于 1993 年 10 月 31 日通过《消费者权益保护法》(2009 年 8 月 27 日、2013 年 10 月 25 日修正),其中第二章以消费者的权利为章名,第 7 ~ 15 条规定了九项消费者权利:安全的权利(第 7 条),了解的权利(第 8 条),选择的权利(第 9 条),公平交易的权利(第 10 条),损害赔偿的权利(第 11 条),成立消费者团体的权利(第 12 条),获得有关消费和权益保护知识的权利(第 13 条),人格尊严、民族习惯受尊重和个人信息受保护的权利(第 14 条),监督的权利(第 15 条)。

五、权利竞合

(一)权利之竞合

数个权利存在于同一标的,而其行使可生同一结果,称为权利之竞合。最常见的是请求权竞合。所谓请求权竞合,是指权利人对于同一义务人,就同一标的,发生数个请求权的情形。在发生请求权竞合的情形,其中一个请求权得到满足,其余请求权均归于消灭。但在消灭之前,各请求权彼此独立,不相关联。尤其诉讼时效各别进行,纵然其中一请求权因时效届满而消灭,其余请求权也不因此受影响。权利人对于同一义务人,就不同标的,发生数个请求权的情形,称为请求权聚合,与请求权竞合有别。

(二)违约责任请求权与侵权责任请求权竞合的学说

请求权竞合,最常见的是违约责任请求权与侵权责任请求权的竞合。而关于违约

---

〔31〕 参见[日]北川善太郎:《民法总则》,有斐阁 1993 年版,第 34 页。
〔32〕 参见[日]北川善太郎:《民法总则》,有斐阁 1993 年版,第 35 页。

责任请求权与侵权责任请求权的竞合,学说上有不同主张。谨简要介绍如下。

1. 法条竞合说

此说认为,所谓违约责任请求权与侵权责任请求权的竞合,实际上只是两个法律条文的竞合,而非行为的竞合,因此否定请求权的竞合。违约责任与侵权责任,虽属两种责任,但两者在本质上并无不同。法律关于侵权责任的规定,与关于违约责任的规定,构成普通法与特别法的关系。当关于同一行为既有侵权责任的规定,又有违约责任的规定,即发生两个法律条文的竞合时,应依特别法优先于普通法的适用原则,仅适用关于违约责任的规定,而不适用关于侵权责任的规定。因此,当事人只有一个请求权,即违约责任请求权,并不发生请求权的竞合问题。

2. 请求权竞合说

此说认为,违约责任和侵权责任是民法上两个独立的不同的制度。若一个行为事实既符合契约责任的构成要件,又符合侵权责任的构成要件时,发生两个独立并存的请求权。当事人可以合并或选择其一行使,或同时起诉或择一起诉,前一诉讼判决对后一诉讼不生影响。但因两个请求权以同一给付为内容,因此不得主张双重给付,其中一个请求权获得满足,另一个请求权将随之消灭。

3. 请求权规范竞合说

此说认为,侵权行为与违约行为,所违反的是同一个义务,因此同一事实既符合违约行为的要件,又符合侵权行为的要件时,仅发生一个请求权,而不是两个分别独立的请求权。只是此单一请求权有两个民事责任规范作为基础。即一个请求权,同时有两个请求权基础。当事人可以选择的,不是两个请求权,而是同一个请求权所依据的两个法律规范,即两个请求权基础,并且只能一次起诉。[33]

以上三种学说,第一种法条竞合说否认权利竞合,第二种请求权竞合说和第三种请求权规范竞合说,均认可请求权竞合,其差别属于同一法律方案的不同解释,对当事人起诉和法庭裁判结果并无影响。故《民法典》总则编第 186 条仅规定违约责任请求权与侵权责任请求权竞合,而将其究竟属于第二种学说抑或第三种学说留给学者解释。

六、权利与法律的关系

权利与法律的关系如何？有三种学说。其一,权利先存说。认为自有人类之初,即有权利,权利与生俱来,为保护此权利,始有法律之创设。此即所谓“天赋人权”说。其二,权利与法律同时存在说。认为法律与权利,为同一事物之两面。法律依主观的

---

〔33〕 参见桂菊平:《论出卖人瑕疵担保责任、积极侵害债权及产品责任之关系》,载梁慧星主编:《民商法论丛》(第 2 卷),法律出版社 1994 年版,第 413 ~ 419 页。

观察，则为权利；权利由客观的观察，则为法律。即法律与权利同时存在，法律学即权利之学。自罗马法以来，除英语外，拉丁文、德语、法语等，法律与权利均系同一词语。拉丁文“ius”，德语“Recht”，法语“droit”，均同时含有法律与权利两义。其三，法律先存说。认为权利为法律所创造，有法律之先，绝对无权利之可言，即使有法律之后，也是先有义务观念，至相当时期之后，始有权利观念发生。以上三种学说，以何种为当？学者见仁见智，难以统一。郑玉波先生认为第三种学说较为合理。[34] 按照关于权利本质之通说，既以法律上之力为权利之构成要素，则无法律，即无权利。故本书赞同第三种学说。[35]

七、为权利而斗争就是为法律而斗争

在长达数千年的中国历史上，人民从来不被当作真正的人，他们只不过是被驱使的奴隶。中华人民共和国成立后的一个时期，由于未切实重视人民权利之保护，以致发生了大规模侵犯人权的“文化大革命”。1986 年通过、1987 年生效的《民法通则》，不仅规定人民享有各类财产权，而且规定人民对自己的生命、身体、健康、名誉、姓名、肖像及人格尊严等享有人格权。人格权，这是作为一个人所应有的最基本的权利，是享有其他民事权利并进而享有政治权利的基础。没有人格权，就不能算是真正的人！中国《民法通则》的问世，使世界法律界为之瞩目，其被誉为中国的人权宣言。

《民法通则》生效以后，中国法律生活中除原有的财产权诉讼、离婚诉讼之外，新增加了一类人格权诉讼，而且其案件数呈急剧上升之势。我们看到不仅许多文化人纷纷走上法庭，维护自己的名誉和隐私，也看到一般市民为抗议商店无端盘查、搜身而走上法庭，维护自己的人格尊严。人格权诉讼的报道，频繁出现于报端，引起热烈的讨论。它标志着民族权利意识、法律意识正在苏醒。越来越多的人认识到，要把法律规定变为现实，要真正享受到法律所赋予的权利，就必须进行斗争！为权利而斗争，也就是为法律而斗争！

为权利而斗争，就是为法律而斗争！这是距今 140 多年前（1872 年），德意志伟大的民法学家耶林在维也纳法律协会的讲演中所揭示的真理。同年，耶林对该讲演稿进行了补充加工，并以《为权利而斗争》为题，予以公开发表。《为权利而斗争》一经刊行，便引起巨大反响。截至 1921 年，在德国重印达 20 版，在 17 个国家被翻译出版。至今被公认为经典法律名著。

《为权利而斗争》是耶林毕生为普通读者写的唯一著作，之所以有如此巨大的影响，是因为提出了若干极重要的见解，揭示了若干前人所未曾认识的真理。这些见解

---

〔34〕 参见郑玉波：《民法总则》，台北，三民书局 1979 年版，第 44 页。

〔35〕 唯人格权属于先于法律而存在的权利，应属例外。见本书第三章第二节。

和真理,今天对于正致力建设法治国家的中国,仍有其重大的理论意义和实践意义。

耶林首先提出了法的目标与手段问题。法的目标是和平,而达到目标的手段则是斗争。此所谓斗争,按照笔者的理解,当然既包括个人的斗争,也包括团体的斗争和民族的斗争。法本身就是长期斗争的成果,法要得到真正的实施,更需要进行不息的斗争。

法有没有生命?法没有生命,不如一张废纸!法当然有其生命。法的生命是什么?耶林指出,法的生命在于斗争!之所以需要斗争,是因为总有人要妨碍法的实施,要千方百计地侵害法律所规定的权利。无论是个人的权利,民族的权利,或一切权利,无论是私法、公法或国际法,都需要用斗争去抵抗对权利的侵害,都需要用斗争去使纸上的法变成活的法、具有生命的法。

为权利而斗争,这是权利人对自己的义务。自己生存的主张,是一切生物的最高法则,是无论何种生物都具有的自己保存的本能。对人类来说,不仅有肉体的生命,同时还有精神的生存问题。此精神的生存的条件之一,就是权利的主张。如果没有权利,则人可视同家畜。正因如此,在古罗马,奴隶视为两条腿之家畜。所以,权利主张,是人的精神的存在条件!不敢于主张权利,等于自贬其人格!权利的完全放弃(今日已不可能),等于精神的自杀!

为权利而斗争,也是权利人对社会的义务。耶林认为,单从权利与法的依存关系,说明主张权利是对国家、社会的义务,这还不够。应进一步从法律的实现方式加以说明。公法的实现,是国家官厅与官吏的义务,而私法的实现则依靠个人主张自己的权利。权利人主张自己的权利,不仅履行了对自己的义务,同时也履行了对国家、社会的义务,维护了法律的权威和国家的法律秩序。当个人按照法律的规定主张自己应有的权利时,就将个人权利问题转换为国家现行法的实现问题。他已不再是为一己之私利而斗争,而是为法律的实现而斗争!为法律的生命而斗争!为国家的法律秩序而斗争!

个人为权利而进行的斗争,其利益绝不限于私法及私生活领域。所谓国民,不过是一切个人的总和。各个人的感情、思维、行动,合成国民的感情、思维、行动。国家和全体国民,应有抵抗权利侵害的法感情与法意识。一个国家、一个民族,要在国际法上争得地位,必须其个人于私生活领域勇于主张自己的权利。耶林指出,对国民进行政治教育的不是公法而是私法。正是私法,成为各民族对国民进行政治教育的大学校。政治之最高目标,端在国民法感情与法意识之育成与奖励。此法感情、法意识之有无,关系至巨!英国政治之发达,瑞士体制之健全,中国(这里当然是指旧中国)之所以堕落,其原因盖在于此!由此回溯 140 多年,正是中国被列强肢解瓜分,清王朝风雨飘摇之时。人民经数千年之禁锢,以致肢体病弱,精神麻木,被讥为一盘散沙,谈何法感情与法意识之有!耶林以当时之中国与英国、瑞士相比拟,形成强烈对照,旨在强调国民法感情与法意识之重要。至今读来,犹动人心魄!

《为权利而斗争》一书，篇幅不大，却法理精深，逻辑严密，发人深思！除前引关于法感情与法意识的论述外，其关于执法者的论述，亦令人震惊：世上不法之事，莫过于执法之人自己破坏法律。法律的看守人变成法律的杀人犯！犹如医生毒死病人！监护人绞杀被监护人！这是天底下最悖理之事！在古罗马，法官受贿，便处死刑。法官审判，不肯依据法律，而端视金钱多少，势力大小，法律将因此而死亡！人民将由政治社会回归自然状态！盖国家权力乃所以保护人民的权利。而今人民的权利感情反为国家权力所侵害，则人民将放弃法律途径！这是势所必然！〔36〕

《民法典》已颁布施行，充分重视人民法感情与法意识的培育，充分重视法律的实现问题，无疑具有格外重大的意义！切切不可仅以纸上的法律之完善为追求目标！

第五节　民事义务

一、义务的意义

法律上所谓义务，指法律所加于当事人作为或不作为之拘束。此所谓拘束，谓不问义务人意思如何，都必须遵守，不能随意变更或免除之意。若不予遵守，将受到法律的强制和制裁。义务之形态，一为作为义务，即义务人必须为一定行为；二为不作为义务，即义务人必须不为一定行为。作为义务，以不作为为义务违反。不作为义务，以作为为义务违反。

义务与权利通常相互对应。例如债权，其权利之实现有赖债务人履行债务，且债权与债务，为同一事物之两面。同一行为，就权利人方面观察为债权，就义务人方面观察为债务。但在物权，例如所有权，权利之实现无须义务人之行为，且权利与义务为不同行为。所有权人的权利，是对标的物直接支配，即占有、使用、收益、处分。义务人的义务是对权利人的支配行为不加妨害。在某些情形，也有无义务的权利和无权利的义务。如形成权，即属于无义务的权利。合同当事人于发生不可抗力时的通知义务，即属于无权利的义务。

二、义务的分类

义务的分类比较简单。亦如权利之分类，分为公义务与私义务；专属义务与非专属义务；主义务与从义务。此外义务之特有分类有：积极义务（作为义务）与消极义务

〔36〕 参见［德］鲁道夫·冯·耶林：《为权利而斗争》，胡宝海译，载梁慧星主编：《民商法论丛》（第2卷），法律出版社1994年版，第12～59页。

(不作为义务);约定义务与法定义务;明示义务与默示义务;一般义务与附随义务。

第六节 民事责任

一、责任的意义

"责任"一词,在法律上有多种意义。第一种含义为职责,如所谓生产责任制、岗位责任制等,大致相当于英文中的"responsibility"。第二种含义为义务,如法律上常用的"保证责任"一词,应为保证义务,相当于"obligation"。第三种含义,即所谓法律责任、民事责任等,其意指不履行法律义务因而应受某种制裁,相当于"liability"。

二、法律责任

人类在上古社会,因法律尚不发达,法律规范与其他社会规范如道德、宗教、习俗等混杂不分。因而法律责任与道德的、宗教的责任并无明显区别。由于社会进步,法律之发达,法律责任终于与道德的、宗教的责任截然划分而独立。

现代法律责任有民事责任、刑事责任和行政责任之分。但在法律发展史上,三种法律责任同出一源,起初并无区别。例如,上古社会之赔偿金制度,既可以是民事上的损害赔偿,也可以是对犯罪行为的刑事制裁。其后,由于法律之发达,逐渐分化为属于民事责任的损害赔偿,属于刑事责任的罚金,以及属于行政责任的罚款。关于三种法律责任之关系,《民法典》总则编第 187 条设有明文规定:"民事主体因同一行为应当承担民事责任、行政责任和刑事责任的,承担行政责任或者刑事责任不影响承担民事责任;民事主体的财产不足以支付的,优先用于承担民事责任。"

三、民事责任与民事义务

(一)罗马法

在罗马法上,对民事责任与民事义务两者未作区分。罗马法上所谓"obligation",系将民事义务与民事责任合为一体。按照罗马法思想,责任是义务不履行的必然结果,为义务关系所包含,无加以区别之必要。至德国普通法时代,仍沿袭罗马法思想,不对义务和责任加以区别。所谓债务,是指债权人对于债务人全部财产上的效果。按照萨维尼的说法,债权为债权人自然的自由之扩大,债务为债务人自然的自由之限制。债务人自愿履行其债务,属于债权的自然进行状态;债务人不履行债务时由债权人强制其履行，则属于债权的不自然进行状态。[37] 此所谓债权的不自然进行状态，即现代所谓民事责任。但依萨维尼的理论，它被包含于债务的效力之中。

（二）英美法

英美法系民法与罗马法相同，也未对义务与责任加以区别。英美法上的债务（obligation）概念，指一人或数人受法律之拘束，负有对他人作为或不作为的义务。按照英美法，权利（right）和责任（liability）是相互关联的概念。既没有无责任的权利，也没有无权利的责任。如果甲拥有权利要求乙应为某行为，假使乙不为该行为，则甲可以提起诉讼对乙实施强制，而乙在那种情形则被认为是负有为该行为的责任。[38] 可见责任为不履行义务的当然结果。

（三）日耳曼法

在日耳曼法上，民事义务与民事责任却有明确的区别。按照日耳曼法，债务为“Schuld”，属于法的“当为”，不含有法的强制在内。因此，债权人无强制债务人给付之权。如欲强制债务人为给付，必须在债务之外另有责任（Haftung）关系存在。所谓责任，是指债务人当为给付而未为给付时，应服从债权人之强制取得关系。由于此强制取得之责任关系，附加于债务关系之上，债务关系才具有拘束力。[39]

（四）大陆法系民法

确立与民事义务概念相区别的民事责任概念，为日耳曼法之贡献。现代大陆法系民法之严格区分民事义务与民事责任，均系受日耳曼法的影响。例如，《法国民法典》第 1142 条规定，作为或不作为的债务，在债务人不履行的情形，转变为赔偿损害的责任。同样，在《德国民法典》上，债务与责任也是严格区分的。该法典第 241 条规定，债权人根据债务关系有向债务人请求给付的权利；第 242 条规定，债务人应依诚实信用之要求，并顾及交易习惯，履行其给付；第 276 条规定，债务人除另有规定外，对故意或过失应负责任。民国时期制定的中国民法典（现今仅施行于我国台湾地区），系仿《德国民法典》，其关于债权、债务、责任之界限十分清楚。如该法典第 219 条规定，行使债权，履行债务，应依诚实及信用方法；第 220 条规定，债务人就其故意或过失之行为，应负责任。1964 年《苏俄民法典》专设第十九章规定债务不履行的民事责任，并直接以“违反债的责任”作为该章标题。1994 年《俄罗斯联邦民法典》第二十五章亦专

---

〔37〕 参见林诚二：《论债之本质与责任》，载《民法债编论文选辑》，台北，五南图书出版公司 1984 年版，第 27 页。

〔38〕 参见［美］法斯沃斯、汤格、琼斯：《合同法——判例和资料》，美国，1972 年版，第 100 页。

〔39〕 参见林诚二：《论债之本质与责任》，载《民法债编论文选辑》，台北，五南图书出版公司 1984 年版，第 27～28 页。

章规定违反债务的责任。

(五)中国民法

中国民法继受大陆法系民法思想,严格区分民事义务和民事责任两个概念。首先,《民法典》总则编的立法体例对债权债务和民事责任作分别规定。《民法典》总则编第五章民事权利,其中第 118 ~ 122 条规定债权概念和债权发生原因,另设第八章规定民事责任(第 176 ~ 187 条)。其次,在定义上将债权、债务与责任作了区别。《民法典》总则编第 118 条第 2 款规定债权定义如下:"债权是因合同、侵权行为、无因管理、不当得利以及法律的其他规定,权利人请求特定义务人为或者不为一定行为的权利。"其中并不包含任何对债务人的强制。当债务人不履行债务时,强制其履行或赔偿损害则属于民事责任问题。《民法典》总则编第 176 条规定:"民事主体依照法律规定或者按照当事人约定,履行民事义务,承担民事责任。"可见,民事责任与民事义务,是两个不同概念,民事责任之发生须以义务人不履行义务为前提。

四、民事责任的本质

(一)民事责任为民事法律关系之构成要素

按照现代大陆法系民法思想,民事责任为民事法律关系之构成要素。民事法律关系是由民事权利、民事义务和民事责任三者结合而成。权利、义务为法律关系之内容,责任则是权利、义务实现的法律保障。民事权利、民事义务唯有与民事责任结合,民事权利才受到责任关系的保护。但需注意,民法理论在论述民事法律关系的要素时,大多未直接指明民事责任为要素之一,而仅指出权利义务为民事法律关系的内容。实则,因民事责任与民事权利义务有密切关系,民事权利义务之违反即发生民事责任,民事法律关系的内容中已经隐含了民事责任这一要素在内。

(二)民事责任使民事权利具有法律上之力

关于民事权利的本质,虽有不同学说,但依学者通说,认为权利之本质为法律上之力。法律为保护或充实个人之特定利益,乃认有权利之形态,即予人以特定的法律上之力,使之借以享有特定的利益。可知民事权利系由特定利益与法律上之力两种因素构成。所谓法律上之力,不同于通常所谓物理意义上的力,而是指法律所赋予的强制力,受法律及整个国家机器的支持与保障。例如物权,因有此法律上之力,物权人得以直接支配标的物,并排除他人干涉。债权为请求权,债权人不能直接支配标的物及义务人,仅能请求义务人为给付。但在义务人不为给付时,债权人借法律上之力得强制债务人为给付或赔偿损害。而民事权利之所以有此法律上之力,皆因有民事责任之故。民事权利因与民事责任结合,因此获得法律上之力。但若义务人能够正确履行其义务而使权利完全实现,则此法律上之力不发动。必待权利人不能实现其权利,亦即,义务人不履行其义务时,此法律上之力乃发动。权利人即可借此法律上之力以强制义务人履行义务或赔偿损害,以确保民事权利之实现。

(三)民事责任是连结民事权利与国家公权力之中介

民事责任何以能够使民事权利有法律上之力,何以能够发挥保护民事权利的功能,盖因民事责任伴有诉权,使民事责任成为联结民事权利与国家公权力之中介。从而,国家公权力的活动形式,如诉讼、裁判、破产、强制执行等,必以民事责任为发动之根据。因此,学者称民事责任为民事权利与诉权之中间桥梁。

现代法律制度下,由国家司法机关最后保障民事权利的实现。例如,所有权在受不法侵害时,所有权人可依民事责任关系请求司法机关保护,由司法机关强制侵权行为人承担损害赔偿责任。此种私人向司法机关请求保护之权利,称为诉权。依近世学者通说,诉权为一种公权。而诉权之成立,非有一定法律要件存在不可。此法律要件,学说上称为诉权之实质要件或权利保护要件。就司法机关方面言之,司法机关非认为当事人具备此项要件,不得为保护该当事人利益之判决;就当事人方面言之,一旦具备此项要件,对于司法机关即有要求为胜诉判决之权,而司法机关即负有保护其正当利益之义务。此所谓诉权之实质要件或权利保护要件,即民法上所谓民事责任。

(四)民事责任为一种特别债

近代民法之民事责任,本质上是一种特殊的债权债务关系。其特殊性在于:其一,这种特殊的债权债务关系之发生非出于当事人双方的自愿,而是出于民法关于民事责任制度的直接规定。其二,民事责任作为一种特殊的债,必以有效的法律义务的存在为前提。这种法律义务可以是出于合同约定,也可以是法律直接规定。有义务即有责任,无义务即无责任。其三,民事责任作为一种特殊的债,乃以义务的不履行为停止条件。此条件成就前,责任关系效力处于停止状态。若义务人能够正确履行其义务,则此责任关系终不生效。一旦条件成就,即义务人违反义务时,则此责任关系发生效力。其四,民事责任作为一种特殊的债,其内容与普通债不同:为赋予权利人法律上之力,使之能够强制义务人为特定行为,包括实际履行义务;返还财产;停止侵害行为;恢复财产之原状并赔礼道歉,恢复权利人的名誉;支付违约金或损害赔偿金等。此特定行为,在权利人方面为特别请求权,在义务人方面为特别义务(责任)。其五,民事责任作为一种特殊的债,由国家公权力保障实现,表现为由法院作出裁判,强制义务人履行或由执行机关强制执行。

第三章　民事主体——自然人

第一节　民事权利能力

一、出生

（一）出生的意义

自然人因出生而取得民事权利能力。《民法典》总则编第 13 条规定："自然人从出生时起到死亡时止，具有民事权利能力，依法享有民事权利，承担民事义务。"可见，出生为民事权利能力之始期。关于何为出生，学说上有一部露出说、全部露出说、独立呼吸说。通说为全部露出说。但刑法上以一部露出说为通说。这是由于对保护法益的不同考虑所致。

（二）出生的要件

按照通说，所谓出生，须具备两项要件：其一，须全部与母体分离。分离之前为胎儿，非法律上所谓人；分离之后方才称为法律上的人。胎儿之全部与母体分离，谓之"出"。其二，须与母体分离之际保有生命。出生之"生"，谓"生存"。分离之际已无生命者，谓之死胎。分离之际保有生命者，称为"出生"，而不论其出生后生命之久暂。须注意《民法典》总则编第 16 条"娩出"一词中的"娩"指"分娩"，不仅指自然分娩，还应包括人工分娩即"剖腹产"；所谓"出"指胎儿与母体分离之时，脐带是否剪断在所不问。故"出生"一词，可以理解为娩出时保有生命。

（三）出生的时间

出生时间之证明为事实问题。按照《民法典》总则编第 15 条的规定，自然人的出生时间，以出生证明记载的时间为准；没有出生证明的，以户籍登记或者其他有效身份登记记载的出生时间为准。但出生证明、户籍登记（其他有效身份登记）均仅具有推定的证据效力，因此上述条文进一步规定，有其他证据足以推翻以上记载时间的，以相关证据证明的时间为准。

二、胎儿的保护

人的权利能力始于出生，则出生前之胎儿，尚未成为法律上的人，自不享有权利能力，不得为民事权利之主体。但若严格贯彻此一原则，势将对行将出生之胎儿保护不周，不无违反人情之虞。因此，从罗马法以来，关于胎儿利益之保护，成为民法一大问题。现今各国家及地区关于胎儿保护之规定，有以下三种模式：

第一，总括的保护主义。即就胎儿利益之保护，一般地将胎儿视为已出生。此为罗马法所采取之主义，《瑞士民法典》(第31条第2款)从之，[1]《加利福尼亚民法典》亦同(第43.1条)。中国台湾地区"民法"亦采此主义，其第7条规定，胎儿以将来非死产者为限，关于其个人利益之保护，视为既已出生。

第二，个别的保护主义。即胎儿原则上无权利能力，但于若干例外情形视为有权利能力。法国、德国、日本均采此主义。所谓例外情形有权利能力，如依《德国民法典》第1923条第2款规定，胎儿有继承权；依第844条第2款规定，在扶养义务人因侵权行为致死的情形，胎儿对加害人有损害赔偿请求权。依《日本民法典》第721条规定，胎儿有基于不法行为的损害赔偿请求权，依第886、965条规定，胎儿有继承权、受遗赠权等。

第三，绝对主义。即绝对贯彻胎儿不具有民事权利能力的原则，依此立法主义，胎儿不具有权利能力，不得为民事权利主体。1964年的《苏俄民法典》及我国原《民法通则》属于此种立法主义。

依原《民法通则》之规定，胎儿不具有民事权利能力，不得为民事法律关系之主体。仅关于遗产分配，法律为保护胎儿将来出生后的利益，设有特殊规定。即按照原《继承法》第28条，遗产分割时，应当保留胎儿的继承份额。[2] 此特别规定，系严格贯彻以出生为民事权利能力之始期，不认为胎儿有任何民事权利能力。与总括的保护主义视为已出生因而有民事权利能力，以及个别的保护主义于若干特别情形视为有权利能力，均不相同。

上述三种立法主义，就对胎儿利益的保护而言，总括的保护主义最有力，而个别的保护主义次之，尤以第三种主义最次。中国司法实务中已经发生于胎儿时遭受损害，其出生长成后能否对加害人行使损害赔偿请求权的问题。观之德、日等国，学者尚且以个别保护主义对胎儿利益保护不力，主张改采总括的保护主义，保护范围并及于

---

〔1〕《瑞士民法典》第31条规定：(1)权利能力自出生开始，死亡结束。(2)子女，只要其出生时尚生存，出生前即具有权利能力。

〔2〕最高人民法院发布的指导案例第50号李某、郭某阳诉郭某和童某某继承纠纷案裁判要点谓："如果夫妻一方所订立的遗嘱中没有为胎儿保留遗产份额，因违反《中华人民共和国继承法》第十九条规定，该部分遗嘱内容无效。分割遗产时，应当依照《中华人民共和国继承法》第二十八条规定，为胎儿保留继承份额。"

“出生前之损害”,[3]可见原《民法通则》所采绝对主义之不合时宜,乃毋庸置疑。鉴于此,《民法典》总则编改采总括的保护主义,以强化对胎儿利益的保护,顺乎人情及民法进步之潮流。此即该法第16条规定:“涉及遗产继承、接受赠与等胎儿利益保护的,胎儿视为具有民事权利能力。但是,胎儿娩出时为死体的,其民事权利能力自始不存在。”

三、死亡

(一)死亡的意义

自然人的民事权利能力,因死亡而消灭。即以死亡为自然人民事权利能力之终期。古代法上有所谓法律上的死亡,即自然人生存之时依法强行剥夺其权利能力,如罗马法上的“人格大减等”。现代民法贯彻民事权利能力平等原则,[4]认为民事权利能力不可剥夺,以自然死亡为自然人民事权利能力消灭之唯一原因。

死亡为自然人生命的绝对消灭。死亡的时间,在法律上有重大意义,如决定继承开始、婚姻关系消灭、人身保险之保险金领取权发生。法律上判定自然人死亡的通行标准是:以呼吸断绝、脉搏消失且心脏鼓动停止之时为死亡之时。此外,法律以死亡为民事权利能力之终期,对于死亡原因则不予考虑。此所谓死亡为事实死亡,不包括宣告死亡。被宣告死亡的人如生存于他方,其民事权利能力不因在原住所地被宣告死亡而受影响。

(二)死亡时间之证明与推定

死亡时间之证明为事实问题。按照《民法典》总则编第15条规定,死亡时间,以死亡证明记载的时间为准;没有死亡证明的,以户籍登记或者其他有效身份登记记载的死亡时间为准。但死亡证明、户籍登记(其他有效身份登记)均仅有推定的证据效力,因此上述条文进一步规定,有其他证据足以推翻以上记载时间的,以相关证据证明的时间为准。

---

[3] 现今关于“出生前之损害”的判例,认为纵在损害行为发生之时,受害人尚未被孕育,受害人出生后仍得请求损害赔偿,例如,因医院过错,致妇女被注射受梅毒污染之血液,该妇女于一年后产下一患有先天性梅毒之女婴,德国联邦最高法院判决女婴享有损害赔偿请求权。参见[德]迪特尔·梅迪库斯:《德国民法总论》,邵建东译,法律出版社2000年版,第786~787页。英美法上有所谓“错误生命”(wrongful life)的侵权行为类型,亦旨在救济出生前之损害:医师或医院因过失未于妇女孕前或孕时向其告知胎儿或有残障,致妇女基于错误之认识生下残障子女,子女得请求损害赔偿。对此行为,如由父母请求损害赔偿,则称为“错误出生”(wrongful birth)之侵权行为。参见Thomas A. Burns, *When Life is an Injury: An Economic Approach to Wrongful Life Lawsuits*, 52 Duke L. J. 807 (2003); John Anthony Eaton, *Wrongful Life Claims: A Comparative Analysis*, 35 Hong Kong L. J. 671 (2005)。

[4] 《民法典》总则编第14条规定:“自然人的民事权利能力一律平等。”

二人以上同时遇难,其死亡之先后无法证明时,各国民法设有推定制度。如德国、瑞士、意大利推定为同时死亡;法国以推定为同时死亡为原则,但如死者之一有直系卑亲属,在准许代位继承的情形,直系卑亲属可代表其被继承人继承另一人的遗产(《法国民法典》第725－1条)。《民法典》继承编第1121条第2款规定,相互有继承关系的数人在同一事件中死亡,难以确定死亡时间的,推定没有其他继承人的人先死亡。都有其他继承人,辈分不同的,推定长辈先死亡;辈分相同的,推定同时死亡,相互不发生继承。

（三）关于死亡的判断标准

关于如何确定自然人死亡之判断标准,有两种对立的见解。其一,以“心脏死”作为认定自然人死亡的标准。其二,以“脑死”作为认定自然人死亡的标准。此一问题,与脏器移植手术有关,因医学的进步,脑死与心死之间存在相当的时间间隔,不能不影响法律关于死亡的认定标准。例如,因医学进步,心脏移植成功的实例增多。接受心脏移植之人,其本人之心脏已死,现在的心脏本属于他人,如坚持以心脏死为死亡判断标准,必然陷入困境。若改为以脑死作为死亡判断标准,问题即可迎刃而解。本书认为,凡涉及脏器移植手术之死亡,应当以脑死为判断标准;不涉及脏器移植手术之死亡,则应当以心死为判断标准。

第二节　人　格　权

一、人格权的意义

（一）人格的意义

人格是法律上一个最抽象的概念。其在法律上具有多重意义。

人格的第一种含义,是指私法上的权利义务所归属之主体,亦称法律人格,与“权利能力”一词有别:法律人格,乃权利义务之主体;权利能力,乃能够作为权利义务主体之资格的可能性。[5] 既然在此意义上的人格是指权利主体,则人格是人格权的承载者,是人格权存在的前提。人格的产生或消灭,必然导致人格权的产生或消灭。在

〔5〕 法国学者之见解,如 Rene Savatier, Les métamorphoses économiques et sociales du droit privé d'aujourdhui, III, n. 336;日本学者之见解,如几代通:《民法总则》,青林书院1969年版,第22页;川岛武宜:《民法总则》,有斐阁1965年版,第60页。转引自[日]星野英一:《私法中的人——以民法财产法为中心》,王闯译,载梁慧星主编:《民商法论丛》(第8卷),法律出版社1997年版,第155～156页。

现代民法上,既没有无人格权的人格,也没有无人格的人格权。

人格的第二种含义,是指民事权利能力。以人格指称权利能力,可追溯至罗马法。[6] 既然此种意义上的人格概念等同于权利能力概念,而权利能力又是成为民事主体必需的资格,则此种意义上的人格,为人格权的存在基础。由此决定了人格权的专属性。

人格的第三种含义,是指权利能力、行为能力、自由、名誉、姓名权等之总和。《瑞士民法典》采此义(德文"Persönlichkeit",法文"personnalité")。此种意义上的人格,亦与主体本身不可分离。

人格的第四种含义,是指一种受法律保护的利益,包括自然人的生命、身体、健康、自由、尊严、名誉等,为了区别于其他受法律保护的利益如财产利益,又称为人格利益。这种意义上的人格,是指人格权的标的。人格权的标的,不是主体本身,也不是作为法律资格的权利能力,而是与民事主体不可分离的人格利益。[7]

(二)人格权的特殊性

1. 人格权的防御性

民法之所以规定人格权,是为了把侵害生命、身体、健康、自由、名誉这些人格利益的加害行为纳入侵权法的适用范围,追究加害人的侵权责任。民法规定人格权的目的,就是为了制裁加害人。这就是人格权的防御性。

按照民法理论关于权利本质的学说,权利由利益和法律上之力两要素构成。例如物权,《民法典》总则编第 114 条第 2 款规定,"物权是权利人依法对特定的物享有直接支配和排他的权利……""特定的物"(动产、不动产)为受保护的利益,"直接支配"(支配力)和"排他"(排他力)为法律上之力。物权之外的权利,如债权、继承权、知识产权,莫不如此。民法承认和规定人格权的目的,是为了防御和排除他人的侵害,故人格权具有"排他力",而无所谓"支配力"(以及"请求力""追及力")。质言之,人格权权利人享受其利益,只以不受他人加害为前提,只要别人不予加害,权利人的利益就存在了。

人格权是防御性的权利,只要他人不予加害,权利人就能够一直享受其人格利益。人格权没有权利行使问题,而其他权利都有权利行使问题。其他权利的权利人必须行使权利,才能享受其利益,因此,就发生权利行使的方式问题。权利人必须通过实施法律行为、准法律行为、事实行为行使其权利,权利人不能亲自行使权利时,还可由他人

---

[6] 参见[意]彼德罗·彭梵得:《罗马法教科书》(2005 年修订版),黄风译,中国政法大学出版社 2005 年版,第 23 页。

[7] 参见王利明主编:《人格权法新论》,吉林人民出版社 1994 年版,第 5 ~ 6 页。

代替（代理）行使。人格权不发生权利行使问题，法律行为、准法律行为、事实行为以及代理等民法行为制度，对人格权均不适用。又因人格权不发生权利行使问题，当然也不发生权利行使的限制问题。故《民法典》总则编第 130 条权利自由行使原则、第 132 条禁止权利滥用原则可适用于其他民事权利，唯对于人格权不适用。这是由人格权的防御性决定的。

2. 人格权的先在性

属于英美法系的很多国家直到现在法律上也没有规定人格权，并不影响其人民实实在在地享有人格权，包括生命、身体、健康、自由、名誉等人格权。在大陆法系国家，如《西班牙民法典》迄今没有规定人格权，并不妨碍其人民实际享有人格权；《荷兰民法典》和《瑞士民法典》仅规定姓名权；《路易斯安那民法典》仅规定生命权，并不妨碍其人民实际享有其他人格权。[8] 可见，人民享有人格权并不以法律的规定为前提，无论该国法律是否规定人格权以及规定人格权类型之多寡，其人民都始终享有各种人格权。就个人而言，人格权与其生命相终始，因其出生而享有，因其死亡而消灭，既不以法律规定为前提，亦不因法律规定而增减。可见，人格权与法律是否规定及规定类型多寡无关。这就是人格权的先在性，即先于法律而存在。

其他权利则不同。例如，建设用地使用权，在 1990 年发布《城镇国有土地使用权出让和转让暂行条例》之前，不存在这种权利。在法律规定建设用地使用权之后，具有法律资格的民事主体（开发商）必须与国土资源局订立、履行建设用地使用权出让合同，并支付出让金、办理不动产登记，才能够得到这种权利。土地承包经营权和宅基地使用权，也是如此。仅在《民法通则》《土地管理法》《物权法》等法律规定土地承包经营权和宅基地使用权，农户才可能取得、享有这两种用益物权。这些权利都是以法律规定为其存在前提。法律规定了这些权利，人民并不是当然地享有这些权利，还有一个权利的取得问题。于是有权利的成立问题、权利的发生问题，有权利的有效无效问题、权利的撤销问题，乃至权利的转让、继承、变更、消灭等一系列问题。人格权之外的权利，都有权利的取得、设定、生效、无效、撤销、解除、变更、转让、继承、消灭等一系列的问题，因此，就有规范这一系列问题的法律制度，而这一系列的法律制度就构成我们所谓的“权利法”。物权法、合同法、继承法、专利法、商标法、著作权法等，都是如此。

但人格权不同。人格权先于法律而存在，不以法律规定为前提，自然人因出生而当然享有，因死亡而当然消灭。人格权不存在权利取得、设定、生效、无效、放弃、履行、行使、变更、转让、继承等问题，不适用民事法律行为、代理、时效等法律制度。这是由

---

〔8〕《法国民法典》仅规定隐私权和身体权；《意大利民法典》仅规定身体权、姓名权和肖像权；《日本民法典》仅规定生命权、身体权、自由权和名誉权。

人格权的先在性、防御性所决定的。人格权的先在性和防御性是它的本质性特征。因此,一般民事权利所存在的一系列的问题和规范这些问题的一系列法律制度,都与人格权无关。这就是人格权的特殊性。

(三)人格权的意义

1. 人格权的概念

所谓人格权,是指存在于权利人自身人格上的权利,亦即,以权利人自身的人格利益为标的之权利。人格权因出生而取得,因死亡而消灭,不得让与或抛弃。如生命权、身体权、健康权、自由权、姓名权、名誉权、肖像权、隐私权等均属于人格权。

2. 人格权的性质

(1)非财产权

民事权利以权利之标的是否具有财产价值为标准,区分为财产权与非财产权。而民法关于财产权与非财产权的区分,是先确定哪些权利属于非财产权,非财产权之外的权利,均属于财产权。人格权是以与主体不可分离的人格利益为标的,而人格利益不具有财产价值,因此人格权属于非财产权。需注意的是,此所谓人格利益不具有财产价值,也并非绝对的,如名人肖像可有偿许可他人使用,显然具有财产价值。[9] 此外之人格利益在遭受不法侵害的情形,亦可判决侵权行为人支付金钱赔偿。可知,民法关于财产权与非财产权的划分是相对的,不可绝对化。

(2)支配权

民事权利以权利之作用为标准,区分为支配权与请求权。凡权利人可以直接支配其标的并具有排他性之权利,均属于支配权;权利人不能直接支配其标的,仅能请求义务人为特定行为的权利,均属于请求权。人格权之权利人得直接支配其人格利益,并排除他人之干涉,因此属于支配权。在其他支配权中,如物权、知识产权,权利人均可处分其权利客体。此在人格权就有疑问。自然人不能处分自己的自由、生命。依现代民法理论,生命、自由为人类社会之最高价值,抛弃自由(为他人奴隶)的行为在法律上绝对无效,放弃生命的行为也绝对无效。至于此外的人格权,如姓名权、肖像权、名誉权、隐私权是否可以像物权、知识产权那样由权利人自由处分,也不无疑问。可见人格权虽属于支配权,其与同属于支配权的财产权如物权、知识产权之可以自由处分,是不同的。

补充一点,民法支配权之所谓"支配",是权利人按照自己的意思对权利标的物予

---

〔9〕 对人格权的财产价值之保护,可适用《民法典》侵权责任编第1182条规定:"侵害他人人身权益造成财产损失的,按照被侵权人因此受到的损失或者侵权人因此获得的利益赔偿;被侵权人因此受到的损失以及侵权人因此获得的利益难以确定,被侵权人和侵权人就赔偿数额协商不一致,向人民法院提起诉讼的,由人民法院根据实际情况确定赔偿数额。"

以控制、占有、使用、收益和处分的意思。物权、知识产权都是如此。自然人对自己的生命、身体、健康、姓名、肖像、名誉、隐私等人格利益，是不可能像物权权利人、知识产权权利人那样，“按照自己的意思”进行“控制、占有、使用、收益和处分”的。因此，民法理论将人格权归属于支配权，是很勉强的、不得已的。

（3）绝对权

民事权利以权利之效力是否可以对一切人主张为标准，区分为绝对权与相对权。所谓绝对权，是指得对一切人主张的权利，又称对世权。所谓相对权，是指仅能对特定人主张的权利，又称对人权。人格权的效力可以对一切人主张，因此属于绝对权。

（4）专属权

民事权利以权利与其主体之关系为标准，区分为专属权与非专属权。专属权是专属于特定主体而不得让与他人的权利，此外的权利属于非专属权。一般的财产权均属于非专属权，而非财产权则属于专属权。人格利益，存在于主体自身，与主体有不可分离的关系，因此人格权属于专属权。

3. 一般人格权与特别人格权

人格权有一般人格权与特别人格权之分。一般人格权，指关于人之存在价值及尊严之权利，其标的包括生命、身体、健康、名誉、自由、姓名、贞操、肖像、隐私等全部人格利益。因此，一般人格权是以主体全部人格利益为标的的总括性权利。且一般人格权也是一种具有发展性、开放性的权利，随着人类文化及社会经济之发展，其范围不断扩大，内容亦愈丰富。《民法典》总则编第 109 条规定：“自然人的人身自由、人格尊严受法律保护。”系关于一般人格权的规定。特别人格权，指法律就特定人格利益所规定的权利。《民法典》总则编第五章（第 110、112 条），关于生命、健康、身体、姓名、肖像、名誉、隐私及婚姻自由等诸种人格利益，设有特别规定，称为生命权、健康权、身体权、姓名权、肖像权、名誉权、隐私权、婚姻自主权等。学说上将法律就特定人格利益规定的人格权，称为特别人格权。

区分一般人格权与特别人格权的意义在于，凡关于该人格利益在法律上有特别人格权规定的，即应适用该特别人格权的规定；该人格利益在法律上无特别人格权规定的，则应属于一般人格权而应适用关于一般人格权保护的规定。例如，商店无端对顾客搜身并予以扣留，属于侵犯顾客受法律保护的尊严及人身自由等人格利益；而关于人格尊严和人身自由在《民法典》总则编上未规定为特别人格权，而是规定为一般人格权，因此应依第 109 条关于一般人格权的规定追究商店的侵权责任。

（四）人格权保护之意义

现代社会，人格被视为人的最高的价值，人格利益被视为人的最高利益，人格之尊重为现代人权运动的目标和基本理念，人格权的保护，当然成为现代民法基本任务之一。在今日,对人格权的保护,并成为衡量一国法律先进与否之标志。“二战”结束以来,法律发展的一个重要方面,即是强化对人格权的保护。如《德国基本法》第1条规定,人的尊严不受侵犯。《法国民法典》于第16条增订,法律确保人的首要地位,禁止对人之尊严的任何侵犯,并保障每一个人自其生命开始即受尊重。《日本民法典》新增第1条规定,对于该法应以个人尊严及两性实质的平等为主旨而为解释。1994年《魁北克民法典》第3条规定,人人享有人格权(personality rights),诸如生命权、人格不可侵及人格完整之权利,以及姓名、名誉与隐私受尊重之权利。我国《宪法》总结“文化大革命”期间大规模践踏人格尊严的沉痛教训,在第38条规定“公民的人格尊严不受侵犯”。《民法典》以《宪法》为根据,对人格权作了比较充分的规定,符合法律发展潮流。

二、特别人格权

(一)生命权

《民法典》总则编第110条规定,自然人有生命权。其权利客体为人身最根本的利益,即生命。生命为自然人之最根本利益,是人之所以为人,并进而成为法律主体之根基。因此,生命权受到刑法、民法和行政法的严密保护。侵害生命权的违法行为,即致人死亡。

(二)健康权

《民法典》总则编第110条规定,自然人有健康权。其权利客体为健康。健康权受到刑法、民法和行政法的严密保护。侵害健康权的违法行为,即损害健康。

(三)身体权

《民法典》总则编第110条规定,自然人有身体权。其权利客体为身体。身体即自然人之躯体,包括五官、四肢及毛发指甲等。假肢、假牙已构成肢体一部而不可分离者,亦应属于身体,而得自由装卸者不属于身体。身体为生命和健康所附丽的载体。无身体也就无所谓生命、健康,无生命之躯体则为尸体。侵害身体权,即伤害身体完整。一般情形,侵害身体亦同时侵害其健康,但也有只侵害健康而不损及肢体者,如致人患精神疾病;或只侵害身体而不损及健康者,如非法剪人长发。

(四)姓名权

《民法典》总则编第110条规定,自然人有姓名权。此所谓姓名,应作广义解释,不仅指身份证上所记载的姓名,还应包括曾用名、笔名、艺名,及所谓“字”“号”。而童年的乳名以及绰号，则不属于姓名。姓名权包括姓名决定权、变更权、使用权。关于姓名决定权，唯有完全民事行为能力人，才能自主决定其姓名，无民事行为能力人的姓名应由其监护人决定，限制民事行为能力人决定自己的姓名应征得监护人同意。[10] 关于姓名变更权，姓名之变更，应依规定申请户籍管理机关批准，并在户籍簿及身份证上作相应的变更。[11] 但此仅限于正式姓名。非正式姓名之改变不受限制。关于姓名使用权，凡具有法律意义的证件、文书以及向法庭作证、开设银行账户等，必须使用正式姓名。其他场合使用姓名不受限制。

侵害姓名权的行为有干涉他人使用姓名，盗用他人姓名，假冒他人姓名。其中，干涉他人使用姓名的行为，只以违背本人意思为构成要件，而不论是否有不正当目的。但盗用他人姓名及假冒他人姓名，均以有不正当目的为要件。此所谓不正当目的，包括牟利、营私、加损害于他人及规避法律等。中国人口众多，幅员广大，同名同姓在所难免。使用与他人相同的姓名而无不正当目的者，不构成盗用他人姓名和假冒他人姓名。

《民法典》总则编第 110 条第 2 款规定，法人、非法人组织享有名称权。其保护方法同姓名权。但法律对企业名称往往有特别规定。[12] 需注意的是，企业法人、合伙企业有权依法转让自己的名称权，而自然人的姓名权不能转让。[13]

（五）肖像权

《民法典》总则编第 110 条规定，自然人有肖像权。此所谓肖像，包括摄影照片、

---

〔10〕 新生婴儿之姓名，应根据我国《户口登记条例》第 17 条之规定，在其出生后 1 个月之内，由户主、亲属、抚养人或邻居向婴儿常住地户口登记机关申报出生登记，并将其姓名登录于户籍登记簿，由此取得正式姓名。姓氏之决定，受有法律上的限制。依照《民法典》人格权编第 1015 条，公民原则上应当随父姓或者母姓。有下列情形之一的，可以在父姓和母姓之外选取姓氏：选取其他直系长辈血亲的姓氏；因由法定扶养人以外的人扶养而选取扶养人姓氏；有不违反公序良俗的其他正当理由。少数民族自然人的姓氏可以从本民族的文化传统和风俗习惯。

〔11〕 根据我国《户口登记条例》第 18 条之规定，未满 18 周岁的人需要变更姓名时，由其父母、收养人向户口登记机关申请变更登记，18 周岁以上的人需要变更姓名时，由其本人向户口登记机关申请变更登记。

〔12〕 关于企业名称，法律多设有强制性规定。例如《公司法》规定，有限责任公司的名称中必须标明“有限责任公司”字样（第 8 条第 1 款），股份有限公司的名称中必须标明“股份有限公司”字样（第 8 条第 2 款），外国公司在中国境内设立的分支机构，应当在其名称中标明该外国公司的国籍及责任形式（第 194 条第 1 款）；合伙企业法规定，普通合伙企业在其名称中不得使用“有限”或者“有限责任”字样（第 5 条）；反不正当竞争法规定，擅自使用他人的企业名称，将构成不正当竞争行为（第 5 条）。

〔13〕 按照《企业名称登记管理条例》的规定，企业名称可随企业或本企业的一部分一并转让，企业名称只能转让给一户企业，企业名称转让后，转让方不得继续使用已转让的企业名称，企业名称的转让方与受让方应当签订书面合同或者协议，由原登记主管机关核准（第 32 条）。

画像、塑像、剪影等。[14] 法律对肖像权的保护,着重于禁止未经本人同意的使用。按照原《民法通则》第 100 条规定,侵害肖像权的行为,须具备未经本人同意和以营利为目的而使用两项要件。但将侵害肖像权的行为限定于“以营利为目的”,失之过狭。《民法典》人格权编第 1019 条已经不再保留“以营利为目的”这一条件。“以营利为目的”而擅自使用他人肖像是典型的侵害肖像权的行为之一,但非以营利为目的而擅自使用或者丑化、歪曲、侮辱他人肖像,也应构成侵害肖像权的行为。虽未经本人同意,但其使用非以营利为目的,且属于为保护权利人利益或公共利益而为合理使用的,不构成侵害肖像权。如新闻报道之影像,张贴寻人启事,均不构成侵害肖像权。

关于电影拍摄中偷拍他人肖像是否构成侵害肖像权问题,原则上应作肯定回答。因为在市场经济条件下,多数电影属于商业性电影,与其他营利行为在实质上无大差别。无论何种行业,只要是营利性的,即不应允许擅自使用他人肖像。这应当是民法保护肖像权之立法真意所在,否则不利于保护自然人人格权。当然须作一些区分。首先,应区分商业性电影与非商业性电影。非商业性电影,如新闻片、科教片及纯艺术片,一般不宜认定侵害肖像权。非商业性电影以外的电影,属于商业性电影,如果偷拍他人肖像,将构成侵害肖像权,应当允许受害人提起侵权诉讼,请求赔偿。其次,对于偷拍他人肖像,应作严格解释,应限于特写镜头或影像较大、时间较长,不仅本人而且本人的亲友同事也易于辨认。此外的情况,如系群众场面,或镜头一晃而过,一般难以辨认,均不宜认定为偷拍他人肖像。基于中国法律观念淡薄,如电影、电视偷拍问题一向严重,即使认定构成偷拍他人肖像,还可进一步区分:一是不构成对本人人格的贬损,可判决被告支付高于群众演员报酬的一定金额,此金额带有补偿的性质;二是构成对本人人格的贬损,则应依情形判决支付损害赔偿金,并可判决其他补救措施如剪去该镜头。

---

〔14〕《最高人民法院公报》2003 年第 6 期(总第 86 期)刊登的“叶璇诉安贞医院、交通出版社、广告公司肖像权纠纷案”的裁判见解:“肖像,是指以某一个人为主体的画像或照片等。通过绘画、摄影、雕刻、录像、电影等艺术手段,在物质载体上再现某一个自然人的相貌特征,就形成肖像。肖像的特征,除肖像与原形人在客观上相互独立成为能让人力支配的物品外,再就是具有完整、清晰、直观、可辨的形象再现性或称形象标识性。这里所说的形象,是指原形人相貌综合特征给他人形成的、能引起一般人产生与原形人有关的思想或感情活动的视觉效果。画像、照片等载体,如果其内容不能再现原形人的相貌综合特征,不能引起一般人产生与原形人有关的思想或感情活动,一般人不能凭直观清晰辨认该内容就是某一自然人的形象,这样的载体不能称为肖像。如果载体所表现的内容,只有凭借高科技技术手段进行对比,才能确定这是某一自然人特有的一部分形象而非该自然人清晰完整的形象,一般人不能凭直观清晰辨认载体所表现的内容就是该自然人,则这一载体也不能称为该自然人的肖像。该自然人只是载体所表现内容的原形人,不是肖像人。由于这样的载体所表现的内容不构成肖像,原形人也就对这一内容不享有肖像权。”

(六)名誉权

1. 名誉权的意义

《民法典》总则编第110条规定,自然人、法人、非法人组织享有名誉权。

自然人的名誉,指有关自然人道德品质和生活作风方面的社会评价。道德品质和生活作风以外的问题,如宗教信仰、财产状况、政治立场、文化程度、工作能力等,均不属于名誉权范围。

营利法人及营利性非法人组织的名誉称为商誉,指有关营利法人、营利性非法人组织商业或职业道德、资信、商品质量或服务质量方面的社会评价。侵害法人、非法人组织商誉的侵权行为,其构成要件与侵害自然人名誉权相同。

2. 侵害名誉权的要件

侵害名誉权的行为须具备三项构成要件:其一,散布了有关道德品质和生活作风方面的情况。其二,所散布的有关道德品质和生活作风方面的情况是不真实的。如所散布的情况是真实的,即使有损该自然人的名誉,亦不构成侵害名誉权的侵权行为。其三,所散布的不真实情况有损于该自然人的名誉。是否有损于该自然人的名誉,不以该自然人自己的判断为标准,而是以一般人的通常判断为标准。侵害名誉权的侵权行为不以行为人有故意为要件。但故意侵害他人名誉权的行为,则可能构成刑法上的诽谤罪。

需说明的是,名誉权属于民事权利,其与属于政治上的权利的言论自由、表达自由、新闻自由等权利之间存在冲突。因此,在判断是否构成侵害名誉权的侵权行为时,传播真实事实(包括内容性质属实的新闻报道)、正当的舆论监督、立法和司法程序中的辩论、引用权威资料、在特定亲属之间的传播、受害人同意等均可能成为免责事由。

3. 关于侵害死者名誉

关于侵害死者的名誉是否构成侵权行为,曾经发生争论。但所谓侵害死者名誉,包括三种情形:第一种,仅造成死者的社会评价降低,而与生者无关;第二种,因侵害死者名誉而导致死者遗属的名誉受损害;第三种,侵害死者名誉并不对死者遗属的名誉造成损害,但损及遗属对死者的敬爱追慕之情。第一种情形仅侵害死者名誉,因死者人格已不存在,不可能成为权利主体,因此不构成侵害人格权的侵权行为。第二种情形已构成对死者遗属人格权的侵害,当然构成侵权行为,但受害人系生者而非死者。第三种情形因降低死者的社会评价致损及遗属对先人的敬爱追慕之情,此对先人的感情亦属于人格利益而应受保护,应允许遗属以侵害死者名誉为由诉请损害赔偿及停止侵害。在日本,因侵害死者名誉而致其遗属自身的名誉受损害的场合,得请求损害赔偿及名誉回复之处分。此外,与遗族自身无关,仅使死者的社会评价降低的场合,若死者的遗族对死者的敬爱追慕之情等人格的法益因而受损害,可作为对遗族的不法行为请求损害赔偿及名誉回复之处分。[15]

但因对先人的感情随时间的经过而逐渐淡薄,且死者的名誉亦因时间的经过而逐渐变成历史事实,对历史事实研究的自由(学术自由)和表现的自由(创作自由)应予优先保护。因此,应限制有权提起请求的遗属范围。1993年最高人民法院《关于审理名誉权案件若干问题的解答》(已失效)第5条答:“死者名誉受到损害的,其近亲属有权起诉。近亲属包括:配偶、父母、子女、兄弟姐妹、祖父母、外祖父母、孙子女、外孙子女。”这一解释之理论根据正在于此。

4. 创作自由与名誉侵害

作家的创作自由和人民的人格权均受法律保护。法律也不禁止作家以社会生活中的真人真事作为创作素材,甚至不禁止所谓纪实小说,但法律要求作家在将这些真人真事写入小说时,应尽合理的注意义务以尽可能地避免给所涉及的人的名誉、隐私等人格权益造成损害。即使是对社会生活中的阴暗面或丑恶现象进行揭露性的描写时,也有义务保护所涉及的普通人尤其是无辜的当事人的名誉和隐私。

保护人民的人格权不受损害,不仅是作者在行使创作自由时应负的义务,也是出版社在行使出版自由时应负的义务。对于一般的文学作品,虽然不要求出版社对作品内容负责,但对于所谓纪实作品,由于存在损害所描写的真实人物人格权的可能性,理应要求出版社善尽注意义务。

1993年最高人民法院在《关于审理名誉权案件若干问题的解答》(已失效)中,首先区分描写真人真事的作品与非描写真人真事的作品,指出:撰写、发表文学作品,不是以生活中特定的人为描写对象,仅是作品的情节与生活中某人的情况相似,不应认定为侵害他人名誉权。描写真人真事的文学作品,对特定人进行侮辱、诽谤或披露隐私损害其名誉的,或者虽未写明真实姓名和住址,但事实是以特定人为描写对象,文中有侮辱、诽谤或披露隐私的内容,致其名誉受到损害的,应认定为侵害他人名誉权。编辑出版单位在作品已被认定为侵害他人名誉权或被告知明显属于侵害他人名誉权后,应刊登声明消除影响或采取其他补救措施;拒不刊登声明,不采取其他补救措施,或继续刊登、出版侵权作品的,应认定为侵权。

(七)隐私权

1. 隐私权的意义

《民法典》总则编第110条规定,自然人享有隐私权。

隐私权为现代人格权的一种。所谓隐私,又称个人秘密,是指个人生活中不愿为他人知悉的秘密,包括私生活、日记、照相簿、生活习惯、储蓄、财产状况、通信秘密等。

[15] 参见[日]北川善太郎:《债权各论》,有斐阁1993年版,第277页。

但个人秘密并非全受保护，凡与社会或公众利益直接相关的重要事项，不属于隐私权范围。因此，法律不禁止基于社会或公众利益的需要而公开他人生活秘密。如出于社会利益的要求而向公众披露国家公务员、人大代表、政协委员及其候选人私生活的某些内容，不构成违法。法律对隐私权的保护，着重于禁止未经本人同意而采用大众传播媒介公开属于他人隐私的秘密。因此，侵害隐私权的侵权行为，一般应以采用出版、电影、电视、广播等方式为要件。

2. 创作自由与侵害隐私权

法律对人格权的保护与对创作自由的保护，是有冲突的。古往今来，小说创作尤其是历史小说、自传体小说、纪实小说，均不可避免地要损及个别人的隐私权。其他小说，也不可能全是作者杜撰，往往有人物原型在。法律应同时兼顾对隐私权、名誉权的保护和对创作自由的保护，绝不应因保护隐私权、名誉权而造成对创作自由的不当限制。反之，也不应容许滥用创作自由而损害个人隐私权和名誉权。因此，法律不可能要求作者在行使创作自由时绝对不损害（即使是轻微的损害）个别人的名誉权和隐私权，只应要求作者尽量避免造成超过社会容许限度的损害，只应要求作者不滥用创作自由。如果作者已经尽了一定的注意义务，因情节故事所要求不可避免地涉及一些原型人物的隐私，不可轻易认定为侵害隐私权。否则将对创作自由造成不当限制。因此，法律对一部小说，尤其是纪实小说和自传体小说，判断其是否构成侵害隐私权的标准，不是看其中是否有损及隐私的文字或描写，而是看是否已构成滥用创作自由。而判断是否构成滥用创作自由的要件是看是否已造成超过社会容许限度的重大损害，并具有故意加害的目的。

社会容许限度，应依具体案件进行判断。在具体判断是否超过社会容许限度时，应考虑以下要素：其一，作品的性质。区分作品之属于纪实小说、自传体小说或一般小说，纪实小说和自传体小说，由于性质所限，其社会容许限度应高一些。其二，作者与受害人之间的关系。作者与受害人之间存在或曾经存在亲属关系，其社会容许限度应相对提高。反之，其社会容许限度应降低。其三，作品故事涉及的事实与现在的时间距离。时间距离越长，社会容许限度越高；反之，时间距离越近，则社会容许限度越低。其四，作品的公益性。作品的公益性，指作品的社会教育作用。社会教育作用越强，即公益性越强，则社会容许限度越高；反之，社会教育作用越低，如所谓消闲小说，即公益性越低，则社会容许限度也越低。其五，避免损害发生的可能性。此可能性越大，如将涉及他人隐私的内容全部删去也不会对小说故事及其价值有重大损害，则社会容许限度越低。

（八）婚姻自主权

《民法典》总则编第110条规定，自然人享有婚姻自主权。所谓婚姻自主权，是指自然人按照自己的意思决定婚姻关系,不受对方或他人干涉。本属于自由之一种,立法者将其与其他自由如人身自由、信仰自由相分离,成为一种独立的人格权。侵害婚姻自主权的行为,以违反本人意愿为构成要件。

三、一般人格权

《民法典》总则编第109条规定,自然人的人身自由、人格尊严受法律保护。这是关于自然人一般人格权的规定。自然人的人格是自然人的法律地位,通过权利能力而予以具体表现。权利能力是自然人享有权利的资格,包括享有人身权利和财产权利的资格。而在人身权利中,某些权利伴随人格而当然存在,这些权利被称为"人格权",具体表现为自然人对其生命、身体、健康、姓名、名誉、肖像、隐私等人格利益所享有的权利。与财产权利完全不同,自然人的人格权为固有权利,由法律直接确认,倘有人格,即有人格权;倘无人格权,则人格须臾不可存在。因此,如说人格为自然人与生俱来而当然拥有的法律地位,则人格权亦为自然人与生俱来而当然固有的权利。由此可见,自然人之人格权的确认与保护,实为民法最重要、最基本的任务。

本条采用人身自由、人格尊严代表自然人受法律保护的人格利益之总和。自由作为一种人格利益,包括人身自由,信仰自由,言论、出版等自由,通信自由。其中,人身自由属于民事权利(私权),信仰自由、言论出版等自由和通信自由属于公法权利。人格尊严作为一种人格利益,指作为一个"人"所应有的最起码的社会地位,以及应受到社会和他人最起码的尊重。换言之,所谓人格尊严,即把人真正当作"人"。因此,无论一个人的职业、职务、政治立场、宗教信仰、财产状况、文化程度、民族、种族、性别有何差异,其人格尊严是相同的,绝无高低贵贱之分。例如,一个普通劳动者和一个担任国家高级领导职务的人,其人格尊严是完全相同的。且人格尊严具有不可剥夺的性质,即所谓"士可杀而不可辱"。因此,即使因违法而受刑罚制裁,其人格尊严同样应受尊重,不应遭受侮辱。须特别注意,本条是采用"人身自由、人格尊严"两种人格利益(两个法律概念)作为一般人格权的表彰(标识),而不是分别规定为两种特别人格权类型。

一般人格权,其权利标的为受法律保护的人格利益之总和,具体表现为自然人的自由、安全和人格尊严。同时,一般人格权为特别人格权的渊源。作为立法上明定的"特别人格权",为各种具体人格权中的一些典型(姓名权、肖像权、生命权、健康权等),并非全部具体人格权之列举,其标的亦非全部具体的人格利益。一般人格权确定了应受法律保护的人格利益之基本属性,即凡属人格所生之合法利益,均受法律保护。在对立法上所规定的特别人格权进行必要解释时,一般人格权便成为解释之标准。一般人格权之主要功能,在于弥补法律所列举的特别人格权之不足。本条关于一般人格权的规定,与《民法典》总则编第110条关于特别人格权的规定,构成一般法与特别法的关系。当某种人格利益遭受侵害而不能依据已有的特别人格权规定予以保护时，可以直接根据本条关于一般人格权的规定予以保护。

四、人格权的保护方法

（一）除去侵害请求权

民法保护人格权的主要方法，是赋予受害人除去侵害请求权。如《瑞士民法典》第28、28a条规定，任何人在其人格受到不法侵害时，可诉请除去侵害。中国台湾地区“民法”第18条第1款规定，人格权受侵害时，得请求法院除去其侵害。其他大陆法系民法及英美法系民法均以除去侵害为人格权主要保护方法。按照《民法典》总则编第179条的规定，中国民法同样以除去侵害请求权，为人格权受侵害时的主要救济方法。此除去侵害请求权包括要求停止侵害，恢复名誉，消除影响，赔礼道歉。[16]

除去侵害请求权，为人格权受侵害时，首要的救济方法，即请求法院除去其侵害，是人格权作为绝对权的当然结果。[17] 故除去侵害请求权的行使，不以有损害后果及加害人有过错为要件。应特别注意，此除去侵害请求权，类似于物权受侵害时的排除妨害请求权，属于绝对权的权能，而与属于侵权责任的损害赔偿请求权有别。

（二）防止侵害请求权

人格权有受侵害之虞，权利人得请求防止侵害。《瑞士民法典》第28～28f条规定人格受侵害时的防止侵害之救济。中国台湾地区“民法”第18条第1款规定防止侵害请求权。《民法典》总则编第179条关于排除妨害、消除危险之规定，应可适用于侵害人格权之情形。[18]

（三）损害赔偿请求权

民法保护人格权的另一重要方法，是在对人格权的侵害构成侵权行为时，赋予受害人损害赔偿请求权。除法律特别规定适用无过错责任的情形外，此损害赔偿请求权，须以有损害结果及加害人有过错为要件。因此，与除去侵害请求权不同。中国台湾地区“民法”第18条第2款规定，以法律有特别规定者为限，得请求损害赔偿或慰

---

〔16〕《民法典》总则编第179条规定，承担民事责任的方式主要有：“（一）停止侵害……（十）消除影响，恢复名誉；（十一）赔礼道歉。”

〔17〕参见胡长清：《中国民法总论》，中国政法大学出版社1997年版，第86页。

〔18〕《民法典》总则编第179条规定，承担民事责任的方式主要有：“……（二）排除妨碍；（三）消除危险……”

抚金。[19] 按照《民法典》总则编第179条第(八)项“赔偿损失”的规定,及《民法典》侵权责任编第1179条、第1180条、第1182条的规定,人格权遭受侵害,得请求损害赔偿。

侵害人格权,既可能造成财产损害,也可能造成精神损害。对所发生的财产损失,受害人有权请求损害赔偿金,自不待言。对所造成的精神损害,是否可请求损害赔偿金,各国立法和学说均有分歧。但从20世纪的立法和判例发展的情形来看,承认对精神损害的金钱赔偿已是民法发展的潮流。原《民法通则》关于生命健康权受侵害的损害赔偿,规定在第119条。关于姓名权、肖像权、名誉权受侵害的损害赔偿,规定在第120条。依解释第120条关于精神损害赔偿的规定,亦应适用于其他人格权如隐私权、自由、人格尊严、婚姻自主权受侵害的情形。原《民法通则》未规定人身伤害情形的精神损害赔偿,属于法律漏洞。法院裁判已经认可致人死亡或严重伤残情形的精神损害赔偿。[20] 《民法典》侵权责任编第1183条规定,侵害自然人人身权益,造成他人严重精神损害的,被侵权人可以请求精神损害赔偿。需注意的是,同法第1179条规定的残疾赔偿金与死亡赔偿金,性质上亦属于精神损害赔偿。在侵害他人人格权致残疾、死亡情形,受害人或其近亲属在依第1179条获得残疾赔偿金或死亡赔偿金后,不得再依第1183条规定主张精神损害赔偿。

第三节　民事行为能力

一、完全民事行为能力

各国民法均以成年作为自然人享有完全民事行为能力的标准。因成年人一般已具有相当的知识和社会经验,且开始独立生活,在社会交往中能够判断和预见自己行为的法律后果。法律赋予完全民事行为能力,使其能够不依赖他人而独立实施法律行为,参加民事法律关系。各国人民生理发育有差异,因此所规定的成年年龄不同。如法、奥、意、比、荷、泰等国以21岁为成年;瑞士、日本等国以20岁为成年;英国、土耳其、匈牙利、南斯拉夫、罗马尼亚、保加利亚等国以18岁为成年。我国《民法典》总则编第17条规定:“十八周岁以上的自然人为成年人。不满十八周岁的自然人为未成年人。”并考虑到中国法律以16周岁为就业、参军的最低年龄,因此第18条第2款特

---

〔19〕 中国台湾地区“民法”第195条第1款第1句规定,不法侵害他人之身体、健康、名誉、自由、信用、隐私、贞操,或不法侵害其他人格法益而情节重大者,被害人虽非财产上之损害,亦得请求赔偿相当之金额。

〔20〕 最高人民法院《关于确定民事侵权精神损害赔偿责任若干问题的解释》对此已予认可。

别规定："十六周岁以上的未成年人，以自己的劳动收入为主要生活来源的，视为完全民事行为能力人。"

二、无民事行为能力

无民事行为能力人，不具有独立实施法律行为的资格，其法律行为应由法定代理人代理。《民法典》总则编第 144 条规定："无民事行为能力人实施的民事法律行为无效。"按照《民法典》总则编第 20、21 条的规定，无民事行为能力人包括不满 8 周岁的未成年人及不能辨认自己行为的成年人。《民法典》总则编第 24 条规定，不能辨认自己行为的成年人之作为无民事行为能力人，应由法院做出无民事行为能力认定。法院做出认定应具备两项条件：其一，须该成年人不能辨认自己行为；其二，须该不能辨认自己行为的成年人的利害关系人申请。被认定为无民事行为能力的不能辨认自己行为的成年人，根据其健康恢复的状况，经本人或利害关系人申请，法院可认定其恢复为完全民事行为能力人或限制民事行为能力人。

三、限制民事行为能力

限制民事行为能力人，其民事行为能力受有限制，既不同于无民事行为能力人，也不同于完全民事行为能力人，而是介于二者之间。限制民事行为能力人所实施的法律行为，并不当然无效，其中与其年龄、智力、精神健康状况相适应的法律行为及使其纯获利益的法律行为应为有效，其余法律行为则只在由法定代理人代理或征得法定代理人同意时，为有效。

按照《民法典》总则编第 19、22 条的规定，限制民事行为能力人有两种：8 周岁以上的未成年人；不能完全辨认自己行为的成年人。《民法典》总则编第 24 条规定，不能完全辨认自己行为的成年人之作为限制民事行为能力人，应由法院认定。法院做出认定应具备两项条件：其一，须该成年人不能完全辨认自己行为；其二，须该不能完全辨认自己行为的成年人的利害关系人申请。被认定为限制民事行为能力的不能完全辨认自己行为的成年人，在健康恢复之后，经本人或其利害关系人申请，法院应认定其恢复为完全民事行为能力人。

需注意的是，按照《民法典》总则编第 22 条的规定，不能完全辨认自己行为的成年人，被认定为限制民事行为能力人，仍然"可以独立实施纯获利益的民事法律行为或者与其智力、精神健康状况相适应的民事法律行为"，而无须经法定代理人同意、追认。

四、限制行为能力的未成年人得单独实施的行为

限制行为能力的未成年人的法律行为，原则上应由法定代理人代理或征得法定代

理人的同意,在未由法定代理人代理或者征得法定代理人同意的场合,经法定代理人追认的,该法律行为有效;法定代理人拒绝追认的,该法律行为无效。民法设立限制行为能力制度的立法目的,在限制未成年人对其财产的管理、处分权限,避免因其意思能力不足或欠缺社会经验而遭受不利益,以求其财产的维持与保全。因此,未成年人实施对其财产无不利益的行为,法律并无干涉之必要,应允许其单独实施。

根据《民法典》总则编规定,并参考外国的立法经验,限制行为能力的未成年人得单独实施下述法律行为:其一,使未成年人纯获利益,或被免除义务的行为。如接受无负担的赠与行为,取消非书面赠与的行为。〔21〕 其二,未成年人自由财产的处分行为。如学费、旅费等由法定代理人预定使用目的的财产,及零用钱等未预定使用目的的财产。其三,被许可营业的年满 16 周岁的未成年人的营业行为。由法定代理人许可从事营业的年满 16 周岁的未成年人,关于该营业有与成年人同样的行为能力。其四,缔结劳动合同和请求劳动报酬。中国法律规定满 16 周岁的未成年人可以参加工作,当然可以独立缔结劳动合同和请求劳动报酬。依解释,未满 16 周岁的未成年人可以参加与年龄相适应的劳动如勤工俭学劳动,其劳动合同之缔结应经法定代理人同意,但所应得劳动报酬应由未成年人独立请求,不得由法定代理人代理受领。其五,日常生活中的定型化行为。如利用自动售货机,利用公共交通工具,购票进入公园。〔22〕

值得注意的是,《民法典》总则编第 20 条规定,未满 8 周岁的未成年人为无民事行为能力人,其实施民事法律行为必须由法定代理人代理,且第 144 条规定无民事行为能力人实施的民事法律行为无效。但未成年人年满 6 周岁即应上小学,难免要独自乘坐公共交通工具、购买学习用品及玩具和零食,更为重要的是他们往往玩网络游戏、手机购物等,按照该条规定这些行为均应一律无效。这样处理显然违背社会生活经验,并且不合情理。鉴于此,应当类推适用《民法典》总则编第 19 条末句关于限制行为能力人"可以独立实施纯获利益的民事法律行为或者与其年龄、智力相适应的民事法律行为"的规定,认为不满 8 周岁的未成年人(无民事行为能力人)独立实施上述第(一)、(二)、(五)项行为有效。

---

〔21〕 按照《民法典》总则编第 19 条的规定,限制行为能力的未成年人可以独立实施纯获利益的民事法律行为,不必经法定代理人追认。依解释,此项规定应可类推适用于无行为能力的未成年人。

〔22〕 参见[日]北川善太郎:《民法总则》,有斐阁 1993 年版,第 46 ~ 47 页。

第四节 监 护

一、监护的意义

(一)监护的沿革

监护制度,源于罗马法。罗马法上,对于未成年人所设的监护人,称保护人;对于不能辨认自己行为的成年人所设的监护人,称照管人。保护人之职责,在保护未成年人的身体;照管人之职责,在照管被照管人之财产。监护人为保护人与照管人的总称。被监护人为被保护人与被照管人的总称。早期监护制度,乃以宗族制和家长制为基础,监护人具有家长辅佐人、代表人身份,监护权具有支配权的性质。随着社会的发展,宗族制和传统大家庭解体,核心家庭成为普遍家庭形式,且因法律理念的变迁,监护不再被视为一种私人事务,监护人被视为一种公职,除有法定原因外,任何人不得拒绝充任监护人,国家通过司法和行政手段对监护进行规制,即所谓监护立法的公法化、社会化趋势。

近现代民法监护制度,无保护人与照管人之分,而统称监护人,仍因被监护对象的不同而分为未成年人的监护及不能辨认自己行为的成年人的监护(成年监护)。但自20世纪末以来,发达国家及地区相继对成年监护制度从价值理念到制度架构进行根本性改革,废除禁治产宣告制度,建立以维护成年障碍者人格尊严和正常社会参与为宗旨的成年照顾制度。[23]

原《民法通则》第二章“公民(自然人)”第二节“监护”,仅用4个条文(第16条至第19条)对监护作原则规定,加上其他法律如原《婚姻法》、原《收养法》、《未成年人保护法》、《妇女权益保障法》等涉及监护的零星规定,并未形成完整的监护制度,且理念

〔23〕 如《法国民法典》第425~515条规定的成年人法律保护措施制度(Des mesures de protection juridique des majeurs);德国于1992年废弃禁治产制度,改采照管制度,1998年修正为“法律上的照管”(Rechtliche Betreuung)。《魁北克民法典》第256~297条规定的对成年人的保护性照管制度(Protective Supervision of Persons of Full Age)。中国台湾地区近年亦循此潮流,废止禁治产、准禁治产制度,改采成年监护及辅助制度,依障碍程度而采用弹性二级制,并扩张申请权人之范围(依其“民法”第14条以及第15条之一之规定,对于因精神障碍或其他心智缺陷,致不能为意思表示或受意思表示,或不能辨识其意思表示之效果者,法院得因本人、配偶、四亲等内之亲属、最近一年有同居事实之其他亲属、检察官、主管机关或社会福利机构之声请,为监护之宣告。受监护之原因消灭,而仍有辅助之必要者,法院得变更为辅助之宣告。对于因精神障碍或其他心智缺陷,致其为意思表示或受意思表示,或辨识其意思表示效果之能力,显有不足者,法院得因本人、配偶、四亲等内之亲属、最近一年有同居事实之其他亲属、检察官、主管机关或社会福利机构之声请,为辅助之宣告)。

陈旧,可操作性差,与我国国情及当今监护立法发展趋势,有所不符。鉴于此,《民法典》总则编制定时,起草人总结《民法通则》实施以来的监护实践,并参考发达国家和地区监护立法改革的经验,对监护制度进行重构和革新,对原《民法通则》规定的未成年监护制度予以充实完善,并废除原《民法通则》精神病人监护(禁治产)制度,新创为不能辨认或者不能完全辨认自己行为的成年人设置监护人的成年监护制度,再将未成年监护与成年监护合并构成统一的监护制度,作为《民法典》总则编第二章自然人的第二节,共13个条文。

(二)监护的性质

监护是否为权利,学者中有不同意见。有学者将监护称为监护权,并归入身份权一类。法律上所谓身份权,系以特定身份关系上之自然人为客体的权利。其内容为对作为客体的自然人人身的支配。如罗马法上的家父权,凡家庭成员包括奴隶、妻、子女等,均为家父权之客体,受家父一人之支配。而监护制度之设立,在于弥补被监护人民事行为能力之欠缺,着眼点在保护被监护人之合法权益,而非为监护人自身之利益。因此,监护并不构成对被监护人的权利。且监护之内容专在保护被监护人的身体和财产,与身份权之内容在对人的支配,绝无相同之处。鉴于此,罗马法并不视监护为权利,而称为一种公职或责任。〔24〕 我国《民法典》总则编之规定监护制度,纯粹为保护被监护人的合法权益,绝对不允许监护人借监护以谋取自身利益,且明文规定监护为职责。〔25〕 故监护之本质为一种职责而非民事权利,应毋庸置疑。

二、未成年监护

《民法典》总则编第27条第1款规定,"父母是未成年子女的监护人"。依此规定,中国未成年人的监护,因出生而开始,不必另有原因。〔26〕 此与其他国家不同。其他国家民法大抵规定,以父母双方死亡或无监护能力,为未成年人监护开始之原因。如依《法国民法典》第390条规定,在父母双亲均已去世时,监护即开始。

中国未成年人的监护人,有以下几种情形:

第一,未成年人的父母为当然监护人。其监护人资格从未成年人出生时当然取

〔24〕 参见[意]彼德罗·彭梵得:《罗马法教科书》(2005年修订版),黄风译,中国政法大学出版社2005年版,第131~134页。

〔25〕《民法典》总则编第35条第1款规定:"监护人应当按照最有利于被监护人的原则履行监护职责。监护人除为维护被监护人利益外,不得处分被监护人的财产。"

〔26〕 此系就通常情形而言。在未成年人被依法收养的情形,因收养成立而发生监护关系,养父母因此成为该未成年人的监护人;在非婚生的情形,生母因出生而成为未成年人的监护人,生父则因认领而成为未成年人的监护人。

得,不须任何程序和手续。[27]

第二,按照《民法典》总则编第 27 条第 2 款规定,未成年人的父母已经死亡或者没有监护能力的,由下列有监护能力的人按顺序担任监护人:一是祖父母、外祖父母;二是兄、姐;三是其他愿意担任监护人的个人或者组织。其中,祖父母、外祖父母、兄、姐,属于法定监护人,其担任监护人属于法定义务。其他愿意担任监护人的个人或者组织,并无法定义务,他们之担任监护人,除应有监护能力外,还须具备两项条件:一是愿意担任监护人;二是经未成年人住所地居民委员会、村民委员会或者民政部门同意。

第三,按照《民法典》总则编第 32 条规定,没有上述监护人的,监护人由民政部门担任,也可以由具备履行监护职责条件的被监护人住所地的居民委员会、村民委员会担任。

第四,未成年人的父母于不能履行监护职责时或死亡前,可为子女设立委托监护人或遗嘱监护人。《民法典》总则编第 29 条规定,被监护人的父母担任监护人的,可以通过遗嘱指定监护人。

三、成年监护

按照《民法典》总则编第 28 条的规定,无民事行为能力或限制民事行为能力的成年人的监护人,[28]由下列有监护能力的人按顺序担任:其一,配偶;其二,父母、子女;其三,其他近亲属;其四,其他愿意担任监护人的个人或者组织。其中,配偶、父母、子女及其他近亲属(兄弟姐妹、祖父母、外祖父母)为法定监护人,其担任监护人为法定义务。其他愿意担任监护人的个人或者组织担任监护人,非法定义务,取决于本人自愿及被监护人住所地的居民委员会、村民委员会或者民政部门同意。

需特别注意,《民法典》总则编新创"意定监护制度"。按照第 33 条规定,具有完全民事行为能力的成年人,可以与其近亲属、其他愿意担任监护人的个人或者组织事先协商,以书面形式确定自己的监护人(意定监护人)。协商确定的监护人(意定监护人)在该成年人丧失或者部分丧失民事行为能力时,履行监护职责。

按照《民法典》总则编第 32 条规定,没有上述监护人的,监护人由民政部门担任,也可以由具备履行监护职责条件的被监护人住所地的居民委员会、村民委员会担任。

四、关于担任监护人的争议

关于担任监护人的争议,包括相互争当监护人和相互推诿不愿担任监护人的争

---

〔27〕 在收养的情形,养父母因收养成立而成为监护人;在非婚生的情形,生父因认领而成为监护人。

〔28〕 国外成年监护制度的监护对象,为"成年障碍者",包括智力障碍者、肢体障碍者、机能(听力、视力)障碍者,其范围较宽。我国《民法典》总则编成年监护制度的监护对象,局限于成年智力障碍者。

议。对此,《民法典》总则编第 31 条规定了指定监护人制度。监护人指定权,是一种特别权限,法律规定由被监护人住所地的居民委员会、村民委员会或者民政部门行使。有关当事人对指定不服的,可以申请人民法院指定监护人;有关当事人也可以直接向人民法院申请指定监护人。

法律对近亲属担任监护人设有一定顺序。对于未成年人,其父母为当然监护人,因此不列入法定顺序。祖父母、外祖父母为第一顺序,兄姐为第二顺序。对于成年人,其配偶为第一顺序,父母、子女为第二顺序,其他近亲属为第三顺序。但指定监护人不应只根据此法定顺序,而应当尊重被监护人的真实意愿,根据最有利于被监护人的原则在具有监护资格的人中指定监护人。并且,还应考虑其他因素:是否与被监护人共同生活,是否有监护能力,是否对被监护人有利。因此,法定顺序仅供指定机关参考,于指定时可不受其限制。

需特别注意,《民法典》总则编新创"临时监护人制度"。按照第 31 条第 3 款规定,于担任监护人发生争议情形,在由居民委员会、村民委员会、民政部门或者人民法院指定监护人之前,被监护人的人身、财产权利及其他合法权益处于无人保护状态的,由被监护人住所地的居民委员会、村民委员会、法律规定的有关组织或者民政部门担任临时监护人。

五、监护人的职责

按照《民法典》总则编的规定,监护人的职责如下:其一,保护被监护人的人身、财产权利及其他合法权益不受损害。其二,保管被监护人的财产。此所谓保管,应作广义解释,不仅包括保护、管理财产的行为,还应包括必要的经营行为和处分行为。监护人履行此项职责时,应尽善良管理人之注意。其三,担任被监护人的法定代理人。法律禁止监护人滥用此法定代理权,例如受让被监护人财产。

需特别注意,《民法典》总则编第 35 条第 2、3 款明文规定了监护人履行监护职责所应当遵循的原则:

未成年人的监护人履行监护职责,在作出与被监护人权益有关的决定时,应当根据被监护人的年龄和智力状况,尊重被监护人的真实意愿。

成年人的监护人履行监护职责,应当最大限度地尊重被监护人的真实意愿,保障并协助被监护人独立实施与其智力、精神健康状况相适应的民事法律行为;对被监护人有能力独立处理的事项,监护人不得干涉。

法律为切实保护被监护人利益,监督监护人履行职责,规定监护人有下述情形之一的应承担损害赔偿责任:其一,不履行监护职责,致使被监护人的人身、财产和其他合法权益受到损害的;其二,监护人因故意过失,给被监护人造成财产损失的;其三,在监护关系存续中,被监护人造成他人损害的。[29]

六、监护人资格的撤销与恢复

按照《民法典》总则编第 36 条规定,撤销监护人资格的原因如下:实施严重损害被监护人身心健康行为的;怠于履行监护职责,或者无法履行监护职责并且拒绝将监护职责部分或者全部委托给他人,导致被监护人处于危困状态的;实施严重侵害被监护人合法权益的其他行为的。

具备以上原因之一的,人民法院将根据有关个人和组织的申请,撤销其监护人资格。有权申请撤销监护人资格的个人和组织包括其他有监护资格的人,被监护人住所地的居民委员会、村民委员会、学校、医疗卫生机构、妇女联合会、残疾人联合会、未成年人保护组织、依法设立的老年人组织、民政部门等。上述个人和其他组织未及时向人民法院提出撤销监护人资格的申请的,民政部门应当向人民法院提出撤销监护人资格的申请。

人民法院受理撤销监护人资格的申请后,应当安排必要的临时监护措施,并根据最有利于被监护人的原则依法指定新监护人。

按照《民法典》总则编第 38 条规定,被撤销监护人资格的人,如果属于被监护人的父母或者子女,除对被监护人实施故意犯罪的外,确有悔改表现的,向人民法院申请恢复监护人资格,人民法院受理申请后,可以在尊重被监护人真实意愿的前提下,视情况恢复其监护人资格。人民法院决定恢复其监护人资格的,同时终止此前指定的新监护人与被监护人的监护关系。

七、监护关系的终止

按照《民法典》总则编第 39 条规定,监护关系终止的原因如下:其一,被监护人取得或者恢复完全民事行为能力。其二,监护人丧失监护能力。其三,被监护人或者监护人死亡。此所谓被监护人或者监护人"死亡",应包括被"宣告死亡"。其四,人民法院认定监护关系终止的其他情形。

此外,监护人辞职,亦将导致监护关系终止。于监护人有正当理由时,应准其辞职。此所谓正当理由包括监护人因患病、年纪大、迁居及工作、家庭负担繁重,致不能履行监护职责。监护人辞职,应向有指定权的机关提出申请并经同意,自不待言。

---

〔29〕《民法典》侵权责任编第 1188 条规定:"无民事行为能力人、限制民事行为能力人造成他人损害的,由监护人承担侵权责任。监护人尽到监护责任的,可以减轻其侵权责任。有财产的无民事行为能力人、限制民事行为能力人造成他人损害的,从本人财产中支付赔偿费用;不足部分,由监护人赔偿。"

第五节　宣 告 失 踪

一、宣告失踪的意义

宣告失踪和宣告死亡,是现代民法不可缺少的法律制度。由于战争、自然灾变及从事具有一定危险性的航海、航空、登山和科学探险等活动,使人们遭遇各种危险而致失踪,是经常发生的事。其他原因,如一些居民流动或外逃,也常造成一些人下落不明。失踪人的财产关系及身份关系势必会处于不确定状态。这种不确定状态的长期持续,将不利于失踪人财产的管理和利用,不利于社会经济的发展和社会秩序的稳定,并且必然损及与失踪人有利害关系的第三人的利益。

从社会利益考虑,与失踪人有关的财产关系和身份关系宜尽快予以确定。但若仅以失踪事实作为民事法律关系变化之根据,又势必会损害失踪人的财产权利及其他合法权益,且更易造成社会关系的紊乱。于是,民法有宣告失踪制度。宣告失踪制度之立法目的,在于为失踪人设置财产代管人,以维护失踪人的合法财产权益。

《民法典》总则编将宣告失踪制度与宣告死亡制度,合并在一节规定,即第二章自然人的第三节。

二、宣告失踪的条件

按照《民法典》总则编第 40 条的规定,宣告自然人为失踪人,属于人民法院的权限。其他任何单位和机关均无权宣告自然人为失踪人。人民法院作失踪宣告,须具备两项条件:其一,须自然人下落不明满 2 年;其二,须由利害关系人申请。

第一项条件所谓下落不明,为一种事实状态。指自然人离开向来之居所而他人不知其所在,不明其生死。此下落不明状态持续存在,已满 2 年,其利害关系人向人民法院提出申请,人民法院可宣告该自然人为失踪人。

按照《民法典》总则编第 41 条规定,自然人下落不明的时间,从该自然人失去音讯之日清算;战争期间下落不明的,自战争结束之日或者有关机关确定的下落不明之日起算。

第二项条件所谓利害关系人,包括其配偶、父母、子女、兄弟姐妹、祖父母、外祖父母、孙子女、外孙子女以及与其有民事权利义务关系的自然人和法人。纵然失踪满 2 年,如无利害关系人申请,人民法院不能依职权宣告失踪。

人民法院受理利害关系人书面申请后,应发出寻找下落不明人的公告。公告期为 3 个月。公告期满不能确定被申请人的生死(仍旧下落不明)的,法院即应作出宣告失踪的判决。

三、财产代管人的确定与变更

自然人被宣告为失踪人，其财产由代管人管理。《民法典》总则编第 42 条规定，失踪人的财产由其配偶、父母、成年子女或者其他愿意担任财产代管人的人代管。关于担任代管人发生争议，或者没有前述法律所规定的人或所规定的人无能力代管的，则应由法院指定代管人。

《民法典》总则编第 44 条规定，财产代管人不履行代管职责、侵害失踪人财产权益或者丧失代管能力的，失踪人的利害关系人可以向人民法院申请变更财产代管人。财产代管人有正当理由的，也可以向人民法院申请变更财产代管人。人民法院变更财产代管人的，变更后的新代管人有权要求原代管人及时移交有关财产并报告财产代管情况。

四、财产代管人的职责和赔偿责任

代管人的职责，是代理失踪人管理其财产。管理的内容，包括保管、维护、收益及必要的经营行为和处分行为。失踪人所欠税款、债务和应付的其他费用，由财产代管人从失踪人的财产中支付。

依设置财产代管人之目的，财产代管人于管理失踪人财产及维护失踪人财产权益范围内，有失踪人的代理人资格，在以失踪人为原告或者被告的民事诉讼中，担任失踪人的诉讼代理人。

《民法典》总则编第 43 条规定，财产代管人应当妥善管理失踪人的财产，维护其财产权益。此所谓“妥善管理”，应当解释为：代管人在保管、维护、收益时，尽与管理自己财产同一之注意；在进行必要的经营和处分时，应尽善良管理人之注意。财产代管人因故意或者重大过失造成失踪人财产损失的，应当承担赔偿责任。

五、失踪宣告的撤销

按照《民法典》总则编第 45 条的规定，被宣告失踪的人重新出现，经本人或利害关系人申请，人民法院应当撤销对他的失踪宣告。所谓重新出现，是指被宣告失踪的该人回到原居所或者有其生活在他处的确切信息。被宣告失踪的人重新出现，有权要求财产代管人及时移交所代管财产及其收益，并报告财产代管情况。

第六节 宣 告 死 亡

一、宣告死亡的意义

宣告失踪制度虽能解决失踪人财产的保护问题,但不能解决因失踪所引起的民事法律关系的不确定问题。于是,民法有宣告死亡制度。宣告死亡,指依照法定程序,推定失踪人为“已死亡”,使之产生与自然死亡同样的法律后果。可见,宣告失踪制度和宣告死亡制度,立法目的不同。

二、宣告死亡的条件

按照《民法典》总则编第46条的规定,宣告死亡须具备的条件如下:

第一,须自然人失踪,即下落不明。所谓下落不明,是指失踪人离开向来之居所,既不能判定其尚生存,也无法证明其已死亡之状态。

第二,须法定失踪期间届满。此法定失踪期间,分为普通期间与特别期间。因意外事件失踪,适用特别期间(2年);意外事件之外的失踪,适用普通期间(4年)。条文所谓“意外事件失踪”,是指遭遇战争、地震、海难、空难及其他重大灾变而失踪。法定失踪期间的计算,属于通常情形之失踪,应从失踪人离开其住所或居所而失去音讯之日起算;属于意外事件失踪,应从意外事件发生之日起算,但战争期间失踪应当从战争结束之日或者有关机关确定的下落不明之日起算。

第三,须由利害关系人申请。此所谓利害关系人,包括失踪人之近亲属及与其有民事权利义务关系的自然人和法人。例如,配偶、继承人(遗嘱继承人和法定继承人)、受遗赠人、债权人、债务人、法定代理人、人寿保险合同之受益人。[30]

三、宣告死亡的程序

人民法院受理利害关系人的书面申请后,应即发出寻找下落不明人公告宣告死亡

---

〔30〕 查死亡宣告制度之立法目的,不是要保护被宣告死亡人的利益,而是保护其利害关系人的利益。并且利害关系人不分是其配偶、子女、父母抑或是其债权人、债务人,在地位上一律平等,不应有先后之分。在法院宣告失踪人死亡后,其遗产之继承,债务之清偿,均有法律规定,而与由何人提出宣告死亡之申请无关。但最高人民法院《关于贯彻执行〈中华人民共和国民法通则〉若干问题的意见(试行)》(已失效)第25条,却为宣告死亡的利害关系人设定申请顺序:(1)配偶;(2)父母、子女;(3)兄弟姐妹、祖父母、外祖父母、孙子女、外孙子女;(4)其他有民事权利义务关系的人。实践中发生失踪人的配偶不提出申请,致不能宣告该失踪人为死亡人,使其他利害关系人的合法利益遭受损害,与失踪人有关的法律关系长期不能确定的社会问题。故《民法典》总则编第46条规定,自然人失踪符合宣告死亡的条件的,“利害关系人可以向人民法院申请宣告该自然人死亡”,否定最高人民法院此前关于利害关系人须依顺序申请的解释意见,值得肯定。

的公告期间为 1 年；因意外事故下落不明，经有关机关证明该下落不明人不可能生存的，宣告死亡的公告期间为 3 个月（《民事诉讼法》第 192 条第 1 款）。公告期届满仍不能确定失踪人尚生存的，即作出宣告死亡的判决。《民法典》总则编第 48 条规定，宣告死亡的判决作出之日视为被宣告死亡人的死亡日期，但因意外事件下落不明宣告死亡的，意外事件发生之日视为其死亡的日期。

对于同一自然人，有的利害关系人申请宣告死亡，有的利害关系人申请宣告失踪的，按照《民法典》总则编第 47 条的规定，凡符合宣告死亡条件的，人民法院应当宣告死亡。

四、宣告死亡的效力

（一）认定为死亡的形式

关于认定为死亡的形式，各国法律不同。有视为死亡与推定为死亡之分。《日本民法典》（第 31 条）为视为死亡，《德国失踪法》（第 9 条）、《瑞士民法典》（第 38 条第 1 款）、《菲律宾民法典》（第 390 条）为推定死亡。二者的效力，颇不相同。以被宣告死亡人的继承人向保险公司请求人寿保险金为例，如采推定死亡，则保险公司如能证明该人现尚生存，即可拒绝保险金的支付；如采视为死亡，则保险公司须先向法院申请撤销死亡宣告，否则不能拒绝保险金的支付。[31]《民法典》总则编虽未明文规定认定死亡的形式，但结合第 48 条将判决作出之日“视为其死亡的日期”的规定，应解释为《民法典》总则编采“视为死亡”。

（二）认定为死亡的日期

关于认定为死亡的日期，各国家及地区规定不同。瑞士及土耳其以最后音信或灾难发生之日为死亡日期；奥地利以裁判宣告或宣告确定之日为死亡日期；法国以可得推定死亡的情形发生之日为死亡日期，无此日期的，以失踪之日为死亡日期；日本及中国台湾地区以法定期间届满之日为死亡日期；1994 年《魁北克民法典》以法定期间届满之日为死亡日期，可得推定死亡之情形发生于法定期间届满之日前的，以该情形发生之日为死亡日期。各种规定，孰优孰劣，学者评价不一。[32] 原《民法通则》未明确规定认定死亡的日期，最高人民法院的解释亦有不同，先解释为“判决中确定的失踪人

---

〔31〕 参见胡长清：《中国民法总论》，中国政法大学出版社 1997 年版，第 69 页。

〔32〕 参见胡长清：《中国民法总论》，中国政法大学出版社 1997 年版，第 69 ~ 70 页。

的死亡日期”,以后见解改变,解释为“判决宣告之日”。[33]《民法典》总则编第48条规定:“被宣告死亡的人,人民法院宣告死亡的判决作出之日视为其死亡的日期;因意外事件下落不明宣告死亡的,意外事件发生之日视为其死亡的日期。”依据本条,人民法院判决宣告某人死亡,如该人属于意外事件失踪,则应在判决书中认定该意外事件发生之日(或战争结束之日)为该自然人死亡日期;如该人不属于意外事件失踪,则判决书中无须认定该自然人死亡日期,此种情形,“判决作出之日”即被视为该人死亡日期。

(三)宣告死亡效力的范围

关于死亡宣告的效力范围,约有四种学说:其一,死亡宣告的效力,仅及于财产关系。此为德国普通法时代之通说,《泰国民法》原第75条即采此说,依此说,则身份关系不受死亡宣告的影响。[34] 其二,死亡宣告的效力,不仅及于财产关系,并及于身份关系。依此说,婚姻关系一并消灭。《法国民法典》(第128、132条)、1994年《魁北克民法典》(第95、97条)采此说。其三,死亡宣告的效力,原则上及于一切关系,但婚姻关系须配偶已为再婚,始为解除,如《德国民法典》(第1319条第2款)。其四,死亡宣告的效力,原则上及于一切关系,但如被宣告死亡的人归来或生存,则其配偶之再婚无效,如《意大利民法典》(第65、68条)。《民法典》总则编第51条第1句规定,“被宣告死亡的人的婚姻关系,自死亡宣告之日起消除”。似采第二说。

按照《民法典》总则编的规定及最高人民法院司法解释,宣告死亡发生与事实死亡同样的法律效力,即以被宣告死亡人原住所地为中心的一切财产关系和身份关系,均归于消灭。一切享有以该人死亡为条件的财产权利的人,即可因此获得权利,如继承人开始继承,受遗赠人取得遗赠。其婚姻关系一并消灭,其配偶当然可以再婚。但如被宣告死亡人实际上还生存于他方,其在当地的法律关系,并不受死亡宣告的影响,在当地所实施的法律行为,并不因其在原住所地被宣告死亡而无效。《民法典》总则编第49条规定:“自然人被宣告死亡但是并未死亡的,不影响该自然人在被宣告死亡期间实施的民事法律行为的效力。”

五、死亡宣告的撤销

尚生存的被宣告死亡人后来回到原住所地,法律上称为“再出现人”。按照《民法

---

[33] 最高人民法院《关于贯彻执行〈中华人民共和国继承法〉若干问题的意见》(已失效)第1条第2款:失踪人被宣告死亡的,以法院判决中确定的失踪人的死亡日期,为继承开始的时间。最高人民法院《关于贯彻执行〈中华人民共和国民法通则〉若干问题的意见(试行)》(已失效)第36条规定,被宣告死亡的人,判决宣告之日为其死亡的日期。

[34] 参见胡长清:《中国民法总论》,中国政法大学出版社1997年版,第71页。

典》总则编第 50 条的规定,被宣告死亡的人重新出现,经本人或利害关系人申请,人民法院应当撤销对他的死亡宣告。因死亡宣告的撤销,再出现人有权请求返还其所有的财产,因继承而取得其财产的人或组织,应当返还其财产。原物存在的返还原物,原物已不存在的应给予适当补偿。配偶已经再婚的,其再婚并不因死亡宣告之撤销而无效;其子女已被他人收养的,其合法收养关系亦不因死亡宣告之撤销而无效。如果其配偶尚未再婚,原婚姻关系从死亡宣告撤销之日起自动恢复,但其配偶向婚姻登记机关书面声明不愿意恢复的除外。[35]

六、无申请人或申请人不申请

《民法典》总则编规定死亡宣告的申请人限于失踪人的利害关系人,但如果失踪人无利害关系人或虽有利害关系人而利害关系人不申请,将使设立死亡宣告制度之立法目的落空。显然属于立法者考虑不周所生法律漏洞。对此,可以参考外国及我国台湾地区的经验。依《法国民法典》第 90、122 条规定,检察官可以提出申请。我国台湾地区"民法"第 8 条所规定的死亡宣告申请人亦限于利害关系人。但考虑到有失踪人无利害关系人,或虽有利害关系人而不愿申请死亡宣告的情形,为贯彻死亡宣告制度旨在结束失踪人法律关系长期不确定之状态之立法目的及维护社会公益,于 20 世纪 80 年代初该法修正时,特增设检察官为申请人。[36] 检察官系行使职权,无论有无利害关系人,均得单独申请。[37]

鉴于宣告死亡的目的在于保护长期下落不明的自然人的利害关系人的合法利益,并消除因自然人下落不明所造成的民事法律关系的不确定状态。如果失踪人的利害关系人不提出申请或者失踪人没有利害关系人,将不能宣告该失踪人死亡。考虑到自然人长期下落不明而不能宣告他死亡,与其有关的民事法律关系将一直处于不确定状态,例如遗产不能依法继承,身份关系不能消灭,债权债务关系不能了结,对于社会经济法律秩序之维护殊为不利。且自改革开放以来,已经发生其利害关系人出于侵占下落不明的自然人的财产、损害其他利害关系人合法权益,以及冒领其退休金、养老金、补助金等违法目的,故意不提出死亡宣告申请的社会问题。中国退休人口庞大,他们领取养老金并不亲自到社保机构领取,而是由社保机构定期将养老金额汇入其银行账

---

〔35〕 考虑到被宣告死亡一方长期下落不明,未能履行夫妻关系和家庭关系上的义务,即在被宣告死亡前,其婚姻关系亦仅具形式上的意义。死亡宣告被撤销后,仅因其配偶未再婚而使婚姻关系一律自行恢复,未免有片面保护失踪人利益而无视其配偶自由意思,且违背婚姻关系之本质之嫌。故《民法典》总则编第 51 条第 2 句规定,"死亡宣告被撤销的,婚姻关系自撤销死亡宣告之日起自行恢复,但其配偶再婚或者向婚姻登记机关书面声明不愿意恢复的除外"。

〔36〕 中国台湾地区"民法"第 8 条规定,失踪人失踪满 7 年后,法院得因利害关系人或检察官之声请,为死亡之宣告。

〔37〕 参见王泽鉴:《民法总则》,台北,三民书局 2000 年版,第 121 ~ 122 页。

户,该退休人及其配偶子女甚至不必到银行提取现金,用银行卡甚至手机即可消费该金额。退休人长期失踪而其配偶、子女不申请宣告死亡,而社保机构照常定期向该长期失踪的退休人账户汇付养老金、社保金的情形,所在多有。建议通过司法解释权之行使填补此项立法漏洞,由最高人民法院发布司法解释,允许失踪人住所地的居民委员会、村民委员会或者人民检察院提出宣告死亡申请。

第七节 住 所

一、住所的意义

住所指民事主体发生法律关系之中心地域。住所在法律上具有重要意义。在民法上,住所是决定监护,决定宣告失踪、宣告死亡,决定债务履行地,决定诉讼管辖地,决定涉外法律适用之准据法的重要因素。此外,住所在公司法、国际法、选举法、税法等,都有重要意义。

二、住所的认定

《民法典》总则编第25条规定:"自然人以户籍登记或者其他有效身份登记记载的居所为住所;经常居所与住所不一致的,经常居所视为住所。"

鉴于无行为能力人、限制行为能力人,由其法定代理人代受意思表示、代收法律文书,故为保护无行为能力人、限制行为能力人的利益,应解释为:无民事行为能力人、限制民事行为能力人,以其法定代理人的住所为住所。

此外,以户籍登记的居所为住所,不适合于在我国既无户籍登记也无经常居所的外国人、无国籍人,应解释为:在中华人民共和国领域内无户籍登记和经常居所的外国人、无国籍人,其居所视为住所。

第八节 个体工商户、农村承包经营户

个体工商户、农村承包经营户,既以"户"为单位,应当属于区别于单个自然人的组织体。因原《民法通则》制定时,坚持民事主体二元论,未承认作为民事主体之非法人组织,故将农村承包经营户、城镇个体工商户,规定在原《民法通则》第二章自然人的一节。《民法典》总则编制定时,立法思想已然突破民事主体二元论,《民法典》总则

编在自然人、法人之外，规定非法人组织作为民事主体，按理应将农村承包经营户、城镇个体工商户作为非法人组织之一类型，规定在第四章非法人组织中。但《民法典》总则编却仍然沿袭了原《民法通则》的体例，仍将其规定为第二章自然人的第四节。

考虑到个体工商户、农村承包经营户，虽然称为“户”，但现实生活中单个自然人即可登记为（个人经营的）“个体工商户”，农村单个自然人作为“一（农）户”或者“一（农）户”中仅部分成员甚至单个成员从事农村土地承包经营的，亦不少见。可见，个体工商户、农村承包经营户，其“组织体性”很弱、达不到“非法人组织”所要求的（如合伙企业那样的）程度。这样看来，《民法典》总则编将个体工商户、农村承包经营户安排在第二章自然人的第四节，并非毫无理由。

个体工商户、农村承包经营户在债务承担上有其特殊性。按照《民法典》总则编第56条的规定，个体工商户的债务，个人经营的，以个人财产承担；家庭经营的，以家庭财产承担；无法区分个人经营和家庭经营的，以家庭财产承担。农村承包经营户的债务，以从事农村土地承包经营的农户的财产承担；事实上由农户部分成员经营的，以该部分成员财产承担。

第四章　民事主体——法人、非法人组织

第一节　法 人 概 述

一、法人的概念

社会生活中的权利主体不限于自然人。现代社会，除自然人的活动外，还有各种组织体以团体的名义从事各种民事活动。由多数自然人集合而成的组织体，为人合组织体，由财产集合而成的组织体，为财合组织体。无论人合组织体或财合组织体，均有经法律规定其组织体具有民事权利能力者，也有法律未规定其组织体具有民事权利能力者。其中，经法律规定具有民事权利能力的组织体，即为自然人之外的另一类民事权利主体——法人。因此，所谓法人，是指由法律规定具有民事权利能力的人合组织体和财合组织体。

二、法人制度的意义

自然人因出生而取得权利能力，并得依其行为能力，从事各种交易，满足个人社会生活之需要。唯两个以上之自然人为开设工厂、采矿、学术、传教、运动而从事具有共同目的之事业时，即面临应采何种形式之问题，首先值得考虑者，系成立合伙。合伙系契约之一种，当事人称为合伙人，最少须二人。合伙之目的在于经营共同事业，其种类无限制，营利或非营利，长久性或暂时性，均非所问。值得注意的是，合伙虽为一种契约，但民法上对于已成立之合伙，赋予其团体性。例如，承认合伙财产与合伙人个人财产相区别，合伙之债权与合伙人个人之债权相区别，并设有入伙、退伙及解散、清算等规定。合伙既具有团体性，其成立无须履行法定方式，简便灵活，故采用者众，对于现代社会经济活动，贡献甚巨，自不待言。

但合伙虽具团体性，终因系基于契约而成立，与个别当事人之人格、信用与财产有密切关系，仍未脱离个人色彩。例如，合伙财产不足清偿合伙债务时，各合伙人对于不足部分，负连带责任。且成立合伙的基础为当事人的相互信赖，故较适合于少数人经营小规模事业，以之经营大规模事业，尚不适宜，难以达成其共同目的。因此，为适应现代社会经济活动，须进一步强化人之集合体之团体性，使其能够取得权利能力，得享

有权利及负担义务。易言之,应使人之集合体享有人格,成为所谓法人。法人有不同种类,交易上最为重要者,为公司。

人之集合,在法律上有赋予人格之必要,已如上述。财产之集合,亦不例外。例如某人热心社会公益,长年捐款济助孤儿,个人行之虽可尽其心力,但事必躬亲,势所不能。何况其生也有涯,难期久远,委其子女或他人经营,因个人信念不同,人事无常,易滋弊端。因此法律特别创设财团,使一定财产得以独立化,成为权利主体,得享受权利,负担义务,并经由其机关而行为。一定之财产,经由人格化,而有独自的法律生命,不受捐助人之支配,不因人事变迁而影响其财产之存在与目的事业之经营,则公益目的可望长期继续,不致中断。[1]

第二节　法人的本质

一、关于法人本质的学说

法人的本质,即法人何以得与自然人同样具有民事权利能力,成为可以享有权利负担义务之民事主体。直到 20 世纪以前,一直是公私法学者热烈争论的重大问题。从来学说分歧,约有三说。

(一)法人拟制说

此说系以罗马法之法律思想为依据。十六七世纪时,因继受罗马法的法人制度,注释法学者对于法人之本质皆采拟制说。其集大成者,为德国历史法学派首倡者萨维尼。拟制说认为,权利义务之主体,应以自然人为限。非自然人而得为权利义务之主体者,是以法律之力拟制其为自然人。质言之,所谓法人,即法律所拟制之人。因近代民法思想,本以个人人格之尊重为最高指导原理,且因对于封建社会之反动,对于介乎国家与个人之间的团体,严加排斥。于例外情形,须承认团体的存在,必须经法律之特许。故法人拟制说与当时的法律理念正相吻合,遂成一时之通说。

(二)法人否认说

此说认为,依实证的方法观察,社会生活中除个人及财产而外,别无所谓法人之存在,是为法人否认说。其中又分为三种见解:其一,目的财产说,由德国学者布林兹所倡。认为法人之本质,不过是为一定目的而存在的无主体财产而已。其二,受益人主

---

〔1〕 参见王泽鉴:《民法总则》,台北,三民书局 2000 年版,第 160 页。

体说,由德国学者耶林所倡。以享有法人财产利益之多数人为其实质主体,所谓法人不过于形式上为其权利的归属者而已。其三,管理人主体说,为德国学者霍达等人所倡。该说认为实际管理法人财产之人,为法人之本体。

(三)法人实在说

此说乃针对拟制说与否认说,而认法人有其独立实体之存在。其又分为二说:其一,有机体说,为德国日耳曼法学者基尔克(Gierke)所倡。该说认为人类社会生活中,团体有其固有的生命。自然人为自然的有机体,有其个人意思;而团体则为社会的有机体,有其团体意思。对于此社会的有机体,赋予法律的人格,使之为权利义务之主体,即所谓法人。其二,组织体说。为法国学者米休(Michoud)、撒莱(Saleilles)等人所倡。此说乃针对有机体说,认为法人非社会的有机体,而是法律上的组织体。所谓法人,乃适于为权利义务主体之法律上的组织体。

二、民法关于法人本质的规定

(一)采法人拟制说的立法

各民法典关于法人本质的规定,因立法时间的先后而有不同。例如,《德国民法典》第26条规定,董事会在裁判上与裁判外代表社团,具有法定代理人身份。另在第30条规定,章程得规定,于董事会之外任命特别代理人以处理特定的事务。显采法人拟制说。又如,《日本民法典》虽在第53条规定"董事就法人一切事务,代表法人",但第44条第1款规定:"法人就董事、其他代理人执行其职务加于他人的损害,负赔偿责任",其《民事诉讼法》第58条更明文规定,该法关于法定代理及法定代理人的规定,于法人之代表人准用之。亦采法人拟制说的结果。因法人之董事既为法人之法定代理人,其所代理之法人必无行为能力,此与拟制说主张法人为法律之拟制,并无意思能力与行为能力,正相符合。

(二)采法人组织体说的立法

中国台湾地区"民法"之制定后于德国、日本,其关于法人的立法理由明示采组织体说,并在第27条规定,董事就法人一切事务,对外代表法人。其"民事诉讼法"亦不规定关于法定代理人之规定准用于法人之代表人,而仅规定该法关于法定代理之规定准用于非法人团体之代表人或管理人。可见,其不采拟制说而采法人实在说中的组织体说。

(三)《民法典》总则编采组织体说

我国《民法典》总则编关于法人的本质系采何种学说,虽无立法理由予以明示,但

《民法典》总则编第57条规定："法人是具有民事权利能力和民事行为能力，依法独立享有民事权利和承担民事义务的组织。"第58条规定，法人应当有自己的"组织机构"。第61条第2款规定："法定代表人以法人名义从事的民事活动，其法律后果由法人承受。"从这些法律条文可以判定，我国《民法典》总则编关于法人本质，采法人实在说中的组织体说。

三、关于法人本质学说的评论

关于法人的本质，从来有各种主张。其中，法人拟制说，乃强调法人的技术性一面。此说以为，权利主体当然应限于有自由意思的自然人。在自然人之外，赋予权利能力，不过是法律的拟制。此说因与19世纪的个人主义和个人本位的法律思想契合，而成为长期占据支配地位之通说，并被若干重要的民法典采为依据。法人拟制说，强调的是法人作为赋予权利主体性的法律技术。不可否认，法人制度确有其技术性的一面，社会组织体毕竟与有血肉之躯的自然人不同，其所以能够成为权利主体，系出于法律的拟制。但法律不能凭空拟制，首先应是社会上存在适于享有权利承担义务的组织体，其次还要看是否有承认其为独立于其成员的权利主体的必要性。因此，有持正相反对立场的法人实在说，肯定法人的社会实在性。法人实在说分为，认为法人为有团体意思的有机体之有机体说，及注目于团体之社会活动力及社会作用的组织体说。其中，有机体说认为法人是一种有团体意思的社会的有机体，与自然人为有个人意思的有机体相同。此说从有机体立论，未免牵强，不如组织体说之从社会存在的组织体立论并依其社会价值而判断有无规定为民事权利主体之必要，更具有说服力。因此，法人组织体说取代法人拟制说之地位而成为现今之通说。

20世纪以来，法人本质问题已经不再引起学者的关注。应当指出，关于法人本质的法人学说，于解决法律问题时，作为提供法理前提的解释论，仍有其重要作用。不应因现在已鲜为人所关心，而否定法人本质论的重要性。[2]

第三节　法人的分类

一、公法人与私法人

以法人设立所依据的法律为标准，将法人分为公法人与私法人。凡依公法设立的法人，为公法人；依私法设立的法人，为私法人。民法为私法，依民法设立的法人，当然

〔2〕 参见[日]北川善太郎：《民法总则》，有斐阁1993年版，第61页。

为私法人。区分公法人与私法人的意义在于,决定其设立的准据法及登记管理。需注意,公法人与私法人为民法理论上的分类,在民法立法并无关于公法人、私法人分类的明文规定。

二、社团法人与财团法人

(一)社团法人与财团法人的区分标准

以法人成立的基础为标准,法人可分为社团法人与财团法人。社团法人为人的组织体,其成立基础在于人。例如,各种公司、合作社、各种协会、学会等,都是社团法人。财团法人为财产之集合体,其成立基础在于财产。例如,各种基金会、私立学校、医院、图书馆、博物馆、科学研究机构、宗教场所(教堂、寺庙、宫观),以及孤儿院、救济院等慈善机构,都是财团法人。[3]

需注意的是,在日本法中,组织体在经主管官厅许可取得法人资格后,称为社团法人或财团法人,而在未经许可取得法人资格之前,称为社团或财团。因此,在日本法中,有非法人社团与非法人财团。而中国台湾地区有意不采与日本同样的称谓,不称社团法人、财团法人,而称社团、财团。因此,在中国台湾地区相关规定中,无所谓非法人社团与非法人财团,而称为非法人团体。[4]

我国《民法典》总则编迄今未采用社团、财团及社团法人、财团法人的称谓。学说上将属于企业法人的各种公司、合作社及属于社会团体法人的各种协会、学会,解释为相当于传统分类中的社团法人;将各种基金会解释为财团。但1988年《基金会管理办法》(已失效)第2条、1989年《社会团体登记管理条例》(已失效)第2条规定基金会为社会团体法人。显而易见,所谓"社会团体法人"概念,易于与本质为人合组织体的"社团法人"概念相混淆。因此,1998年《社会团体登记管理条例》与2004年《基金会管理条例》未再规定基金会为社会团体法人,《基金会管理条例》第2条称为非营利性法人。

(二)区分社团法人与财团法人的意义

区分社团法人与财团法人的意义在于:

---

[3] 英美法上无社团法人与财团法人的一般分类,但公司、合作社等具体法人类型,与大陆法系各类法人相似。另有公益信托(亦译为慈善信托),非属法人,其功能相当于大陆法系的财团法人。我国信托法亦采公益信托制度(第六章),与公益法人互为补充。2016年《慈善法》第五章规定慈善信托,其所称慈善信托,属于公益信托,是指委托人基于慈善目的,依法将其财产委托给受托人,由受托人按照委托人意愿以受托人名义进行管理和处分,开展慈善活动的行为(第44条)。

[4] 参见姚瑞光:《论法人》,载《法令月刊》1995年第44卷第3期。

第一,成立基础不同。社团法人为人的结合,其成立基础在人,以社员(成员)为必要。财团法人为财产的结合体,其成立基础在财产,并无社员(成员)。因此,同一法人不得既是社团法人又是财团法人。已设立之社团法人不得再办理财团法人登记,只能由社团法人以捐助财产另外设立财团法人。

第二,设立人数及性质不同。设立社团法人,须有二人以上之设立人,自然人或法人均可。设立财团法人,可由一人以单独行为或遗嘱设立。社团法人或财团法人,均可为财团法人之设立人。

第三,目的及设立方式不同。社团法人,因目的之为营利或者公益,分为营利社团法人与公益社团法人。财团法人只能是公益目的。现代民法中,公益目的之法人,无论公益社团法人或财团法人,其设立大抵采行政许可主义。而营利社团法人,其设立大抵采准则设立主义。

第四,组织不同。社团法人以社员大会为其意思机关,属于自律法人。财团法人无意思机关,为他律法人。社团法人既为自律法人,得由社员大会变更组织及章程。财团法人属于他律法人,其捐助章程及组织不得自行变更。

第五,解散原因有所不同。社团法人和财团法人,均得因章程所定目的实现、目的注定不能实现及主管机关之决定而解散,唯社团法人得因社员大会决定解散。

(三)社团法人与合伙的区别

需注意的是,社团法人为人的结合,合伙亦为人的结合,因此二者易于混淆。传统见解认为,社团法人与合伙的区别如下:其一,法人之目的,具有永久性,而合伙经营具有暂时性;其二,法人必具有特定的名称及一定的组织,为超个人的单一体,而合伙仅为各个人之集合;其三,法人之财产,属于法人本身,而合伙之财产,属于全体合伙人共同共有;其四,法人之债务,仅以法人所有的财产为担保(独立承担责任),而合伙债务,除合伙财产外,各合伙人还须以自己的全部财产,负连带无限责任。[5] 唯晚近法律发展,合伙与法人的区别渐趋缩小,尤其是有限合伙(limited partnership, LP)、有限责任合伙(limited liability partnership, LLP)、有限责任有限合伙(limited liability limited partnership, LLLP)等新型合伙形态之发达,使合伙与法人之界限更趋模糊。依美国合伙法,合伙可永久存续,合伙系独立于合伙人的主体,合伙财产归属于合伙,对于合伙债务,除普通合伙仍由合伙人负无限连带责任外,有限合伙中有限合伙人仅负有限责任,有限责任合伙、有限责任有限合伙中的普通合伙人就特定的债务仅负有限责任。甚至有的国家民法直接赋予合伙法人资格。[6] 中国民法所称个人合伙,尚能维

---

〔5〕 参见梅仲协:《民法要义》,中国政法大学出版社 1998 年版,第 50 页。

〔6〕 赋予合伙法人资格的前提是,法人不限于成员负有限责任。

持社团法人与合伙的上述区别。2006 年《合伙企业法》采有限合伙企业与特殊的普通合伙企业(相当于有限责任合伙)制度,系参考美国法制。《德国民法典》第 14 条关于经营者的定义,亦包括有权利能力的合伙;依《德国商法典》,普通商事合伙与有限商事合伙在诸多方面被作为法人对待。

三、营利法人与非营利法人

依传统理论,以法人的目的为标准,可将私法人分为公益法人、营利法人。其目的为公益者,为公益法人;其目的在营利者,为营利法人。

所谓公益,是指社会一般利益,即不特定多数人的利益,且一般是非经济的利益。例如,目的在于发展科学、学术、文化、艺术、教育、卫生、宗教和慈善事业的各种学会、协会、学校、医院、博物馆、图书馆、教堂、寺庙、救济院等,属于公益法人。所谓营利,是指积极的营利并将所得利益分配于其成员,即非指法人自身的营利,而是指为其成员营利。因此,仅法人自身营利,如果不将所获得利益分配于成员,而是作为自身发展经费,则不属于营利法人。各种公司为典型的营利法人。而各种基金会为发展目的事业进行投资,慈善机构兴办营利事业,非此所谓营利,不属于营利法人。

可见,社团法人多数为营利法人,也有的属于公益法人。但财团法人必定为公益法人。中国法律上的企业法人,必定是营利法人,基金会必定是公益法人。区分公益法人与营利法人的意义在于,法人设立所依据的法律、程序及国家对法人的管理、税负等不同。

值得注意的是,《德国民法典》关于社团法人,不分为公益社团法人与营利社团法人,而是分为非营利社团与营利社团。亦即以非营利性概念代替公益性概念。因此,在德国民法中,无所谓既不是营利社团也不是非营利社团的中间法人。英美法与之类似,公司分为营利公司与非营利公司,非公司团体分为营利性非公司团体与非营利性非公司团体。[7] 但在其他国家民法如《日本民法典》,因采公益法人与营利法人这一分类,而公益法人与营利法人,不是二者必居其一的关系。二者之间存在中间地带,此即"中间法人"。所谓"中间法人",是指既不以营利为目的,也不符合公益性要件的中间团体,依特别法而被赋予法人资格的法人。[8]

日本学者指出,之所以在营利法人与公益法人之间存在中间法人,原因在于民法

---

〔7〕 See Revised Uniform Unincorporated Nonprofit Association Act, Prefatory Note (2008).

〔8〕 值得注意的是,日本于 2001 年制定《中间法人法》,致日本法人制度形成营利法人、公益法人与中间法人三足鼎立的局面。为解决法人公益性认定机关混乱及公益性判断基准不明的问题,2006 年对法人制度进行彻底改革,废除民法典法人制度(仅保留 5 条原则性规定),废除《中间法人法》,并颁布有关法人制度的三部法律,即《一般社团及财团法人法》、《公益法人认定法》及《关于一般社团法人及一般财团法人和关于公益社团法人及公益财团法人认定之修正及其他相关法律整备法》。

上的公益性概念太狭窄。而从日本现行公益法人设立许可的行政实务来看,以特定事业的利益促进为目的的业界团体、高尔夫俱乐部、体育团体、同学会等,也属于公益法人,但这些团体未必符合民法公益性概念。由此造成民法规定的公益性和公益法人与行政方面对于公益法人的实务解释的不一致。按照公益法人的行政实务,公益性概念正向非营利性概念靠近,这一趋势值得注意。因此,学者认为,对民法上的公益性概念应作修正,不应限于社会全体的利益、不特定多数者的利益,也应包括如像特定业界团体那样的特定多数者的利益,仅须以该利益对社会一般人开放,即受益对象不固定为要件。如果采纳这种主张,扩张现行法上的公益性概念,而将公益性等同非营利性,扩张后的公益性概念除包括社会一般的利益、不特定多数者的利益之外,还包括特定多数者的利益,则发生另一问题,即应当以什么样的制约条件,使该特定多数者的利益与社会全体的利益相协调,或者使之不损害社会全体的利益?[9]

我国原《民法通则》未采公益法人与营利法人的分类,但学说常采用这一分类,而将企业法人解释为营利法人,将非企业法人解释为公益法人。关于非企业法人的行政法规,或采公益法人说(《事业单位登记管理暂行条例》第 2 条第 1 款),或采非营利法人说(《社会团体登记管理条例》第 2 条第 1 款、《民办非企业单位登记管理暂行条例》第 2 条)。考虑到公益法人和营利法人的分类将导致承认中间法人,以及立法例上公益性概念正在向非营利性概念靠拢的趋势,《民法典》总则编采用非营利法人与营利法人的分类,避免出现所谓中间法人概念。

四、中国民法的法人分类

原《民法通则》未采用社团法人与财团法人的分类,而将法人分为企业法人与非企业法人。企业法人概念是中国民法学者的新创。所谓企业,是指营利性的经济组织,尤以股份有限公司和有限责任公司为其典型形式。因此,企业法人相当于传统分类中的营利性社团法人。企业法人以外的一切法人,均属于非企业法人,包括机关法人、事业单位法人、社会团体法人。

需注意,原《民法通则》所谓社会团体法人,与传统分类中的"社团法人"概念不同。按照中国社会生活中的习惯用语,除国家机关、企业、事业单位以外的社会组织,均称为社会团体。社会团体概念的外延窄于传统民法上的"社团"概念的外延。因此,原《民法通则》上的非企业法人,包括传统分类中的公法人、私法人中的财团法人和公益社团法人。

区分企业法人与非企业法人的意义在于,决定法人设立所依据的法律、程序,决定法人的目的范围及管理。例如,企业法人须向企业登记机关(市场监督管理部门)办

---

〔9〕 参见[日]北川善太郎:《民法总则》,有斐阁 1993 年版,第 63～64 页。

理登记,而社会团体法人应向社会团体登记管理机关(民政部门)办理登记。

《民法典》总则编制定时,关于法人的分类,学者提出两个建议方案:一是按照民法理论和多数国家立法例,分为社团法人与财团法人;二是沿用原《民法通则》分为企业法人与非企业法人的经验,而将企业法人改称"营利法人",非企业法人改称"非营利法人"。考虑到采取第一个方案,分为社团法人与财团法人,将难以处理"机关法人"和"事业单位法人"。因为"机关"和"事业单位",虽可称为"人合组织体",但没有"成员"(股东、会员),难以纳入"社团"概念,且我国《公司法》上的"一人公司",[10]也不符合社团(人合组织体)概念。因此,采用第二个方案,分为营利法人与非营利法人。

《民法典》总则编第76条规定:"以取得利润并分配给股东等出资人为目的成立的法人,为营利法人。营利法人包括有限责任公司、股份有限公司和其他企业法人等。"第87条规定:"为公益目的或者其他非营利目的成立,不向其出资人、设立人或者会员分配所取得利润的法人,为非营利法人。非营利法人包括事业单位、社会团体、基金会、社会服务机构等。"将法人区分为营利性法人与非营利性法人,避免出现既非营利性也不符合公益性的中间法人,符合民法立法和理论发展的趋势,能够与原《民法通则》(企业法人与非企业法人)的分类相衔接,有利于保持法律制度的稳定。

又考虑到各种机关法人,其设立目的在于执行公法上的职权,其参与民事生活、实施民事法律行为并非设立目的,规定为非营利法人亦非妥当;此外,根据中国国情,各种农村集体经济组织、合作经济组织、基层群众性自治组织亦有赋予法人资格之必要,但难以归入营利法人或者非营利法人。鉴于此,《民法典》总则编将机关法人、农村集体经济组织法人、合作经济组织法人、基层群众性自治组织法人,归为一类,称为"特别法人"。

五、普通法人与特殊法人

普通法人与特殊法人,是理论上的另一种分类。在实行民商分立主义的国家,依民法典及商法典之规定设立的法人,为普通法人,依其他特别法设立的法人,为特殊法人。在实行民商合一主义的国家,依据民法典之规定设立的法人,为普通法人,依据民法典以外的民事特别法之规定设立的法人,为特殊法人。

需注意,我国《民法典》总则编关于法人制度的规定(第三章),将不属于营利法人(第二节)、非营利法人(第三节)的机关法人、农村集体经济组织法人、合作经济组织法人和基层群众性自治组织法人归为一类,称为"特别法人"(第四节),仍属于"依据

---

〔10〕《公司法》第57条第2款规定:"本法所称一人有限责任公司,是指只有一个自然人股东或者一个法人股东的有限责任公司。"

民法典之规定设立的法人”，与理论上所谓“特殊法人”不同。

六、本国法人与外国法人

依法人的国籍可以分为本国法人与外国法人。具有本国国籍的法人为本国法人，不具有本国国籍的法人为外国法人。而关于法人国籍的确定，有不同的学说，如设立人国籍说、资本控制说、准据法说和住所地说，因属于国际私法的问题，在此不作详述。概言之，多数国家采准据法说和住所地说。按照这一标准，凡依据中国法律，在中国设立的法人，为中国法人。而中国法人之外的法人，均属于外国法人。因此，外国投资人在中国设立的法人，如外资企业，应为中国法人，而中国投资人在外国设立的法人，应为外国法人。区分中国法人与外国法人的意义，主要在于对外国法人有专门的认许制度，及外国法人在权利能力上受有限制。

关于外国法人，《民法典》总则编未设规定，而《公司法》第十一章对外国公司的分支机构设有规定。按照第十一章的规定，外国公司，是指依照外国法律在中国境外设立的公司。外国公司在中国境内设立分支机构，必须向中国主管机关提出申请，并提交其公司章程、所属国的公司登记证书等文件，经批准后，向公司登记机关办理登记，领取营业执照。外国公司属于外国法人，其在中国境内设立的分支机构不具有中国法人资格。外国公司应对其分支机构的经营活动承担民事责任。按照《民法典》总则编的规定，外国公司在中国境内设立的分支机构，属于非法人组织。

第四节　法人的民事能力

一、法人的民事权利能力

法人是自然人以外的另一类权利义务主体，像自然人一样具有民事权利能力。但与自然人不同的是，法人的民事权利能力受到各种限制。对法人民事权利能力的限制，有自然性质的限制、法律的限制及法人目的的限制。

关于法人民事权利能力，有两种不同的规定方式：第一种，日本式。《日本民法典》第43条规定，法人仅于目的范围内享有权利能力。第二种，瑞士式。《瑞士民法典》第53条规定，法人的权利能力原则上与自然人相同，但例外为自然人所专有者，法人不得享有之。中国台湾地区“民法”第26条规定，法人于法令限制内，有享受权利、负担义务之能力。但专属于自然人之权利义务，不在此限。显然采瑞士式。

《民法典》总则编关于法人民事权利能力未设限制。第57条规定，“法人是具有民事权利能力”，“依法独立享有民事权利和承担民事义务的组织”。第59条规定，

“法人的民事权利能力”,“从法人成立时产生,到法人终止时消灭”。虽然如此,不等于对法人之民事权利能力毫无限制。

二、对法人民事权利能力的限制

关于法人的权利能力无论采何种立法方式,均承认法人与自然人不同,其权利能力受到各种限制。

(一)自然性质的限制

自然性质的限制,指因法人与自然人在性质上的差异所产生的对法人权利能力的限制。如基于自然人固有的性别、年龄、亲属关系的权利义务,法人不能享有。法人不具有结婚能力、收养能力、继承能力。但法人不具有继承能力,只是不得成为继承人,但可成为受遗赠人、遗嘱执行人。此外,法人不享有生命权、健康权等专属于自然人的人格权,享有名称权、名誉权等人格权。[11]

(二)法律的限制

不存在一般的对法人权利能力予以限制的法律,只有个别的法律规定。如法人设立的特别法有对其权利能力的限制,公司法有公司不得为其他企业的连带责任出资人的限制,破产法有对清算法人权利能力的限制等。[12]

(三)法人目的的限制

法人与自然人不同,是为了实现一定目的而成立的组织体。其章程所规定的目的,成为对法人活动的限制。如果对其目的范围作比较宽松的解释,则法人的活动范围可相当广泛;反之,作严格的解释,则法人的活动将受到相当的限制。无论如何,是否属于法人目的外的行为,是法律上的一个重要问题。

值得注意的是,按照《企业法人登记管理条例》(1988 年 6 月 3 日国务院发布)第 9 条的规定,中国企业法人登记不登记法人的“目的”,而是登记法人的“经营范围”,且原《民法通则》第 42 条规定:“企业法人应当在核准登记的经营范围内从事经营”,又《公司法》第 25 条和第 81 条关于有限责任公司及股份有限公司“章程应当载明事项”中,均无公司“目的”,而代之以“公司经营范围”。关于社会团体、基金会等非企业法人,依相关行政法规,登记事项不称“目的”,而称“宗旨和业务范围”(《事业单位登

---

〔11〕 关于法人有无人格权,学说上尚有争议。有学者认为,法人的名称权、名誉权本质上属于财产权。

〔12〕 此类限制,是否应一概解为权利能力的限制,尚有讨论余地。参见朱庆育:《民法总论》,北京大学出版社 2013 年版,第 440～446 页。

记管理暂行条例》第8条第2款、《社会团体登记管理条例》第12条第2款、《民办非企业单位登记管理暂行条例》第12条第1款、《基金会管理条例》第11条第2款)。可知中国民法所谓企业法人的"经营范围"及非企业法人的"宗旨和业务范围",即相当于外国民法及中国台湾地区"民法"所谓法人目的。因此,所谓法人目的的限制,在中国应称为营利法人经营范围及非营利法人的宗旨和业务范围的限制。

三、关于目的限制的性质

(一)关于目的限制性质的学说

学者关于法人目的的限制的性质,有权利能力限制说、行为能力限制说、代表权限制说及内部责任说。因所持学说的不同,关于法人目的外的行为是否无效,及在无效的场合有无补正的可能,将得出不同的结论。

1. 权利能力限制说

权利能力限制说认为,法人目的所生的限制,是对于法人权利能力的限制。

权利能力限制说又因关于法人本质的立场不同而分为两派:第一,基于法人实在说的权利能力限制说,认为法人是一种社会存在,既有权利能力,也有行为能力,因此法人的目的不仅限制了法人的权利能力,也因此使法人的行为能力受到限制。第二,基于法人拟制说的权利能力限制说,从法人拟制说立场出发,认为法人本非实在,只是因法律的拟制而成为权利主体,法人既非实在,也就无法人行为可言,因此认为法人目的仅限制法人权利能力,而不发生对法人行为能力的限制问题。

采权利能力限制说,则法人目的外行为当然无效,无补正的余地。

2. 行为能力限制说

行为能力限制说认为,法人的权利能力仅受其性质及法律的限制。法人作为权利义务主体,其目的的限制,只是对其行为能力的限制。

依此说,法人目的外的行为,类似于无行为能力的自然人的行为,如依日本民法,作为无行为能力人的行为并非当然无效,如果事后得到法定代理人的追认或后来取得了行为能力,则该行为因补正而变成完全有效。因此,法人目的外的行为似应视为一种未确定的无效。如此即有追认的可能性。而法人的追认,将发生组织法的手续问题,如主管机关对法人章程变更的许可,股东会变更章程的决议等。此外,也应有发生表见责任的余地,如类推适用关于表见代理的规定。但法人目的,属于登记事项,对方是否具备信赖保护要件也成为问题。

3. 代表权限制说

代表权限制说认为,法人的目的,不过是划定法人机关的对外代表权的范围而已。依此说,法人的目的外行为属于超越代表权的行为,有存在依代理的法理予以追认的可能性。并且,也肯定有类推适用表见代理的余地。

4. 内部责任说

内部责任说为日本公司法学界的有力说。此说认为,法人目的,不过决定法人机关在法人内部的责任而已。所以,法人目的外行为,当然应为有效。[13]

(二)法人目的外行为的效力

探讨法人目的限制的性质,其意义在于决定法人目的外行为是否无效。如采权利能力限制说,则法人目的外的行为当然无效,且无补正之可能性。即使在事后依法定手续变更法人目的,也不能溯及地使无效行为变成有效。如采行为能力限制说,则有可能将法人目的外行为解释为非当然无效。遂有予以追认而成为有效的可能性,也可能类推适用关于表见代理的规定,以保护善意相对人。日本最高裁判所昭和五十一年判决,关于得到主管官厅许可使无效买卖的追认成为可能的判示,似采行为能力限制说。[14]

(三)《民法典》总则编采代表权限制说

中国民法习惯将法人目的外行为,称为法定代表人的越权行为。原《民法通则》未设置法定代表人越权行为效力规则。在原《民法通则》生效后的一段时间,裁判实务对法定代表人超出法人目的(经营范围)的行为一律认定为无效。相当于理论上所谓权利能力限制说。后来逐渐注意到,凡超出法人目的的行为一律认定无效,显然不利于相对人合法利益的保护和交易安全。《合同法》制定时,为弥补《民法通则》此项立法漏洞,采纳学者建议,参考关于表见代理的法理,设置《合同法》第 50 条(现《民法典》合同编第 504 条):"法人或者其他组织的法定代表人、负责人超越权限订立的合同,除相对人知道或者应当知道其超越权限的以外,该代表行为有效。"[15] 称为表见代表规则。因此,法院审理法人的法定代表人超越权限订立合同的案件,须适用原《合同法》第 50 条(现《民法典》合同编第 504 条)表见代表规则,以判断合同是否有效。

《民法典》总则编之制定,总结此前《民法通则》和《合同法》立法经验及裁判实践经验,对法定代表人制度予以完善。《民法典》总则编第 61 条第 3 款明文规定:"法人章程或者法人权力机构对法定代表人代表权的限制,不得对抗善意相对人。"法律条文中"对法定代表人代表权的限制"一句,明示采"代表权限制说",明定其法律效果为

---

〔13〕 参见[日]北川善太郎:《民法总则》,有斐阁 1993 年版,第 71 页。

〔14〕 参见[日]北川善太郎:《民法总则》,有斐阁 1993 年版,第 71 页。

〔15〕 合同法立法方案明示该条立法理由:"关于法定代表人越权行为,准用表见代理规则。"

"不得对抗善意相对人",有利于市场交易安全与交易公平两项价值之兼顾,值得肯定。

鉴于《民法典》合同编保留关于表见代表的规定(第 504 条),而与《民法典》总则编第 61 条第 3 款的规定构成特别法与一般法的关系,故人民法院审理法定代表人越权行为(法定代表人超越法人章程或法人权力机构对代表权的限制)案件,应当优先适用《民法典》合同编第 504 条表见代表规则,而不适用《民法典》总则编第 61 条第 3 款法定代表人越权行为效力规则,自不待言。

(四)关于法人目的限制的立法趋势

晚近立法,渐趋废除法人目的之限制。如英美法上曾有所谓越权法则(doctrine of ultra vires),认公司超越目的之行为无效,现今已予废止;[16]法国法上亦认定第三人不得以公司超越业务范围为由主张公司行为无效。[17] 最高人民法院《关于适用〈中华人民共和国合同法〉若干问题的解释(一)》(已失效)第 10 条规定:"当事人超越经营范围订立合同,人民法院不因此认定合同无效。但违反国家限制经营、特许经营以及法律、行政法规禁止经营规定的除外。"1993 年《公司法》第 11 条第 3 款沿袭原《民法通则》第 42 条,规定公司应当在登记的经营范围内从事经营活动。2005 年新《公司法》已删除此规定。《民法典》合同编新增第 505 条规定,"不得仅以超越经营范围确认合同无效",符合此发展趋势。

四、法人的民事行为能力

(一)法人民事行为能力的意义

民法学说关于法人民事行为能力的论述较少。因关于法人本质所持见解不同,对于法人是否有行为能力的回答亦不相同。法人实在论者,认法人有自己的行为,因此肯定法人有行为能力;法人拟制论者,则否定法人有行为能力。

如前所述,根据《民法典》总则编第 57、58 条以及第 61 条第 2 款的规定,可以判定我国民法关于法人本质,采法人实在说中的组织体说。《民法典》总则编第 57 条明文规定法人具有民事权利能力。

法律承认法人有民事权利能力,得为民事权利主体,是因为法人的社会价值与自然人中的完全行为能力人相当,甚至有自然人中的完全行为能力人所无的社会价值。

---

〔16〕 如英国 2006 年《公司法》(Companies Act 2006, §39),美国《示范商业公司法》[Model Business Corporation Act §3.04 & Official Comment (2008)]。

〔17〕 参见[法]伊夫·居荣:《法国商法》,罗结珍、赵海峰译,法律出版社 2004 年版,第 200 页。

因此,承认法人之具有民事行为能力,是采法人组织体说的当然结论。

需注意的是,法人与自然人之有婴儿、幼童、少年、成年之成长过程不同,因此法人不发生无行为能力和限制行为能力问题,法人一经登记完毕,即具有完全的民事行为能力。唯法人终究非自然人,不能自为法律行为,必须由其代表人为之。故民法特为法人设法定代表人制度,由法定代表人代表法人对外实施法律行为。此代表人的行为,即法人的行为。

(二)法人的代表人

1. 法人代表人的意义

法人为社会组织体,其自身不能自为行为,必须经由自然人代其为之。此代法人为法律行为的自然人,称为法人之代表人。

2. 关于法人代表人的学说

第一,代表说。此说基于法人实在说的立场,认为代表人的行为,即法人自身的行为。代表人为法人之机关,法人与其代表人是同一个人格,虽名二而实一,不存在两个主体。法人代表人执行法人的对外业务,所为的法律行为是法人自身的行为,当然由法人承担其后果。这与代理人与被代理人是两个主体,代理人的行为非被代理人的行为,只是基于代理制度而直接(或者间接)对被代理人生效,是不同的。所以法人代表人区别于法人的代理人。只不过,民法关于代表的形式及效果归属,未有专门的规定,因此应准用关于代理的规定。[18]

第二,代理说。此说与代表说相反,系站在法人拟制说的立场,认为法人的代表人如公司之董事在执行法人的对外业务时,实际上是作为法人的代理人。通常称为法人的代表人,只是一种简单的比喻,实质上应为代理人。依此说,法人的代表人不是一项区别于代理人的制度,法人的代表人即为法人的代理人。日本法即此说的典型。《日本民法典》虽规定理事(董事)代表法人(第53条),却在《民事诉讼法》又规定关于法人的代表人,准用关于法定代理人的规定(第37条)。这是因为立法思想采法人拟制说的结果。

3. 代表说与代理说之比较

其一,关于法人代表人的法律行为,两说在理论上或实际上均无差异。无论基于代表说或基于代理说,均由法人承担其后果。其对立,归根结底,乃是关于法人本质所持见解的对立。其二,关于代表人的违法行为,按照代理说,系由法人对他人的行为承担民事责任。与此不同,按照代表说,代表人的行为即法人的行为,乃法人对自身的行为承担民事责任。其三,关于代表人的事实行为,依代理说,应作为类似代理的关系处

---

〔18〕 参见[日]北川善太郎:《民法总则》,有斐阁1993年版,第73页。

理。而依代表说，则属于法人的行为。其四，关于法人的占有，依代理说，法人为间接占有人，代表人为直接占有人；依代表说，则法人为直接占有人，代表人为占有机关。

如果坚持代理说，则法人的一切行为都不能不还原为自然人的行为，并且应参照代理法理或者类推适用代理规定，对具体行为进行判断。与此相反，按照法人组织体说，把法人看作社会活动单位而承认法人的行为，则有必要承认法人的代表人在本质上不同于代理人，因此有必要在代理制度和代理法理之外，承认区别于代理制度和代理法理的代表制度和代表法理。〔19〕

4. 中国民法采代表说

中国民法基于对法人本质采法人实在说中的组织体说的立场，则关于法人与其代表人的关系，当然持代表说。其当然的结果，即由法律明文规定法定代表人。《民法典》总则编第 61 条第 1 款规定："依照法律或者法人章程的规定，代表法人从事民事活动的负责人，为法人的法定代表人。"该条第 2 款规定："法定代表人以法人名义从事的民事活动，其法律后果由法人承受。"依此规定，法定代表人的行为亦即法人自身的行为，所发生的权利、义务和责任均归属于法人。在营利法人，公司法定代表人依照公司章程的规定，由董事长、执行董事或者经理担任（《公司法》第 13 条）；农民专业合作社法定代表人为理事长（《农民专业合作社法》第 33 条）。

应当注意的是，法人对外为法律行为，既可以经由法定代表人为之，亦可经由代理人为之。此两种情形，应予区别。特别是在经由法定代表人为法律行为的情形，代表人与法人系名二而实一的关系，因此不发生由法人授权的问题。而在由法人的代理人为法律行为的情形，代理人与法人系名二而实二的关系，因此必须由法人授权。

五、法人的民事责任能力

（一）法人民事责任能力的意义

民事责任能力，指民事主体据以独立承担民事责任的法律地位或法律资格，又称侵权行为能力。凡具有民事责任能力的当事人，将对自己的行为所造成的违法后果承担民事责任。反之，无民事责任能力的当事人，在其行为给他人或社会造成损害时，其本人将不承担民事责任，而由其监护人承担民事责任。

民法基于法人的社会价值而承认法人有权利能力和行为能力，可以成为民事主体。法人的代表人所为的行为，即法人自身的行为，该代表人的行为构成侵权行为时，即为法人自身的侵权行为。因此，法人当然应有民事责任能力。

---

〔19〕 参见［日］北川善太郎：《民法总则》，有斐阁 1993 年版，第 73 页。

(二)关于法人有无民事责任能力的学说

民法理论上关于法人有无民事责任能力,因对法人本质所持见解之不同,而有不同的学说:

第一,否定说。认为法人无民事责任能力,此系法人拟制说者之主张。但所持理由又不尽相同。有的以法人无意思能力,所以无民事责任能力;有的以法人仅于法律所认许目的内存在,超越此目的的行为,即非法人行为,故法人无民事责任能力;有的以董事等虽名为法人的代表人而实为法人之代理人,代理唯限于法律行为,侵权行为无代理可言,故法人无民事责任能力。

第二,肯定说。认为法人有民事责任能力,此系法人实在说者之主张。但所持理由亦不尽相同。有的以法人有意思能力,所以有民事责任能力;有的以法人机关之行为即法人之行为,故法人有民事责任能力;有的以法人有民事责任能力系法律所明定,如《德国民法典》第 31 条、《瑞士民法典》第 55 条、《日本民法典》第 44 条,因此认为法人有民事责任能力。

需注意的是,无论学说有何不同,各国民法在实际制度上莫不规定法人有损害赔偿责任。如《德国民法典》第 31 条规定,社团对于董事会、董事或依章程选任的其他代理人执行属于权限以内事务,发生应负损害赔偿责任的行为,致他人受损害时,应负赔偿责任。《日本民法典》第 44 条标题即为法人的侵权行为能力,其第 1 款规定,法人对于其理事或其他代理人在执行职务时加于他人的损害,负赔偿责任。

(三)中国民法明定法人有民事责任能力

中国民法关于法人本质既采法人实在说中的组织体说,当然也应承认法人有民事责任能力。《民法典》总则编第 62 条第 1 款规定:“法定代表人因执行职务造成他人损害的,由法人承担民事责任。”毫无疑问,中国民法肯定法人有民事责任能力。

(四)法人承担民事责任的要件

法人承担民事责任须具备三项要件:

1. 须有加害他人的侵权行为

即应具备《民法典》侵权责任编第 1165、1166 条关于侵权行为的构成要件。如果属于一般侵权行为,则依第 1165 条的规定,应以有过错为成立要件。因法人系以代表人的行为为自己的行为,因此过错的有无,应依法人的代表人判断。如果属于特殊侵权行为,则依第 1166 条的规定,不以有过错为构成要件。其他要件,如损害、因果关系等,与自然人的侵权行为并无不同。

2. 须因法人的代表人或其他工作人员的行为

法人承担民事责任，除具备加害他人的侵权行为外，还须此加害行为系法定代表人及其他工作人员所为。法定代表人在代表权范围内的行为，即法人自身的行为，故法定代表人在代表权范围内的侵权行为，亦即法人的侵权行为，应由法人承担民事责任，系理所当然。而法人从事经营活动，除经由法定代表人外，还须经由其他工作人员如经理人。因此，法人对其他工作人员所为的加害行为，亦应承担侵权责任。

此所谓其他工作人员，是否应限于有代表权人或有代理权人或法人机关，各国家及地区规定不同。例如，依《德国民法典》第 31 条，限于董事会、董事或依章程所选任之其他代理人；依《日本民法典》第 44 条，限于理事或其他代理人；依《瑞士民法典》第 55 条，限于法人之机关；依中国台湾地区的有关规定，应限于其他有代表权人如经理人、清算人、监察人、公司重整人。〔20〕

我国《民法典》总则编第 62 条第 1 款规定："法定代表人因执行职务造成他人损害的，由法人承担民事责任。"至于不具有法定代表人身份的经理、职员和雇员，因执行职务加损害于他人，应依《民法典》侵权责任编第 1191 条关于使用人责任的规定，由法人作为使用人对被使用人的侵权行为承担责任。〔21〕

需注意的是，法定代表人执行职务造成他人损害的侵权案件，应当适用《民法典》总则编第 62 条；法人工作人员执行职务造成他人损害的，则应适用《民法典》侵权责任编第 1191 条关于使用人责任的规定。无论适用总则编第 62 条法定代表人侵权行为规定或者适用《民法典》侵权责任编第 1191 条使用人责任规定，其侵权责任均由法人承担，但二者承担责任之理论根据不同。总则编第 62 条的根据在于，法定代表人执行职务致人损害的侵权行为即法人自身的侵权行为；侵权责任编第 1191 条使用人责任的根据在于，使用人既享受被使用人工作之利益，亦应负担被使用人工作之风险。

3. 须因执行职务的行为所发生

法人承担民事责任除上述两要件外，还须是法人的代表人和其他工作人员执行职务的行为所发生的损害。即使是法人的代表人，在执行法人职务时所为行为，才属于法人自身的行为，其与执行法人职务无关的行为，仍旧属于该代表人自己的行为，而与法人无关。如该代表人休假期间驾车发生事故致他人受伤，应由该代表人自己承担责任。同理，其他工作人员，其与执行职务无关的行为造成他人损害的，亦不应由法人承担责任。

所谓执行职务，有学者解释为"依法人章程或总会决议应办之事务"，似嫌过狭。

〔20〕 参见姚瑞光：《论法人》，载《法令月刊》1995 年第 44 卷第 3 期。

〔21〕 《民法典》侵权责任编第 1191 条第 1 款规定："用人单位的工作人员因执行工作任务造成他人损害的，由用人单位承担侵权责任。"

似应解释为凡从事法人经营活动及与经营活动有关的行为,无论法律行为、准法律行为或事实行为,均应属于“执行职务”的范围。又此所谓执行职务,一般表现为积极行为(作为),但也不排除消极行为(不作为),例如建筑施工企业代表人未尽安全施工管理义务致他人受损害。

第五节　法人的成立

一、法人成立的意义

法人成立,指法人开始取得法人资格,相当于自然人的出生。《民法典》总则编第59条规定,“法人的民事权利能力和民事行为能力,从法人成立时产生”。可知,法人的成立,指社会上存在的人合组织体或财合组织体,开始具有人格,成为民事权利主体之始期。与自然人之权利能力始于出生相同。但自然人自母体自然发育出生,而法人无母体,必须经由自然人筹组、创办而成,此项筹组、创办,称为设立。设立完成,还须办完法人登记时,法人始告成立。“成立”与“设立”,并非同一概念,二者的关系:“设立”尚未“成立”,“成立”必经“设立”。因此,本书称法人的成立,而不称法人的设立。[22]

二、法人成立的条件

(一)须经设立

1. 设立的原则

法人不可能凭空产生,必须经由设立人设立,才能成立。而因法人类型及时代的不同,设立原则亦不相同。

第一,自由设立主义,也称为放任主义。即国家对于法人的设立完全听凭当事人自由,不要求具备任何形式,不加以任何干涉和限制。欧洲中世纪商事公司勃兴时期,此种主义曾一度盛行。后因放任主义易生弊端,且法人自由设立的结果,将与合伙难以区别。因此,近代以来,除瑞士民法对于非营利法人仍采此主义外,已鲜有采用。

第二,特许设立主义,亦称立法特许主义。即法人之设立,须经特别立法或国家元首之许可。此种主义对于法人的设立,采取禁止、遏制态度,干涉、限制过严,现代各国,亦鲜有采用。

---

〔22〕 参见姚瑞光:《论法人》,载《法令月刊》1995年第44卷第3期;郑玉波:《民法总则》,台北,三民书局1979年版,第124页。

第三,行政许可主义。即法人之设立,须经行政机关之许可。德国民法对于财团法人之设立,采此种主义;而日本民法对于设立公益法人,不分财团社团,亦采此种主义。

第四,准则设立主义,亦称登记主义。即法律对于法人之设立,预先规定一定的条件,可遵照该条件设立,无须先经行政机关许可,依照法定条件设立后,仅须向登记机关办理登记,法人即可成立。德国民法对社团法人之设立,采此主义。日本民法仅对营利法人之设立,采此主义。中国台湾地区对于营利社团,以及对于既非公益亦非营利之中间社团,亦采此主义。

第五,强制设立主义。即国家对于法人之设立,实行强制设立法人。此种主义唯适用于特殊产业或特殊团体。

2. 中国现行法对于法人之设立所采取的原则

第一,对于非营利法人所采的设立原则。此所谓非营利法人,包括事业单位法人、社会团体法人、捐助法人。其中事业单位法人和社会团体法人之设立,依《民法典》总则编第 88、90 条的规定,分为两类:一类是依法不需要办理法人登记的,从成立之日起,即具有法人资格,如中国科学院、中国社会科学院、中华全国总工会、全国妇联等,其设立原则应属于特许设立主义。另一类是依法需要办理法人登记的,例如,各种协会、学会、研究会、行业团体等,须经依法登记成立,取得法人资格。按照《社会团体登记管理条例》第 3 条第 1 款的规定,应当经其业务主管机关审查同意,并依照条例的规定进行登记,显然属于行政许可主义。[23] 而捐助法人,包括基金会、社会服务机构、宗教活动场所,须依法登记,取得法人资格。按照《基金会管理条例》(2004 年)第 8、9、11 条的规定,基金会的成立,采准则设立主义。

第二,对于营利法人所采的设立原则。在中国,所谓营利法人可分为公司法人与非公司企业法人。[24] 设立公司,除法律、行政法规规定必须报经批准的外,仅须向公司登记机关申请设立登记,采准则设立主义(《公司法》第 6 条第 2 款)。非公司企业法人的设立,依《企业法人登记管理条例》第 14 条的规定,首先须经主管部门或有关审批机关批准,然后才向登记机关申请登记,属于行政许可主义。

第三,对于特别法人所采的设立原则。所谓特别法人,按照《民法典》总则编(第三章第四节)的规定,包括机关法人、农村集体经济组织法人、合作经济组织法人、基层群众性自治组织法人。其中机关法人(包括国家权力机关、行政机关、军事机关及

---

〔23〕 1998 年《社会团体登记管理条例》规定,成立社会团体,除须经其业务主管单位审查同意外,并须向登记管理机关申请筹备,由登记管理机关作出批准或者不批准筹备的决定(第 9、12 条)。采双重许可主义。2016 年 2 月 6 日该条例修改后,将申请筹备改为申请登记,删除登记管理机关的批准程序,迳由其作出准予登记或不予登记的决定(第 9、11 ~ 13 条)。但业务主管单位的许可,仍予保留。

〔24〕《民法典》总则编第 76 条第 2 款规定:"营利法人包括有限责任公司、股份有限公司和其他企业法人等。"

司法机关等),依《民法典》总则编第 97 条的规定,从成立之日起,即具有法人资格。但各种机关之设立,取决于宪法和国家机关组织法的规定,因此相当于理论上所谓特许设立主义。《民法典》总则编第 99、100 条,关于农村集体经济组织、城镇和农村合作经济组织,仅规定"依法取得法人资格",而将其成立及是否办理法人登记问题留给特别法规定。《民法典》总则编第 101 条第 1 款规定:"居民委员会、村民委员会具有基层群众性自治组织法人资格,可以从事为履行职能所需要的民事活动。"其法人资格为法律直接赋予,应无须办理法人登记,值得注意。

(二)须有法律依据

由上可知,中国关于法人之设立不采自由设立主义,无论属于何种性质的法人,其成立均须有法律依据。如营利法人,须依据《公司法》或《企业法人登记管理条例》的规定,机关法人须依据有关组织法的规定,消费者协会须依据《消费者权益保护法》的规定等。

(三)须经登记

在中国,法人的成立,原则上都必须经过登记,方能取得法人资格。如营利法人,均须办理登记(《民法典》总则编第 77 条、《公司法》第 6 条第 1 款)。事业单位法人和社会团体法人,除法律规定不需要登记外,均须办理登记(《民法典》总则编第 88、90 条)。机关法人、基层群众性自治组织法人不须登记(《民法典》总则编第 97、101 条)。法律规定须登记的事项,未作变更登记的,其变更不得对抗善意相对人。[25]

第六节 法人的机关

一、法人机关概述

(一)法人机关的意义

法人为民事主体,不仅有民事权利能力,且有民事行为能力及民事责任能力,可以自己的行为取得权利负担义务。但所谓法人的行为,实际上是自然人的行为,在法律上被认为是法人的行为,从而赋予法律上的效果。此种自然人即法人的机关。法人因其机关而存在,因其机关的活动而有自己的活动。因此,机关之存在为法人维持其人

〔25〕《民法典》总则编第 65 条规定:"法人的实际情况与登记的事项不一致的,不得对抗善意相对人"。

格的条件。要言之，法人的机关，为法人组织体之一部，系存在于法人之内部，而非存在于外部，担当此法人机关之个人，虽为有独立法律人格之自然人，但法人机关本身，并无独立的法律人格，不过是一种法律上的地位。故应将法人机关与担当法人机关之自然人，在法律观念上严加区别。例如，董事或董事会为法人机关，与担当董事或董事长的某人，截然不同。法人机关为法人组织之一部，系与法人不可分离之抽象观念。法人机关之担当者或为一人或为数人，担当者时有变更，而法人机关本身并不因此而变更。

（二）法人机关与代理

法人的机关，为法人组织体之构成部分，故机关与法人的关系，为部分与全体之关系，此与代理关系不同。其一，在代理关系中，代理人与被代理人，属于两个民事主体之间的关系，亦即代理人与被代理人二元的对立关系，而法人机关与法人之关系，为部分与全体的一元关系。其二，在代理关系中，必有代理人意思与被代理人意思，亦即存在两个意思，而在法人机关关系，仅有一个意思，即法人意思。其三，在代理关系中，代理行为系代理人自身的行为，并非被代理人的行为，只不过其行为效果依代理制度而直接归属于被代理人而已，而法人机关的行为，即法人的行为，其行为效果归属于法人，本属当然。

（三）法人机关的种类

在传统民法，法人机关的种类，因法人种类而不同。例如，在社团法人，有社员大会为其权力机关和意思机关，有董事或董事会为其执行机关和代表机关，有监事或监事会为其监察机关。但社员大会为社团法人所独有的机关，监事或监事会，亦非法人之必设机关。因此，唯有董事或董事会为各种法人所必设之机关。

我国《民法典》总则编将法人分为营利法人与非营利法人，营利法人中又分为公司法人与非公司企业法人，非营利法人、特别法人中又有机关法人、事业单位法人和社会团体法人等，因此中国现行法上的法人机关种类，比传统民法更加复杂。

二、中国营利法人的机关

（一）公司法人的机关

公司法人的机关，有股东（大）会，为法人权力机关和意思机关；执行董事或董事会，为法人执行机关和代表机关；监事或监事会，为法人监察机关。但国有独资公司企业法人，依《公司法》第 66 条第 1 款第 1 句的规定，不设股东会。因此，国有独资公司法人的必设机关，仅有董事会和监事会（《公司法》第 67、70 条）。基于历史及认识等原因,外商投资企业法曾采用不同于普通公司的组织体制,如中外合资经营企业虽采有限责任公司形式,法律不要求设股东会,而以董事会为最高权力机构[《中外合资经营企业法》第 6 条(已失效)、2001 年《中外合资经营企业法实施条例》第 30 条(已失效)]。

(二)非公司企业法人的机关

中国现在的其他非公司企业法人,实行的是厂长(经理)负责制。依照这一企业领导体制,厂长(经理)既是法人的权力机关和意思机关,又是法人的执行机关和代表机关。依照这一体制,厂长(经理)应接受职工(代表)大会的监督,但从这一体制的权责配置制度及实际运行情况来看,难以将职工(代表)大会视为法人监察机关。

三、中国非营利法人和特别法人的机关

中国事业单位法人大抵实行单位首长负责制,其单位首长即为事业单位法人的机关。中国社会团体法人中属于人合组织体的,如各种协会、学会、商会、研究会,设有成员大会为权力机关和意思机关,理事会为执行机关和代表机关;属于财合组织体的,如捐助法人,理事会为执行机关和代表机关,监事会为监督机关。中国各类机关大抵实行机关首长负责制,因此机关首长即为机关法人的权力机关、执行机关和代表机关。

第七节　法人的住所

一、法人住所的意义

住所指民事主体发生法律关系之中心地域。法人既然与自然人同为民事主体,正如自然人有其住所一样,法人亦应有其住所。法人的住所在法律上具有重要意义,如决定债务履行地、决定登记管辖、决定诉讼管辖、决定法律文书送达之处所、决定涉外民事关系之准据法等。

二、法人住所的决定

《民法典》总则编第 63 条规定:“法人以其主要办事机构所在地为住所。依法需要办理法人登记的,应当将主要办事机构所在地登记为住所。”如果法人仅有一个办事机构,当无所谓主要、次要之分,即应以该办事机构所在地为法人的住所。如果法人有两个以上的办事机构,即应区分何者为主要办事机构,主要办事机构之外的办事机构均为次要办事机构,而以该主要办事机构所在地为法人的住所。法人的住所,为登

记事项(如《公司登记管理条例》第9条第2项)。

第八节　法人的消灭

一、法人消灭的意义

法人消灭,指法人丧失作为民事主体的资格,又称为法人终止。其意义与自然人之死亡同。但法人为社会组织体,与自然人之死亡终究有别。自然人生命断绝一死了事,其余为继承问题,而法人本无生命,也就无所谓死亡,也不发生继承问题。因此,法人之消灭,须经一定的法律程序。此消灭法人的法律程序,分为解散与清算。

二、解散

(一)解散的意义

法人解散,为消灭法人的程序。法人不经解散,其人格不消灭。而法人一经解散,其人格是否立即消灭,民法理论上存在分歧,约有四说:

第一,清算法人说。此说认为,法人一经解散,其人格即归消灭,但为了结债权债务,尚须进行清算,而清算时应属于另一独立的"清算法人"。

第二,同一法人说。此说认为,法人解散,其人格并不消灭,须待清算终结,其人格始归消灭。法人一经解散,虽不能继续为新事业,但在清算目的范围内,仍不失为同一法人。

第三,拟制存续说。此说认为,法人一经解散,其人格本应消灭,不过民法为实际上的便利,于清算目的范围内,至清算终结止,特别拟制其仍旧存续。其理由为民法规定使用"拟制存续"字样,如中国台湾地区"民法"第40条规定,法人至清算终结止,在清算之必要范围内,视为存续。中国台湾地区曾采为通说。

第四,同一法人说兼采拟制存续说。清算中法人与清算前法人本质上同一,但社团法人因社员之缺亡而解散时,法人丧失其实在的基础,应解为法律之拟制者。日本学者穗积重远采此说。

以上四种学说,第一种学说偏重法人之目的,故采取者极少,关于第三种学说及第四种学说,不应拘泥于民法规定所用"视为"等字样,社团法人虽因社员缺亡而解散,但其财产关系仍存续,认为法人仍具同一性无碍法人之本质。[26] 第二种学说为现今

〔26〕 参见李宜琛:《民法总则》,台北,正中书局1977年版,第131~132页。

之通说。我国《民法典》总则编第 70 条第 1 款规定:“法人解散的,除合并或者分立的情形外,清算义务人应当及时组成清算组进行清算。”第 72 条第 1 款规定:“清算期间法人存续,但不得从事与清算无关的活动。”第 3 款规定:“清算结束并完成法人注销登记时,法人终止;依法不需要办理法人登记的,清算结束时,法人终止。”其中所谓“终止”与“消灭”同义。《公司法》第 186 条第 3 款规定:“清算期间,公司存续,但不得开展与清算无关的经营活动。”显而易见,中国民法采同一法人说。

（二）解散的原因

1. 法院或主管机关宣告法人解散或撤销许可

当法人的目的和行为违反法律、公共秩序或善良风俗时,可由法院依法宣告解散,或由主管机关撤销许可。例如,《瑞士民法典》规定,社团的宗旨违法或违背善良风俗时,法官须依主管官厅或利害关系人的起诉,宣告其解散(第 78 条)。我国《民法典》总则编第 69 条规定法人解散原因之(四):“法人依法被吊销营业执照、登记证书、被责令关闭或者被撤销。”按照《企业法人登记管理条例》第 30 条的规定,企业法人伪造、涂改、出租、出借、转让法人执照,抽逃资金、隐匿财产逃避债务,从事非法经营活动等,登记主管机关可以依法吊销企业法人营业执照,强令其解散。按照《社会团体登记管理条例》第 29、30 条的规定,社会团体在申请登记时弄虚作假,骗取登记的,或者自取得社会团体法人登记证书之日起 1 年未开展活动的,由登记管理机关予以撤销登记。有下列行为之一且情节严重的,予以撤销登记:涂改、出租、出借社会团体法人登记证书,或者出租、出借社会团体印章;超出章程规定的宗旨和业务范围进行活动;拒不接受或者不按照规定接受监督检查;不按照规定办理变更登记;违反规定设立分支机构、代表机构,或者对分支机构、代表机构疏于管理,造成严重后果;从事营利性的经营活动;侵占、私分、挪用社会团体资产或者所接受的捐赠、资助;违反国家有关规定收取费用、筹集资金或者接受、使用捐赠、资助。

当法人内部治理出现僵局时,法院应法人成员的请求,可依法解散法人。《公司法》第 182 条规定:“公司经营管理发生严重困难,继续存续会使股东利益受到重大损失,通过其他途径不能解决的,持有公司全部股东表决权百分之十以上的股东,可以请求人民法院解散公司。”

2. 法人自行解散

第一,因法人的目的事业完成或无法完成而解散。法人制度的意义,在于达到一定的社会目的,如此目的已经达到或注定无法达到,则法人存在的意义丧失。因此,各国民法往往规定法人目的达到或无法达到为解散原因。例如,《日本民法典》第 58 条规定,法人的事业成功或不能成功为当然解散原因。我国《民法典》总则编虽对此未设明文规定,亦应作同样解释。

第二,因法人机关的决议而解散。法人系由成员的共同意思而设立,当然亦应依成员的共同意思而解散。按照《民法典》总则编第 69 条规定法人解散原因之(二):"法人的权力机构决议解散。"《公司法》第 180 条第(二)项规定,公司法人可由股东会或股东大会决议,予以解散。《农民专业合作社法》第 48 条第 1 款第(二)项规定,合作社可因成员大会决议而解散。

第三,因章程规定的解散事由出现而解散。法人章程对解散事由设有规定的,当所规定的事由出现时,法人可因此解散。《民法典》总则编第 69 条规定的法人解散原因之一为:"法人章程规定的存续期间届满或者法人章程规定的其他解散事由出现。"我国《公司法》第 180 条第(一)项规定,"公司章程规定的营业期限届满或者公司章程规定的其他解散事由出现"时,公司解散。《农民专业合作社法》第 48 条第 1 款第(一)项规定,"章程规定的解散事由出现"时,合作社解散。

第四,社团法人因不足法定人数而解散。社团法人为人合组织体,各国法律对社团最低人数都有强制性规定。因此,社团人数减至不足法定最低人数时,为社团法人解散的当然事由。我国《社会团体登记管理条例》第 10 条规定,成立社会团体,应有 50 个以上的个人会员或者 30 个以上的单位会员;个人会员、单位会员混合组成的,会员总数不得少于 50 个。依解释,社会团体会员人数减至不足法定最低人数时,构成法人解散事由。

3. 法人破产

法人破产为法人解散原因。例如,《德国民法典》第 42 条规定,社团因破产开始而解散。我国《民法典》总则编第 73 条规定,法人被宣告破产,为法人终止的原因之一。

三、清算

(一)清算的意义

第一,清算为使法人归于消灭的程序。法人解散,并不立即消灭,必须在解散之后再经过清算程序,始归于消灭。《民法典》总则编第 70 条第 1 款规定:"法人解散的,除合并或者分立的情形外,清算义务人应当及时组成清算组进行清算。"第 72 条第 3 款规定:"清算结束并完成法人注销登记时,法人终止;依法不需要办理法人登记的,清算结束时,法人终止。"可知,清算为法人最终消灭的必经程序。

第二,清算为清理已解散法人的法律关系的程序。为使法人最终归于消灭,必须对法人的法律关系进行清理,并予以一一了结,亦即为已解散法人办理善后工作。《民法典》总则编第 72 条第 1 款规定:"清算期间法人存续,但是不得从事与清算无关的活动。"可见,清算程序只是清偿债务、收取债权,了结已存在的法律关系,不允许创设新的法律关系。除属于了结残务的工作外,其他一切活动均不得进行。

(二)清算组

传统民法理论和立法例,法人清算,可以由组织或者个人进行,负责清算的个人或组织,统称清算人。但按照中国民法,法人清算只能由组织进行,此负责对法人进行清算的组织,称为“清算组”。清算组由清算义务人或者法院指定的有关人员组成。《民法典》总则编第70条规定:“法人的董事、理事等执行机构或者决策机构的成员为清算义务人。法律、行政法规另有规定的,依照其规定。”(第2款)“法人解散的,除合并或者分立的情形外,清算义务人应当及时组成清算组进行清算。”(第1款)清算义务人未及时履行清算义务的,“主管机关或者利害关系人可以申请人民法院指定有关人员组成清算组进行清算”(第3款)。

(三)清算组的职权

依清算程序的目的,清算组的职权包括以下方面:其一,了结残务,即法人于解散前已经着手而未完成的事务,清算人应予了结。其二,收取债权,即属于法人的债权,应由清算人一一收取。若有尚未到期或条件未成就的债权,应以转让或换价方法收取。其三,清偿债务,即法人对他人所负债务(包括税负),应由清算组予以清偿。如有债务未到期,应抛弃期限利益,提前清偿。其四,移交剩余财产。清偿债务后所剩余的财产,应由清算组负责移交于有权获得此财产的人。至于何人有权获得此剩余财产,则应依法律规定或法人章程的规定。

我国《民法典》总则编未规定清算组的职权。《民法典》总则编第71条规定:“法人的清算程序和清算组职权,依照有关法律的规定;没有规定的,参照适用公司法律的有关规定。”《公司法》第184条规定公司法人清算组的职责如下:清理公司财产,并编制资产负债表和财产清单;通知或公告债权人;处理公司未了结的业务;清缴所欠税款;清理债权债务;处理剩余财产;代表公司参加民事诉讼。

(四)清算终结

清算终结,即清算人完成上述清算职责。清算终结,应由清算人向登记机关办理注销登记并公告。完成注销登记和公告,法人即告消灭。[27]

我国《公司法》第188条规定:“公司清算结束后,清算组应当制作清算报告,报股东会、股东大会或者人民法院确认,并报送公司登记机关,申请注销公司登记,公告公司终止。”

---

〔27〕《民法典》总则编第72条第3款规定:“清算结束并完成法人注销登记时,法人终止……”

第九节　非法人组织

一、非法人组织的意义

所谓非法人组织，是指虽不具有法人资格但可以自己的名义从事活动的组织体。现代各国民法，大抵在法人和自然人之外，承认有非法人而具有某种主体性的组织体之存在。这种非法人而具有某种主体性的组织体，在德国称为无权利能力社团，在日本称为非法人社团和非法人财团，在中国台湾地区称为非法人团体。我国《民法典》总则编称为非法人组织。《民法典》总则编第102条规定："非法人组织是不具有法人资格，但是能够依法以自己的名义从事民事活动的组织。"

民法关于权利主体的理论有一个从单一主体到承认多元主体的发展过程。1804年的《法国民法典》，只有关于自然人的规定，而不承认法人的主体地位。此后，各国民法反映市场经济的要求，确认法人为自然人之外的另一种权利主体。而关于法人本质的学说，先采法人拟制说，后来改采法人实在说，即承认法人并非出于法律凭空的拟制，而是社会生活中存在"实在"的组织体。既采法人实在说，承认法人是社会生活中存在的组织体，即不能无视未取得法人资格的组织体之存在。

非法人组织，即无法人资格，其法律上地位如何，殊值研究。各国民法首先采取的办法，是准用关于合伙的规定。以德国为例，《德国民法典》第54条规定："无权利能力之社团，应适用关于合伙之规定，以此种社团名义对第三人所为之法律行为，由行为人自己负责。行为人有数人时，负连带债务人责任。"德国立法者之所以设此项不利于无权利能力社团之规定，旨在实现一定政治目的，企图迫使当时具有政治及宗教性质之社团，登记为社团法人，以便监督管理。唯此项立法上的期待，始终未获实现，工会、学生团体、宗教组织仍多拒不登记以取得法人资格。在此情形，仍适用合伙规定，实不符合此类组织体之本质。于是，德国学者严厉批评《德国民法典》第54条属于忽视事实之立法上错误，而法院则致力于可能之范围内适用关于社团之规定，使无权利能力社团摆脱第54条第1项前段规定对其发展所加之束缚。[28]

"二战"以后，民法关于非法人组织的认识已有重大发展。无论是德国、日本，还是中国台湾地区的学说判例，均强调非法人组织与合伙在本质上的差异，并承认非法人组织具有权利能力、行为能力和诉讼能力，亦即肯定非法人组织之主体性。非法人组织之享有名称权与名誉权，与法人无异。关于这一点，在日本有最高裁判所昭和三

---

〔28〕 参见王泽鉴：《民法总则》，台北，三民书局1992年版，第148～149页。

十一年(1956 年)7 月 20 日,就新闻记事对华侨自治会名誉毁损行为,命令刊登记事取消广告的案例中得到证明。[29]

二、非法人组织与合伙的区别

第一,关于内部成员相互关系。合伙是以合伙契约决定其内部成员之间的相互关系,一般不预先规定加入和退出的手续;而非法人组织是以章程或内部规则规定内部成员之间的相互关系,对成员的加入或退出预先设有规定,尤其是个别成员的加入或退出对团体的存续不产生影响。

第二,关于事务的执行。原则上合伙事务由全体成员共同执行,并经全体合伙人一致同意;非法人组织依章程或一定程序选任的代表人以团体机关身份执行团体事务。

第三,关于是否形成团体意思。合伙无所谓区别于合伙人意思的团体意思,而非法人组织则形成区别于成员个人意思的团体意思,并有意思机关。

需特别注意的是,合伙在现代已有很大的发展,除仍旧作为一种契约关系存在的合伙外,已经出现在合伙契约的基础上具备较为稳定的团体性的合伙组织体,其存续不受个别合伙人入伙或退伙之影响,尤其是有限合伙,其事务由普通合伙人而非有限合伙人执行。有限合伙多以合伙人决议等方式形成区别于个人意思的团体意思。因此,团体与合伙的区别日益模糊,并且合伙也被归入非法人组织,乃至与公司等同列为法人。例如,美国法上原先仅认合伙为人之集合,否认合伙的主体地位,[30]晚近的立法则已明定合伙是区别于合伙人的独立主体,[31]性质上属于非公司团体(unincorporated association)。我国现行法上的合伙企业,亦属于非法人组织,且在破产等特定情形,得适用关于企业法人之规定。[32]

三、非法人组织的要件

(一)须为由多数人组成的人合组织体

非法人组织与社团法人一样,为人合之社会组织体。首先,须是由多数人组成的组织体;其次,此人合组织体不是临时的、松散的,应设有代表人或管理人,有自己的名

[29] 参见[日]北川善太郎:《民法总则》,有斐阁 1993 年版,第 82 页。

[30] 参见《统一合伙法》(Uniform Partnership Act, 1914)第 6 条第 1 款。但该法的其他条款仍不可避免地体现了合伙的主体性,如第 8~10、12~15 条。

[31] 参见《修正统一合伙法》(Revised Uniform Partnership Act, 1997)第 201 条第 1 款。

[32] 2006 年《合伙企业法》第 92 条规定:“合伙企业不能清偿到期债务的,债权人可以依法向人民法院提出破产清算申请……”而同日通过的《企业破产法》仅适用于企业法人。

称、组织机构、组织规则，有进行业务活动的场所，亦即具有稳定性的组织体。此项要件，即学者所谓"团体性"要件。

（二）须具有自己的目的

非法人组织与法人一样，须具有自己的目的。此所谓目的，可以是非经济目的，如发展科学、学术、文化、教育、艺术、体育、宗教、慈善事业等，也可以是经济性目的，如以获取经济利益为目的，亦即以营利为目的。本书在论述法人目的时已经谈到，营利目的在中国现行法上称为经营范围。因此，对于营利性非法人组织来说，具有自己的目的，亦即有特定的经营范围。

（三）须有自己的财产

非法人组织与法人一样，须有属于自己的财产。虽是人合组织体，要实现其团体目的，从事经济的或非经济的活动，非有一定的财产不可。但与法人的不同点在于，此财产仅须非法人组织可以独立支配即可，不要求必须与其成员的财产截然分开而由非法人组织享有所有权。

（四）须设有代表人或管理人

非法人组织，须设有代表人或管理人。非法人组织，既属于人合组织体，有一定目的，为实现其目的，当然应设立代表人或管理人，对外代表非法人组织，实施法律行为。此代表人或管理人，亦即非法人组织之机关。与法人的不同点在于，对于非法人组织，仅要求设有代表人或管理人，而不要求必须按照法律规定的组织形式，而对于法人，则法律要求设立董事会或理事会等机关，且关于董事会或理事会有严格的形式要求。《民法典》总则编第 105 条规定："非法人组织可以确定一人或者数人代表该组织从事民事活动。"此非法人组织的代表人，为非法人组织的执行机关和代表机关。

（五）须以团体的名义为法律行为

非法人组织，与法人一样，须对外以团体的名义为法律行为。此系非法人组织，区别于自然人或契约关系或一般松散集合的标志。如果不以团体的名义对外为法律行为，如属于不须对外为法律行为，或须对外为法律行为，但对外为法律行为时系以其成员个人的名义或以其他团体的名义，亦即不具有对外的独立性，也就没有作为非法人组织而承认其主体性的必要。按照《民法典》总则编第 102 条第 1 款的规定："非法人组织是不具有法人资格，但是能够依法以自己的名义从事民事活动的组织。"

四、非法人组织的类型

(一)概说

《德国民法典》第 54 条明文规定"无权利能力社团",而对于是否有无权利能力财团,法无明文。按照该民法典第 80 条的规定,设立有权利能力财团,除有捐助行为外,应得到州有管辖权机关的认许;第 81 条第 2 款规定,在财团未获得设立许可之前,捐助人得撤销捐助行为;第 82 条规定,如财团的设立获得许可,捐助人有义务将在捐助行为中许诺的财产移转于财团。可以断言:在获得许可前,捐助财产既然属于捐助人,则获得设立许可之前财团尚不存在,因此德国民法无所谓无权利能力财团。

日本民法与德国法不同,不仅承认有非法人社团,而且承认有非法人财团。在日本,设立财团法人于经许可设立前,称为财团,经许可设立后,称为财团法人,因此,经许可设立前的财团,《日本民事诉讼法》第 29 条称为非法人财团。日本学者指出,所谓非法人财团,是指为一定目的出捐财产构成的,具有运营组织,但不具备法人格的财团。[33] 值得注意的是,中国台湾地区又与日本不同,其所谓非法人团体,仅指非法人社团,并无所谓非法人财团。[34]

如前所述,中国民事立法关于法人分类,以法人目的为标准,分为营利法人与非营利法人,而不采用社团、财团及社团法人、财团法人的分类。因此,关于非法人组织,亦以目的是否具有营利性,分为营利性非法人组织与非营利性非法人组织。

(二)中国非法人组织的分类

中国现实生活中存在大量的不具有法人资格的组织体,而法律法规也承认这些不具有法人资格的组织体可以自己的名义订立合同,享受权利和承担义务,其与法人的主要差别在于,当这些组织体不能清偿债务时,应由其投资者、开办人、总公司或上级机关承担责任。《民法典》总则编第 104 条规定:"非法人组织的财产不足以清偿债务的,其出资人或者设立人承担无限责任。法律另有规定的,依照其规定。"其中所谓"法律另有规定",如现行《合伙企业法》,关于有限合伙企业的有限合伙人仅负有限责任的规定。

《民法典》总则编第 102 条第 2 款规定:"非法人组织包括个人独资企业、合伙企业、不具有法人资格的专业服务机构等。"具体而言,如下:

第一,个人独资企业,是指依《个人独资企业法》在中国境内设立,由一个自然人投资,财产为投资人个人所有,投资人以其个人财产对企业债务承担无限责任的经营

---

〔33〕 参见[日]北川善太郎:《民法总则》,有斐阁 1993 年版,第 89 页。

〔34〕 参见姚瑞光:《论法人》,载《法令月刊》1995 年第 44 卷第 3 期。

实体。

第二，合伙企业，是指依《合伙企业法》设立的普通合伙企业与有限合伙企业。

第三，不具有法人资格的专业服务机构，如各种律师事务所、会计师事务所、审计师事务所等。

第四，不具有法人资格的其他组织，如1998年《企业集团登记管理暂行规定》第3条的规定："企业集团是指以资本为主要联结纽带的母子公司为主体，以集团章程为共同行为规范的母公司、子公司、参股公司及其他成员企业或机构共同组成的具有一定规模的企业法人联合体。企业集团不具有企业法人资格。"再如，《民办非企业单位登记管理暂行条例》第12条第1款规定："准予登记的民办非企业单位，由登记管理机关登记民办非企业单位的名称、住所、宗旨和业务范围、法定代表人或者负责人、开办资金、业务主管单位，并根据其依法承担民事责任的不同方式，分别发给《民办非企业单位（法人）登记证书》、《民办非企业单位（合伙）登记证书》、《民办非企业单位（个体）登记证书》。"据此可知，合伙型、个体型民办非企业单位无法人资格。

需注意的是，非法人组织应不包括法人分支机构。《民法典》总则编第107条规定："非法人组织解散的，应当依法进行清算。"但按现行法，企业法人分支机构只有撤销（《公司登记管理条例》第49条、《企业法人登记管理条例》第17条）、被责令关闭、被吊销营业执照，不适用解散和清算制度，且分支机构债务即企业法人债务，也无单独清算的必要。

五、非法人组织的民事能力

（一）民事权利能力

非法人组织的民事能力，其中最关键的是民事权利能力。如果具有了权利能力，则当然具有在同一范围内的行为能力。关于非法人组织之是否具有民事权利能力，立法和学说分为否定说和肯定说两种主张。

1. 否定说

此说以德国法为代表，《德国民法典》第54条不称非法人组织，而直接规定为无权利能力社团，并对其适用关于合伙的规定。有学者指出，立法者未看到民法上的合伙与无权利能力社团之间存在基本构造的差异。民法上的合伙，只是少数人依双务的信赖关系结成的结合体。因此，合伙在对外关系上是作为多数人，而不是一人。原则上合伙事务应由合伙成员共同执行，应经合伙成员一致同意。此与无权利能力社团正相反。无权利能力社团虽然是人的结合体，但此结合体常作为独立于成员而存在的组织体，追求其特定的目的。对此种人的结合体来说，有必要规范其成员的加入、退出、对外的意思形成及代表的规则。因此，第54条被指为违背社会生活实际的立法，而德国联邦最高法院判例则通过解释适用关于社团的规定,回避第 54 条的适用,在一定程度上符合了社会生活实际的要求。[35]

2. 肯定说

此说从社会生活实际出发,承认非法人组织具有一定的民事权利能力,因而在同一范围内具有民事行为能力。在今日,依据习惯法或判例法肯定非法人组织之法主体性,为有力说。非法人社团之享有人格权,与法人无异。我国《民法典》总则编既然规定非法人组织为自然人、法人之外的民事主体,可以自己的名义从事民事活动、享有权利并负担义务,非法人组织之具有民事权利能力和民事行为能力,毫无疑问,采肯定说。

(二)民事责任能力

非法人组织具有权利能力和行为能力已如上述。可知,在具有权利能力和行为能力上,非法人组织与法人并无实质的差别。非法人组织与法人的实质差别,仅在于不具有完全民事责任能力。非法人组织不具有独立承担民事责任的能力,须由非法人组织的出资人或者设立人对非法人组织的债务承担无限责任。

---

〔35〕 参见[德]卡尔·拉伦茨:《法学方法论》,日文本,米山隆译,劲草书房 1991 年版,第 627 ~ 631 页。

第五章 民事权利客体

第一节 民事权利客体概述

民事权利客体,亦称私权客体,是与民事权利主体相对应的概念。按照民法理论上关于权利本质的通说,权利由特定利益与法律上之力两要素构成,本质上是受法律保护的特定利益。此特定利益之本体,即权利的客体,亦可称为权利的标的,或权利的对象。多数立法例并未对民事权利的客体设一般性的规定,往往仅规定其中通用于民法各编的客体——物。[1] 但是,物只是民事权利客体之一种。

民事权利,因其种类不同而有不同的客体。所有权的客体是物,用益物权的客体也是物,担保物权的客体既有物也有权利;继承权的客体(遗产)既有物也有权利;债权的客体是债务人的行为,称为给付;人格权的客体是存在于权利人自身的人格利益;知识产权的客体是人的精神的创造物,称为智力成果。

自然人的身体,是自然人人格之载体,不得作为人格权以外其他权利的客体,但因科学技术的发展,特别是医学上的器官移植技术和生殖技术的发展,器官、血液、骨髓、角膜、精子、卵子,在不违背公序良俗的前提下,也可以成为人格权以外其他民事权利的客体。[2]

其中,物为一切财产关系最基本的要素,不仅为物权之客体,且涉及一切财产关系。如继承关系之客体为遗产,其中大部为物。债权之客体为行为,称为给付,但在多数情形,给付仍以物为标的,称为标的物。其余如夫妻财产关系,甚至刑法上的盗窃、侵占、贪污等罪之成立,莫不与物有关。鉴于物之规定在各种民事法律关系均有适用余地,故多数国家民法典在总则编专设关于物的规定(如《德国民法典》、《葡萄牙民法典》、《日本民法典》、2002 年新《巴西民法典》)。其他权利客体则由债权编、继承编、知识产权法等规定。我国《民法典》总则编第五章民事权利关于物权的客体、知识产

---

〔1〕 某些国家的民法典在总则编设权利客体一章规定物、劳务、信息、智力活动成果、非物质利益等多种权利客体(如《俄罗斯联邦民法典》《白俄罗斯民法典》《立陶宛民法典》)。

〔2〕 参见中国民法典立法研究课题组:《中国民法典草案建议稿附理由:总则编》,法律出版社 2006 年版,第 124 页。

权的客体,设有明文规定。[3]

第二节 作为民事权利客体的物

一、物的意义

(一)须可为权利客体

物之概念,本有广狭二义。广义之物,泛指世间一切物理上所称之物,即所谓动物、植物、矿物,人亦包括在内。狭义之物,即法律上所称之物。法律上所称之物,必须是可为权利客体者。学者称为非人格性。人之身体为人格所附,不能为物。对于活人的身体及其一部,不能成立排他的全面的支配权。但死者遗骸及与身体分离的毛发、牙齿,属于物。需特别注意的是,对遗骸的所有权,仅限于埋葬、祭祀的目的。并且,继承人不得放弃对遗骸的所有权。[4]

(二)须为有体

物分有体与无体,此为罗马法之分类,法国法系沿用之。有体物指占据空间之一部,依人的五官可能感觉的物质,包括固体、液体、气体。电、热、声、光、气味,以在法律上有排他的支配可能性为限而被视为物。无体物,指不能触觉之物。德、日等国民法,采狭义概念,仅以有体物为限。但人身虽为有体,非属法律上之所谓物。前已述及,无体物如发明、商标、作品、营业秘密、"Know-how"、信息,均非民法上之物,只能依所涉及的问题类推适用民法诸规定。《民法典》总则编第115条规定:"物包括不动产和动产……",虽然未使用"有体物"概念,因不动产和动产属于"有体物"的分类,可知本法所称物,是指"有体物"。而"无线电频谱资源"、"空间"及权利作为物权客体,属于例外。

---

[3] 考虑到《民法典》总则编第五章既列举规定了各种民事权利,权利客体也就包含在其中了。例如,第114条规定了物权定义、第115条规定了物权的客体物;第123条列举规定了知识产权的各种客体;第108~109条规定了各种人格权,人格权的客体为存在于主体自身的人格利益,也就不言自明;第118条规定了债权定义,债权客体为债务人行为,亦无须明文规定。至于脱离人体的器官、血液、骨髓、组织以及精子、卵子、受精卵、胚胎等,则以特别法规定为宜。至于《民法典》总则编及民事特别法均未提及的其他事物,尚有作为合法民事利益受侵权责任法保护的余地。因此,立法机关未采纳关于专章规定权利客体的建议。

[4] 遗骸之属于物,其特殊性在于不可分割、不可转让、不可抛弃。属于继承人共有,唯供作埋葬和祭祀之特定目的,罗马法称之为"神法物"。

(三)须为人力所能支配

法律上之所谓物,不仅须为有体,更须为人力所能支配之物。日月星辰,虽为有体,但非人力所能支配,故仅为物理上之物,而非法律上之物。

(四)须有确定的界限或范围

法律上之所谓物,须有确定的界限或范围,能够置于权利人排他的支配之下。土地作为物理上的物,为地球之表面,本漫无际涯,须经人为划分,确定每笔土地之界限或范围后,才能成为法律上之物。液体如江河湖海中的流水,气体如空气,或流动不息,或弥漫四周,因无确定界限或范围,难以置于权利人排他的支配之下,因此仅为物理上之物,而非法律上之物。但水库中之水、输水管中之水、输气管中之天然气、氧气瓶中之氧气,则属于法律上之物。同理,电本属于一种能而非物,但导线传输中的电,则可视为法律上之物。

(五)须独立为一体

物必须独立为一体,能满足人类社会生活上的需要。如一滴油、一粒米,在交易上不能认为能够独立为人类之生活资料,故非法律上之物。因此,有体物要件之一,是应具有独立性,即要求物应独立于其他物。由多数物结合而成的难以分离的合成物,亦作为一个物。物之一部,由于无独立性,不属于物。

二、物的概念之扩张

(一)无形之"自然力"

在罗马法上,物分有体物与无体物。法、意等国民法继承之。凡一切能为权利客体者,均称为物,权利亦包括在内。德、日等国民法采狭义概念,而排斥无体物概念。《德国民法典》第90条规定,法律上所称之物,仅就有体物而言。《日本民法典》第85条规定,该法所称物,谓有体物。据日本学者解释,所谓"有体",指物质上占有一定空间而有形的存在者。因此,固体、气体、液体皆为物,而电、热、声、光则非物。由于社会经济和科学技术的发展,对电、热、声、光等"能"的广泛利用,迫使法律扩张物的概念。于是,电、热、声、光等自然力,亦被视为物,而不拘于"有形"。[5] 但权利仍不包括在内。

日本从前发生过所谓电气盗窃事件(大判明治36.5.21)。按照《日本刑法》的规

---

〔5〕《民法典》物权编第252条规定:"无线电频谱资源属于国家所有。"

定,所谓盗窃罪,指窃取他人财物应受惩罚的行为。而所谓财物,则指有体物。因电气非有体物,盗窃电气是否构成盗窃罪,成为问题。大审院在该判决中认为电气也属于物理的存在,有管理之可能性,因此应属于财物,并据以认定盗窃电气有罪。对此,学说多以违反罪刑法定主义而加以反对。依罪刑法定主义,如需对盗窃电气的行为加以处罚,须由法律作出明确规定。现在的《日本刑法》,在盗窃罪中设有"电气视为财物"的规定,解决了这个问题。[6] 中国实务中也发生偷电是否构成盗窃罪的问题。既然物的概念已经扩及于人力可以支配之自然力,则应认为窃电应成立盗窃罪。

(二)活人之器官

人的身体非物,不得为权利之客体。身体之一部,一旦与人身分离,应视为物,人死后之遗骸亦属于物。但随着科学技术的发展,上述观念亦正受到挑战。如器官移植、器官捐赠及所谓代孕母,均以生人之器官为合同标的物。

以分离身体一部为标的之契约是否有效,应视其是否背于公序良俗而定。例如,理发、拔牙之契约,切除感染癌细胞之脏器,及依法为人体器官捐献与移植,均不悖于公序良俗,故为有效。卖血契约,虽有金钱对价,因其目的在于医疗,亦应认为与公序良俗不相违背。有疑问者,系此类使他人分离身体一部之契约,何时生效,该他人得否拒绝履行。史尚宽先生认为,为输血之血液买卖,为移植之皮肤切取,或肾脏之捐献,于不致成为重伤之限度虽有效成立,然不能赋予受移植人由移植人之活体取去之权利,移植人如自愿供给,契约始生效力,在此之前其契约尚未发生效力。[7] 有德国学者认为,卖血或移植其他身体一部之人得随时撤回其同意。二说立论虽有不同,但均肯定对于人体之分离,不能强制执行,以维护人之价值与尊严。[8] 中国现行法近于后

---

〔6〕 参见[日]加藤一郎:《民法的解释与利益衡量》,载《法学教室》1982年第10期。

〔7〕 中国台湾地区1987年6月19日公布的"人体器官移植条例"第8条规定,医师自活体摘取器官施行移植手术,除应经捐赠器官者之书面同意及其最近亲属二人以上之书面证明,并以合于下列规定者为限:(1)捐赠器官者须为成年人。但未成年人经父母以书面同意者,得捐赠骨髓。(2)摘取其器官须不危害生命安全,并以移植于其三等亲以内之血亲或配偶为限。前项所称之配偶,以与捐赠器官者生有子女或结婚满三年以上者为限。

〔8〕 参见王泽鉴:《民法总则》,台北,三民书局2000年版,第233~234页。

说。[9]

（三）“空间”是否为物

20世纪以来，随着现代工业和科学技术的发展，地上之高层建筑物和地下建筑物比比皆是。由此形成空间权和空间法。于是，空间成为权利之客体。而空间是否为物，得否成为权利客体，不无疑问。依现今之通说，物之概念已不限于有体、有形，凡具有法律上排他的支配可能性或管理可能性者，皆得为物。就空间而言，虽异于一般有体物，但由于空间占有位置，如能对位置予以支配，亦可成为物。由此可以得出结论：空间，无论是地上的空间还是地下的空间，如果具备独立之经济价值及有排他的支配可能性两项要件，即得为物，得为权利之客体。《民法典》物权编第345条规定：“建设用地使用权可以在土地的地表、地上或者地下分别设立。”依此规定，在“地上”或者“地下”设立的建设用地使用权，即以“空间”作为权利的客体。

（四）所谓“虚拟财产”不是物

虚拟财产，如网络中的虚拟货币、宝物、装备以及电脑或其他设备之电磁记录（数据），不属于民法上之物。[10] 所谓虚拟财产，是假想出来的，存在于一个由参与者形成的关系（圈子）里，加入这个关系（圈子）的人承诺遵守预先拟定的协议（合同）条款，按照协议的规定，认可、接受、交易该虚拟财产。无论是网络游戏中的虚拟财产还是比特币，只在承诺遵守网络游戏、比特币的合同（协议）的参加者的关系（圈子）里，才被视为“财产”并互相交易；一旦超越其关系（圈子），不仅不被视为“财产”，而且将归于“虚无”。它与我们存在于手机银行、支付宝里的金钱及手机上抢的“红包”，是完全不同的，因为我们在某个银行开立有一个实名账户，并且在账户里存入了一定数额的金钱。包括比特币在内的所谓虚拟财产，是虚拟的、假设的，不是客观存在的，不符合作为物权客体的条件。

---

〔9〕 依中国2007年5月1日起施行的《人体器官移植条例》，捐献人体器官者应有完全民事行为能力，应有书面形式的捐献意愿，对已经表示捐献其人体器官的意愿，有权予以撤销（第8条第1款）。活体器官的接受人限于活体器官捐献人的配偶、直系血亲或者三代以内旁系血亲，或者有证据证明与活体器官捐献人存在因帮扶等形成亲情关系的人员（第10条）。负责人体器官移植的执业医师应当向所在医疗机构的人体器官移植技术临床应用与伦理委员会提出摘取人体器官审查申请，经后者审查同意（第17、18条）。从事人体器官移植的医疗机构及其医务人员摘取活体器官前，应当履行下列义务：（1）向活体器官捐献人说明器官摘取手术的风险、术后注意事项、可能发生的并发症及其预防措施等，并与活体器官捐献人签署知情同意书；（2）查验活体器官捐献人同意捐献其器官的书面意愿、活体器官捐献人与接受人存在本条例第10条规定关系的证明材料；（3）确认除摘取器官产生的直接后果外不会损害活体器官捐献人其他正常的生理功能（第19条第1款）。

〔10〕 《民法典》物权编第252条规定：“无线电频谱资源属于国家所有。”第127条规定：“法律对数据、网络虚拟财产的保护有规定的，依照其规定。”此未界定其属于何种权利。

日本东京地方法院[平成二十七年(2015年)8月5日]关于虚拟货币(比特币)的判决,值得重视。经营比特币的公司(被告)破产,原告要求行使取回权,法院驳回原告的请求。判决理由:作为所有权的客体须满足三项条件:其一,须是有体物;其二,须具有排他支配的可能性;其三,须非人格性。而虚拟货币,不符合有体物性,不具备排他支配的可能性,因此不能作为所有权客体,原告无取回权。需补充说明的是,虚拟财产不能作为物权客体,因此不受物权法保护,但虚拟财产可以作为"民事利益"受侵权责任法或者合同法的保护。裁判实践中,一些地方法院就是将虚拟财产作为合法民事利益,追究加害人的侵权责任或者违约责任的。

第三节 物的分类

一、动产与不动产

(一)动产与不动产的区分

民法关于动产与不动产的分类方法,是先决定不动产,然后不动产之外的物均属于动产。而关于不动产,各国的决定标准不同。如《法国民法典》第518条规定,土地及建筑物,依其性质为不动产。《日本民法典》第86条规定,土地及其定着物为不动产。此外的物皆为动产。

因此,所谓不动产,是指依自然性质或者法律规定不可移动的物,包括土地及其定着物。土地有地籍,以市县为单位,市县分区,区内分段,段内分宗,按宗编号。每号俗称为笔,为个别之不动产。所谓定着物,是指固定且附着于土地之物,如建筑物、铜像、管线、纪念碑、佛塔等。原则上,定着物为土地之一部,但建筑物例外。临时搭设者如庙会戏台,或与土地密切不可分离者如围墙、假山,皆非不动产。所谓动产,是指不动产以外之物,如汽车、珠宝、图书等。[11]

各国家及地区处理土地与建筑物的关系,有两种模式:其一,将土地与其上的建筑物结合作为一个不动产,即只是一个物,建筑物只是土地的附着物,不是独立的不动产,可称为结合主义;其二,将土地与其上的建筑物分别作为独立的不动产,即不同的两个物,可称为分别主义。德国、瑞士采结合主义,日本和中国台湾地区采分别主义。

---

〔11〕 中国《物权法草案(建议稿)》第11条规定不动产的定义:不动产,指依自然性质或者法律的规定不可移动的物,包括土地、土地定着物、与土地尚未脱离的土地生成物、因自然或者人力添附于土地并且不能分离的其他物。第12条规定动产的定义:动产,指不动产之外的其他物。货币,为特别动产。物权以外的其他财产权利为不记名权利时,视为动产。

中国自改革开放以来,基于管理体制上的原因,将土地和建筑物分别作为不同的财产。考虑到分别主义立法,使建筑物作为独立的不动产,有利于流通的优点,以及现行体制实际已采分别主义,虽原《物权法》对此未设明文规定,亦应按分别主义解释,即将土地和建筑物分别作为独立的不动产。

(二)区分动产与不动产的意义

区分动产与不动产,在社会经济上的意义如下:在市场经济不发达的条件下,土地及建筑物为最重要的财产,为一家一户安身立命之基础。尤其在封建社会,土地与人的身份密切相关,为世袭财产,受法律特别保护。其后,随着市场经济的发达,动产的价值日益增长,不动产的重要性不免减少。但基于土地资源稀缺性之理由,不动产在法律上和经济政策上再次受到重视。

区分动产与不动产,在法律上的意义主要有:其一,公示方法不同,不动产以登记为公示方法,动产以占有、交付为公示方法;其二,取得时效期间不同,不动产取得时效期间长,动产取得时效期间短;其三,不动产之上可以设立用益物权,而动产则否;[12]其四,动产之上可以成立留置权和质权,而不动产则否;其五,虽不动产和动产均可设立抵押权,但在不动产抵押权,登记为生效要件,而在动产抵押权,登记为对抗要件;其六,在法律适用上,不动产所有权和不动产继承,适用不动产所在地法律;其七,裁判管辖上,因不动产提起的诉讼,由不动产所在地法院专属管辖;其八,强制执行方法上,因动产与不动产而不同。此为动产与不动产区别之主要理由。

关于不动产与动产之认定,实务上常就若干具体情形发生争议。其一,关于轻便轨道是否为不动产。依判例学说,轻便轨道,除临时敷设者外,凡继续附着于土地而达一定经济上之目的者,应认为不动产。其二,建筑房屋完成至何种程度,始可认为是不动产。依判例学说,所谓定着物,是指非土地之构成部分,继续附着于土地,而达一定经济上目的,不易移动其所在之物而言。屋顶尚未完全完工之房屋,其已足避风雨,可达经济上使用之目的者,即属土地之定着物,买受此种房屋之人,系基于法律行为,自须办理移转登记,始能取得所有权。反之,未完成之建筑物未达上述标准时,应属于动产,买受此种建筑物之人,仅须交付,即可取得所有权。[13]

二、主物与从物

主物与从物之区分,乃首先确定从物,从物之外皆为主物。从物指非主物的构成

---

〔12〕《民法典》物权编第323条规定:“用益物权人对他人所有的不动产或者动产,依法享有占有、使用和收益的权利。”但该法规定的土地承包经营权、建设用地使用权、宅基地使用权和地役权等四种用益物权,均以不动产(土地)为其客体。可知,其第323条规定用益物权客体包括“动产”,应属于错误。

〔13〕参见王泽鉴:《民法物权》,台北,三民书局1992年版,第44～45页。

部分而从属于主物,并对主物发挥辅助效用之物。其要件有三:须非主物之成分;须对主物发挥辅助效用;须与主物同属一人。区分主物与从物之意义在于,法律规定主物之处分及于从物。这是为了发挥物之效用。但此规定为任意性规定,当事人可依约定排除其适用。

物之成分,指物之构成部分。此所谓部分与成分同义。物之成分,可分为重要成分与非重要成分。重要成分,指对物的整体性质和效能发挥决定作用的构成部分。如房屋之栋梁、土地之石墙、图画之颜色。凡不属于重要成分者,为非重要成分。如房屋之门窗、汽车之轮胎。区别重要成分与非重要成分之意义在于,重要成分不得脱离物的整体而独立成为物权之客体。例如电梯,如已安装于房屋内即与该房屋有不可分离之关系,而为该房屋之构成部分,从而买卖房屋即应包括此电梯在内。[14]

三、融通物与不融通物

融通物指可为交易标的之物。不融通物指法律规定不得为交易标的之物。融通物与不融通物之区分,乃先确定不融通物,然后凡不属于不融通物之物,皆为融通物。物大多为融通物,不融通物限于:公有物,如政府机关之建筑物;公用物,如道路、河川、公园;禁止物,如伪造货币、毒品、淫秽物品。区分融通物与不融通物之意义,在于以不融通物为标的物的转让合同无效。

四、代替物与不代替物

代替物指得依同品种同数量相互代替之物。不代替物指不能依同品种同数量相互代替之物。须依客观标准进行区别。金钱、农产品、消费工业品属于代替物。土地、建筑物、特定艺术品为不代替物。区分之意义在于,唯代替物才能作为消费借贷的标的物;不代替物可为使用借贷和租赁之标的物,不能作为消费借贷的标的物。

五、特定物与种类物

特定物指依当事人的意思具体指定之物。种类物(不特定物)指当事人仅依抽象的种类、品质、数量予以限定之物。二者完全依主观的标准进行区别。特定物与不特定物之区别易于与代替物与不代替物之区别混淆。因不代替物通常作为特定物交易,而代替物通常作为种类物交易。但也不尽然,不代替物亦得为种类物,代替物亦得为特定物。例如,马在普通情形应为不代替物,但如约定购买蒙古马百匹,则成为种类物。又如,有价证券为代替物,但特定号码之有价证券则为特定物。需注意的是,代替物与不代替物之区别,为物本身的区别;特定物与种类物之区别,为交易方法之区别,

[14] 参见王泽鉴:《民法物权》,台北,三民书局1992年版,第46~47页。

非物本身之区别。区分特定物与种类物,在物权法上的意义,在于唯特定物得成为物权客体,种类物不能成为物权客体;在债权法上的意义,在关于债之标的、债之履行、危险负担、瑕疵担保等,特定物与种类物的法律效果不同。

六、消费物与不消费物

消费物指不能重复使用,一经使用即改变其原有形态、性质之物。不消费物指经反复使用不改变其形态、性质之物。米、谷、烟、酒等为消费物。货币(金钱)不能由同一人重复使用,亦为消费物。衣服、书籍、房屋、汽车等为不消费物。区分消费物与不消费物之意义,在于区别借贷、租赁及保管。不消费物可作为租赁、使用借贷及通常保管合同之标的物,而消费物仅得作为消费借贷及消费保管合同之标的物。

货币在法律上属于物之一种。唯物有动产与不动产之分,货币属于动产,但又较其他动产不同。其一,货币系具有高度代替性之代替物。所谓代替物,即得以同种同量之物互相代替之物。货币不过为价值评定之标准,市场交换之媒介,债务支付之手段而已。其所有人对于各个货币之个性,常不重视,而请求给付货币之债权人,对于货币之个性,亦多不考虑。因而不但金额货币之债,得以任何货币为清偿,即使特种货币之债,亦非不可以他种货币给付。可见货币之为物,实具有高度代替性。其二,货币乃典型的消费物。所谓消费物,是指同一人就同一物不能再以同一目的反复使用之物。货币贵乎流通,以时时易主为其常态。因而货币一经其所有人使用,即转入他人之手。原所有人即不得再行使用。故辗转流通为货币之特有机能,而供人消费为货币之唯一目的,货币属于典型的消费物。[15] 其三,由货币的性质和功能所决定,货币的所有权不得与对货币的占有相分离。凡占有货币者,不分合法、非法,均取得货币所有权;凡丧失对货币的占有,无论是否自愿,均丧失货币所有权;接受无行为能力人交付的货币,也取得货币所有权;将货币借贷他人或委托他人保管,亦由借用人或保管人取得货币所有权;货币被盗或遗失,亦由盗窃者或拾得人取得货币所有权;“骗钱还债”,亦由接受清偿的债权人取得货币所有权。对于货币,不适用《民法典》物权编第 235 条关于原物返还请求权的规定、第 460 条关于占有回复请求权的规定;丧失货币所有权的人,只能根据合同关系、不当得利制度或侵权行为制度获得救济。此外,货币亦不发生善意取得问题。《民法典》物权编对此虽无明文规定,亦应作同一解释。

七、可分物与不可分物

可分物指其性质不因分割而改变,其价值不因分割而减少之物。不可分物指一经分割将改变其性质及减少其价值之物。货币、米、谷、汽油等为可分物,马、牛、建筑物、

[15] 参见郑玉波:《民法总则》,台北,三民书局 1979 年版,第 416 ~ 417 页。

电视机、汽车等为不可分物。区分可分物与不可分物之意义,在于决定多数人之债属于可分之债或不可分之债,及决定共有物之分割方法为现物分割或变价分割。

八、单一物、结合物与集合物

单一物指形态上独立成为一体之物,如牛、马、布匹等为单一物。结合物,指由数个物结合而成之物。其构成部分虽未失其个性,但形体上已成为单一体,在法律上与单一物同样对待,如手表、汽车、电视机为结合物。集合物指多数单一物或结合物集合而成之物。如一群羊、一个商店之全部商品、一个企业之全部机器设备、一个图书馆。区分单一物、结合物与集合物之意义,在对于单一物或结合物,原则上物权应存在于物之全部,其一部分不得成为物权客体。而对于集合物,原则上物权应存在于物之各部,不得将其作为一个物权的客体,应分别作为各别物权的客体。但现代之财团抵押乃将集合物作为一个抵押权客体,被认为是例外。[16]

九、原物与孳息

原物指孳息所从出之物。孳息指原物所出之收益。孳息又分为天然孳息与法定孳息。天然孳息,指物依自然而产生的出产物、收获物,如植物的果实,及动物之卵、奶、幼仔。法定孳息,指物依法律关系而产生的收益,包括利息、租金等。《民法典》物权编第321条规定:"天然孳息,由所有权人取得;既有所有权人又有用益物权人的,由用益物权人取得。当事人另有约定的,按照约定。法定孳息,当事人有约定的,按照约定取得;没有约定或者约定不明确的,按照交易习惯取得。"区分原物与孳息之意义,在于决定物所生利益之归属。

十、财产

现代民法及商事法中,"财产"一词屡见不鲜。但须注意,大陆法系的财产概念与英美法系的财产概念的含义广狭不同。大陆法系所谓财产,包括一切物(动产、不动

---

〔16〕 外国法上的财团抵押,即学者受立法机关委托起草的中国《物权法草案(建议稿)》第七章"抵押权"第三节所规定的企业财产集合抵押。该草案第347条规定,企业财产集合抵押,是指以企业所有的不同种类的特定财产的集合体为标的而设定的抵押。

产)和一切财产性权利。[17] 英美法上的"财产"(property)约有四种含义;[18]法律上通常所用者,或指作为权利客体的物(包括有体物与无体物),或指关于物之法律关系,[19]后者指占有、使用、利用特定物之权利,又称为权利束(bundle of rights)。[20]

所谓财产,往往于其构成财产之各个权利之外,独立保有其单一性。承认财产之独立的存在,对于法律解释有相当的便利。盖因民法往往对财产之规定一如权利之客体,如夫妻财产、子女特有财产、合伙财产、继承财产、信托财产等。加之,因市场经济之发达,以企业为中心的企业财产,必将成为今后重要的法律问题,殆可断言。

财产之意义如何,学说并不一致。依通说,所谓财产,指具有经济价值,依一定之目的而结合之权利义务之总体。其一,财产须有经济价值。通常所谓财产权,不必有金钱的价格。但此所谓财产,应作严格解释。必须有经济价值之权利义务,始可构成财产。所谓经济价值,是指能满足人们经济上之需要,且可以金钱估计其价格者。其二,财产系依一定目的而结合。财产结合之要素如何,学说不一。通说皆以其主体为标准。然财产与其主体之人数未必一致。加之财产之命运及其存续条件,与其主体亦无何等关系。是以财产之结合要素,应以其目的为标准。财产莫不有其目的。一财产与他财产之区别,非因其主体不同,实其目的有所差异。一人既可有数个目的,数人亦可共有一个目的。故一人拥有数个财产者有之,如信托受托人拥有固有财产及信托财产;一财产同时属于数人者,亦有之,如夫妻财产。其三,财产为权利义务之总体。财产为有经济价值之权利义务结合而成之总体,即就构成财产之各个权利义务总括的视为一体。物权、无体财产权、债权及债务之类,皆属之。财产上权利之总体,谓之积极财产;财产上义务之总体,谓之消极财产。"财产"一词,用于广义,则包括积极财产与

---

〔17〕 1992年新《荷兰民法典》第三编财产法总则,第1节定义,第3:1条规定:"财产,包括一切物和一切财产性权利。"第3:6条规定:"财产性权利,是指可单独转让或与其他权利一并转让的权利;旨在使持有者获得物质利益的权利;以现实物质利益或预期物质利益交换而得的权利。"

〔18〕 最广义的财产,包括一人的全部法律权利。今已不采此义。第二种含义的财产,仅指财产性权利(proprietary rights),与人身权相对。此种意义上之财产,构成一人之财团或财产(estate or property),凡土地、动产、股权、债权等皆属之。第三种含义的财产,仅指财产性的对世权,所谓财产法,即关于对世性财产权之法(The law of property is the law of proprietary rights in rem),而与对人权法即债法相对。此种意义上之财产,包括土地上的自由保有地产、租赁保有地产、专利权、版权等,但不包括债权。第四种含义即最狭义的财产,仅指有体财产(corporeal property),包括对有体物的所有权或有体物本身。参见 John Salmond, Jurisprudence 423 - 24 (Glanville L. Williams ed., 10th ed., 1947)。

〔19〕 《美国第一次财产法重述》在法律关系意义上使用"财产"一词,以求精确。《美国统一遗产法典》所称财产,包括不动产、动产、不动产或动产上的任何权益以及可成为所有权标的的任何物。1925年《英国财产法》所称财产,包括对人性财产权及不动产与动产上的权益。

〔20〕 财产权系由请求权(claim)、特权(privilege)、权力(power)、豁免(immunity)等构成。权利束理论由美国法学家霍菲尔德提出[Wesley Newcomb Hohfeld, *Some Fundamental Legal Conceptions as Applied in Judicial Reasoning*, 23 Yale L. J. 16 (1913)],成为美国财产法通说,为《美国第一次财产法重述》及诸多判例所采,其影响及于英国财产法。参见 Stephen R. Munzer, *A Theory of Property*, p. 22 - 36 (1990); Jeremy Waldron, *The Right to Private Property*, p. 47 - 53, 59 - 60 (1988); Lawrence C. Becker, *Property Rights: Philosophic Foundations*, ch. 2 (1977)。

消极财产二者,如失踪人财产。用于狭义,则专指积极财产,如破产财产,即其一例。

财产依其目的可分类如下:其一,一般财产。即依人的一般生活目的而结合之财产,自然人、法人通常之财产皆属之。其二,联合财产。分属两个主体之财产,依一定目的而结合者,如夫妻财产。其三,部分财产。于一般目的之外,依特别目的而结合之财产,如营业财产。其四,独立财产。依独立之目的而结合,自一般财产独立管理之财产,破产财团、信托财产即其适例。财团法人,亦即独立财产之主体化。其五,集合财产。为特殊目的,属于多数主体之财产之一部相集合,而形成一个独立财产者,共同继承财产属之。〔21〕

〔21〕 参见李宜琛:《民法总则》,台北,正中书局1977年版,第190~193页。

第六章 法律行为

第一节 法律行为概述

一、法律行为与私法自治

所谓私法自治,指私人相互间的法律关系应取决于私人之自由意思。亦即于私法范围内,法律允许私人自由创设法律关系,只要不违反法律强行规定及公序良俗,私人之法律关系均可依其自己的意思,自由创设。私人创设法律关系之最主要方式,即所谓法律行为。民事法律法规,大部与法律行为有关。所谓私法自治原则,表现在现行法上,即法律行为自由原则。法律行为自由,尤其以契约自由和遗嘱自由为其中心。而团体设立的自由所受限制较大。法律行为自由,包含两方面的意义:一方面是排除国家公权力对法律行为的干涉;另一方面是对当事人自由意思的信赖。

私法自治原则,滥觞于罗马法。《十二表法》曾规定,一切关于财产所为之遗嘱处分,皆为法律。后由《法国民法典》第 1134 条第 1 款所明定:"依法成立的契约,在缔结契约的当事人间有相当于法律的效力。"[1]依此原则,在私法自治范围内,法律对于当事人之意思表示,即依其意思而承认法律效果;依其表示而赋予拘束力;其意思表示之内容,遂成为调整当事人行为之规范。相当于法律授权当事人为自己制定的法律。因此,于法庭审判案件之时,当事人所订的契约,即法官据以判断当事人间权利义务之规范。所谓任意法,即为补充或解释当事人自己制定的规范(契约)而设,即所谓补充规定或解释规定。反之,强行法所规定的范围,即私法自治之界域。

法律行为(Rechtsgeschäft),是德国民法学为追求法律体系化而创造的概念。法律行为,不同于契约、遗嘱这类现实的行为,而是对现实中各种行为的抽象和概括。对现实中产生法律效果的各种表意行为进行抽象,强化其共同点,排除其不同点,赋予一个统一的名称,即法律行为。法律行为概念,是由概念法学派创立的,而概念法学派是历史法学派发展的结果。法律行为概念形成于 18 世纪,至 1807 年,德国法学家海瑟(Heise)在《供学说汇纂教程所用的普通民法体系概论》一书中所用的"法律行为"一

---

[1] 2016 年《法国债法》修正后,条文序号变为第 1103 条。

词,作为统一概念获得普遍认可。

法律行为概念之采用和法律行为制度之创立,使民法典可以采取“总则—分则”的结构。民法总则是“人—物—行为”的三位一体。在立法技术上,因民法总则的设置,避免了民法典对各种具体法律行为的重复立法。因法律行为制度和民法总则的设置,使民法成为一个具有逻辑性的规范体系,且增强了法律规范的涵摄力,扩大了适用范围,使民法更具开放性,有利于实现司法的统一和公正及司法对社会的理性化控制。但在反面,因为法律行为概念所具有的抽象性、一般性的特征,扩大了社会现实生活与民法的距离,增加了普通市民了解民法的困难。〔2〕

在立法例上,除英美法系国家外,大陆法系一些国家的民法典也没有规定法律行为制度。属于法国法系的《法国民法典》、拉丁美洲国家的民法典、《魁北克民法典》等均未规定法律行为制度,甚至属于德国法系的《奥地利民法典》《瑞士民法典》也未规定法律行为制度。此类民法典多采取准用合同制度的立法技术。在比较法研究中也一直存在法律行为制度存废的争论。

中国自清末改制,继受德国民法已有一百余年,德国民法的这套概念体系已经成为中国法律文化传统的重要组成部分,成为中国民事立法、民事司法、民法教学和民法理论研究的基础。《大清民律草案》、《民国民律草案》和《中华民国民法》均采用法律行为概念、规定法律行为制度。1986年制定的《民法通则》,专设第四章规定法律行为制度。正是由于采用法律行为概念,决定了日本、韩国、中国属于大陆法系的德国法系。〔3〕

但原《民法通则》在“法律行为”概念前加上“民事”二字,为“民事法律行为”,并将民事法律行为限定为“合法行为”(第54条),同时还发明了“民事行为”概念。原《民法通则》起草人的考虑在于,民事法律行为必须是完全合法、有效的,凡无效的、可撤销的都不能称为民事法律行为,故另创民事行为作为上位概念,以涵盖民事法律行为、无效民事行为、可撤销民事行为等概念。《民法典》总则编虽然沿用“民事法律行为”概念,但删除其合法性要件,并同时废弃“民事行为”概念。《民法典》总则编第133条规定:“民事法律行为是民事主体通过意思表示设立、变更、终止民事法律关系的行为。”依此定义,凡具备意思表示为要素、设立、变更、终止民事法律关系为目的两项要件,即民事法律行为,而不论其属于确定有效、部分有效、确定无效、可撤销或效力未定。

可见,此民事法律行为概念,与大陆法系民法所通用的“法律行为”概念,完全等同、毫无区别。前置“民事”一词,仅在表明专属于民法领域之法律概念而已。质言

---

〔2〕 参见[日]北川善太郎:《民法总则》,有斐阁1993年版,第105页。

〔3〕 参见[日]北川善太郎:《民法总则》,有斐阁1993年版,第105页。

之,在废弃“民事行为”概念之后,“民事法律行为”概念,已经抛弃《民法通则》起草人赋予的特别含义,而与大陆法系民法“法律行为”(Rechtsgeschäft)概念完全相同。既然大陆法系民法理论和立法例所称“法律行为”,与中国民事立法所称“民事法律行为”,是同一法律概念,则中国民法理论研究、教学和民事实务不妨仍使用“法律行为”一语,作为“民事法律行为”概念之简称。

二、法律行为的意义

所谓法律行为,指以发生私法上效果的意思表示为要素的一种法律事实。

第一,法律行为属于法律事实之一种。关于法律事实的概念及类别,已在第二章第二节述及。

第二,法律行为,是以意思表示为要素的法律事实。关于意思表示,将在后面论及。法律行为作为法律事实之一种,其区别于他种法律事实之点,在于法律行为以意思表示为构成要素,而其他法律事实不以意思表示为构成要素。

关于意思表示与法律行为之关系,有学者径以意思表示为法律行为,即认为两概念相等。但意思表示不等于法律行为。因法律行为有由一个意思表示构成者(如单方行为),有由两个或多个意思表示构成者(如契约、决议),有于意思表示之外还须有其他要素如交付及形式要件方才构成者(如要物合同、要式行为)。可见,意思表示为法律行为之最基本构成要素。

第三,法律行为系发生私法上效果之法律事实。此所谓私法上效果,指私权之变动,亦即《民法典》总则编第 133 条所谓“设立、变更、终止民事法律关系(民事权利义务关系)”。此为法律行为与其他法律行为(如公法上行为)区别之点。

第二节　法律行为的分类

一、双方行为、单方行为、多方行为、决议

(一)双方行为

双方行为,指由两个意思表示的一致而成立的法律行为。双方行为,在中国传统习惯中称为“契约”,至今我国台湾地区仍称契约,并采广义契约概念,分为财产契约与身份契约;财产契约,包括债权契约、物权契约和准物权契约;身份契约,包括亲属契约和继承契约。但中国现行民事立法不称契约,而改称“合同”。《民法典》合同编第 464 条第 1 款规定:“合同是民事主体之间设立、变更、终止民事法律关系的协议。”第

2 款规定:“婚姻、收养、监护等有关身份关系的协议,适用有关该身份关系的法律规定;没有规定的,可以根据其性质参照适用本编规定。”结合总则编第 118 条第 2 款关于债权债务发生原因的规定[4],可知中国民法所谓合同,采狭义概念,仅指平等主体之间发生债权债务关系的双方行为;平等主体之间有关身份关系的双方行为,称为协议。

此外,在现代社会中,多数当事人缔结一个契约的事例正在增长。此即所谓三方契约问题。对此,法律上尚缺乏相应的规定。

(二)单方行为

单方行为,又称单独行为,指仅由当事人一方的意思表示成立的法律行为。单方行为可分为有相对人的单方行为与无相对人的单方行为。债务免除、代理权的授予、法定代理人的同意、解除权行使及悬赏广告等,属于有相对人的单方行为;遗嘱、设立财团的捐助行为等,属于无相对人的单方行为。基于私法自治原则,非依本人的意思,不能对其发生权利变动。所以,唯于法律有特别规定之情形,始得依单方意思为自己设定义务,是为例外。至于以单方行为赋予他人权利者,固属当然。

民法理论上关于悬赏广告的性质,究竟属于单方法律行为还是双方法律行为(契约)存在分歧。《民法典》合同编第 499 条规定:“悬赏人以公开方式声明对完成特定行为的人支付报酬的,完成该行为的人可以请求其支付。”广告人按照悬赏广告允诺的金额给付报酬的义务,仅与广告指明的特定行为是否已经实施或者完成相关,并不要求完成或者实施特定行为的人已经知道悬赏广告的存在及其内容,亦不要求行为人有实施或者完成悬赏广告指定的特定行为的意思。由此可知,中国民法所谓悬赏广告属于有相对人的单方法律行为。

此外,以设立财团法人为目的而捐出财产之行为,学说上称为捐助行为。捐助行为可在生前为之,是为生前捐助行为,应订立捐助章程。依据民法原理,捐助行为亦可以遗嘱方式为之,是为遗嘱捐助,无另订章程之必要。我国《民法典》总则编第 93 条第 1 款规定,设立捐助法人,应当依法制定法人章程。应注意的是,捐助行为无论采何种方式,均依捐助人一方的意思表示而产生效力。财团法人之设立如须获得主管机关之许可,但许可系公法行为,不得因此误认主管机关为捐助意思表示之相对人,故捐助行为属于无相对人之单方法律行为。[5]

---

〔4〕 第 118 条第 2 款规定:“债权是因合同、侵权行为、无因管理、不当得利以及法律的其他规定,权利人请求特定义务人为或者不为一定行为的权利。”

〔5〕 参见王泽鉴:《民法总则》,台北,三民书局 2000 年版,第 215 页。

(三)多方行为

多方行为,指由同一内容的多个意思表示的一致而成立的法律行为,如社团法人的设立行为。社团法人的设立行为,系各设立人以创设一个社团,并使其取得法律上人格为共同目的,为平行意思表示的一致而成立。设立人仅二人时,其设立行为仍属于多方行为,而非合同(契约)。[6] 其与合同(契约)的区别在于,对立的意思表示之有无,及对立的利益之有无。多方行为,在传统民法理论上又称为合同行为。需特别注意的是,所谓合同行为,不过是多方行为的另一称谓,切不可混淆于属于双方行为的合同(契约)。

(四)决议

《民法典》总则编第 134 条第 2 款规定,决议为法律行为之一种。所谓决议,一般亦由多个意思表示构成,其特点如下:数个意思表示内容与词句相互一致;意思表示并非针对其他作出表示的成员,而是针对有关的意思形成机构;对未表示同意决议的当事人亦可发生拘束力,由此区别于双方行为与多方行为;决议不调整参与决议者之间的个人关系,而是针对决议者共同的权利领域或其所代表的法人的权利领域,此亦区别于双方行为与多方行为;决议主要调整组织内部关系,不调整组织与第三人之间关系。[7] 决议多见于团体法之中,如股东会决议、合伙企业合伙人决议、业主大会决议等。

区别双方行为、单方行为、多方行为与决议之主要意义在于,法律对成立与生效的要求有所不同。

二、要式行为与不要式行为

以法律行为是否须依一定形式为标准,分为要式行为与不要式行为。要式行为,指其意思表示须依一定形式,或在意思表示之外尚须履行一定形式的法律行为。不要式行为,指无须依一定形式的法律行为。区别之意义在于,不要式行为,得自由为之;而要式行为,非依特定形式者,原则上不成立。

所谓法律行为的形式,是指法律行为的意思表示所使用的方法。古代民法,法律行为以要式为必要。但近现代民法,确立意思自治为基本原则,当然包括法律行为缔结形式的自由。因此,法律行为原则上为不要式,意思表示之方法纯由当事人自由决

---

〔6〕 参见王泽鉴:《民法总则》,台北,三民书局 2000 年版,第 194 页。

〔7〕 参见[德]迪特尔·梅迪库斯:《德国民法总论》,邵建东译,法律出版社 2000 年版,第 167 页;[德]卡尔·拉伦茨:《德国民法通论》(下),王晓晔等译,法律出版社 2003 年版,第 433 页。

定,是为法律行为形式自由之原则。作为例外,法律限定某些法律行为必须履行一定形式,称为法定形式。民法特别规定法律行为的形式,出于以下目的:提醒当事人注意法律行为的意义和利害关系,避免匆促和轻率决定;特定形式能够在诉讼中作为确定法律行为的成立及其内容的证据;确保法律关系的公开性,尤其是不动产交易;便于债权的流通,如有价证券。20 世纪后期以来,各国民法对法律行为形式的要求虽然有弱化的趋势,但对于某些重大的法律行为类型,如不动产交易,仍然规定严格的形式要求。

我国现行法,财产行为以不要式为原则,要式为例外;[8] 身份行为则以要式为原则。法定形式包括:其一,书面形式;[9] 其二,书面形式之外的其他形式,如登记形式,以及公证形式。此外,当事人约定须履行一定形式,称为约定形式。[10]

我国现行法,对法律行为未履行法定形式的后果,未设统一规定。其一,原则上不成立。按照《民法典》合同编的规定,未履行法定形式的后果,原则上合同不成立。其例外,即在一方已经履行主要义务的情形,合同成立(第 490 条);租赁合同未采用法定形式,视为不定期租赁(第 707 条)。其二,经补正有效。《民法典》婚姻家庭编第 1049 条规定,未办理结婚登记的,应当补办登记。

三、要物行为与不要物行为

以法律行为于意思表示之外是否须现实成分如物之交付为标准,分为要物行为与不要物行为。要物行为,指于意思表示之外还须有现实成分如物之交付方能成立的法律行为,又称实践行为。不要物行为,指仅依意思表示而成立的法律行为,又称诺成行为。区别之意义在于,要物行为在意思表示一致之外,还须标的物的实际交付,合同才成立;而不要物行为仅依意思表示一致而成立。《民法典》合同编规定的合同,除定金合同、保管合同属于要物行为(第 586、890 条)外,多为诺成行为。

四、生前行为与死因行为

以法律行为的效力发生于行为人生前或其死后为标准,分为生前行为与死因行

---

〔8〕《民法典》总则编第 135 条规定:"民事法律行为可以采用书面形式、口头形式或者其他形式;法律、行政法规规定或者当事人约定采用特定形式的,应当采用特定形式。"

〔9〕《民法典》合同编第 469 条第 2、3 款规定,"书面形式是合同书、信件、电报、电传、传真等可以有形地表现所载内容的形式。以电子数据交换、电子邮件等方式能够有形地表现所载内容,并可以随时调取查用的数据电文,视为书面形式"。《电子签名法》第 2 条第 2 款规定,数据电文,"是指以电子、光学、磁或者类似手段生成、发送、接收或者储存的信息"。同法第 4 条规定:"能够有形地表现所载内容,并可以随时调取查用的数据电文,视为符合法律、法规要求的书面形式。"

〔10〕我国法律关于订立合同,曾以要式为原则,如 1981 年的《经济合同法》规定,除即时清结者外,须采用书面形式;1985 年的《涉外经济合同法》和 1987 年的《技术合同法》规定,必须采用书面形式。1999 年 3 月 15 日通过的《合同法》,改采以不要式为原则(第 10 条第 1 款),以要式为例外(第 10 条第 2 款)。

为。生前行为，指其效力发生于行为人生前的法律行为。死因行为，指因行为人死亡而发生效力的法律行为。例如，赠与合同为生前行为，遗赠为死因行为。区别之意义在于，死因行为非于行为人死后不生效力，且因其在行为人死后生效，利害关系人间易生争端，法律多设有特别规定，以确保行为人之真意得以贯彻。如《民法典》继承编第三章，对遗嘱的形式、撤销、变更及无效等，均设有强制性规定。死因行为，其生效取决于将来必定发生的事实（行为人死亡），因此类似于附期限的法律行为。二者的区别在于，后者系由当事人约定，而死因行为则系法律规定。

五、财产行为与身份行为

以法律行为效果之种类为标准，分为财产行为与身份行为。财产行为，指以发生财产上效果为目的的法律行为。身份行为，指以发生身份上效果为目的的法律行为。区别之意义在于，所生效果不同。

六、负担行为与处分行为

民法理论将财产行为分为负担行为与处分行为。前者指发生债权债务之行为，故又称为债权行为。后者指使某特定权利直接发生得丧变更之行为，可再分为物权行为及准物权行为。处分行为须以行为人有处分能力，始为有效。所谓处分能力，指得为有效处分行为之法律上地位，即法律上得就该权利为有效处分之权能（处分权）。有处分能力之人，法律上称为处分权人。财产权人就其权利标的物，原则上皆有处分权。无处分能力人就权利标的物所为之处分行为，称为无权处分。无权处分，除法律特别规定外，不生处分之效力。

七、债权行为与物权行为

（一）区分标准

对于财产行为，以法律行为的内容之不同为标准，分为债权行为与物权行为。债权行为，指以债权债务之发生为内容的法律行为。物权行为，指以物权之设定、移转为直接内容的法律行为。区别之意义在于，债权行为常为物权行为之原因，因此发生要因、不要因问题。关于物权行为之独立性与无因性问题，为民法中最重大的理论问题之一。

（二）两种规定模式

现代各国家和地区，有在债权行为之外承认独立于债权行为的物权行为概念者，如德国和中国台湾地区，有不承认独立于债权行为的物权行为概念者，如法国和日本。

中国现行民事立法,未规定有独立于债权行为的物权行为,民法理论亦以否认独立的物权行为为通说。

(三)所谓物权行为的意义

在德国及中国台湾地区,关于何谓物权行为,学说上的见解有二:其一,认为物权行为是以物权之得丧变更为直接内容之法律行为;其二,认为物权行为是由物权之意思表示与外部之变动象征(交付或登记)相互结合而成之法律行为。前者依物权行为之目的或内容立论,后者以物权行为之成立方式立论。合而观之,可了解物权行为之意义:其一,物权是关于物之归属的权利,即法律将某物归属于某主体,由其支配。物权行为系以此项归属变动为内容之法律行为,依此法律行为之成立而直接引起物权之发生、变更或消灭。故物权行为属于所谓处分行为。其二,物权之变动须具备双重要件,就不动产言,为法律行为(物权行为)与登记;就动产言,为让与合意(物权行为)与交付。学说上有争论的是,登记或交付究为物权行为之成立要件抑或生效要件。应当认为系生效要件,理由有二:其一,法律明文规定非经登记或交付不生效力;其二,登记系公法上行为,显然不能作为法律行为之构成部分,因此不能作为成立要件。[11]

(四)所谓物权行为的独立性

按照德国学者萨维尼(Savigny,1779 ~ 1861 年)的主张,债权契约与物权契约是两个不同的法律行为。债权契约的效力在于使双方当事人享有债权和负担债务,并不能发生物权变动。要发生物权变动,有赖于独立于债权契约之外,以直接发生物权变动为目的之法律行为,即物权契约。以买卖为例,双方缔结的买卖契约属于债权行为,仅能使双方当事人负担交付标的物和支付价金的债务。要发生标的物和价金所有权的移转,须另订物权契约,即由双方就移转标的物和价金所有权达成合意。于是,债权行为与物权行为截然分开,各自独立,称为分离原则。此即所谓物权行为独立性。

需注意的是,中国《民法典》物权编规定物权变动与原因行为的区分原则(第 214、215 条)。[12] 所称物权变动,是指所有权过户、抵押权设定等物权变动事实,非指发生物权变动的意思表示即所谓物权行为;所称原因行为,是指发生物权变动的债权行为,如买卖合同、赠与合同、建设用地使用权设立合同、建设用地使用权转让合同、抵押合同、质押合同,是对民法理论上所谓负担行为与所谓处分行为一体把握,将处分行为纳

---

〔11〕 参见王泽鉴:《民法总则》,台北,三民书局 1992 年版,第 66 ~ 67 页。在法律规定登记发生对抗效力的情形,登记既非物权行为成立要件,亦非生效要件。如中国台湾地区"动产担保交易法"上的动产抵押。

〔12〕《民法典》物权编第 214 条规定:"不动产物权的设立、变更、转让和消灭,依照法律规定应当登记的,自记载于不动产登记簿时发生效力。"第 215 条规定:"当事人之间订立有关设立、变更、转让和消灭不动产物权的合同,除法律另有规定或者当事人另有约定外,自合同成立时生效;未办理物权登记的,不影响合同效力。"

入于债权行为,将物权变动作为债权行为直接发生的效力。[13] 因此,中国民法所谓债权行为,可分为两类:一类债权行为,如买卖合同、赠与合同、建设用地使用权设立合同、抵押合同、质押合同等,是负担行为与处分行为合为一体;另一类债权行为,如借用合同、租赁合同、保证合同及劳务合同等,仅是负担行为,不包含处分行为。

八、有偿行为与无偿行为

以财产给付为标的之法律行为,以双方当事人均获得利益或仅一方当事人获得利益为标准,分为有偿行为与无偿行为。有偿行为,指双方当事人各因其给付而获得利益的法律行为。无偿行为,指一方当事人不须为给付而获得利益的法律行为。买卖、互易、租赁、加工承揽及有利息的借款合同等,为有偿行为。赠与、借用、无利息的借款合同,为无偿行为。区别之意义在于,关于法律行为之解释,关于责任之轻重,关于瑕疵担保责任,均依行为之属于有偿或无偿而有不同规定。此外,还与法律适用有关,按照《民法典》合同编第 646 条的规定,买卖合同之外的其他有偿行为,法律无规定的,可以准用买卖合同的有关规定。

九、主行为与从行为

以法律行为之相互关系为标准,分为主行为与从行为。主行为,指不以他行为之存在为其存在前提的法律行为。从行为,指以他行为之存在为其存在前提的法律行为。区别之意义在于,从行为之命运附随于主行为,即主行为无效或消灭,从行为亦应随之无效或消灭。[14]

十、独立行为与补助行为

以法律行为是否有独立的实质内容为标准,分为独立行为与补助行为。独立行为,指有独立的实质内容的法律行为。补助行为,指不具备独立的实质内容的法律行为。一般法律行为,均为独立行为。补助行为,如法定代理人对限制行为能力人行为之同意。区别之意义在于,补助行为仅为独立行为生效之条件,自身无独立的实质内容;而受其补助之独立行为于未有补助行为之前,不生效。

---

〔13〕《民法典》合同编第 598 条规定:"出卖人应当履行向买受人交付标的物或者交付提取标的物的单证,并转移标的物所有权的义务。"

〔14〕《民法典》合同编第 566 条第 3 款规定:"主合同解除后,担保人对债务人应当承担的民事责任仍应当承担担保责任",将"主合同无效、从合同因而无效"改为:主合同因解除而无效,作为从合同的担保合同并不无效,只是发生担保范围的变更,即由原担保主债变更为担保债务人于主合同解除后应承担的民事责任。

十一、有因行为与无因行为

(一)区分标准及其意义

以法律行为与其原因的关系为标准,分为有因行为与无因行为。有因行为,指行为与其原因在法律上相互结合不可分离的法律行为。无因行为,指行为与其原因可以分离的法律行为。区别之意义在于,无因行为,原因虽不存在,其行为仍有效;有因行为,如原因不存在,其行为应归于无效。需注意,仅于财产行为,发生有因与无因问题。

例如,票据行为属于无因行为,甲向乙购车,发行支票,以支付价金(原因)。即使该汽车买卖合同不成立、无效或被撤销(原因不存在),其发行支票的行为并不因此而不成立、无效或视为自始无效。如该支票尚在乙手中,甲可依不当得利的规定向乙请求返还。如该支票已为第三人取得时,甲不能以买卖合同不存在而拒绝付款。甲在向第三人付款后,当然可依不当得利规定请求乙返还其所受利益。可见,票据行为的无因性有助于票据的流通及维护交易安全。[15]

(二)所谓物权行为的无因性

法律行为之有因无因问题,特别发生在物权行为与债权行为的关系上。如果承认有独立于债权行为的物权行为概念,即应承认物权行为的独立性。在承认物权行为独立性之后,即发生是否承认物权行为无因性的问题。所谓物权行为的有因无因,是指立法和理论如何处理物权行为与作为其原因的债权行为的关系问题。即物权行为的法律效力是否受债权行为的影响。如物权行为之成立和有效不受债权行为的影响,即为无因;反之,如物权行为的法律效力受债权行为是否成立和是否有效的影响,即为有因。按照萨维尼的主张,物权行为应无因化,使之不受债权行为的影响。例如,买卖契约在交付标的物后,因意思表示有瑕疵或内容违反公序良俗而致无效或被撤销,而物权行为的效力却不受影响,买受人对于所接受的标的物仍保有所有权。丧失所有权的出卖人只能依据不当得利的规定请求返还。此即所谓物权行为的无因性,即抽象原则。

(三)物权行为无因性理论及立法的缺点

物权行为无因性理论及立法的最大缺点,在于严重损害出卖人利益,违背交易活动中的公平正义。在交付标的物之后发现买卖契约未成立、无效或被撤销,因物权行为之无因性,物权行为的效力不受债权行为影响,买受人仍取得标的物所有权。出卖人仅能依不当得利之规定请求返还。于是出卖人由所有权人变为债权人,不能享受法

---

〔15〕 参见王泽鉴:《民法总则》,台北,三民书局2000年版,第288~289页。

律对物权的特殊保护，其地位十分不利。第一种情形，如果买受人已将标的物转卖，第三人即使属于恶意亦能获得所有权。出卖人不能对该第三人行使任何权利，他只能向买受人请求返还转卖所得价金。第二种情形，如果买受人已在标的物上设定担保物权，因担保物权在法律效力上优于债权，出卖人不能请求返还标的物，只能向买受人请求赔偿。第三种情形，如果买受人的其他债权人对该标的物为强制执行，则出卖人不能依法提出异议之诉。第四种情形，如果买受人陷于破产，出卖人不能依所有权行使取回权从破产财产中取回标的物，他只能同其他债权人一起，按债权额比例受清偿。第五种情形，如果非因买受人的过失致标的物毁损灭失，买受人可以免责。

反之，如不承认物权行为无因性，则在买卖契约不成立、无效或撤销时，所有权不发生移转，出卖人仍保有标的物所有权。他可以得到物权法的特别保护。在前述第一种情形，如第三人属于恶意，则出卖人得直接对该恶意第三人起诉，请求返还标的物；第二种情形，担保设定行为应无效；第三种情形，出卖人得依法提出异议之诉；第四种情形，出卖人得依法行使别除权，从破产财产中取回标的物；第五种情形，如买受人对于买卖契约之不成立、无效或被撤销有过失，则不能免责。前四种情形，出卖人可望依法取回标的物，后一种情形亦可望获得赔偿。鉴于物权行为无因性理论和立法有上述缺点，德国判例学说通过解释方法对物权行为无因性理论之适用予以限制，使物权行为之效力受债权行为的影响，此即所谓物权行为无因性之相对化趋势，甚至进而主张废弃物权行为无因性理论，变更立法主义。〔16〕《欧洲民法典草案》不采物权行为无因性，明文规定所有权转让以合同或其他法律行为为要件（第八编第2:101条），并规定合同或其他法律行为无效或撤销时，所有权自始不发生变动（第八编第2:202条）。

自20世纪80年代后期以来，中国民法学界就是否采纳物权行为理论展开讨论，多数学者持否定立场。2007年3月16日通过的原《物权法》，未采纳物权行为概念和物权行为独立性无因性理论，2020年的《民法典》物权编维持了这一立场。

---

〔16〕 参见王泽鉴：《民法学说与判例研究》（第1册），中国政法大学出版社1998年版，第267～273页。采用无因性原则的希腊民法，亦有类似于德国学说判例的对无因性原则之适用予以限制的做法。参见 Principles, Definitions and Model Rules of European Private Law: Draft Common Frame of Reference (DCFR), Full Edition, Ⅷ. -2:202 Note 17 (2009)。

第三节　法律行为的要件

一、成立要件

(一)一般成立要件

法律行为的一般成立要件,指一般法律行为所共同的成立要件。按照通说,法律行为的一般成立要件有三项:当事人、标的、意思表示。

(二)特别成立要件

法律行为的特别成立要件,指特定的法律行为所特有的成立要件。如要式行为,以一定方式之履行为特别成立要件;要物行为,以物之交付为特别成立要件。

二、生效要件

(一)一般生效要件

法律行为的一般生效要件,指一般法律行为所共同的生效要件。一般生效要件有四项:当事人须有相应的行为能力,须意思表示真实,标的须合法,标的须确定。

(二)特别生效要件

法律行为的特别生效要件,指特定法律行为所特有的生效要件。例如,死因行为,以行为人死亡为特别生效要件;附停止条件(生效条件)的法律行为,以该约定条件之成就为特别生效要件;附始期(生效期限)的法律行为,以该约定期限之到来为特别生效要件。

三、法律行为之标的

法律行为之标的,亦即法律行为之内容。法律行为之成立,以有标的为成立要件。法律行为之生效,以标的之合法和确定为生效要件。

第一,标的合法。所谓标的合法,指不违反法律、行政法规的强制性规定,不得违背公序良俗。

第二,标的确定。所谓标的确定,指法律行为之标的须自始确定,或可得而确定。标的不确定的法律行为,应为无效。

需注意的是,《民法典》总则编第 143 条关于法律行为有效要件,仅规定:其一,行为人须有相应民事行为能力;其二,须意思表示真实;其三,须不违反法律、行政法规的强制性规定,不违背公序良俗。其中未对法律行为的标的是否应确定作出规定。依法律行为之本质,其标的不确定,不能据以确定双方当事人的权利义务范围。因此,法律行为的标的必须确定,为题中应有之义。故对《民法典》总则编第 143 条应采当然解释,解释为存在第四项生效要件:法律行为的标的必须确定。

另需说明的是,传统民法以标的可能为法律行为生效要件。所谓标的可能,指法律行为之标的可能实现。法律行为之标的不可能实现,称标的不能。标的不能,法律行为不生效力。

标的不能,分为以下数种:

第一,事实不能与法律不能。标的不能因其原因之不同,有事实上的不能与法律上的不能之别。事实不能,指法律行为之标的在事实上不可能实现,如使死者复生,将鸡变鸭。法律不能,指因法律的理由而致不能,多系违反法律强行规定,如为死者立嗣、娶亲。通常所谓标的不能仅指事实不能,事实不能使法律行为无效。法律不能属于法律行为内容和目的违法问题。

第二,自始不能与嗣后不能。标的不能因发生时间之不同,有自始不能与嗣后不能之别。不能的原因发生在法律行为成立之前,亦即法律行为成立之时已确定为不能,属于自始不能。例如,房屋买卖合同订立之时,该房屋已被烧毁。不能的原因发生于法律行为成立之后,亦即法律行为成立之时尚属可能,只是法律行为成立以后方才变为不能,属于嗣后不能。如房屋买卖合同订立之时该房屋尚完好无损,而在买卖合同成立后因失火被毁。自始不能,使法律行为无效。嗣后不能,不影响法律行为的生效,仅发生法律行为之解除。

第三,客观不能与主观不能。标的不能因其原因与当事人之关系不同,有客观不能与主观不能之别。不能的原因与当事人无关,属于客观的不能。例如,房屋因火灾、地震而被毁。不能的原因存在于当事人,属于主观的不能。例如,订立演出合同而该演员患病不能出演。客观不能,使法律行为无效。主观不能,只在相对人知其不能时,使法律行为无效。

第四,永久不能与一时不能。标的不能因其原因之存在是否超过法律行为之有效期间,可分为永久不能与一时不能。不能的原因存在于法律行为整个有效期间,亦即法律行为标的确定无实现之可能性,属于永久不能。如不能的原因有可能消灭,而法律行为标的有变为可能之希望,属于一时不能。影响法律行为效力的不能指永久不能,一时不能不影响法律行为的效力。

第五,全部不能与一部不能。标的不能因不能存在于法律行为标的之全部或一部,分为全部不能与一部不能。法律行为标的全部不能实现,属于全部不能。法律行为标的仅一部不能实现,属于一部不能。全部不能使法律行为全部无效,自不待言。一部不能,原则上使法律行为全部无效,但除去该不能部分后其余部分仍可成立者,其余部分仍为有效。

20世纪末以来,上述分类因缺少实益而受到学者批评,因标的不能的发生时点纯系偶然,以此决定法律行为之是否生效而致其效果迥然不同,在法理上欠缺正当性;且上述标的不能之区分标准在理论上看似清晰,而在实务中却相当复杂,据此对法律效果作区别处理,更增操作上的困难,因此主张无论自始不能或者嗣后不能、主观不能或者客观不能、全部不能或者一部不能等,均不影响法律行为的效力,而按债务不履行或解除法律行为处理。新近立法亦已呈现将标的不能从法律行为生效要件中剔除之发展趋势。例如,《国际商事合同通则》第3.3条第1款规定,合同订立时合同义务不能履行的事实本身不影响合同的效力。《欧洲合同法通则》第4:102条、《欧洲民法典草案》第二编第7:102条亦有类似规定。《德国民法典》经由2001年债法现代化法之修正,已废止原有规定,不再区分自始不能与嗣后不能,并改采与欧洲合同法通则相似的规定,于第311a条第1款明文规定,合同订立时已存在的履行障碍不影响合同生效。因此,标的是否可能,不再是影响法律行为效力的要件。我国《民法典》总则编、合同编均不以标的可能为法律行为(合同)的生效要件,符合此趋势。

第四节　意 思 表 示

一、意思表示的构造

法律行为,是关于人的行为的概念;意思表示,是关于人的意思活动的概念。两者的关系,前已述及,意思表示为法律行为不可或缺的构成要素。所谓意思表示,指向外部表明意欲发生一定私法上法律效果之意思的行为。

依通说,意思表示的成立过程为:其一,先有某种动机(例如,通过使用电脑提高工作效率);其二,基于该动机产生意欲发生一定法律效果的意思,即效果意思(购买一台电脑的意思);其三,有将该效果意思向外部公开的意识,即表示意思(欲表示购买电脑的效果意思的意思);其四,为向外部发表该效果意思的行为,即表示行为(说:"我要买一台电脑")。这样,通过表示行为将效果意思表示于外部,而完成意思表示。

其中,动机不过是引起效果意思的心理过程,其本身不具有法律上的意义,因此不是意思表示的构成要素。动机错误,原则上对法律行为的效力不发生影响。作为例外,该动机表示于外并经相对人同意而订入法律行为的情形,将影响法律行为的效力。

意思表示的构成要素是效果意思、表示意思和表示行为。关于表示意思是否为意思表示的构成要素,学说上存在分歧。[17]

(一)效果意思

意思表示上的意思,指效果意思。表意人内心意欲发生法律上效果的意思,为内心的效果意思,即所谓真意。但此内心的效果意思,难以为他人所知。因此,法律上所谓效果意思,是指表示上的效果意思。所谓表示上的效果意思,指从书面形式或口头形式的表示行为所推断的效果意思。

意思表示中的意思,原则上指表示上的效果意思。但在例外情形,如能判明真意即内心的效果意思,则应以内心的效果意思为当事人的意思。

(二)表示行为

表示行为,指以书面或口头等形式将意思外部化的行为。表示之形式得为明示或默示。[18] 单纯的沉默,无任何表示行为,仅在法律有规定、当事人有特约或者当事人之间有交易习惯时,始得视为表示行为。[19] 在电子数据交换(EDI)等所谓自动化意思表示的情形,表示信息虽经由计算机等工具发出,但因其程序系由表意人为特定目的而设计或设定,仍属表意人的意思表示。[20]

如意思与表示一致,不发生问题。但常有两者之间出现不正常状态的情形,即内心的效果意思与表示上的效果意思不符。包括真意保留、虚伪表示、错误、欺诈、胁迫。前三种,属于意思与表示不一致;后两种,属于意思不自由。

---

〔17〕参见[日]北川善太郎:《民法总则》,有斐阁1993年版,第131~132页;[日]三和一博、平井一雄:《要说民法总则》,苍文社1989年版,第106页。郑玉波先生指出,近年来学者间对于"表示意思"一项,多认为不必要,盖效力意思与表示行为,间不容发,无表示意思存在之余地。参见郑玉波:《民法总则》,中国政法大学出版社2003年版,第333页。在德国民法学说上,对于意思表示,旧说采复合式概念,认为意思表示由两个部分构成,一为外在要件,即表示;二为内在要件,即意思,意思又分为行为意思、表示意思、效果意思三个部分。新说采单一式概念,认为意思表示系本质上的一体,对于意思表示,系以向外生效的意思为基准,内在意思不属于意思表示之要件。但是单一式概念并未解决意思说与表示说的争执,对于意思表示对表意人有无拘束力的问题,也仍须另作评价。参见黄立:《民法总则》,中国政法大学出版社2002年版,第222~236页。

〔18〕《民法典》总则编第480条但书规定,根据交易习惯或者要约表明可以通过行为作出承诺,即为默示的意思表示。

〔19〕《民法典》总则编第140条第2款规定:"沉默只有在有法律规定、当事人约定或者符合当事人之间的交易习惯时,才可以视为意思表示。"

〔20〕参见[德]迪特尔·施瓦布:《民法导论》,郑冲译,法律出版社2006年版,第360~361页。自动化意思表示发生错误时,仍可适用关于错误的规定。参见[德]迪特尔·梅迪库斯:《德国民法总论》,邵建东译,法律出版社2000年版,第198~200页。《电子签名法》第9条第(二)项规定,发件人的信息系统自动发送的数据电文,视为发件人发送。

二、意思主义与表示主义

法律上通过确定意思表示的内容,以确定法律行为,并决定法律行为的效果。因此,如何确定意思表示的内容,具有重要意义。在确定意思表示的内容时,是以意思为重点,或是以表示为重点,于内心的效果意思与表示上的效果意思一致的情形不会发生什么问题,但在内心的效果意思与表示上的效果意思不一致的情形,将有很大差异。因着重点的不同,分为意思主义与表示主义。着重于内心的效果意思者,为意思主义;着重于表示上的效果意思者,为表示主义。

另有所谓折中主义,即对于内心的效果意思与表示上的效果意思不一致的不同的情形,或采意思主义,或采表示主义。如日本民法,对于仅表意人一方知其不一致(真意保留),以表示主义解决;对于表意人双方知其不一致(虚伪表示),以意思主义解决;对于表意人自身不知其不一致(错误),以意思主义解决。对于意思不自由的情形(诈欺、胁迫),以意思主义解决。我国《民法典》总则编关于欺诈、胁迫、重大误解,规定为可撤销,关于虚伪表示,规定为无效,似采意思主义。但《民法典》总则编对真意保留未作规定,而理论和实务采表示主义。由此看来,我国民法关于意思表示内容之确定,颇类似于日本民法,应属于折中主义。

三、意思表示的成立

意思表示之成立,通说以意思表示成立之心理经过为标准,认为意思表示之成立须具备三要素:效果意思、表示意思、表示行为。三要素中,以内心的效果意思为其本体。此纯为个人本位法律思想之表现。盖在个人本位之法律观念,以为人之取得权利、负担义务,应纯由个人之意思。法律行为既以私法自治为最高原则,则意思表示之成立必须有本人内心之效果意思,且须经过表示行为,表示于外部。而为表示行为之前,须先有欲将内心效果意思公开的意思即表示意思,此表示意思,为连接内心的效果意思与表示行为之中间环节。但个人之内心意思如何,非外部所得窥知,如贯彻上述理论,一律以内心的效果意思为准,则交易之相对人难免蒙受不测之损害。于是现代民法认为意思表示并非以个人内心的效果意思为发生法律效果之本体。意思表示,不过于私人间作成调整私人民事生活关系之规范而已。因此,意思表示遂应改为以表示行为为本体,纯粹客观的观察之。且意思表示内容之确定,应改为以表示上的效果意思为着重点。表示意思的有无,不影响意思表示的效力。从而意思表示之成立,仅须具备表示行为与效果意思两个要素,表示意思不必加入要素之内。[21]

---

〔21〕 参见李宜琛:《民法总则》,台北,正中书局 1977 年版,第 247 ~ 248 页;[日]三和一博、平井一雄:《要说民法总则》,苍文社 1989 年版,第 106 页。另参见邵建东:《表示意识是否意思表示的要素——德国联邦最高法院储蓄所错误担保案例判决评析》,载梁慧星主编:《民商法论丛》第 17 卷,金桥文化出版(香港)公司 2000 年版,第 340 ~ 358 页。

四、意思表示的生效

(一)无相对人的意思表示

无相对人的意思表示,即所谓单方行为,如抛弃、遗嘱等。无相对人的意思表示,其效力何时发生?《民法典》总则编第 138 条规定:“无相对人的意思表示,表示完成时生效。法律另有规定的,依照其规定。”所谓“表示完成时”,亦即行为成立时。无相对人的意思表示,应于其意思表示完成时发生效力,此为原则,如法律有特别规定则属于例外。因此,抛弃行为,于其行为成立时即发生效力。但按照《民法典》继承编的规定,遗嘱应当至遗嘱人死亡时才发生效力。

(二)有相对人的意思表示

1. 对话的意思表示与非对话的意思表示

有对方当事人的意思表示,分为对话的意思表示与非对话的意思表示。表意人与相对人对面交谈,或以电话直接为意思表示,属于对话的意思表示;表意人与相对人以信函、电报、传真、电子邮件(E-mail)、手机短信、微信等,间接表示其意思,属于非对话的意思表示。此分类,系以能否与相对人直接沟通为标准。虽地隔千里,以电话表示其意思,属于对话的意思表示,而近在咫尺,以字条、微信为转达时,则属于非对话的意思表示。

2. 对话的意思表示的效力发生

对话人间之意思表示,其效力何时发生?德国、日本民法皆无明文,因此学者间颇多议论,通说认为应与非对话人间之意思表示同采到达主义。即意思表示已置于客观上可能了解之状态,即发生效力。但我国台湾地区明文规定,以相对人了解时发生效力。同样,我国《民法典》总则编第 137 条第 1 款规定:“以对话方式作出的意思表示,相对人知道其内容时生效。”其所谓“知道”,与“了解”同一意义。盖对话时或因方言之差异,或因听觉之关系,其意思之误会在所难免。故采了解主义以防此弊。然对话之际,如相对人故意掩耳不闻,其意思表示是否发生效力?解释上仍不无疑问。[22] 在通常情形,相对人可能了解而主张未了解时,应承担举证责任。[23]

3. 非对话的意思表示的效力发生

非对话的意思表示,其效力于何时发生,因意思表示属于要约或承诺而有不同。各国民法关于要约的生效,均规定为自要约到达受要约人时生效。我国《民法典》合同编第 474 条规定,要约生效的时间适用总则编第 137 条的规定,即自要约到达受要

〔22〕 参见李宜琛:《民法总则》,台北,正中书局 1977 年版,第 253~254 页。

〔23〕 参见史尚宽:《民法总论》,台北,正大印书馆 1980 年版,第 410 页。

约人时生效。关于承诺的生效,各国立法例有发信主义与到达主义之别。

第一,发信主义。依发信主义,受意思表示一方(受要约人),以信函、电报作出意思表示(承诺)时,自信函、电报投邮时起生效,法律行为(合同)于是成立。

第二,到达主义。依到达主义,受意思表示一方(受要约人),以信函、电报作出意思表示(承诺)时,自信函、电报到达要约人时生效,法律行为(合同)于是成立。此所谓到达,不以对方了解意思表示内容为必要,而只要信函或电报送达对方能够了解其内容的支配范围即可。

发信主义为英美法系所采。按照英美契约法理论,要约人通过邮局发出要约时,即默示指定邮局为代理人,代理要约人接受承诺。因此,受要约人将承诺的信函、电报交给邮局,等于交给要约人自己,承诺立即生效。如果信函、电报被邮局遗失,亦应由要约人负责,不影响承诺的效力。但这只是形式上的理由。实质上是借此限制要约人撤销要约的权利,以协调双方利益冲突。因为,按照英美契约法对价理论(consideration),一项允诺须有对价才具有拘束力。而要约在受要约人作出承诺前,属于无对价的允诺,不具有拘束力,要约人自己也当然不受要约的约束,即使要约中规定了承诺期,他也可随时撤销要约,但要约人作出不撤销要约的允诺且符合法定情形〔24〕的除外。采发信主义,即缩短了要约人撤销要约的时间,使对方一经承诺的信函、电报投邮,立即成立合同,有利于保护受要约人的利益和交易安全。

到达主义能够较好地划分要约人与受要约人关于承诺的函电传递中可能发生风险的负担。承诺的函电发出至送达要约人这段时间的风险,归受要约人负担;自承诺的函电送达受要约人支配范围起,风险归要约人负担。因此,大陆法系多数国家的民法及《联合国国际货物销售合同公约》、《国际商事合同通则》、《欧洲合同法通则》、《欧洲民法典草案》,均采到达主义。我国《民法典》合同编第 484 条规定,承诺生效的时间适用总则编第 137 条的规定,即承诺通知到达要约人时生效。此明文规定采到达主义。

以电子数据交换或电子邮件方式为意思表示的,发信主义与到达主义的区别意义已大为减弱。对于此种情形的意思表示生效,中国民法仍采到达主义。《民法典》总则编第 137 条第 2 款规定:"以非对话方式作出的采用数据电文形式的意思表示,相对人指定特定系统接收数据电文的,该数据电文进入该特定系统时生效;未指定特定系统的,相对人知道或者应当知道该数据电文进入其系统时生效。当事人对采用数据电文形式的意思表示的生效时间另有约定的,按照其约定。"

---

〔24〕 在不撤销要约的允诺已加盖印章、受要约人已为此允诺给付对价或者受要约人已经基于对该允诺的信赖而改变自己的处境等三种情形,不撤销要约的允诺对要约人具有法律约束力。参见 Arthur L. Corbin, Corbin on Contracts §38 (1951)。

在电子商务交易中，双方当事人的意思表示采用数据电文形式，并通过计算机系统在虚拟的网络空间进行交换，与传统的意思表示的方式有很大不同。因此有必要在法律上专设规定。目前，数据电文形式包括电子数据交换和电子邮件。电子数据交换是指当事人之间依据商定的标准，形成结构化和程序化的信息处理结构，通过计算机交换彼此的信息。电子邮件是通过国际互联网的快捷信息传递方式。通过数据电文形式作出意思表示的，表意人的意思表示可以通过计算机确定相对人的路径，进入相对人的系统中。表意人的意思可能是表意人自己具体确定的，也可能是表意人仅设置了程序，由计算机自动生成意思，即自动化的计算机的意思。相对人指定了接收数据的系统的，该数据电文进入该特定系统时生效；相对人没有指定接收数据的系统的，相对人知道或者应当知道该数据电文进入其系统时生效。此与民法规定的意思表示生效的到达主义完全一致。

第五节　意思与表示不一致

一、故意的不一致

（一）真意保留

所谓真意保留，指表意人故意隐匿其真意，而表示与其真意不同之意思的意思表示，又称心中保留、单独虚伪表示。真意保留，是德国民法上的概念，为日本民法、中国台湾地区“民法”以及韩国民法等所继受。中国《民法典》总则编、合同编无关于真意保留的规定。

真意保留应具备下述要件：须有意思表示；须表示与真意不符；须表意人明知其表示与真意不符。真意保留是表意人的故意行为。因过失导致内心真意与外在表示不一致的，可能构成错误（重大误解），而不构成真意保留。

真意保留的效力原则上为有效。例外情形，其不一致为相对人所明知者，应无效。

（二）虚伪表示

1. 虚伪表示及其效力

所谓虚伪表示，指表意人与相对人通谋而为与其真实意思不一致的意思表示。又称通谋虚伪表示。

虚伪表示应具备下述要件：须有意思表示；须表示与真意不符；须表意人与相对人通谋。《民法典》总则编第146条第1款规定：“行为人与相对人以虚假的意思表示实施的民事法律行为无效。”

虚伪表示的特征在于,当事人双方都不想使其行为发生法律上的效力。如以逃避债务为目的假装财产赠与,双方当事人都不希望发生赠与的效力。改革开放以来,社会生活中当事人为规避法律强制性规定或逃避债务所为虚伪表示,并不鲜见。

虚伪表示的法律后果,分为两种情形:其一,在虚伪表示的双方当事人之间的法律效果为确定无效;其二,在虚伪表示一方当事人与第三人之间的法律效果,因第三人之属于善意或者恶意而不同。中国台湾地区“民法”第 87 条第 1 款规定:“表意人与相对人通谋而为虚伪意思表示者,其意思表示无效。但不得以其无效对抗善意第三人。”《日本民法典》第 94 条规定 :“(一)与相对人通谋而进行虚伪意思表示者,其意思表示为无效。(二)前款意思表示的无效,不得以之对抗善意第三人。”《韩国民法典》第 108 条规定:“(一)与相对人通谋而作出的虚伪意思表示无效。(二)前项的意思表示无效,不得对抗善意第三人。”

值得注意的是,《民法典》总则编第 146 条第 1 款仅规定虚伪表示的民事法律行为在双方当事人之间无效,而未规定在当事人与第三人之间是否无效,因此留下法律漏洞。故关于虚伪表示在当事人一方与第三人之间的法律效果,应当按照民法原理及参考前述立法例,分为两种情形:第三人知道当事人之间的意思表示为虚伪表示的,即属于恶意第三人,则虚伪表示的任何一方当事人均可以虚伪表示无效对抗该恶意第三人;第三人不知道当事人之间的意思表示为虚伪表示的,即属于善意第三人,则虚伪表示的双方当事人均不得以该虚伪表示无效对抗该善意第三人。

2. 虚伪表示与隐藏行为

所谓隐藏行为,指为虚伪表示所掩盖的依当事人真实意思订立的法律行为。例如,为规避房屋买卖的税负而订立赠与合同,赠与合同为虚伪表示而买卖合同为隐藏行为。隐藏行为是与虚伪表示联系在一起的,无虚伪表示也就无所谓隐藏行为,有隐藏行为也就必定有虚伪表示。但存在虚伪表示,却不一定有隐藏行为,例如,为逃避债务、规避执行而订立虚假赠与合同、虚假买卖合同、虚假借款合同、虚假抵押合同,属于虚伪表示,但没有隐藏行为。

关于隐藏行为的法律规则是:隐藏行为是否有效,取决于该隐藏行为本身是否符合该行为的生效要件。《民法典》总则编第 146 条第 2 款规定:“以虚假的意思表示隐藏的民事法律行为的效力,依照有关法律规定处理。”例如,伪装赠与而实为买卖,赠与行为属于虚伪表示应当无效,所隐藏的买卖行为是否有效,应依有关买卖合同的法律规定判断。如隐藏行为符合法律关于买卖合同生效要件的规定,则应有效,否则即为无效。

3. 虚伪表示与脱法行为

所谓脱法行为,又称规避行为,指以迂回手段规避强行规定之行为。被规避之强行规定，常为禁止性规定，或关于于税收的法律等。当事人所采之迂回手段行为，是利用契约自由，其目的则在达成法律所不许之效果。脱法行为系古老之问题。罗马法之法谚谓：实施法律所禁止者，系违法行为；虽不违反法律之文义，但规避法律之本意者，乃脱法行为。德国民法制定之际，虽有人建议对于脱法行为应设特别规定，但为第二起草委员会所不采。其理由为：法律行为是否因脱法而无效，取决于对法律行为构成要件及涵盖此构成要件之规范的解释。如人们干涉法官之解释自由，迫使其遵循法律的指示，将有许多可实施的法律行为被宣告无效之虞。德国学者弗卢梅(Flume)谓：人们不能仅针对脱法行为作出规定，且根本不存在独立的脱法行为理论，换言之，依当今公认之法律解释基本原则，于进行解释时，无须区分法律的文义与法律的本意，因此，脱法行为属于法律解释问题。〔25〕例如，当事人为规避质权设定、执行的手续及流质禁止的规定，而将动产所有权让与债权人以供作担保，初时常被法院视为脱法行为而认定为无效，而现今让与担保的有效性已为各国判例学说所公认。〔26〕

二、无意的不一致

(一)错误

1. 错误的意义

所谓错误，指表意人因误认或不知，致其表示与意思不一致。

错误之构成要件：须表示与意思不一致，须其不一致出于表意人之误认或不知。

其中，后一要件乃区别于前述真意保留和虚伪表示之标志。所谓误认，指认识不正确，如误甲为乙，误骡为马。所谓不知，指通常之笔误、口误，如应书1万元而误写为1元，应言租赁而误言借贷。二者认识程度有别，而法律上的效力无异。

2. 错误的分类

意思表示之错误分为：

第一，关于当事人本身之错误，如误甲为乙。仅于赠与、委任、雇用等注重当事人其人的法律关系，方构成意思表示内容之错误。

第二，关于标的物本身之错误。如误骡为马，误英汉辞典为汉英辞典，当然构成意思表示内容之错误。

第三，关于当事人资格之错误。如误某甲为会计师，而实际并非会计师。此情形是否构成意思表示内容之错误，以该资格对于该法律关系是否重要为断。

第四，关于标的物性质之错误。如误赝品为真迹，误进口散件组装为原装进口，此

---

〔25〕 参见[德]维尔纳·弗卢梅：《法律行为论》，迟颖译，法律出版社2013年版，第413~414页。

〔26〕 参见梁慧星：《民法解释学》，中国政法大学出版社1995年版，第332页。

情形是否构成意思表示内容之错误,以其在交易上是否重要为断。

第五,关于法律行为性质之错误。如误典为卖,误卖为租,当然为意思表示内容之错误。

第六,关于价格、数量、履行地、履行期之错误。以交易上认为重要者为限,构成意思表示内容之错误。

第七,关于动机之错误。动机之错误,原则上不影响法律行为效力。因动机非意思表示之内容,且存在于内心,他人无从得知。但如动机已表示于外,则构成意思表示内容之一部,自应构成意思表示内容之错误。

3. 错误的效力

错误之效力,各国家及地区规定不尽一致。有规定为无效者,如日本民法;有规定为可撤销者,如德国民法、英美合同法[27]及中国台湾地区"民法"。依日本民法,唯表意人得主张无效,但表意人如有重大过失,则不得主张无效。依中国台湾地区"民法",意思表示之内容有错误或表意人若知其情事即不为意思表示者,表意人有撤销权,但以其错误或不知情事,非由表意人自己之过失者为限;当事人之资格或物之性质,若交易上认为重要者,其错误视为意思表示内容之错误。无论主张无效或撤销,对无过失之对方当事人因无效或撤销所受损害,均应负赔偿责任。

(二)误传

所谓误传,指因传达人或传达机关之错误致表示与意思不符。

误传系因传达人或传达机关传达错误所致,似与表意人自己所造成的错误不同,但传达人和传达机关在法律上相当于表意人之喉舌,因此误传之效力与错误同。

需注意的是,应将误传与故意误传相区别。法律上所谓故意误传,指传达人故意违背表意人之指示,擅自变更意思表示之内容。德国学者认为,故意误传不能归由表意人负责,而对其发生效力无须撤销,唯传达人故意误传表意人之意思,其情形与无权代理之利益状态相类似,应类推适用无权代理之规定,对于善意之相对人负损害赔偿责任。最近若干学者主张,表意人使用他人传达其意思表示,造成传达人故意误传之风险,而表意人又较相对人易于控制此项风险,则此传达失实之危险理应由表意人承担。此说亦有所据,可供参考。[28]

---

〔27〕 See Restatement (Second) of Contracts § § 152,153 (1981).

〔28〕 参见王泽鉴:《民法总则》,台北,三民书局 1992 年版,第 317 页;[德]迪特尔·梅迪库斯:《德国民法总论》,邵建东译,法律出版社 2000 年版,第 570 页。

(三)中国民法上的重大误解

1. 所谓误解

传统民法理论严格区别错误与误解两个概念。错误指表意人非故意的表示与意思不一致。误解指相对人对意思表示内容了解之错误。如受要约人误将出租房屋之要约理解为出卖而为承诺。传统民法,为保护无过失的表意人,而规定错误的意思表示为可撤销。至于误解,因关于意思表示之生效采到达主义,不以相对人之了解为必要,则不允许因误解而主张无效或撤销。我国《民法典》总则编之立法思想,在保护双方当事人利益上务求公平,其第147条规定:“基于重大误解实施的民事法律行为,行为人有权请求人民法院或者仲裁机构予以撤销。”所谓误解,应解释为不仅包括表意人无过失的表示与意思不符(错误),也包括相对人对意思表示内容了解之错误(误解)。

2. 重大误解之认定

按照最高人民法院《关于适用〈中华人民共和国民法典〉总则编若干问题的解释》[29]第19条所作解释,行为人对行为的性质、对方当事人或者标的物的品种、质量、规格、价格、数量等产生错误认识,按照通常理解如果不发生该错误认识行为人就不会作出相应意思表示的,可以认定为重大误解。

第六节 意思表示不自由

一、欺诈

(一)欺诈的意义

所谓欺诈,指故意欺罔他人,使其陷于错误判断,并基于此错误判断而为意思表示之行为。

(二)欺诈的构成要件

欺诈之构成要件如下:

第一,须有欺诈之故意。所谓欺诈之故意,即欺诈意思,由两个意思构成:使被欺

---

〔29〕不再采用最高人民法院《关于贯彻执行〈中华人民共和国民法通则〉若干问题的意见(试行)》第71条“造成较大损失”作为认定重大误解的标准。

诈人陷于错误判断之意思,及使被欺诈人基于错误判断而为意思表示之意思。仅其中之一,尚不构成欺诈之故意。此欺诈之故意,不必有侵害相对人权益之故意。因法律关于欺诈之规定,旨在保护相对人的意思自由,非仅限于保护特定权益。

第二,须有欺诈行为。所谓欺诈行为,指为使被欺诈人陷于错误判断,或加深其错误、保持其错误,而虚构、变更、隐匿事实之行为。沉默,于依法律、习惯或契约有告知义务的场合,应构成欺诈行为。

第三,须被欺诈人因受欺诈而陷于错误判断。即欺诈行为与错误判断之间有因果关系。

第四,须被欺诈人基于错误判断而为意思表示。即错误判断与意思表示之间也有因果关系。

(三)欺诈的效力

欺诈在法律上的效力如下:

第一,欺诈人为当事人之一方,表意人得撤销其意思表示。

第二,欺诈人非当事人之一方,在无相对人之意思表示,表意人得撤销其意思表示,在有相对人之意思表示,则仅以相对人明知或应知其受欺诈为限,表意人得撤销其意思表示。[30]

第三,因欺诈而撤销意思表示,不得对抗善意第三人。

我国原《民法通则》规定欺诈、胁迫的法律效果为无效。1999 年通过的《合同法》对此有所修正,其中第 52 条规定,“一方以欺诈、胁迫的手段订立合同,损害国家利益”的,该合同无效;第 54 条第 2 款规定,“一方以欺诈、胁迫的手段”,“使对方在违背真实意思的情况下订立的合同,受损害方有权请求人民法院或者仲裁机构变更或者撤销”。可见,原《合同法》考虑到欺诈、胁迫是否损害国家利益,而分别规定其法律上的效果:损害国家利益的,无效;此外,为可撤销。第 52 条所谓“损害”应解释为“直接损害”,所谓“国家利益”以解释为“社会公共利益”为宜。换言之,仅在因欺诈、胁迫所订立合同的内容和目的违背社会公共利益时,才能依据该条认定合同无效;此外,依据第 54 条第 2 款的规定,应属于可撤销合同。

原《合同法》上述条文,依欺诈之是否损害国家利益而规定不同的法律效果,与民法理论及各国立法例不符,且在裁判实务中徒然增加操作困难。原《合同法》施行以来的裁判实践表明,对于以欺诈手段订立的合同,人民法院、仲裁机构往往适用原《合同法》第 54 条第 2 款的规定,而不适用第 52 条第(一)项的规定。如法律行为的目的

---

〔30〕《民法典》总则编第 149 条规定:“第三人实施欺诈行为,使一方在违背真实意思的情况下实施的民事法律行为,对方知道或者应当知道该欺诈行为的,受欺诈方有权请求人民法院或者仲裁机构予以撤销。”

或者内容损害国家利益,因国家利益属于"社会公共利益"的核心内容,则人民法院或者仲裁机构可依据第52条第(四)项的规定,认定其无效。鉴于此,《民法典》总则编将欺诈的法律效果统一规定为可撤销。[31]

(四)欺诈的认定

按照最高人民法院《关于适用〈中华人民共和国民法典〉总则编若干问题的解释》第21条所作解释,故意告知虚假情况,或者负有告知义务的人故意隐瞒真实情况,致使当事人基于错误认识作出意思表示的,可以认定为欺诈。

二、胁迫

(一)胁迫的意义

胁迫指以不法加害威胁他人,使其产生恐惧心理,并基于该恐惧心理而为意思表示之行为。

(二)胁迫的构成要件

胁迫之构成要件如下:

第一,须有胁迫之故意。所谓胁迫故意,即胁迫意思。胁迫意思由两个意思构成:使被胁迫人产生恐惧心理之意思,及使被胁迫人基于该恐惧心理而为意思表示之意思。

第二,须有胁迫行为,即以加害威胁被胁迫人。须达到使被胁迫人产生恐惧之程度。加害的对象,不限于被胁迫人自身,包括其亲友;受害之客体,包括生命、身体、自由、名誉、财产等有受损害可能者。

第三,须其胁迫为非法。只须胁迫之目的或手段之一为非法即可。目的或手段分别而言虽均属于合法,但目的与手段结合而有悖于公序良俗的,亦构成非法,例如,以告发他人犯罪为威胁强迫他人签订合同。

第四,须被胁迫人因受胁迫而生恐惧心理。此恐惧心理与胁迫间有因果关系。

第五,须被胁迫人基于恐惧心理而为意思表示。此意思表示与胁迫之间有因果关系。

(三)胁迫的效力

胁迫在法律上的效力如下:因胁迫之违法性较欺诈更严重,无论胁迫人是否为对

---

[31] 《民法典》总则编第148条规定:"一方以欺诈手段,使对方在违背真实意思的情况下实施的民事法律行为,受欺诈方有权请求人民法院或者仲裁机构予以撤销。"

方当事人,表意人均得撤销其意思表示,并且此撤销得对抗善意第三人。

我国原《民法通则》规定因欺诈、胁迫所为的民事行为无效,显然系着眼于行为之违法性。既属违法,即应无效,法理上并无不当。但考虑到民事生活之复杂性及民法之私法性,当事人不主动主张其无效时,国家不可能也不必要直接干预,主动确认其无效。因此,合同法对欺诈、胁迫作了区分,仅规定“一方以欺诈、胁迫的手段订立合同,损害国家利益”的,该合同无效;此外,属于可撤销。

但依胁迫之是否损害国家利益而规定不同的法律效果,与民法理论及各国立法例不符,且在裁判实务中徒然增加操作困难。原《合同法》施行以来的裁判实践表明,对于以胁迫手段订立的合同,人民法院、仲裁机构往往适用原《合同法》第 54 条第 2 款的规定,而不适用第 52 条第(一)项的规定。如法律行为的目的或者内容损害国家利益,因国家利益属于“社会公共利益”的核心内容,则人民法院或者仲裁机构可依据第 52 条第(四)项的规定,认定其无效。鉴于此,《民法典》总则编将胁迫的法律效果统一规定为可撤销。[32]

(四)胁迫的认定

按照最高人民法院《关于适用〈中华人民共和国民法典〉总则编若干问题的解释》第 22 条所作解释,以给自然人及其近亲属等的人身权利、财产权利以及其他合法权益造成损害或者以给法人、非法人组织的名誉、荣誉、财产权益等造成损害为要挟,迫使其基于恐惧心理作出意思表示的,可以认定为胁迫。

第七节　条件、期限

一、法律行为之附款

依据私法自治原则,法律行为是依当事人意思成立并发生当事人所欲发生的效果。因此,当事人对法律行为效果之发生或消灭,加以限制,自无不可。此即法律行为之附款。法律行为之附款,指当事人对于法律行为效果之发生或消灭,所加的限制。传统民法上,法律行为之附款有二:一为条件;二为期限。因此,称为附条件的法律行为,及附期限的法律行为。

条件和期限均为法律行为之附款,法律行为既可以附条件,亦可以附期限。《民

---

〔32〕《民法典》总则编第 150 条规定:“一方或者第三人以胁迫手段,使对方在违背真实意思的情况下实施的民事法律行为,受胁迫方有权请求人民法院或者仲裁机构予以撤销。”

法典》总则编第158条规定"民事法律行为可以附条件",第160条规定"民事法律行为可以附期限"。

二、条件

(一)条件之意义

所谓条件,指当事人以将来客观上不确定之事实,作为决定法律行为效力的附款。

1. 条件为法律行为之附款

附款,意为所附加之条款。其本身并不构成独立的意思表示,而是法律行为的意思表示内容之一部。条件为附款之一种,是由当事人任意加于法律行为效力上的限制。与法律所规定的限制不同,由法律规定的对法律行为效力的限制,称为法定条件,如法律行为成立条件、生效条件。法定条件出于法律规定,不受当事人意思的左右,因此非此所谓条件。

2. 条件为决定法律行为效力之附款

条件为当事人对法律行为效力所加的限制,即决定法律行为效力的附款。决定法律行为效力,指决定法律行为效力的发生或消灭。决定法律行为效力发生的条件,称为停止条件。附停止条件的法律行为,在条件成就前,法律行为已经成立,但未生效,即其效力处于停止状态,须待条件成就方才生效。如果此条件终不成就,则该法律行为将终不生效。决定法律行为效力消灭的条件,称为解除条件。附解除条件的法律行为,其效力已经发生,但因条件成就而丧失效力。如果此条件终不成就,则该法律行为将继续有效。

3. 条件是以将来客观上不确定事实为内容之附款

条件须以事实为内容,此事实必须是将来的事实,过去的事实不能作为条件。并且,此将来的事实必须是不确定的事实。虽属于将来的事实,而该事实已确定发生者,应作为期限,而不能作为条件。并且,此所谓不确定,指客观上不确定,非指主观上不确定。如该事实在客观上已经确定,只是当事人主观上认为不确定,也不能作为条件。

需特别注意的是,不可将此所谓附条件法律行为混同于所谓"附条件买卖"(conditional sale)。英美法上所谓"附条件买卖",并非买卖(法律行为)附有条件,而是买卖标的物所有权之移转附有条件,因此应准确地称为"保留所有权买卖"。中国台湾地区于20世纪60年代引进此制,其"动产担保交易法"第26条规定,称附条件买卖者,谓买受人先占有动产之标的物,约定至支付一部或全部价金或完成特定条件时,始取得标的物所有权之交易。由此定义可知,"附条件买卖"所附的"条件"仅决定标的物所有权的移转,而不决定法律行为(买卖)效力之发生或消灭,因此与此所谓附条件法律行为不同。

(二)条件之分类

1. 停止条件与解除条件

此系以其作用在决定效力之发生或消灭为标准。决定其效力发生者,为停止条件。附停止条件的法律行为虽已成立,但未生效,其效力处于停止状态。须待条件成就,方才发生效力。如果条件终不成就,则该法律行为终不生效。决定法律行为效力消灭者,为解除条件。附解除条件的法律行为一经成立即已生效,但因条件之成就而使其失效。如果该条件终不成就,则该法律行为确定的不失效,等于未附条件的法律行为。

2. 积极条件与消极条件

此系以作为条件的事实之发生或不发生为标准。以某事实之发生为条件之成就,属于积极条件。反之,以某事实之不发生为条件之成就,属于消极条件。例如约定,你今年考上大学,我将如何如何,此属于积极条件。若约定,你今年考不上大学,我将如何如何,则属于消极条件。需说明的是,前述停止条件既可以是积极条件,也可以是消极条件。同理,解除条件也既可以是积极条件,也可以是消极条件。

3. 随意条件、偶成条件与混合条件

此系以条件之成就是否受当事人意思所左右为标准。

第一,随意条件。依当事人一方的意思可决定条件成就或不成就的条件,称为随意条件。又可进一步区分为纯粹随意条件与非纯粹随意条件。条件之成就或不成就,纯由一方当事人意思决定者,属于纯粹随意条件。条件之成就,与一方当事人的意思有关,但非仅取决于该当事人的意思,除当事人意思外,还须有某种积极的事实与之竞合,则属于非纯粹随意条件。例如约定:我如需要时,则如何如何,属于纯粹随意条件。又如约定:我如上大学,则如何如何。此属于非纯粹随意条件。

第二,偶成条件。条件之是否成就与当事人的意思无关,而取决于当事人以外的人的意思或自然事实,称为偶成条件。例如约定:今年丰收,则如何如何,或约定:我儿子回国,则如何如何,均属于偶成条件。

第三,混合条件。条件之是否成就,取决于一方当事人与第三人的意思者,称为混合条件。例如约定:您如与某人结婚,则赠与金钱若干,即属于混合条件。

混合条件、偶成条件及非纯粹随意条件,均具有客观的不确定性,因此均为有效。而对于纯粹随意条件,则应区别情形而定。纯粹随意条件中,如属于仅取决于债务人一方意思的停止条件,则其法律行为不成立。如约定:我如愿意,将赠与某物。因毫无受拘束之意思,而与法律行为本质相悖。《日本民法典》第134条规定,附停止条件的法律行为,如其条件仅系于债务人之意思者无效。但如属于仅取决于债务人一方意思的解除条件,则应有效。例如约定:赠与某物,我需要时将取回。在纯粹随意条件中,如属于仅取决于债权人一方的意思，无论为停止条件或解除条件，均应有效。例如约定：赠与某物，您需要时来取（停止条件）。或约定：赠与某物，您不想要时则还我（解除条件）。因此类纯粹随意条件，实际上等于未附条件，故法律行为应有效。

4. 非真正条件

具有条件的外观而不具有条件之实质的条件，称为非真正条件。又称表见条件，或假装条件。

第一，法定条件。即以法律规定的法律行为效力发生或消灭的条件，作为法律行为所附条件。因此种条件出于法律规定，与当事人意思无关。以法定条件作为条件，无异于画蛇添足。例如，对于法律规定须经国家机关批准生效的合同，双方约定：本合同在获得国家机关审查批准后生效。此种条件，徒具条件的外形，因此不影响法律行为的效力。

第二，不法条件。即以违反法律强制性或禁止性规定或公序良俗的事项为内容的条件。不法条件有三种：一是以为违法行为作为条件，如以杀人为赠与之条件；二是条件内容违反公序良俗，如以女雇员之结婚为解除雇用合同的条件，以姘居关系之维持为赠与之条件；〔33〕三是以不为违法行为作为条件。《日本民法典》第 132 条对此设有明文：附不法条件的法律行为无效；以不为不法行为为条件者，亦同。依此规定，则三种不法条件，均为无效。考虑到法律使附不法条件的法律行为无效，其根据在于因附不法条件致法律行为带有反社会性。当事人约定以不为违法行为作为停止条件，如约定"你如不赌博将赠与某物"，或以为违法行为作为解除条件，如约定"如将房屋供作赌博场所则解除租赁合同"，并不导致法律行为带有反社会性，且具有以私的手段抑制不法行为之功能，因此应当有效。〔34〕 此外，如附不法条件之条款并非法律行为之本质部分，则在除去该条件后，法律行为其余部分仍为有效。〔35〕

第三，确定条件。又称既定条件、既成条件，即在法律行为成立之时，其事实已经确定发生或不发生的条件。条件之本质，要求作为条件的事实为不确定的事实。因此，已确定的事实不能作为条件。附此种条件的法律行为，与未附条件同。

第四，不能条件。即以法律行为成立之时已确定实现的事实之不实现为条件，或已确定不实现的事实之实现为条件。此与条件应以不确定事实为内容的要件不符，因此其效果与未附条件同。

第五，矛盾条件。即因附条件致法律行为的内容互相矛盾。矛盾条件，非条件存在矛盾，而是条件与法律行为内容矛盾。因附矛盾条件，使法律行为效果意思被否定，

---

〔33〕《意大利民法典》第 1354 条第 1 款规定，附违反强行规范、公共秩序或善良风俗的停止条件或解除条件的契约无效。

〔34〕参见史尚宽：《民法总论》，台北，正大印书馆 1980 年版，第 436 页（注）。

〔35〕See Restatement (Second) of Contracts § 185 (1981); E. Allan Farnsworth, Contracts § 5.8 (4th ed. 2004).

故无论以矛盾条件为停止条件或者解除条件,其法律行为均不成立。

(三)条件之成就与不成就

附条件法律行为,其效力之是否发生或是否消灭,取决于条件之成就或不成就。

1. 条件之成就

第一,条件成就的意义。所谓条件成就,指作为条件内容的事实已经实现。又因属于积极条件或消极条件而不同。在积极条件,其条件事实已经发生,为条件成就;在消极条件,其条件事实不发生,为条件成就。例如约定:今年考上大学,则如何如何。到时果真考上大学,为条件成就。再如约定:今年考不上大学,则如何如何。届时果真未考上大学,为条件成就。

第二,条件成就之拟制。条件之成就决定法律行为之是否生效或是否失效,事关当事人利益。因条件之成就而受不利益的当事人,如以不正当行为阻碍条件之成就,将损害对方当事人利益且使法律行为附条件制度之目的落空。因此,民法特设拟制条件成就之规定:因条件成就而受不利益的当事人,如以不正当行为阻碍其条件之成就,则视为其条件已成就。《民法典》总则编第 159 条规定:“附条件的民事法律行为,当事人为自己的利益不正当地阻止条件成就的,视为条件已经成就……”。

第三,条件成就的效力。条件成就的效力,在于决定法律行为效力之发生或消灭。在停止条件,因条件之成就,使法律行为效力当然发生;在解除条件,因条件之成就,使法律行为效力当然消灭。并且,条件成就之效力,应自条件成就之时发生,以不溯及既往为原则。

2. 条件之不成就

第一,条件不成就的意义。所谓条件不成就,指作为条件内容的事实确定地不实现。亦因条件之属于积极条件或消极条件而不同。在积极条件,其条件事实不发生,为条件不成就;在消极条件,其条件事实已经发生,为条件不成就。例如约定:明日下雨则如何如何。届时晴天,为条件不成就。再如约定:明日不下雨则如何如何。届时雨天,为条件不成就。

第二,条件不成就之拟制。法律亦设有拟制条件不成就之规定:因条件成就而受利益的当事人,如以不正当行为促其条件之成就,则视为其条件不成就。《民法典》总则编第 159 条规定,附条件的民事法律行为,当事人为自己的利益“不正当地促成条件成就的,视为条件不成就”。

第三,条件不成就的效力。条件不成就的效力,在于决定法律行为效力之不发生或不消灭。在停止条件,因条件之不成就,使法律行为效力确定的不发生;在解除条件,因条件之不成就,使法律行为效力确定地不消灭。

（四）条件成否未定

所谓条件成否未定，指条件之成就与不成就均未确定。因条件之成就或不成就均未确定，使附条件法律行为之效力是否发生或是否消灭亦处于不确定状态。此种状态下，因条件之成就或不成就而受利益的一方当事人，对于该利益有一种可能性，在法律上称为期待权。期待权既属于权利之一种，自应受法律保护。因此，法律规定，附条件法律行为的当事人，于条件成否未定前，不得侵害相对人因条件成就依该法律行为所生利益。否则应承担损害赔偿责任。例如，甲乙约定：如甲考上大学，则乙将自己的汽车赠与甲。而于甲是否考上大学未定之前，乙将该汽车毁损。则甲如考上大学，应有权向乙请求损害赔偿。此外，如因第三人行为损害此期待权，也应成立侵权行为。如该汽车被第三人丙毁损，则甲有权向第三人丙请求损害赔偿。[36] 此类侵权行为的成立，应以第三人故意侵害期待权为要件，因期待权存在与否，纯属当事人的内部约定事项，欠缺公示性，第三人难以知晓，若令其承担一般的过错责任，显然过苛，且有碍民事主体正常的行动自由。英美法将此种侵害期待权的行为，认定为妨害合同关系的侵权行为，须以加害人故意为要件，[37] 即基于这一考虑。

（五）不许附条件的法律行为

法律行为以可以附条件为原则，而以不许附条件为例外。属于此例外的法律行为，称为不许附条件的法律行为。此类法律行为附有条件的，原则上应全部归于无效，但除去该条件不影响法律行为效力的，则可作为未附条件的行为而有效。不许附条件的法律行为，有下述两类：

第一，依其性质不许附条件的法律行为。某些法律行为其性质决定必须即时地确定地发生效力，不允许处于效力不确定状态，因此不得附条件。例如，票据行为，为保障其流通性，因此不许附条件，否则不发生票据法上的效力（如《票据法》第 33、48 条）。再如，撤销、追认、解除及选择权的行使等行使形成权之行为，本为使不确定的法律关系变为确定而设，若附条件，则使本不确定的法律关系愈加不确定，不仅违背该类法律行为性质，并且使相对人地位不安定，因此不许附条件。《民法典》合同编第 568 条第 2 款第 3 句规定，抵销不得附条件。

第二，附条件违背公序良俗的法律行为。主要是身份关系上的行为或与身份密切相关的行为。例如，结婚、离婚、收养，收养关系之解除，继承之承认与抛弃，对非婚生子女的承认与否认等。此类法律行为，一经附条件即构成违反公序良俗。因此绝对不

---

〔36〕 参见郑玉波：《民法总则》，台北，三民书局 1979 年版，第 277 页。

〔37〕 See Restatement（Second）of Torts § 766B & Comment（1979）.

许附条件。

三、期限

(一)期限的意义

所谓期限,指当事人以将来客观确定到来之事实,作为决定法律行为效力的附款。

第一,期限为法律行为之附款。期限为法律行为附款之一种,已如前述。

第二,期限为限制法律行为效力之附款。期限之作用,在于决定法律行为效力之发生或消灭。此与条件同。决定法律行为效力之发生者,称为始期。即在期限到来之前,法律行为虽然成立但未生效,其效力处于一种未定状态,须待期限到来,该法律行为方才生效。决定法律行为效力之消灭者,称为终期。即在期限到来之前,法律行为效力已经发生,待期限到来时,法律行为效力即归消灭。始期类似于停止条件,终期类似于解除条件。《民法典》总则编第 160 条规定,民事法律行为可以附期限。

第三,期限是以将来确定事实之到来为内容之附款。期限是以将来确定事实之到来为内容。此系与条件的区别所在。例如约定,明日下雨,则如何如何,这属于条件;而约定:某月某日,则如何如何,则属于期限。条件系以将来不确定的事实为内容,而期限系以将来确定的事实为内容。但期限不一定用时间表示。例如约定,下雨则如何如何,是为期限,因终有下雨之时,属于确定的事实。再如约定,某人结婚之日,则如何如何,是为条件,因某人之结婚属于不确定的事实。

需特别注意的是,此所谓期限,为决定法律行为效力发生或消灭之附款,应与法律行为的履行期限相区别。履行期限,如买卖合同中的交货期限、付款期限,借款合同中的还款期限,租赁合同中的租金支付期限等,是对当事人基于已生效法律行为所负义务之履行所加的限制。因法律行为之生效,当事人的权利义务已经发生,只是在履行期限到来之前,当事人所负义务不具有强制履行的效力。换言之,履行期限到来之前,义务人可以不履行义务,权利人也不得强制义务人履行义务。但一旦履行期限到来,该义务即具有强制执行的效力,义务人如不履行,权利人有权请求法院强制其履行或承担赔偿责任。切不可将作为法律行为附款的期限,与义务履行期限相混淆。

(二)期限的分类

第一,始期与终期。期限以其作用在决定效力之发生或消灭为标准,分为始期与终期。决定法律行为效力之发生者为始期,决定法律行为效力之消灭者为终期,已如上述。

第二,确定期限与不确定期限。期限以作为内容的事实发生之时是否确定为标准,分为确定期限与不确定期限。发生之时确定者,属于确定期限。例如约定某月某日则如何如何,属于确定期限。而约定某人死亡之日,则如何如何。人必有死,属于确定发生的事实，但发生之时不确定，故属于不确定期限。

（三）期限的效力

1. 期限到来

期限的效力，在于期限之到来时，法律行为的效力当然发生或当然消灭。所谓期限到来，指作为期限内容的事实业已发生。期限为客观上必定发生的事实，因此期限只有到来，而无不到来。此与条件之有成就与不成就，显然不同。需注意的是，始期之到来，又称“届至”，终期之到来，又称“届满”。

2. 期限到来的效力

期限到来的效力，在于决定附期限法律行为效力之发生或消灭。详言之，附始期法律行为，当期限届至时，发生效力；附终期法律行为，当期限届满时，丧失效力。

3. 期限到来之前的效力

附期限的法律行为，于期限到来之前，其当事人虽然未实际取得权利（始期）或回复权利（终期），但存在取得权利或回复权利的可能性，学说上称为期待权。此与条件成就或不成就之前当事人之期待权相同。因期限只有到来而无不到来，故附期限法律行为当事人之期待权比较附条件法律行为当事人的期待权，更为确实、可靠，更有予以保护的必要。因此，此期待权受侵害时，应使侵害人承担损害赔偿责任。即附期限法律行为之当事人一方，在期限到来之前，倘有损害相对人因期限到来所应得利益之行为，应对所生损害负赔偿责任。

需注意的是，此种情形，常发生请求权竞合，即基于期待权受侵害的损害赔偿请求权，常与基于债务不履行的违约责任请求权或者基于物权的请求权发生竞合，而当事人较少依据期待权受侵害提出请求。例如，订立附期限之买卖合同后，如出卖人自行毁损标的物，买受人可依债务不履行提出请求，而不必依期待权受侵害请求赔偿。再如，租赁合同于终期届满前承租人毁损租赁物，则出租人可依违约或直接依所有权请求赔偿，而不必依据期待权提出请求。另外，期待权亦应成为侵权行为之对象，如附期限法律行为当事人之外的第三人，有故意损害当事人因期限到来所应得利益之行为，应对所生损害负赔偿责任。

（四）不许附期限的法律行为

法律行为以许附期限为原则，以不许附期限为例外。例如，身份上行为如结婚、收养及非婚生子女之认领等，债权行为如撤销、承认等，如前所述，这类行为也不许附条件，属于既不许附条件也不许附期限的法律行为。《民法典》合同编第 568 条第 2 款第 3 句规定，抵销不得附期限。但应注意的是，不许附条件的法律行为，未必不许附期限，如票据行为不许附条件，但可以附期限。

第八节　法律行为的解释

一、法律行为解释的概念

法律行为的解释亦即意思表示的解释,即对于意思表示内容含义所作解释。法律行为之所以需要解释,最根本的原因在于语言文字的多义性。由于此多义性,使法律行为所使用的文字词句可能有不同的含义,不经解释不能判明其真实意思。当事人的文化水平所限及法律知识欠缺,也往往造成法律行为中的用词不当,使双方真实意思难以明确表达。也可能有当事人出于规避法律或其他不正当目的,故意使用不适当的文字词句,掩盖当事人的真实意思。因此,法院或仲裁庭在审理案件时,往往需要先对法律行为如合同的内容进行解释。虽然在诉讼或仲裁中当事人双方往往提出各自不同的解释,但最终作为判决或裁决的事实依据的,是法庭或仲裁庭所作的解释。所以,法律上所谓法律行为的解释,仅指法庭或仲裁庭所作的解释。

解释法律行为之目的,在于探求当事人于意思表示中所表示的真意。唯需注意,此所谓当事人之真意,非指当事人内心之效果意思,而是指表示上的效果意思。因现代民法大抵采介于意思主义与表示主义之间的折中主义,在解释方法上一方面规定应探求当事人之真意,另一方面又规定不可拘泥于所使用之词句。

我国《民法典》总则编第 142 条规定:"有相对人的意思表示的解释,应当按照所使用的词句,结合相关条款、行为的性质和目的、习惯以及诚信原则,确定意思表示的含义。无相对人的意思表示的解释,不能完全拘泥于所使用的词句,而应当结合相关条款、行为的性质和目的、习惯以及诚信原则,确定行为人的真实意思。"其中,所谓按照"所使用的词句"解释,即文义解释;"结合相关条款"解释,即整体解释或者体系解释;按照"行为的性质和目的"解释,即目的解释;[38] 按照"习惯"解释,即习惯解释;按照"诚信原则"解释,即诚信解释。此外,《民法典》合同编第 498 条规定:"……对格式条款有两种以上解释的,应当作出不利于提供格式条款一方的解释……"此即格式合同特殊解释方法:公平解释。

---

〔38〕 需说明的是,《民法典》总则编第 142 条所谓按照"行为的性质和目的"解释,与原《合同法》第 125 条所谓按照"合同的目的"解释,均属于"目的解释方法",因为法律行为(合同)的"性质"决定当事人的"目的",须根据"行为的性质"以推测当事人的"目的"。例如,买卖合同买受人的目的是取得标的物所有权,租赁合同承租人的目的是取得租赁物的使用权。因此,理论上不称"性质和目的"解释,而称"目的解释"。

二、法律行为的解释方法

（一）文义解释

法律行为的解释，应从文义解释入手。所谓文义解释，指通过对法律行为所使用的文字词句的含义的解释，以探求法律行为所表达当事人的真实意思。但由于语言文字本身具有多义性，及当事人语言程度和法律知识的不足，难免可能使用不准确、不适当之词句，以致表示于外部的意思与当事人真实意思不一致，甚至可能有的当事人基于不正当目的，故意用不当词句隐蔽其真实意思。因此进行文义解释，不应仅满足于对词语含义的解释，不应拘泥于所使用之不当词句。民法关于文义解释，要求解释法律行为，应探求当事人共同的真实意思，不得拘泥于所使用之词句。

各国家及地区关于文义解释大抵设有规定。例如，《法国民法典》第 1156 条规定，解释契约时，应寻求当事人的共同意思，而不得拘泥于文字。《德国民法典》第 133 条规定，解释意思表示，应探求其真意，不得拘泥于字句。《瑞士债务法》第 18 条第 1 款规定，解释契约应就其方式及内容，注意当事人共同之真实意思，不得着重于当事人误解或隐蔽真意所用之不当文字或语句。《欧洲民法典草案》第二编第 8:101 条规定，解释契约，应依当事人的共同意思，即使其解释异于用语的字面含义。中国台湾地区“民法”第 98 条规定，解释意思表示应探求当事人之真意，不得拘泥于所用之词句。中国《民法典》总则编第 142 条第 2 款规定，“无相对人的意思表示的解释，不能完全拘泥于所使用的词句”。其实，有相对人的意思表示的解释，也不能拘泥于所使用的词句。

（二）整体解释

所谓整体解释，指对法律行为（如合同）的各个条款作相互解释，以确定各个条款在整个法律行为（合同）中所具有的正确意思。

一个法律行为如一个合同是一个整体，要理解其整体意思必须准确理解其各个部分的意思；反之，要理解各个部分的意思，也必须将各个部分置于整体之中，使其相互协调，才可能理解各个部分的正确意思。如果将某个条款单独解释，或许存在不同的意思，难以确定哪一个意思是当事人的真意，但只要将该条款与其他条款相联系，相互解释，相互补充，即不难确定当事人的真实意思。

整体解释方法，规定在《法国民法典》第 1161 条：契约的全部条款得相互解释之，以确定每一条款从整个行为所获得的意义。《国际商事合同通则》第 4.4 条规定，合同的条款和表述应根据其所属的整个合同或全部陈述予以解释。《民法典》总则编第 142 条所谓“结合相关条款”解释，亦应作同样理解。

(三)目的解释

所谓目的解释,指解释法律行为时,如果法律行为所使用的文字或某个条款可能作两种解释时,应采取最适合于法律行为目的的解释。

例如,《法国民法典》第1158条规定,文字可能作两种解释时,应采取最适合于契约目的的解释。第1157条规定,如一个条款可能作两种解释时,宁舍弃使该条款不能产生任何效果的解释,而采取使之可能产生某些效果的解释。《美国第二次合同法重述》第202条第1款规定,言辞与其他行为之解释,应考虑所有情事,如当事人的主要目的可确定,应充分考虑此目的。第203条(a)款规定,合理、合法、有效的解释优先于不合理、不合法或无效的解释。《欧洲民法典草案》第二编第8:102条第1款规定,解释契约,尤其应考虑……契约的性质与目的。第8:106条规定,使契约合法或有效的解释,优先于无此效果的解释。《国际商事合同通则》第4.1条规定,合同应根据当事人各方的共同意图予以解释;第4.2条规定,一方当事人的陈述和其他行为应根据该当事人的意图来解释,如果另一方当事人已知或不可能不知道该意图;第4.3条规定,在适用本章第4.1条和第4.2条时,应考虑到所有情况,包括"合同的性质和目的"。我国《民法典》总则编第142条规定,应当按照"行为的性质和目的"解释。

当事人进行法律行为如订立合同必有其目的,该目的是当事人真意之所在,为决定法律行为内容之指针。因此,解释法律行为自应符合当事人所欲达成之目的。如当事人意思表示的内容前后矛盾或暧昧不明,应通过解释使之协调明确,以符合当事人之目的。合同所使用的文字或某个条款有两种相反的意思,自应采取其中最适合于当事人目的的意思。如果合同某个词句、条款可能作两种解释,而一种解释使合同无效,另一种解释使合同有效,则应采使合同有效的解释,因为使合同有效符合双方当事人的目的。唯应注意,此所谓当事人目的,指双方当事人共同目的或者至少是为对方当事人已知或应知的一方当事人目的。若属于对方不可能得知的一方当事人目的,自不得作为解释之依据。

(四)习惯解释

所谓习惯解释,指法律行为如合同所使用的文字词句有疑义时,应参照当事人的习惯解释。

例如,《法国民法典》第1159条规定,有歧义的文字依契约订立地的习惯解释之。第1160条规定,习惯上的条款,虽未载明于契约,解释时应用以补充之。《德国民法典》第157条规定,解释契约,应依诚实信用之要求,并顾及交易习惯。《美国统一商法典》第1-303条(2003年)规定,行业习惯可以作为解释合同的依据。《美国第二次合同法重述》第202、203条规定,合同解释可以考虑交易习惯,但明示条款优先于履行过程、交易过程与交易习惯，履行过程优先于交易过程或交易习惯，交易过程优先于交易习惯。《联合国国际货物销售合同公约》第 8 条规定，在确定一方当事人的意旨或一个通情达理的人应有的理解时，应适当地考虑到与事实有关的一切情况，包括谈判情形、当事人之间确立的任何习惯做法、惯例和当事人其后的任何行为。第 9 条规定，其一，双方当事人业已同意的任何惯例和他们之间确立的任何习惯做法，对双方当事人均有约束力；其二，除非另有协议，双方当事人应视为已默示地同意对他们的合同或合同的订立适用双方当事人已知道或理应知道的惯例，而这种惯例，在国际贸易上，已为有关特定贸易所涉同类合同的当事人所广泛知道并为他们所经常遵守。《国际商事合同通则》第 4.3 条规定，解释合同应考虑到：当事人之间已确立的习惯做法；在所涉交易中，通常赋予该合同条款和表述的含义。《民法典》总则编第 142 条规定了习惯解释。

习惯解释的依据在于，人们的行为除受法律的支配外，往往还受习惯的支配。各地有各地的习惯，各行业有各行业的习惯，如不违反法律强行性规定和公序良俗，应可作为解释法律行为当事人真实意思的依据。例如，在合同内容有歧义时，应依据习惯予以明确；在合同约定不完全致使权利义务难以确定时，应依据习惯予以补充。此为各国法律及国际公约所公认的解释方法。唯应注意，采为解释依据的习惯，应是当事人双方共同遵守的习惯，如果仅为一方的习惯，除非订立合同时已将该习惯告知对方并获得对方认可，否则不应采为解释的依据。此外，习惯属于事实，无论地方习惯或行业习惯，其是否存在及为对方所认可，应由主张一方负举证责任。[39]

（五）公平解释

所谓公平解释，指解释法律行为应当遵循公平的原则，兼顾当事人双方的利益。在依法律行为所使用文字词句，有两种不同的含义时，若是无偿法律行为，应按对债务人义务较轻的含义解释；反之，若是有偿法律行为，则应按对双方均较公平的含义解释。如果属于依一方当事人单方面决定的定式条款所成立的法律行为，即所谓定式合同（或格式合同、附合契约），在有歧义时，应按对决定条款一方不利的含义解释。

例如，《法国民法典》第 1162 条规定，契约有疑义时，应作不利于订立条款之人而有利于债务人的解释。《意大利民法典》第 1371 条规定，虽经适用本节[契约的解释]

---

〔39〕 最高人民法院《关于适用〈中华人民共和国合同法〉若干问题的解释（二）》（已失效）第 7 条第 1 款规定："下列情形，不违反法律、行政法规强制性规定的，人民法院可以认定为合同法所称'交易习惯'：（一）在交易行为当地或者某一领域、某一行业通常采用并为交易对方订立合同时所知道或者应当知道的做法；（二）当事人双方经常使用的习惯做法。"第 2 款规定："对于交易习惯，由提出主张的一方当事人承担举证责任。"

所定规则,契约仍有疑义时,对于无偿契约,应作对债务人负担较轻的解释,对于有偿契约,应作公平实现双方当事人利益的解释。《南斯拉夫债法》第 101 条规定,解释合同应符合公平原则,遇有歧义时,如属无偿合同应按对债务人义务较轻的含义解释,如属有偿合同则应按对双方均较公平的含义解释。《欧洲民法典草案》第二编第 8:103 条规定,未经个别磋商的条款有疑义时,不利于条款提供方当事人的解释优先;在一方当事人的支配性影响下确定的其他条款有疑义时,不利于该方当事人的解释优先。《国际商事合同通则》第 4.6 条规定,如果一方当事人所提出的合同条款含义不清,则应作出对该方当事人不利的解释。我国《民法典》总则编第 6 条规定公平原则为民法基本原则,解释法律行为当然也应遵循。《民法典》合同编第 498 条针对格式合同条款规定了公平解释规则,即对格式条款有两种以上解释的,应当采用对格式条款提供人不利的解释。

现代民法,以公平原则为指导当事人缔结民事法律关系之基本原则,同样也是指导法院或仲裁庭解释法律行为的基本原则。作为一种解释方法,首先要求解释法律行为应当遵循公平的原则,为对合同解释的一般要求。但法律行为又分为有偿行为与无偿行为,公平解释方法要求区别对待。因无偿行为非关于市场交易,自应按对债务人较轻的含义解释。而有偿行为实质为市场交易关系,应兼顾双方利益,解释时应尽可能采取对双方均较公平的含义。另外,现实中往往有一方当事人单方面决定法律行为内容的情形,即通常所称格式合同或附合契约,这种情形应采取不利于单方面决定法律行为内容的一方当事人的含义。这样解释,是出于避免发生“他主决定”而破坏意思自治的考虑。

(六)诚信解释

所谓诚信解释,指解释法律行为应遵循诚实信用的原则。

例如,《德国民法典》第 157 条规定,解释契约,应依诚实信用之要求,并顾及交易习惯。《意大利民法典》第 1366 条规定,解释契约应依诚实信用原则。《欧洲民法典草案》第二编第 8:102 条第 1 款规定,解释契约,尤其应考虑……诚实信用与公平交易。日本最高裁判所昭和 32.7.5 判例谓:所谓诚实信用原则,已广泛适用于债权法领域,它不仅适用于权利行使和义务履行,而且也应成为解释当事人缔约目的所适用的基准。

诚实信用原则为现代民法上指导当事人行使权利履行义务之基本原则,也是指导法院或仲裁庭正确解释法律行为的基本原则。我国《民法典》总则编第 7 条规定,诚实信用为一切民事活动所应遵循之基本原则。该条文义上虽仅将民事活动列为调整对象,但考虑到立法目的,即使民事活动尽量符合诚实信用的要求,法律行为之解释亦应包括在内。《民法典》总则编第 142 条明文规定了诚信解释规则。依诚实信用原则,法律行为所使用文字词句有疑义时,应依诚实信用原则确定其正确意思,法律行为内容有漏洞不能妥善规定当事人权利义务时,应依诚实信用原则补充其漏洞。法律行为存在两种解释而无法判断哪一种解释正确时,应采诚信解释:先假定采第一种解释并据以作出判决,再假定采第二种解释并据以作出判决,然后比较两种判决的结果,以所得出判决结果使双方当事人之间的利害关系大体平衡的解释,为符合诚实信用原则的妥当解释。此外,无论采何种解释方法,最后所得解释结果均不得违反诚实信用原则。

第九节　法律行为的效力

一、概说

如前所述,法律行为概念是大陆法系民法最重要的基础概念。假如没有法律行为概念,就不可能有法律行为制度,不可能形成民法总则,作为大陆法系民法特色的体系性和学理性也将大为逊色。法律行为系民事主体实现预期法律效果的基本工具。

法律行为不具备成立要件,谓法律行为不成立,实际上等同于当事人未实施任何行为,当然不涉及有效、无效、撤销等问题。具备成立要件,且具备生效要件,则法律行为当然具有完全的效力,是为完全行为,法律上无须特别规定。而具备成立要件,不具备生效要件时,严格说来本应一律无效。但民法基于私法自治原理,依所欠缺生效要件的性质而区别对待。其所欠缺的要件属于有关社会公益,则使之当然无效;如仅关系当事人之间的利益,则使之可撤销;如仅属于程序上的欠缺或涉及第三人利益,则使之效力未定,使有补正之余地。无效法律行为、可撤销法律行为、效力未定法律行为,称为不完全行为。

二、法律行为的无效

(一)无效的意义

所谓无效的法律行为,是指因欠缺法律行为的生效要件,在法律上确定、当然、完全不发生行为人预期之效力的法律行为。

第一,此所谓无效,指完全不发生法律行为之效力。无效的法律行为,指法律行为因具备全部成立要件已经成立,但因欠缺生效要件,因而在法律上看来,虽有法律行为之外形,而在实际上不发生该法律行为当事人所欲发生的法律效力。如订立买卖合同,因符合成立要件,合同已经成立,但因合同内容违反法律禁止性规定而致合同无效。因此不发生买卖合同的效果。但须注意的是,此所谓不发生法律效力,仅指不发生该法律行为的效果,并不妨发生该法律行为效果之外的其他法律效果。例如,在具备侵权行为构成要件时将发生侵权责任的损害赔偿请求权,或在具备不当得利构成要件时将发生不当得利请求权。

第二,此所谓无效,指自始完全不发生法律行为之效力。无效的法律行为,因不具备生效要件,自该行为成立之时即为无效,即自始不曾发生法律效力。此与行为成立即已发生(完全的或不完全的)法律效力,此后因解除或撤销而归于无效的情形不同。《民法典》总则编第 155 条规定,无效的民事法律行为,“自始没有法律约束力”。即明定自始不生效力。

第三,此所谓无效,指当然的完全不发生法律行为之效力。无效的法律行为,其无效属于当然无效,不问当事人意思如何当然不生效力,既不需要当事人主张其无效,也不须经过任何程序。此与法律行为的撤销或解除须依当事人的意思并经一定程序,均不相同。须说明的是,无效的法律行为系当然无效,不待法院或仲裁机构之裁判,但当事人对于其是否无效有争议时,不妨提起无效确认之诉,请求法院或仲裁机构予以确认。

第四,此所谓无效,指确定的完全不发生法律行为之效力。无效的法律行为,不仅于其成立时不发生法律效力,此后亦绝无再发生法律效力之可能。即其不生效力,已属确定。此与效力未定的法律行为,可以经过补正而生效不同。效力未定的法律行为,如代理人超越代理权所订合同,如经被代理人追认,即因此变为完全有效。无效的法律行为,例如,以法律禁止流通物为标的物的合同,纵然以后法律修改准予该类标的物流通,该合同也不能变为有效。因此,学说上称无效的法律行为犹如死胎,虽有妙手神医亦不能使之复生。这与效力未定的法律行为,完全不同。

法律行为无效之原因,各国规定广狭不一。其中最常见最重要者,系违反公序良俗的法律行为及违反强行法的法律行为。

(二)无效的种类

1. 全部无效与一部无效

法律行为,以无效原因系存在于行为内容之全部或一部,可分为全部无效与一部无效。全部无效,则该法律行为当然全部不生效力,别无问题。如属于一部无效,则应如何处置?《民法典》总则编第 156 条规定:“民事法律行为部分无效,不影响其他部分的效力的,其他部分仍然有效。”依解释,法律行为部分无效的,无效部分除去后,将影响其他部分的效力的,该法律行为应全部均归无效;无效部分除去后,不影响其他部分的效力的,则其他部分仍然有效。由此可见,法律行为一部无效时,原则上应全部归于无效,例外情形,以无效部分除去不影响其他部分的效力为条件,可以认可其他部分为有效。

所谓一部无效不影响其他部分效力的法律行为，主要有下述情形：

第一，法律行为标的之数量超过法律许可范围。例如，借贷合同约定利息超过国家规定的最高利率，其高于国家规定的最高利率的部分无效。又如，遗嘱将全部财产遗赠他人而剥夺了缺乏劳动能力、没有生活来源的法定继承人的应继份额，违反《民法典》继承编第1141条关于应继份的规定，则相对于缺乏劳动能力、没有生活来源的法定继承人应继份额的遗赠部分因违反强行性规定而无效。

第二，法律行为之标的，由数种不同事项拼合而成，其中一项或数项无效。例如，买卖合同标的物有数个，其中之一为法律禁止流通物，则该项买卖中仅买卖禁止流通物部分无效，其他部分仍可有效。

第三，法律行为之非主要条款，因违反法律禁止性规定或公序良俗而无效。例如，雇用合同约定"工伤概不负责"，即预先免除人身伤害责任的免责约款，法院依据《民法典》合同编第506条认定该约款无效，而雇用合同本身并不无效。

2. 绝对无效与相对无效

无效的法律行为，以其无效效果的范围为标准，可分为绝对无效与相对无效。绝对无效的法律行为，不以当事人为限，任何人均可主张其无效。相对无效的法律行为，其无效效果受到限制，仅当事人之一方可主张其无效。无效的法律行为，以绝对无效为原则，而以相对无效为例外。例如，违反公序良俗的法律行为，本属于绝对无效，近年来各国法院已改变态度，仅承认受不利益一方当事人有权主张其无效。

（三）无效的原因：违反强行法

1. 概括规范

违反强行法的法律行为无效，为各国家及地区相关规定和民法理论一致认可的规则。[40]《法国民法典》第1131条规定不法原因之债无效。《意大利民法典》第1344条规定原因不法，第1345条规定动机不法。系就法律行为之原因或动机违法而设规定。《魁北克民法典》第1411、1413条分别规定原因不法与客体不法的合同无效。《德国民法典》第134条规定，违反法律之禁止规定的法律行为无效，但由该法律另生其他结果者，不在此限。《意大利民法典》第1418条、新《荷兰民法典》第3:40条第2款、中国台湾地区"民法"第71条与之相似。系概括规定法律行为本身违法。中国《民法典》总则编第153条规定："违反法律、行政法规的强制性规定的民事法律行为无效。"

---

〔40〕 也有国家将违法归为违反公序良俗（公共政策），如美国法将违反立法的合同作为违反公共政策合同的一种。参见 Restatement（Second）of Contracts，Chapter 8（1981）。

2. 强制性规定

强行法之目的在于禁止当事人为损害国家利益、社会公共利益或他人利益的行为。法律规范可分为强行法与任意法。任意法为补充或解释当事人自己制定的规范(契约)而设,不具强行适用的效力,包括补充规定与解释规定。任意法,一是起示范作用,供当事人订立合同时参考,有助于减少交易成本;二是起补充性作用,对于当事人未约定的内容可按法定内容进行补充。强行法为不问当事人意思如何,必须适用之规范,包括禁止规定和强制规定。强行法与任意法之区分,不能仅依法条文字,应依法条之体裁及法律规范之目的而定。

依发达国家和地区的立法经验及判例学说,法律行为违反强行法,并非必然无效,须视强行法之类型而定。《德国民法典》第 134 条、《西班牙民法典》第 6.3 条、《葡萄牙民法典》第 294 条、《希腊民法典》第 174 条规定,法律行为违反法律禁止性规定者无效,但依法律不以为无效者除外。德国学说将强行法区分为处分界限规范与禁止规范。处分界限规范,系界定私法上形成及处分权利义务界限之规范,涉及财产法上当事人对自己财产的处分自由之问题,并非因某一法律行为的内容而禁止该法律行为之问题,此类规定虽有禁止规范之外形,但不属禁止规范,如《德国民法典》第 399 条与第 400 条规定特定情形的债权不得让与、第 1059 条第 1 句规定用益权不得让与、第 2211 条第 1 款规定继承人不得处分遗嘱执行人管理的遗产。此类规范并无真正的"违反"问题,法律行为逾越处分界限者,并非无效,而是根本不生效力,如能经有权者同意,仍得生效。禁止规范,系强制或禁止一定行为的规范。法律行为的效力是否因违反禁止规范而受影响,须依一定标准而定,并非当然无效。依德国判例与学说之解释,无效并非常规,违反强行法的法律行为另可发生向后无效、一部无效、可撤销、相对无效、一方部分无效、效力未定等其他效果,经探求所违规范之目的及权衡受保护之法益而定,仅在能够证明民法上的无效确为适当的法律后果时,违反禁止规范的法律行为方为无效。〔41〕 在奥地利、葡萄牙、爱沙尼亚民法上,违反强行法的合同并非当然无效,除法律明定其无效外,是否无效须依所违反规范之目的而定。〔42〕 新《荷兰民法典》第 3:40 条第 2 款规定,违反强行规定的法律行为无效;但该规定旨在保护多方法律行为中的一方当事人的,该行为为可撤销。法国、瑞士等国虽无明文但书规定,但在实务

---

〔41〕 德国法的情况,参见[德]维尔纳·弗卢梅:《法律行为论》,迟颖译,法律出版社 2013 年版,第 401 ~ 413 页;[德]卡尔·拉伦茨:《德国民法通论》(下),王晓晔等译,法律出版社 2003 年版,第 588 ~ 595 页;苏永钦:《违反强制或禁止规定的法律行为》,载苏永钦:《私法自治中的经济理性》,中国人民大学出版社 2004 年版,第 35 ~ 40 页;[德]迪特尔·施瓦布:《民法导论》,郑冲译,法律出版社 2006 年版,第 468 ~ 474 页。

〔42〕 See Principles, Definitions and Model Rules of European Private Law: Draft Common Frame of Reference (DCFR), Full Edition, II. –7:302 Note 13 (2009).

操作上皆视法律目的而定，非一律无效，[43] 例如，在法国法中，违反旨在保护一般公共利益的强行法的契约绝对无效，违反旨在保护一方当事人的强行法的契约相对无效。[44]

在英国法系，不法合同无强制执行效力，但法院得斟酌法律目的及相关情形，判以其他救济。[45] 美国法上，在立法未明定无效的情形，当反对强制执行合同的公共政策显著强于强制执行合同的利益时，始得判决合同无强制执行效力。在衡量强制执行合同的利益时，法院应斟酌当事人的正当期待、拒绝强制执行所致利益丧失、在执行特定条款上特殊的公共利益；在衡量反对强制执行合同的公共政策时，法院应斟酌立法所载公共政策的强度、拒绝强制执行可促进该政策的可能性、所涉不当行为及其故意程度、不当行为与合同条款之间关系的直接性。[46]

《欧洲合同法通则》第 15：102 条、《欧洲民法典草案》第二编第 7：302 条明文规定，合同违反强行性规则，强行性规则明文规定违法合同的效力的，从其规定；强行性规则未明文规定违法合同的效力的，法院可认定合同为完全有效、一部无效、全部无效，或变更合同或其效力，其认定须为斟酌所有相关情形后针对违法行为作出的适当且合比例的决定，相关情形包括被违反的规则的目的、该规则保护之人的类别、依被违反的规则可得施加的任何制裁、违法的严重程度、违法是否为故意、违法和合同之间关系的密切程度。2010 年《国际商事合同通则》第 3.3.1 条规定与之类似。

我国台湾地区相关学说与实务上，强行法区分为效力规定或取缔规定。效力规定着重违反行为之法律行为价值，以否认其法律效力为目的；取缔规定着重违反行为之事实行为价值，以禁止其行为为目的。[47] 法律行为违反取缔规定，仅违反一方当事人负公法上之责任，法律行为效力不受影响。唯有违反效力规定，方可使法律行为无效。

原《民法通则》第 55、58 条未区分法律规定的强制性与任意性，而笼统规定"不违反法律""违反法律"，至《民法通则》实施后的一段时间，人民法院或者仲裁机构裁决合同纠纷案件，凡是合同约定与法律规定不一致的，便一律认定合同无效，损及市场交易安全和当事人合法权益。因此原《合同法》制定时，其第 52 条明定违反法律"强制

---

〔43〕 参见苏永钦：《违反强制或禁止规定的法律行为》，载苏永钦：《私法自治中的经济理性》，中国人民大学出版社 2004 年版，第 32 页。

〔44〕 See Principles, Definitions and Model Rules of European Private Law: Draft Common Frame of Reference (DCFR), Full Edition, II. -7:302 Note 10 (2009).

〔45〕 See Law Commission Consultation Paper 154, Illegal Transactions: The Effect of Illegality on Contracts and Trusts (1999). 依据《新西兰不法合同法》(Illegal Contracts Act 1970)第 7 条的规定，法院可判决合同完全有效、一部无效、变更合同、恢复原状或给予补偿，在决定是否给予此类救济及救济的性质与范围时，法院应斟酌当事人的行为、所违反规范的目的、法定制裁的力度及法院认为适当的其他因素。

〔46〕 See Restatement (Second) of Contracts § 178 (1981); E. Allan Farnsworth, Contracts § § 5.1, 5.5, 5.7 (4th ed. 2004).

〔47〕 参见史尚宽：《民法总论》，台北，正大印书馆 1980 年版，第 296 页。

性规定”的合同无效,将任意性规定排除在外。

但所谓强制性规定,尚有禁止性规定与命令性规定之分,按照民法原理及发达国家和地区的裁判实践,仅其中违反禁止性规定的行为无效,而违反命令性规定的行为并不一定无效。原《合同法》第52条未区分禁止性规定与命令性规定,致违反命令性规定的行为被认定为无效,仍不利于保护交易安全及相对人合法权益。最高人民法院《关于适用〈中华人民共和国合同法〉若干问题的解释(二)》(已失效)第14条解释说,《合同法》第52条第(五)项规定的“强制性规定”,是指效力性强制性规定。实际是将“强制性规定”区分为“效力性规定”与“非效力性规定”,仅违反“效力性规定”的合同无效。所谓“效力性规定”,相当于民法理论上的“禁止性规定”;“非效力性规定”即所谓“管理性规定”,相当于“命令性规定”。

《民法典》总则编第153条第1款规定:“违反法律、行政法规的强制性规定的民事法律行为无效,但是,该强制性规定不导致该民事法律行为无效的除外。”所谓“强制性规定”,应按照最高人民法院《关于适用〈中华人民共和国合同法〉若干问题的解释(二)》(已失效)第14条,区分为“效力性强制规定”与“非效力性强制规定”。所谓“不导致该民事法律行为无效的”强制性规定,即指“非效力性强制规定”。

《民法典》总则编规定违反法律、行政法规的强制性规定的法律行为无效。而强制规定不以民法为限,公法上的强制规定亦属之。由此可见,法律行为因违反强制规定而无效之规定,具有链接公法规范与私法领域、调和公私法价值冲突之功能。鉴于现代国家公法泛滥之背景及中国现今公权力对经济生活干预过多之国情,解释与适用上仍有必要从严认定效力性强制规定之范围。实际适用时,效力性规定与非效力性规定并非泾渭分明,须探究规范目的,权衡法益与制裁,遵循比例原则,经由类型化与体系化,始能确立妥当的判断标准。

(四)无效的原因:违背公序良俗

1. 公序良俗的意义

公序良俗原则为现代民法一项重要的基本原则,在现代民法上占有极重要的地位,具有限制私法自治原则的功能。这一重要功能,正是通过使违反公序良俗的法律行为无效来实现的。也就是说,违反公序良俗,成为现代决定法律行为无效的最重要的原因。如《法国民法典》第6条规定,任何人不得以特别约定违反有关公共秩序和善良风俗的法律。《德国民法典》第138条第1款规定,违反善良风俗的行为,无效。《日本民法典》第90条规定,以违反公共秩序或善良风俗的事项为标的的法律行为无效。新《荷兰民法典》第3:40条第1款规定,内容或目的违反善良风俗或公共秩序的法律行为无效。中国台湾地区“民法”第72条规定,法律行为,有悖于公共秩序或善良风俗者,无效。中国原《民法通则》虽未使用公序良俗概念,也有类似的规定,即第

58 条第 1 款第(五)项规定:违反社会公共利益的法律行为无效。原《合同法》第52 条第(四)项规定,损害社会公共利益的合同无效。依学者解释,此所谓违反社会公共利益,与违反公序良俗同义。《民法典》总则编第 153 条第 2 款规定:“违背公序良俗的民事法律行为无效。”

公序良俗属于不确定概念和一般条款,其内涵和外延均不确定。民法之所以需要规定公序良俗,是因为立法当时不可能预见一切损害国家利益、社会公益和道德秩序的行为而作出详尽的禁止性规定,故以公序良俗弥补禁止性规定之不足。公序良俗原则,性质上为授权型规定。目的在于,遇有损害国家利益、社会公益和社会道德秩序的行为,而又缺乏相应的禁止性法律规定时,法院可以违反公序良俗为由认定该行为无效。

2. 公序良俗原则的发展

(1)从政治的公序到经济的公序

自《法国民法典》规定公序良俗原则以来,在长达一个多世纪的时期,这一原则以保卫社会主要组织即国家和家庭为目的,因此称为政治的公序。政治的公序与财产和劳务的交换即市场经济活动无直接关系。因为市场经济活动应由当事人依契约自由原则去决定,公序良俗原则仅在于防止无限制的契约自由损害国家和家庭秩序。“二战”后,由于市场经济的发展及国家经济政策的变化,导致公序良俗概念的扩张,即在传统的政治的公序之外,认可经济的公序。所谓经济的公序,指为了调整当事人间的契约关系,而对经济自由予以限制的公序。经济的公序,目的在于使国家可以介入私人间的契约关系。

经济的公序又分为指导的公序与保护的公序。指导的公序是统制经济所产生的概念,为了贯彻国家经济政策,从私人间的契约关系中强行排除不符合国家经济政策的内容。例如认定违反国家定价的契约无效。20 世纪 70 年代以后,各国改变凯恩斯经济政策,废止价格管制法规之后,指导的公序已经不再占据重要位置,而让位于保护的公序。所谓保护的公序,指保护劳动者、消费者、承租人和接受高利贷的债务人等现代市场经济中的弱者的公序。指导的公序,是关系全体人民利益的公序,而保护的公序,则是对市场经济中的弱者个人利益予以特殊保护的公序。从判例学说来看,保护的公序是近年来最为活跃的领域。

(2)以公序良俗原则作为保护消费者的手段

以日本为例,自 20 世纪 70 年代中期以来,有关各种“恶德”交易方法受害,而给予受害消费者损害赔偿救济的判例增加。所谓“恶德”交易方法,如连锁贩卖交易或无限连锁推销方式(俗称“老鼠会”),使消费者蒙受重大损害。法院在这类判例中,运用公序良俗原则作为保护消费者的手段,以交易方法、交易结构本身的不当性、劝诱方法的不当性为由,认定构成公序良俗违反,使消费者获得损害赔偿。于是,在现代市场经济条件下,公序良俗原则,成为保护消费者的一种法律手段。

(3)以公序良俗原则作为保护劳动者的法律手段

“二战”后判例实务的另一个突出特点,是法院运用公序良俗原则,强行干预劳动关系,以达到保护劳动者的目的。这方面的判例大致可分为两类:其一,公司利用自己的经济优势,在与雇员签订的劳动契约、劳动协议中,给予雇员不当的不利益。例如,约定以雇员对公司无不利行为作为支付退职金的条件;关于奖金的不利于雇员的约定;对出勤率低的雇员不予加薪的约定等。其二,公司在劳动契约中规定的男女差别条款。例如,女子提前退休条款;女雇员一经结婚视为自动离职的条款;男女劳动报酬差别的约定等。尤其自20世纪70年代以来,各国法院频繁地作出上述条款和约定违反公序良俗而无效的判决,以实现保护劳动者的目的。这表明法院为了改善劳动条件,维护劳动关系的公正,利用公序良俗原则,作为强行介入劳资关系的法律手段。

(4)从绝对无效到相对无效

公序良俗违反的效果,为法律行为绝对无效。此系判例学说一贯的立场。所谓绝对无效,是指从该法律行为成立之时起,当然、确定、全部无效,无论何人均可主张其无效。绝对无效,对于违反政治公序及违反经济公序中的指导的公序,均不发生问题。唯独对于违反经济公序中的保护的公序,则有可能不利于应受保护一方的利益。因此,在违反保护的公序情形,法院改采相对无效:使受保护一方有主张无效的权利;在无效的范围上,从全部无效改为部分无效,亦即依应受保护一方的利益,仅认定违反公序良俗的条款无效,而使其余条款继续有效;允许有权主张无效的一方可以溯及地予以追认。在公序良俗违反的效果上承认相对无效,就使法院获得更大的机动性,可以更好地协调当事人之间的利害关系,达到保护经济上的弱者之目的。

3. 公序良俗违反行为类型

(1)危害国家公序行为类型

国家公序,指国家政治、经济、财政、税收、金融、治安等秩序,关系国家人民根本利益,其违反行为无论过去和现代均属于公序良俗违反行为之重要类型。例如,以从事犯罪或帮助犯罪为内容的契约;投票用纸的买卖契约;身份证件的买卖合意;规避课税的合意;意图影响投票结果而为选举人提供免费饮料的合意等。

(2)危害家庭关系行为类型

家庭关系属于政治公序。这一类型在公序良俗违反行为中从来占有重要位置。例如,约定子女与父母别居的协议;约定子女对父母不承担扶养义务的协议;约定夫妻别居的协议;约定断绝亲子关系的协议;代他人怀孕的所谓代孕协议等。

(3)违反性道德行为类型

性道德为善良风俗之基本内容。依公序良俗原则确认这类违反行为无效,对于维系社会起码的道德秩序,至关重要。例如,妓馆之开设、转让合同;为开设妓馆而购买或承租房屋的合同；以继续姘居关系为条件的财产赠与协议等。

(4)射幸行为类型

射幸行为，是指以他人的损失而受偶然利益之行为，因有害于一般秩序而应无效，如赌博、彩票、巨奖销售等。但经政府依法特许者除外。

(5)违反人权和人格尊重行为类型

人权和人格之尊重，为现代民主法治社会之前提条件。我国《宪法》第33条规定“国家尊重和保障人权”，《民法典》总则编第109条规定，“自然人的人身自由、人格尊严受法律保护”。因此，依公序良俗原则规范违反人权和人格尊重的行为，具有重大意义。例如，过分限制人身自由的劳动契约；以债务人人身为抵押的约款；强制债务人在债主家作奴仆以抵偿债务的约款；企业或商店对雇员或顾客进行搜身检查的条款等。

(6)限制经济自由行为类型

经济自由为市场经济的基本条件，其违反行为当然无效，例如，过度的竞业禁止条款，限制职业自由的条款。经济体制改革以来，大量存在的利用经济地位或行政权力分割市场、封锁市场、限制商品和人员流动的规定或协议，亦可归入这一类，依公序良俗违反而认定为无效。

(7)违反公平竞争行为类型

公平竞争为市场秩序的核心，当然应受公序良俗原则的保护。属于这一类的行为有：拍卖或招标中的围标行为；以贿赂方法诱使对方的雇员或代理人与自己订立契约；以使对方违反其对于第三人的契约义务为目的的契约等。

(8)违反消费者保护行为类型

在现代市场经济条件下，消费者为经济上的弱者，不能与拥有强大经济力的企业相抗衡，于是各国制定并执行消费者保护法，由国家承担保护消费者的责任。因此，消费者保护成为公序良俗原则适用的重要领域。违反消费者保护的行为，主要是利用欺诈性的交易方法、不当劝诱方法，及虚假和易使人误信的广告、宣传、表示，致消费者遭受重大损害的行为。自改革开放以来，这类行为已达到泛滥程度，如无限连锁推销方式(传销)、交友热线电话等即其典型事例。

(9)违反劳动者保护行为类型

同消费者一样，劳动者也是现代市场经济条件下最易于遭受损害的弱者，因此保护劳动者为现代保护的公序的重要领域。运用公序良俗原则保护劳动者，是各国依公序良俗原则处理的重要类型。例如，劳动关系中以雇员对企业无不利行为作为支付退职金条件的条款；女雇员一经结婚视为自动离职的所谓“单身条款”；“工伤概不负责”的约款；雇员须向雇主交纳保证金的约款；要求雇员为顾客对雇主的债务提供担保的约款；男女同工不同酬的差别待遇条款等。

(10)显失公平行为(暴利行为)类型

显失公平行为,源于德国民法所谓“暴利行为”,属于违反公序良俗行为之特别类型。《德国民法典》第 138 条第 2 款规定:“法律行为,如系乘他人之强制情况、无经验、欠缺判断能力或显然之意志薄弱,使其对自己或他人的财产为财产上利益之约定或给付者,而此财产利益与给付相比显失公平时,尤应无效。”但由于暴利行为须具备“双重要件”,即给付显失均衡的客观要件和有乘对方穷迫、轻率或无经验的主观要件,因此在实务中认定为暴利行为的案例极少。虽经 1976 年的修正法,修改为“乘他人的急迫情势、无经验、判断力欠缺或显著意志薄弱”,仍未达到缓和主观要件的目的。因此判例实务将本应适用第 138 条第 2 款的行为,改为适用第 1 款作为一般违反公序良俗行为处理,学说称为“准暴利行为”,值得重视。但仅依给付与对待给付不相称之事实,尚不足符合第 138 条第 1 款的要件,还须具备同条第 2 款以外的其他情形,始得构成违反善良风俗,如行为人利用垄断地位或有可责难的意图(Verwerfliche Gesinnung)。日本民法未特别规定暴利行为,虽解释上认为有客观要件和主观要件,但实务上对于不具备主观要件仍然认定为暴利行为的案例不少。20 世纪 90 年代以来的判例学说有所谓新型暴利行为的主张。即为了更好地保护消费者及规制定式交易约款,将本应适用法律关于错误、欺诈、胁迫及意思能力欠缺的规定的事例,作为新的暴利行为类型,依公序良俗违反行为处理。中国台湾地区“民法”亦继受德国民法暴利行为,其第 74 条规定:“法律行为,系乘他人之急迫、轻率或无经验,使其为财产上之给付或为给付之约定,依当时情形显失公平者,法院得因利害关系人之申请,撤销其法律行为或减轻其给付。”

我国原《民法通则》制定时,受当时南斯拉夫债法的影响,将传统民法暴利行为一分为二:一为“乘人之危”行为,指一方当事人乘对方处于危难之际,为牟取不正当利益,迫使对方做出不真实的意思表示而成立的法律行为,其法律效果为无效(原《民法通则》第 58 条),后《合同法》改为可撤销(原《合同法》第 54 条第 2 款);二为“显失公平”行为,指合同成立时双方给付显失公平,其法律效果为可撤销[原《民法通则》第 59 条、原《合同法》第 54 条第 1 款第(二)项]。显失公平之构成,不要求主观要件,凡合同双方给付显失均衡,致一方受重大损害者,受害人均可主张显失公平而请求法院或者仲裁机构予以变更或者撤销。[48]

《民法典》总则编制定时,考虑到现行法上的乘人之危与显失公平,共同本质均在于双方当事人的权利义务显失均衡。二者的差别仅在于,前者强调一方利用了对方处

〔48〕 最高人民法院则解释为须有主观要件。其《关于贯彻执行〈中华人民共和国民法通则〉若干问题的意见(试行)》(已失效)第 72 条规定:“一方当事人利用优势或者利用对方没有经验,致使双方的权利义务明显违反公平、等价有偿原则的,可以认定为显失公平。”

于危急等不利情势，即学说上所称的主观要件，而后者不要求主观要件。从理论上说，这样的区别规定似乎有其理由。但从裁判实务言之，则乘人之危的构成要件过严，而显失公平的构成要件过宽；主张乘人之危而获得法院支持的可能性极小，而主张显失公平获得法院支持的可能性相对较大。鉴于此，遂将乘人之危与显失公平合并为一个条文，仍称“显失公平”（实则乘人之危作为构成显失公平的主观要件）。将二者合并规定，不仅符合民法原理和立法例，且有利于双方当事人合法权益之保护及维护市场交易公正性。

《民法典》总则编第151条规定：“一方利用对方处于危困状态、缺乏判断能力等情形，致使民事法律行为成立时显失公平的，受损害方有权请求人民法院或者仲裁机构予以撤销。”显失公平行为的构成要件是：其一，须给付与对待给付之间显失均衡。学说上称为客观要件。其二，须一方利用了对方处于危困状态、缺乏判断能力等不利情势。学说上称为主观要件。其法律效果为可撤销，法律赋予因法律行为显失公平而受不利益的一方当事人以撤销权。

需注意的是，显失公平之判断时点，为“法律行为成立时”。法律行为成立生效之后因情事变更导致双方给付显失公平的，不能适用显失公平规则，适用《民法典》合同编第533条情事变更规则。[49]

（五）无效法律行为之转换

大陆法系民法为尊重当事人之意思，促成法律行为之目的实现，而有无效法律行为转换制度。无效法律行为转换制度，有助于增进私法自治，尽可能挽救法律行为的效力，减少社会经济成本的耗费。无效之法律行为，若具备其他法律行为之要件，并因其情形，可认为当事人若知其无效即欲为其他法律行为者，则作为其他法律行为，认可其有效。无效法律行为之转换的要件如下：

第一，须原法律行为确定无效。

第二，须具备其他法律行为的要件，且其他法律行为在效力上不得超越当事人真正欲达成的行为。其他法律行为，称为替代行为。

第三，因情形可认为当事人若知其法律行为无效即愿意为替代行为。此非当事人之真意，而系假定意思，即理性之人处于当事人位置上可能具有的意思。假定意思不得与一方当事人的真实意思相抵触。

第四，不得违反无效规定的宗旨而为转换。例如，不得将违反公序良俗之行为转

---

〔49〕 2009年最高人民法院《关于适用〈中华人民共和国合同法〉若干问题的解释（二）》（已失效）第26条明文规定了情事变更。此项司法解释规则经修改完善被提升为正式法律条文，规定在《民法典》合同编第533条。

换为符合公序良俗之行为。[50]

三、法律行为可撤销

(一)撤销的意义

"撤销"一词在民法上较为常用,且有不同的含义。例如,法人之撤销、监护人资格之撤销,其意义在于使某种法律资格归于消灭;失踪宣告之撤销、死亡宣告之撤销,其意义在于取消某种决定。这两种撤销,撤销权均归授予法律资格或做出决定的国家机关,其实质属于司法权力或行政权力的活动。

所谓法律行为之撤销,与上述撤销的含义不同,约有两种情形:第一种系以有效要件欠缺为由,使有瑕疵法律行为效力消灭,有溯及力,如法律行为因欺诈、胁迫、重大误解、显失公平之撤销;第二种系使已生效的无瑕疵法律行为之效力归于消灭,有无溯及力依各行为而定,如赠与之撤销(《民法典》合同编第 658 条)。《民法典》总则编所谓可撤销的法律行为之撤销,属于第一种情形,是指民事主体行使撤销权,消灭意思表示有瑕疵的法律行为的法律效力。其撤销权为民事权利之一种,所撤销的对象是意思表示有瑕疵的法律行为。

概言之,所谓撤销,指有撤销权人溯及地消灭有瑕疵法律行为效力的权利行使行为。另须注意,《民法典》分则编及民事特别法上另有若干有瑕疵法律行为撤销制度,多有特别的构成要件、行使方式或除斥期间。[51]

(二)可撤销的法律行为

可撤销的法律行为,区别于完全有效的法律行为,在于法律赋予当事人一方以撤销权,该当事人据此可以请求法院撤销该法律行为。可撤销的法律行为,经撤销后,则归于完全无效。由此可见,可撤销的法律行为,既区别于有效的法律行为,也区别于无效的法律行为,既存在变成有效法律行为的可能性,也存在变成无效法律行为的可能性。

(三)可撤销的法律行为属于效力不完全

可撤销的法律行为,既区别于完全有效的法律行为,也区别于无效的法律行为,在

---

[50] 参见[德]迪特尔·梅迪库斯:《德国民法总论》,邵建东译,法律出版社 2000 年版,第 395～399 页;林诚二:《民法总则》(下),法律出版社 2008 年版,第 475 页。

[51] 如业主大会或业主委员会所作决定因侵害业主权益之撤销(《民法典》物权编第 280 条第 2 款);诈害行为之撤销(《民法典》合同编第 538～539 条);胁迫婚姻、未告知重大疾病婚姻之撤销(《民法典》婚姻家庭编第 1052～1053 条);诈害债权人的信托之撤销(《信托法》第 12 条);股东会、股东大会或董事会决议因违反公司章程之撤销(《公司法》第 22 条第 2 款)。顺便指出,有立法例将诈害行为之撤销与欺诈、胁迫所为法律行为之撤销并列规定于法律行为一章,如 1992 年新《荷兰民法典》第三编财产法总则第 3:45 条。

性质上应属于效力不完全的法律行为。[52]

需注意的是，关于可撤销的法律行为的性质，学说上存在分歧。传统观点认为，可撤销的法律行为，已经具备全部生效要件，从成立时起效力即已确定，与完全有效的法律行为，并无区别。仅因其意思表示有瑕疵，法律使一方当事人享有撤销权。因此，可撤销的法律行为，属于附撤销权的有效法律行为。笔者认为，此种观点之不当，可从以下三方面予以说明：

首先，在于未正确解释撤销权的实质。法律因法律行为的意思表示存在瑕疵，特赋予一方当事人以撤销权，此撤销权的存在当然成为法律行为法律效力之障碍。享有撤销权的一方可以完全不受该法律行为的约束，他既可依自己的意思撤销法律行为，使之归于消灭，也可以放弃撤销权而使该法律行为产生完全的效力。由此可见，实质上可撤销的法律行为仅对无撤销权的一方当事人具有约束力，谓之为完全有效而否认其处于效力不完全状态，在理论上难称妥当。

其次，认为可撤销的法律行为在性质上属于有效的法律行为，也与《民法典》总则编的规定不合。《民法典》总则编关于法律行为效力的分类，采四分法，即将法律行为分作四类：有效的法律行为、无效的法律行为、可撤销的法律行为及效力未定的法律行为。这从《民法典》总则编第六章第三节的法条排列，即可明了。

最后，认为可撤销的法律行为性质上为有效的法律行为，将导致对撤销和解除两个不同概念的混淆。我国《民法典》总则编的立法思想，系将可撤销法律行为之撤销概念，与法律行为的解除概念，严格区分。《民法典》总则编第 136 条第 2 款规定："行为人非依法律规定或者未经对方同意，不得擅自变更或者解除民事法律行为。"由此可见，解除系针对完全有效的法律行为而言，解除的实质在于使完全有效的法律行为归于消灭。所谓解除，即解消其法律约束力之意。对于无效的法律行为及效力不完全的法律行为，均不发生解除问题。而撤销系针对效力不完全的法律行为而言，其本质在于使效力不完全的法律行为归于消灭。

（四）撤销权

1. 撤销权的意义

按照《民法典》总则编的规定，撤销权为溯及地使可撤销的法律行为归于消灭的权利。

2. 撤销权的性质

撤销权，在性质上属于形成权的一种。具有从权利的性质，因此不得与基于可撤

[52] 此前笔者曾主张可撤销的法律行为属于效力未定，现在看来有所不当。参见梁慧星：《民法》，四川人民出版社 1988 年版，第 134 页。

销的法律行为所生的权利相分离而转让。

3. 撤销权的效力

撤销权的效力,在于溯及地使可撤销法律行为归于消灭。《德国民法典》第 142 条规定,可撤销的法律行为,被撤销者,视为自始无效。《日本民法典》第 121 条规定,可撤销之行为被撤销者,视为自始无效。《欧洲民法典草案》第二编第 7:212 条第 1 款规定,可撤销合同一经撤销,溯及地自始无效。但《民法通则》制定时,却在撤销之外,增加请求"变更"的效力。按照原《民法通则》第 59 条、原《合同法》第 54 条的规定,撤销权人可以要求撤销该法律行为,也可以仅要求变更其内容;撤销权人仅要求变更的,法院不得撤销。[53]

按照民法原理和立法例,于法律行为的意思表示存在瑕疵情形,赋予受损害一方撤销权,通过撤销权之行使,消灭有瑕疵法律行为的效力,使当事人双方恢复到成立该法律行为之前的状态,以纠正当事人之间的意思与表示不一致、意思表示不自由的不公正状态。但原《民法通则》和原《合同法》,却在撤销权之外另赋予变更的效力。此项"变更"效力,亦可解释为附着于撤销权的另一项形成权,即"变更权"。此项变更权之行使,将依权利人单方的意思而变更双方之间的权利义务,使权利人单方的意思具有拘束对方当事人的效力,有悖于民法"平等原则"(《民法典》总则编第 4 条)、"意思自治原则"(《民法典》总则编第 5 条)及法律行为非依合意不得变更的基本原理(《民法典》总则编第 136 条第 2 款)。

就裁判实践言之,法院因当事人行使撤销权而撤销有瑕疵的法律行为,恢复当事人未实施该法律行为之前的状态,不仅最为公平合理,也最为方便。裁判实务中,当事人主张变更合同的案件数量较少,其中多数被法院以证据不足为由予以驳回。显而易见,此所谓"证据不足",应非法庭据以认定案件事实的证据不足,而是据以按照原告要求变更合同的证据不足。大多数当事人之所以不选择行使变更权的理由,显然是考虑到法院难于仅依自己单方的意思作出变更判决,而即使法院作出变更判决,被告方也难免继续缠讼不休。不如依法行使撤销权易于获得法院支持,且法院一旦判决撤销合同、恢复订立合同之前的状态,被告方也将难以借口不公平而继续缠讼。由此可见,对有瑕疵法律行为赋予变更效力(变更权),不仅是一种矫枉过正的做法,且于法院公正裁判案件、保护当事人合法权益,并非有利。鉴于此,《民法典》总则编遂从关于可撤销法律行为的规定中,删除"变更"效力。

4. 撤销权的行使

撤销权的行使,为撤销权人单方的行为,无须相对人表示同意。此从撤销权性质

---

〔53〕 对于重大误解或者显失公平的法律行为,撤销权人要求撤销的,法院既可以变更也可以撤销,参见最高人民法院《关于贯彻执行〈中华人民共和国民法通则〉若干问题的意见(试行)》(已失效)第 73 条。

上属于形成权，即可明了，各国家及地区规定并无不同。但须注意，关于撤销权的行使，德国民法、日本民法、英美契约法、《欧洲民法典草案》、《国际商事合同通则》及中国台湾地区相关规定，均仅要求以意思表示向相对人为之。而中国民法的规定与之不同。按照《民法典》总则编的规定，撤销权人应“请求人民法院或者仲裁机构予以撤销”。换言之，撤销权的行使应采诉讼（或仲裁）方式。依解释，如果撤销权人不采取向法院起诉或向仲裁机构申请仲裁的方式，而直接向相对人以意思表示为之，应不发生撤销权行使的效力。这种情形，如相对人表示同意，则可发生协议解除的效力，自不待言。中国民法之所以规定撤销权必须采用诉讼方式（或者仲裁方式）行使，是基于相对方合法利益保护及维护法律秩序的政策判断。中国地域辽阔、人口众多，人民和企业法律知识不足、法治观念不够，如允许撤销权人发一个通知就可以消灭自己与相对人之间的合同关系乃至婚姻关系，势必不利于法律关系的稳定、法律秩序的维护以及相对人合法利益的保护。故规定撤销权行使，必须采取撤销权行使之诉的方式。

5. 撤销权的消灭

（1）因除斥期间经过而消灭

撤销权既属于形成权，有溯及地使可撤销的法律行为归于消灭的效力，则应有除斥期间的限制。除斥期间的作用，在促使撤销权人尽快地行使权利，并保护相对人利益，有利于交易安全。除斥期间经过，撤销权即归消灭，可撤销的法律行为因而成为完全有效的法律行为。

我国原《合同法》第 55 条规定，具有撤销权的当事人自知道或者应当知道撤销事由之日起 1 年内未行使撤销权的，撤销权消灭。此 1 年期间，属于除斥期间。但对于发生撤销权的事由不加区分而统一适用 1 年除斥期间，亦有斟酌余地。例如，因受胁迫而具有撤销权者，若胁迫持续期间在 1 年以上，撤销权人虽明知撤销事由，却无从行使撤销权，则撤销权的规定对受胁迫人形同虚设。又如，因重大误解而具有撤销权的情形，重大误解往往系表意人自己过失所致，而不同于受欺诈、受胁迫的情形，一律适用 1 年的除斥期间亦嫌过长。另一个问题是，除斥期间自当事人知道或者应当知道撤销事由之日起算，若当事人不知道或者不应当知道撤销事由，则除斥期间始终不开始起算，此种情形除斥期间将长期存在，亦不利于相对人合法权益之保护及法律秩序之稳定。

鉴于此，《民法典》总则编重构撤销权的除斥期间，其第 152 条规定，其一，主观除斥期间，原则上为 1 年（但重大误解的除斥期间为 90 日）。自当事人知道或者应当知道撤销事由之日起计算（但受胁迫的 1 年除斥期间自胁迫行为终止之日开始计算）。其二，客观除斥期间为 5 年。自可撤销民事法律行为成立之日计算。

（2）因权利人抛弃而消灭

撤销权既属于民事权利，其是否行使取决于权利人的意思，权利人当然可以抛弃其撤销权。有撤销权的当事人,于除斥期间经过前抛弃权利,撤销权因而消灭,可撤销的法律行为即变为完全有效的法律行为。《民法典》总则编第 152 条规定,当事人知道撤销事由后明确表示或者以自己的行为表明放弃撤销权的,其撤销权消灭。依解释,撤销权人抛弃撤销权,有两种方式:一是以明示意思表示向相对人为之;二是以自己的行为为默示意思表示。撤销权人在除斥期间经过前将标的物消费、转卖或将权利转让,应当解释为属于"以自己的行为表明抛弃撤销权"。

四、效力未定的法律行为

(一)效力未定的意义

民法关于法律行为效力状态的分类,除有效、无效、可撤销外,还有效力未定。所谓效力未定的法律行为,指效力是否发生,尚未确定,有待于其他行为使其确定的法律行为。

效力未定的法律行为,不同于无效的法律行为。因无效的法律行为,其不发生效力,自始已经确定,不因任何其他行为而再生效力,也不须任何其他行为而再确定其不生效力。而效力未定的法律行为,其是否发生效力,尚未确定,须待其他行为而使其确定。

效力未定的法律行为,既存在转变为无效的法律行为的可能性,也存在转变为完全有效的法律行为的可能性,因此类似于可撤销的法律行为。但两者也有差异。可撤销的法律行为,固然同时存在变为无效(撤销权人行使撤销权)和变为有效(除斥期间经过或撤销权人抛弃权利)两种可能性,但不得认为可撤销的法律行为尚未发生效力。实际上,可撤销的法律行为,从成立时起,已经发生一定的效力,只不过该效力仅能约束无撤销权的一方当事人,不能约束有撤销权一方当事人,因此属于效力不完全。而效力未定的法律行为,其效力发生与否,尚处于悬而未决之状态。

(二)效力未定的法律行为的种类

我国《民法典》总则编未就效力未定的法律行为设一般性规定,仅在第 145 条规定限制民事行为能力人实施的民事法律行为;第 171 条规定无代理权人以被代理人名义实施的代理行为。

概言之,我国民法规定了两类效力未定的法律行为:其一,须第三人追认的法律行为,亦即限制民事行为能力人实施的法律行为;其二,须本人追认的法律行为,亦即无代理权人以被代理人名义实施的法律行为。

（三）须第三人追认的法律行为

1. 须第三人追认的法律行为的意义

须第三人追认的法律行为，指行为是否生效取决于第三人是否追认的法律行为，亦即限制民事行为能力人实施的法律行为。根据《民法典》总则编第 145 条第 1 款的规定，限制民事行为能力人实施的民事法律行为，经法定代理人同意或者追认后有效，但是纯获利益的民事法律行为或者与其年龄、智力、精神健康状况相适应的民事法律行为，不需经法定代理人同意或者追认。按照《民法典》总则编的规定，限制民事行为能力人，包括 8 周岁以上的未成年人（第 19 条）和不能完全辨认自己行为的成年人（第 22 条）。有权对限制行为能力人实施的法律行为予以追认的第三人，是指限制行为能力人的法定代理人（监护人）。

2. 第三人追认

第一，追认的性质。在须第三人追认的法律行为，该第三人是否追认，将决定该行为是否发生效力。依民法理论，所谓追认，指有追认权人使他人所为法律行为发生效力的单方行为。追认作为一种单方行为，其作用在于使他人所为的法律行为发生效力，因此具有补助行为的性质。

第二，追认的效力。追认的效力在于，须第三人追认的法律行为，一经该第三人追认，即溯及于成立之时，发生完全的效力。反之，一经该第三人拒绝追认，即溯及于成立之时，成为无效的法律行为。

第三，追认的方式。追认既属于单方行为，则依单方的意思表示即可成立，在有相对人的法律行为，则可向当事人之任一方以意思表示为之，且追认不须依一定方式。例如，限制民事行为能力人所实施的法律行为，即使属于要式行为，法定代理人的追认，也不须任何方式，且无论向该限制行为能力人或向其相对人表示，均发生追认的效力。

第四，相对人的保护。民法为保护相对人利益，使相对人在一定期间有催告权和撤回权。《民法典》总则编第 145 条第 2 款规定："相对人可以催告法定代理人自收到通知之日起三十日内予以追认。法定代理人未作表示的，视为拒绝追认。民事法律行为被追认前，善意相对人有撤销的权利。撤销应当以通知的方式作出。"相对人此项撤销权，属于形成权，其行使效果，为使效力未定的法律行为确定无效。须注意，此项"撤销权"实质为撤回权，其行使仅须以通知的方式，而与可撤销法律行为之撤销权，必须采取诉讼（撤销之诉）方式行使不同。

（四）须本人追认的法律行为

须本人追认的法律行为，指行为之是否生效，取决于本人是否予以追认的法律行为,即无代理权人以被代理人名义实施的法律行为,亦称狭义无权代理。《民法典》总则编第171条第1款规定:“行为人没有代理权、超越代理权或者代理权终止后,仍然实施代理行为,未经被代理人追认的,对被代理人不发生效力。”[54]

须本人追认的法律行为,与前述须第三人追认的法律行为,颇为类似。两者的差别在于:其一,有权决定法律行为是否发生效力的人非第三人,而是法律行为当事人之一方。其二,当该有权决定法律行为是否生效的人(本人)作出否定的表示时,该法律行为并非转变为完全无效的法律行为,而仅仅是不对该本人发生效力,这种情形应由以本人名义实施该法律行为的无权代理人承担民事责任。其三,在须本人追认的法律行为,决定行为是否生效的权利,亦称为追认权。本人的追认权,与法定代理人的追认权,其共同的作用在于决定已成立的法律行为之是否发生效力,因此同属于民事权利分类中的变动权。但两者亦有差别,本人的追认权,其作用在于决定无权代理人以本人名义所实施的法律行为对本人是否发生效力,亦即变动自己(本人)与他人(相对人)之间的法律关系,因此属于变动权中的形成权;法定代理人的追认权,其作用在于决定限制民事行为能力人所实施的法律行为是否发生效力,亦即变动他人(限制民事行为能力人)与他人(相对人)之间的法律关系,因此属于变动权中的可能权。

关于无权代理,详见本书第七章第六节。

(五)无权处分行为

1.无权处分行为概念

民法理论上有所谓无权处分行为,属于效力未定法律行为之第三种类型。原《合同法》第51条规定:“无处分权的人处分他人财产,经权利人追认或者无处分权的人订立合同后取得处分权的,该合同有效。”依此规定,所谓无权处分行为,指无处分权人处分他人财产的行为。

《民法典》物权编第240条规定:“所有权人对自己的不动产或者动产,依法享有占有、使用、收益和处分的权利。”处分的权利,即处分权,为所有权(支配权)所具有的处分权能。所有权人可以自己行使,亦可委托他人行使此处分权。既非所有权人,亦未被所有权人委托行使处分权的人,处分他人财产(不动产或者动产),即构成无权处分行为。在立法例上,无权处分行为,亦称“出卖他人之物”合同。(因故意或者误认)出卖他人之物,在任何社会、任何国家都存在。

---

[54] 此外,依照《民法典》总则编第168、169条规定,未经本人事前同意的自己代理、双方代理、转委托代理,经本人追认的,对本人发生效力。因本人追认权之存在,亦可解释为效力未定行为,即未经同意的此类行为,在本人追认前,效力未定。

2. 三种处理方案

(1)第一种方案

第一种方案,无权处分行为无效,但经权利人追认、处分人事后得到处分权的有效。《德国民法典》、《法国民法典》、中国原《合同法》、中国台湾地区"民法"、《葡萄牙民法典》、《阿根廷共和国民法典》均有明文规定。[55]

例如,《阿根廷共和国民法典》第 1330 条规定:"出卖他人之物的合同无效,但其无效可因所有权人的追认或者出卖人概括继承而被补正。"即出卖他人之物合同原则无效,但如权利人追认或者出卖人后来得到处分权,其无效可变为有效。该条还同时规定,"合同无效的情形,权利人可以行使取回权"。再如,《葡萄牙民法典》第 892 条规定:"不具有出卖他人财产的正当性的人,出卖他人的财产,买卖无效"。第 895 条规定:"出卖人如果取得了所有权,这个合同可以由无效转为有效"。

第一种方案的要点是,出卖他人之物合同原则无效,如权利人追认、处分人事后得到处分权,可转为有效。并且,在合同无效、权利人行使取回权的情况下,买受人如属于善意,还可以主张善意取得。

(2)第二种方案

出卖他人之物的合同有效,但不影响所有权人的权利。《智利共和国民法典》《埃及民法典》《路易斯安那民法典》都有明文规定。

例如,《智利共和国民法典》第 1815 条规定:"出卖他人之物合同有效,但不得损害该物所有人未因期间的经过而消灭的权利。"然后,第 1818 条规定,"所有人可以追认,如果所有人追认的,买受人可以自出卖时取得所有权"。虽规定无权处分他人之物合同有效,但因法律规定(第 1815 条第二句)"不损害所有人的权利",故买受人不能取得标的物所有权。依第 1818 条规定,如果所有权人予以追认,则买受人可以(自合同成立之时)获得标的物所有权。再如,《埃及民法典》第 466 条规定:"出卖他人之物的,买受人可以主张无效,在任何情形,该买卖对物的所有人不发生效力。"紧接着第 467 条规定,如果所有权人追认,则该买卖合同才对其发生效力。

第二种方案的要点是,出售他人之物的合同有效,但是这个有效只限于买卖双方当事人之间,不能拘束标的物权利人。由此可见,此种立法方案拘泥于合同的相对性原理,同时用明文规定"不影响权利人的权利"以保护真正权利人。

(3)第三种方案

出卖他人之物合同可宣告无效。以魁北克民法及美国法为典型。《魁北克民法典》第 1713 条规定:"非所有人、非负责财产买卖的人或者未经授权出卖财产的人出卖财产的,可被宣告无效。但出卖人尔后成为所有人的,不得宣告无效。"第 1714 条规

---

〔55〕 在德国和中国台湾地区称无权处分行为,其他称无权处分合同,在实际效果上没有差别。

定,“真正所有人可请求宣告无效,并从买受人处取回出卖物,但法院授权的出卖除外”。可见魁北克民法的规定更为严格。

美国是判例法,出卖他人之物的合同,可分两类:自动无效合同(void contract)和可宣告无效合同(voidable contract)。如属自动无效合同,合同自始不发生效力,真正权利人可以从诚信购买人手中取回自己的财产(动产、不动产)。但出卖他人之物合同,被认定为自动无效合同的情形,极为罕见。华盛顿特区法院在 Chen v. Bell_smith 案中说,成功证明合同属于自动无效,只发生在最极端的情形。如属可宣告无效合同,真正权利人可主张合同无效,但不能从诚信购买人手中取回自己的财产,他只能向出卖人索赔。美国联邦第九巡回上诉法院在 Southwest v. Rozays transfer 案中说,真正权利人只能在合同自动无效情形而非可宣告无效情形,才能从诚信购买人手中取回自己的财产。

由此可见,在美国法中,出卖他人之物合同通常属于可宣告无效的合同,真正权利人可主张合同无效并行使取回权,从买受人手里取回自己的财产。但如果买受人向法庭主张并证明自己是诚信购买人(相当于我们的善意购买人),法庭在宣告合同无效的同时,将驳回权利人的取回请求,判决标的物归诚信买受人取得。真正权利人不能取回自己的财产所遭受的损失,理当要求出卖人予以赔偿。这与我们的善意取得制度类似。

3. 评析

第二种方案合同有效,特点是拘泥于合同的相对性原理,对合同在当事人之间的效力及被出卖之物权利人的保护,采取分别处理的办法。既然法律规定合同有效,于是依有效合同在当事人之间发生交付和付款这些问题。假设真正的权利人发现了并要求加入诉讼,向法院提起返还之诉。法院可能会把这两个案件合并审理,并判决真正权利人从购买人手中取回自己的财产。

但是,按照社会生活经验,真正的权利人不可能总能碰巧第一时间发现自己的财产被他人出卖并立即加入诉讼。因为法律规定出卖他人之物合同有效,法庭将依法认定合同有效,并在当事人之间依据有效合同发生交货、付款及产权过户的效果。经过若干时日之后,真正权利人才发现、才向法院起诉主张取回权,获得法院支持取回自己财产的可能性极其微小。

所以,第二种方案将出卖他人之物的合同效力与权利人的保护分别处理,在规定出卖他人之物合同有效的同时,虽以“但书”规定不损害权利人的权利,但是权利人往往不可能及时发现、及时加入诉讼、及时行使取回权。由此可见,第二种方案对权利人不利。

第三种方案虽说权利人可以宣告该合同无效,并行使取回权,但权利人要碰巧在第一时间知道、发现并且及时向法院起诉,才能够主张宣告合同无效。权利人没有碰巧在第一时间发现、不能及时加入诉讼,法院将依法(依先例)认定合同有效,买卖双方将依有效合同发生交货付款及所有权移转的法律效果。时过境迁之后，真正权利人才发现自己的财产被他人出卖，才向法院起诉，最终从购买人手中取回自己财产的可能性极其微小。第三种方案采取对合同效力、权利人保护分别处理的办法，其缺点与第二种方案相同，即对真正权利人不利。

第一种方案规定出卖他人之物合同原则无效，但权利人追认或者处分人事后得到处分权的有效。它的特点是，将出卖他人之物的合同的效力，与权利人是否追认、是否行使取回权合并在一个案件中审理。当我们的法官审理违约纠纷案件，发现案件事实属于出卖他人之物，按照原《合同法》第 51 条关于权利人追认或者处分人事后得到处分权合同有效的规定，法庭就要问权利人追认与否？处分人事后是否获得处分权？并要求出卖人提供证明权利人予以追认的书面证据，要求出卖人提供证明他已经从权利人那里取得了所有权或者处分权的书面证据。出卖人提供了这样的证据，法庭就认定合同有效；反之，出卖人举不出权利人追认的证据，举不出得到所有权或者处分权的证据，法庭即依据第 51 条认定合同无效。合同无效，不发生标的物所有权移转的效果，已经履行的恢复原状、返还标的物、涂销此前的过户登记。因此，权利人一旦发现，他可以行使取回权，从出卖人处取回标的物、恢复自己的所有权。

并且，按照原《合同法》第 51 条的规定，人民法院审理出卖他人之物的合同案件，可依职权通知（或者责令出卖人通知）权利人到庭，权利人以第三人的身份加入诉讼，当庭询问他是否追认？如权利人追认，法庭即判决合同有效；如权利人不追认，法庭即判决合同无效，并支持权利人行使取回权。

这种情形，买受人如果依《民法典》物权编第 311 条主张善意取得，法庭就会一并审理权利人的取回权与买受人的善意取得主张，符合《民法典》物权编第 311 条善意取得要件的，法庭即判决本案财产已经由善意买受人取得，权利人的权利（包括取回权）已经消灭；反之，则判决驳回买受人的善意取得主张、认可权利人的取回权。

4. 结语

三种处理方案中，第一种方案（原《合同法》第 51 条）将权利人的权利保护与合同的有效无效合并在一起审理，如果找不到权利人（没有权利人追认或者出卖人获得所有权、处分权的证据），法庭即认定合同无效，不发生权利转移的效果，并责令双方恢复原状，为权利人以后向法院起诉行使取回权留下可能性，对保护权利人最为有利。同时，也不会损害交易安全，因为买受人如属于善意，他可以根据《民法典》物权编第 311 条善意取得制度主张善意取得，即使买受人主张善意取得（因不符合善意取得的要件）而被法庭驳回，他还可以根据《民法典》合同编第 612 条权利瑕疵担保制度另案起诉，追究出卖人的权利瑕疵担保责任，从出卖人那里得到赔偿。

由此可见，第一种方案即原《合同法》第 51 条这种方案，是兼顾权利人的保护与善意买受人的保护、兼顾财产“静的安全”与市场交易“动的安全”最为妥当的方案。

尤其值得重视的是,这个方案不鼓励、不怂恿那些偷卖、盗卖、故意出卖他人之物(他人股权、知识产权)的行为,有利于防止这类行为的发生,对维护社会经济法律秩序和诚实守信的道德水准有非常重要的作用。

虽然《民法典》合同编未规定无权处分(他人财产)行为规则,但此项规则在《民法典》施行前的20多年间为各地、各级法院的法官所适用,应当认为,仍有作为习惯法规则而予适用的余地。

第七章　代　　理

第一节　代 理 概 述

一、代理的意义

（一）代理的概念

法律上所称代理，是指一人代另一人为法律行为，其所产生的法律效果直接归属于所代的另一人。代他人为法律行为的人，称为代理人；为其所代并承受法律行为效果的人，称为本人。本人又称为被代理人，在委托代理的情形，亦称为授权人或委托人。代理人依其代理权的产生不同，分为两种：法定代理人，其代理权出于法律的直接规定；意定（委托）代理人，其代理权来自本人的授权。

（二）代理制度之发生

代理是一种依他人的独立行为而使本人直接取得其法律效果之制度。但代理制度在法制史上发生较晚。在古代法律制度中，法律行为实行严格的形式主义，且须由当事人亲自为之。例如，罗马盖尤斯的《法学阶梯》，有不得用自由人以获得财产的规定。在罗马法，唯家长有权利能力，家子及奴隶不过为家长手足之延长，因此奴隶与家子的行为，被视为家主的行为，并无发生代理观念之必要。且古代法制崇尚简明，依他人独立行为，而承认自己法律关系之变动，亦非当事人所愿。早期罗马法未形成代理制度，原因在此。至罗马帝政时代，由于商品经济的发展，商品市场日渐扩大，人的活动范围渐广，而社会关系日趋复杂。原料的采购，商品的销售，已不能由经营者事事躬亲。于是代理制度应运而生。罗马在后期已有代理类似制度出现，后为德国所继受，自 17 世纪开始，代理遂成为一项独立的民法制度。

（三）代理制度之社会作用

第一，为私法自治之扩张。个人依自己的自由意思而处理社会生活关系，是为近代法之理想。唯个人精力、时间有限，何妨以自己所信任之人为代理人，而依其行为以坐享其法律效果!且以自己经济信用为背景,利用他人之才能从事活动,其效果未必不强于自己躬亲,又何乐而不为?尤其是经济组织,借助于代理制度,可以克服地域的限制,而在全国市场和国际市场上进行购销、投资、合作等各种经济活动。试看今日之大企业家,其事业遍及全球,而自己犹高枕从容,皆代理制度之所赐。

第二,为私法自治之补充。在近代法一切自然人莫不具有权利能力。然而无意思能力者,却不得自为法律行为。而无行为能力或限制行为能力的未成年人及有精神、智力障碍的成年人,得实际参加社会活动,收权利能力之实效,则唯有依赖代理制度。各国民法为未成年人及有精神、智力障碍的成年人设法定代理人,其作用正在于此。

由上可知,代理系以扩张及补充私法自治为目的,而依他人行为而取得权利负担义务之制度,不得视其为私法自治之例外。不过此制度仍非直接基于自己意思之行为,而承认权利义务之变动,是使本人利益系于代理人之行为。因此,各国民法为防止代理权的滥用设有限制规定。[1]

二、广义代理与狭义代理

所谓广义代理,是指代理人以本人名义或以自己名义,代本人为法律行为,而使所产生的法律效果直接或间接归属于本人。

所谓狭义代理,是指代理人以本人名义为法律行为,而使其法律效果直接归属于本人。

代理概念除分为狭义与广义外,还可分为直接代理与间接代理。直接代理,即是狭义代理。间接代理,指代理人以自己名义为法律行为,而使其法律效果间接地归属于本人。上述广义代理,其中既包括直接代理,也包括间接代理。各国家及地区关于代理的规定颇不一致。大陆法系,如德国、日本、中国台湾地区等,采狭义概念,所称代理,仅指直接代理,而不包括间接代理。英美法系,如英国、美国、澳大利亚等,采广义概念,其所称代理,不仅包括直接代理,而且包括间接代理。值得注意的是,《欧洲合同法通则》集合两大法系之长,对直接代理与间接代理分别设专节规定(第3:201~3:304条),《国际商事合同通则》不区分直接代理与间接代理而统一适用有关代理之规定,仅就显名代理与隐名代理作出区分(第2.2.1、2.2.3、2.2.4条)。

我国原《民法通则》第四章专设一节规定代理,共8个条文,其中第63条规定:"公民、法人可以通过代理人实施民事法律行为。代理人在代理权限内,以被代理人的名义实施民事法律行为。被代理人对代理人的代理行为,承担民事责任……"依对

---

〔1〕 监控代理人之行为以保护本人利益,亦为经济学的核心问题之一,即所谓代理成本(agency costs)问题,相关学科称为代理经济学(Economics of Agency)。唯经济学上所称代理概念,广于法律上的代理概念,举凡公司与董事关系、信托委托人与受托人关系、普通合伙人与有限合伙人关系等存在所有与控制相分离现象之关系,皆属代理范畴。但法律上的代理,仍为其中之典型。

条文的解释，必须是代理人以被代理人名义实施的法律行为，方才称为代理；反之，代理人以自己名义实施的法律行为，不得称为代理。由此可以断定，我国原《民法通则》所称代理，仅指直接代理，采用狭义代理概念。但 1999 年通过的《合同法》，在第二十一章（委托合同）专设第 402 条和第 403 条，规定间接代理。原《合同法》承认间接代理，表明中国代理制度，已突破大陆法系民法狭义代理概念，采用了包括直接代理和间接代理的广义代理概念。

制定《民法典》，应如何对待合同法上的间接代理？有两个方案：第一个方案，将原《民法通则》的直接代理与合同法上的间接代理加以整合，制定符合现代化市场经济特别是发展国际经济贸易的要求并与国际公约和惯例接轨的代理法。即在第一节一般规定中，规定广义代理概念；第二节规定直接代理；第三节规定间接代理。〔2〕第二个方案，《民法典》总则编仅规定直接代理，作为中国代理法的一般规则，而将间接代理保留在合同法上，作为特别规则。立法机关最终采纳第二个方案，《民法典》总则编第七章代理，仅规定直接代理，而将间接代理保留在《民法典》合同编第二十三章委托合同之中。〔3〕

三、与代理类似的概念

（一）使者

法律上所称使者，是指帮助民事主体实施法律行为的辅助人，其任务在于传达主体的意思或意思表示，或者代主体接受意思表示。因其任务不同，可分为表示使者、传达使者、受领使者。在表示使者，其任务仅为表示当事人已决定之意思；在传达使者，其任务仅在于传达当事人已作成之意思表示；在受领使者，其任务仅为代当事人接受意思表示并转达给当事人。无论何种使者，其区别于代理的主要特征在于，使者无权决定意思表示的内容，因而不能决定法律行为之是否成立。而在代理中，是由代理人直接作出意思表示，其意思表示的内容是由代理人决定，而不是由被代理人决定；在接

---

〔2〕参见中国社会科学院课题组：《中国民法典草案建议稿附理由》，法律出版社 2013 年版。

〔3〕《民法典》合同编第 925 条规定："受托人以自己的名义，在委托人的授权范围内与第三人订立的合同，第三人在订立合同时知道受托人与委托人之间的代理关系的，该合同直接约束委托人和第三人；但是，有确切证据证明该合同只约束受托人和第三人的除外。"第 926 条规定："受托人以自己的名义与第三人订立合同时，第三人不知道受托人与委托人之间的代理关系的，受托人因第三人的原因对委托人不履行义务，受托人应当向委托人披露第三人，委托人因此可以行使受托人对第三人的权利。但是，第三人与受托人订立合同时如果知道该委托人就不会订立合同的除外。受托人因委托人的原因对第三人不履行义务，受托人应当向第三人披露委托人，第三人因此可以选择受托人或者委托人作为相对人主张其权利，但是第三人不得变更选定的相对人。委托人行使受托人对第三人的权利的，第三人可以向委托人主张其对受托人的抗辩。第三人选定委托人作为其相对人的，委托人可以向第三人主张其对受托人的抗辩以及受托人对第三人的抗辩。"

受相对人的意思表示时,也是由代理人自己接受并依自己的意思作出决定(如对相对人之要约表示承诺或拒绝)。

（二）法人代表人

法人除通过代表人进行民事活动外,还通过代理人进行民事活动,而孰为代表人,孰为代理人,容易混淆。而无论是通过代表人或代理人,所为法律行为之效果,均直接归属于法人,在法律效果上二者并无区别。二者的区别在于:代表人为法人本身的机关,而非独立的主体,代理人为独立主体,而非法人的机关;法人与代表人之间的关系,为法人内部组织关系,而法人与代理人之间的关系,为两个平等主体间的关系;代表人的行为,即是法人本身的行为,因而当然由法人承受其法律效果,而代理人的行为非法人本身的行为,乃基于法律关于代理制度的规定而由法人作为被代理人承受其法律效果。

（三）居间人

居间为一种合同关系。依居间合同,居间人为委托人报告签订合同的机会或充当签订合同的媒介,而由委托人给付报酬。居间人与代理人的主要区别在于:代理人有缔结合同的代理权,得代委托人订立合同,而居间人无代理权,不得代委托人订立合同。

（四）行纪人

行纪为一种合同关系。依行纪合同,行纪人受他方委托,以自己的名义为委托人实施法律行为,并收取报酬。行纪与代理的主要区别在于:行纪人系以自己的名义为法律行为,其法律效果依据行纪合同间接地归属于委托人,因此理论上亦称为间接代理,而代理人系以委托人的名义为法律行为,其法律效果直接归属于委托人,理论上称为直接代理;行纪人须有特殊身份,系依法登记专门从事行纪营业的主体,并为一般人服务,而代理人不须有特殊身份,且仅为特定人服务;行纪行为的范围由法律规定,限于动产之买卖及法律规定的某些行为,而代理行为的范围比较广泛。

（五）经销商

在进出口业务中,经销和代理两种制度的适用非常广泛,且常被混为一谈。所谓经销,系双方当事人以出卖人和买受人的身份,约定在一定的区域和期间就特定商品继续进行交易的协议。无论一般经销协议或独家经销协议,均属于买卖合同。经销商是以自己的名义,并为自己的利益,从供货商买进商品,然后再转卖给第三人。供货商与转卖关系的第三人不发生任何合同关系。这是经销区别于代理的主要之点。无论一般代理或独家代理，代理人均非买卖合同的当事人，只是代理供货商同客户签订买卖合同。买卖合同的当事人是供货商和客户，而代理商同供货商之间的关系，属于代理关系而不是买卖合同关系。

第二节 代 理 关 系

一、代理关系的当事人

代理是一种特殊的民事法律关系。它由三方当事人构成：本人，又称被代理人（在委托代理的情形，亦称为委托人、授权人）；代理人；相对人。

本人，是指借助于代理人的代理行为同相对人发生民事法律关系的人。无行为能力人或限制行为能力人，均可作为代理关系之本人。

代理人，是指代本人实施法律行为的人。某些立法例，以代理行为的法律效果归属本人，故不要求代理人有行为能力，仅要求有意思能力。我国《民法典》总则编对于代理人是否应有行为能力虽无明文，但第 173 条第（三）项、第 175 条第（二）项以“代理人丧失民事行为能力”作为代理终止的原因，据此可知，《民法典》总则编要求代理人必须具有民事行为能力。

相对人，是指由于代理人的代理行为而与本人发生民事法律关系的对方当事人。法律对相对人无特别要求，但原则上代理人自己不得为相对人。〔4〕

二、代理为三方关系

代理包括以下三方面的关系：

第一，本人与代理人之间的关系。此为代理之基础关系。在意定代理的情形，其基础关系通常是委托、合伙、承揽、雇用、劳动等合同关系；在法定代理的情形，其基础关系是监护关系或其他法定关系。

第二，本人与相对人之间的关系。此为代理人进行代理活动的结果所产生的民事法律关系，如买卖合同关系。

第三，代理人与相对人之间的关系。通常情形，代理人与相对人之间并不发生任何法律关系，只在特殊情形，代理人与相对人之间才发生民事法律关系，即由该代理人作为法律关系之当事人并对相对人承担责任。即按照《民法典》总则编第 171 条的规

---

〔4〕《民法典》总则编第 168 条第 1 款规定：“代理人不得以被代理人的名义与自己实施民事法律行为，但是被代理人同意或者追认的除外。”

定,没有代理权、超越代理权或者代理权已经终止的代理人,仍以被代理人名义订立的合同,被代理人不予追认的,对被代理人不发生效力,应由该代理人自己作为合同当事人对相对人承担责任。

第三节 代理的分类

一、民法上的代理与诉讼法上的代理

《民法典》总则编所规定的代理,属于民法(实体法)上的代理,与诉讼法上的代理,是两种不同的制度。其主要区别如下:

第一,代理的内容不同。在民法上的代理,代理人代本人为法律行为,所代行的是民事权利,属私权;在诉讼法上的代理,代理人代委托人为民事诉讼、刑事诉讼或行政诉讼行为,所代行的是诉讼权利,属公权。

第二,代理关系不同。在民法上的代理,为三方面的民事法律关系,三方当事人是本人、代理人、相对人,并不涉及国家机关;在诉讼法上的代理,为四方面的民事诉讼关系,涉及原告、被告、代理人及法院。其中法院为审判机关,它与原告、被告、代理人非平等的关系。

第三,对代理人所要求的资格不同。在民法上的代理,代理人仅须有民事权利能力和行为能力(有的立法例不要求有行为能力);在诉讼法上的代理,代理人须有诉讼行为能力,且诉讼法为维护诉讼秩序、保护当事人利益,对诉讼代理人往往设有特别资格限制。[5]

第四,法人可以担任民法上的代理人,但不可以担任诉讼法上的代理人。以下仅论述民法上的代理。

二、直接代理与间接代理

大陆法系民法上所称代理,为直接代理。与之应严加区别者,系英美法上的间接代理。直接代理与间接代理的区分,是以何人的名义实施代理行为作为标准。所谓间接代理,是指代理人以自己的名义,为本人之计算(损益归于本人),而为法律行为,其法律效果首先对间接代理人发生,然后依间接代理人与本人之内部关系,而移转于本

---

〔5〕 例如,《民事诉讼法》第61条第2款规定:“下列人员可以被委托为诉讼代理人:(一)律师、基层法律服务工作者;(二)当事人的近亲属或者工作人员;(三)当事人所在社区、单位以及有关社会团体推荐的公民。”《行政诉讼法》第31条第2款规定相同。

人之制度。

我国《民法典》总则编第七章代理仅规定直接代理。另在《民法典》合同编第二十三章委托合同的第925、926条规定间接代理。按照第925条的规定，第三人在订立合同时知道受托人与本人之间的代理关系的，该合同直接约束本人和第三人；第926条规定了本人的介入权和第三人的选择权。

三、积极代理与消极代理

以代理人系代为意思表示，或仅代受意思表示为标准，可分为积极代理与消极代理。代为意思表示之代理，为积极代理，又称主动代理。仅代受意思表示之代理，为消极代理，又称被动代理。

四、概括代理与限定代理

以代理权是否被限定为标准，可分为概括代理与限定代理。代理权范围无特别限定之代理，称概括代理，又称一般代理。代理权范围有特别限定之代理，为限定代理，又称特别代理。代理权范围未作限定时，应认定为概括代理。

五、法定代理与意定代理

以代理权之发生原因不同，分为法定代理及意定代理。代理权因法律规定当然发生者，为法定代理。代理权因本人授权行为而发生者，为意定代理，我国《民法典》总则编沿用原《民法通则》的概念，称为委托代理。意定代理可以是概括代理或限定代理，法定代理原则上不存在限定代理问题，仅在个别情形，法院或其他有权机关在指定代理人时可能特别限定代理权范围。

六、有权代理与无权代理

以代理权之有无为标准，可分为有权代理与无权代理。真正代理应以有权代理为限。无权代理，若经本人予以追认，即成为有权代理；本人不予追认，则不发生代理的效力，当非代理。

七、单独代理与共同代理

存在数个代理人时，以代理权行使之方式为标准，可分为单独代理与共同代理。各代理人得单独行使代理权者，为单独代理。其代理权之行使由数个代理人共同为之者，为共同代理。

八、复代理

代理人为处理其权限内事务之全部或一部,而以自己的名义授权他人代理之代理,为复代理。被授权之他人为复代理人。按照《民法典》总则编第 169 条的规定,代理人需要转委托第三人代理的,应当取得被代理人的同意或者追认。转委托代理经被代理人同意或者追认的,被代理人可以就代理事务直接指示转委托的第三人,代理人仅就第三人的选任以及对第三人的指示承担责任。转委托代理未经被代理人同意或者追认的,代理人应当对转委托的第三人的行为承担责任,但是在紧急情况下代理人为了维护被代理人的利益需要转委托第三人代理的除外。

复代理人在自己和代理人代理权范围内所为行为,直接拘束本人与相对人。

九、紧急代理

紧急代理,又称必要代理(agency of necessity, agency from necessity, agency by necessity),指发生需在未经本人授权的情形代理行事的某种紧急情况时,代理人为本人利益所为的代理。紧急代理之典型为船长、保管人等在货物遇险时代理货主、保险人或货物的其他利害关系人处分货物。[6] 但不限于此,救助人、[7]夫妻[8]等亦可成为紧急代理人。《民法典》总则编对于紧急代理未有明文规定。但依《民法典》总则编第 169 条第 3 款的规定,在紧急情况下,代理人为了本人的利益,可以不经本人同意而转托他人代理。紧急代理的目的与此相同。因此,承认紧急代理与《民法典》总则编的立法精神并不矛盾。

紧急代理的要件如下:[9]其一,须在某种紧急情况下,无法获得本人的指示或授权。其二,紧急代理人行使紧急代理权,须为本人利益。其三,紧急代理人须合理行事。其四,在该紧急情况下除以代理人身份实施该行为(如出售货物)外,别无其他方法可以保护本人利益。其五,紧急代理不违背本人的明示意思。

---

[6] See 3 American Jurisprudence 2d Agency § 17 (updated July 2010); 70 American Jurisprudence 2d Shipping § 223 (updated July 2010).

[7] See China Pacific S. A. v. Food Corporation of India ("The Winson"), [1982] A. C. 939, 961 (H. L.).

[8] See 5 Williston on Contracts § 11:9 (4th ed. updated May 2010).

[9] See Restatement (Second) of Agency § 47 (1958); Greenleaf v. Moody, 95 Mass. (13 Allen), 363, 368 (1866); 2A Corpus Juris Secundum, Agency § 139 (updated October 2010); Francis M. B. Reynolds, Bowstead & Reynolds on Agency 125 – 134 (17th ed. 2001); Ian Brown, *Authority and Necessity in the Law of Agency*, 55 Mod. L. Rev. 414 (1992).

第四节　代 理 行 为

一、代理行为的范围

(一)违法行为不适用代理

民法设代理制度的目的,在于使民事主体可以借助于代理制度以实现自己的合法权益。法律不允许利用代理制度去侵害他人利益和社会公益。因此,违法行为不得适用代理。违法行为之法律效果,不由当事人意思决定,而是基于法律直接规定而发生。使他人代自己为违法行为,应依法承担法律责任,这与代理制度无关。即使违法行为人表示系代理他人为之,甚至该他人承认是其授意行为人为之,也不能免除行为人的法律责任。《民法典》总则编第 161 条第 1 款规定:"民事主体可以通过代理人实施民事法律行为。"依反对解释,实施违法行为,当然不能适用代理制度。

(二)法律行为中不能适用代理的行为

第一,依照法律规定或者法律行为性质须本人亲自实施的行为。法律行为中,某些行为依法律规定或法律行为性质只能由本人亲自实施,因此不得适用代理。属于这一类的法律行为,主要是身份行为,包括结婚、离婚、收养、遗嘱、遗赠、遗赠扶养协议、继承的承认或抛弃等。

第二,依约定应由本人亲自实施的行为。按照双方当事人约定,应当由本人实施的法律行为,不得代理。

(三)代理的适用范围

民法代理制度主要适用于订立合同及与合同密切相关的法律行为。这是由民法设立代理制度的目的决定的。此所谓与合同密切相关的法律行为,包括合同的变更、合同的解除、可撤销合同的撤销。

但是,如将代理的适用范围限定于合同及与合同密切相关的法律行为,势必不能充分发挥代理制度的功能,且在实际生活中也不便实行。因此,须对《民法典》总则编第 161 条第 1 款的规定再作扩张解释,将下列行为包括在代理的适用范围内:其一,构成合同的意思表示,即要约和承诺。其二,与合同密切相关的准法律行为。例如,要约邀请、要约撤回、承诺撤回、承诺迟到的通知、债务的承认、瑕疵通知、履行催告等。其三,与合同密切相关的事实行为。例如,订约时样品的交付与受领、实践合同标的物的交付与受领、合同履行时标的物的交付与受领、标的物的检验等。其四,与合同密切相关的程序行为。例如,合同的公证、以不动产为标的的合同向登记机关办理登记等。既然合同可通过代理人签订,与合同密切相关的程序行为当然也可由代理人一并办理。

二、代理行为的性质

(一)关于代理行为性质的学说

关于代理行为的性质,民法理论上有三种学说。

第一,本人行为说。此说认为,代理行为非代理人的行为,而是本人的行为。其根据在于,依罗马法思想,认为行为与行为之效果必须同归一人。依此说,代理人被视为本人之手足,而与使者无异。[10]

第二,共同行为说。此说认为,代理行为是本人与代理人的共同行为。其将本人的授权行为与代理人依代理权所实施的代理行为,混为一谈,且无法解释法定代理。[11]

第三,代理人行为说。此说认为,代理行为为代理人本身的行为,系依代理权为之,并依民法代理制度的规定,使其法律效果直接或者间接对本人发生。此说符合代理制度之本旨,遂成通说。[12]

(二)《民法典》总则编采代理人行为说

通观中国《民法典》总则编第七章关于代理制度的法律条文,可知中国民法代理制度之立法思想,采代理人行为说。按照《民法典》总则编第 162 条的规定,所谓代理行为,是代理人在代理权限内,以被代理人的名义实施的法律行为。代理行为与一般法律行为的区别在于:其一,行为人不是以自己的名义,而是以他人的名义;[13] 其二,行为所生法律效果直接归属于他人,而不是行为人。因此,代理行为属于一种特殊的法律行为。

三、代理行为的成立要件

代理行为的成立要件,包括一般成立要件与特殊成立要件。一般成立要件,指代理行为作为一种法律行为,所应具备一般法律行为的成立要件。特殊成立要件,指代

---

〔10〕 参见李宜琛:《民法总则》,台北,正中书局 1977 年版,第 304 页。
〔11〕 参见李宜琛:《民法总则》,台北,正中书局 1977 年版,第 304 页。
〔12〕 参见李宜琛:《民法总则》,台北,正中书局 1977 年版,第 304 页。
〔13〕 在间接代理中,代理人(行为人)是以自己的名义。

理行为作为一种特殊的法律行为，除一般成立要件外，还应特别具备的成立要件。此所谓代理行为的成立要件，指特殊成立要件。

第一，是否以本人名义。大陆法系民法代理制度，只承认直接代理，要求代理行为必须以本人名义为之。这是成立代理行为的首要条件。既然代理行为的法律效果非归属于行为人自己，而是直接归属于所代理之本人，法律当然要求该法律行为实施之时即应以本人名义为之。而英美法系代理制度，除直接代理外，还承认间接代理，因此不要求代理人以本人名义。代理人迳以自己名义，亦可成立（间接）代理行为。由此可见，是否以本人名义为之，是区别直接代理行为与间接代理行为的基准。

所谓以本人名义，指行为人表示代本人实施法律行为，并使行为效果直接归属于本人的意思。其通常表示方法，是在法律行为中表明"某甲之代理人某乙"，或"代理人某乙代某甲"，或在某甲姓名之后写明"某乙代"字样。表示以本人名义为之，应为代理行为意思表示之一部，学说上称为代理意思之表示。我国《民法典》总则编规定的直接代理，要求代理行为须表示（明示或默示）以本人名义，称为"显名主义"。虽然代理人有为本人代理的意思，但未表示出来，仅为其内心意思，不能成立直接代理行为。《民法典》合同编第925、926条规定，代理人非以本人名义，迳以自己名义成立的代理行为，属于间接代理。

第二，须代理人实施法律行为。代理行为非本人的行为，而是代理人的行为。因此应由代理人实施。此所谓由代理人"实施"法律行为，指由代理人决定该法律行为意思表示之内容并表示之，或者受相对人之意思表示并决定是否接受（承诺）。假使该意思表示之内容已由本人决定，而代理人仅予表示，或者代理人受意思表示而无权决定是否接受（承诺），这种情形属于本人实施法律行为，而非代理人实施法律行为，该代理人只起辅助本人实施法律行为的作用，法律上称为使者或辅助人，而非真正代理人。

四、代理行为的生效要件

代理行为具备前述成立要件，即可成立，但已成立的代理行为是否有效，还须取决于代理行为是否具备有效要件。此所谓代理行为的有效要件，指代理行为直接对于本人发生法律效力所必须具备的要件。代理行为的有效要件如下。

（一）须具备一般法律行为的生效要件

代理行为属于法律行为之一种，当然应具备一般法律行为的有效要件。关于一般法律行为的有效要件，本书第六章第三节有专门论述。在此仅特别说明：

第一，关于权利能力之有无，应就本人决定之。本人应具有与代理行为相应的民事权利能力，而不必要求代理人有此权利能力。

第二,关于行为能力之有无,应就代理人决定之。代理人应具有与代理行为相应的民事行为能力,而不必要求本人有此行为能力。

第三,关于意思表示之是否真实,是否具有瑕疵,应就代理人决定之。

第四,关于行为之内容和目的是否违法,应就代理人与本人双方决定之。只要其中一方有违法目的,代理行为即应无效。

(二)须有本人存在

代理行为之法律效果由本人承担,如本人不存在,其法律效果无所归属,自不发生代理行为的效力,如果具备一般法律行为的有效要件,仍将发生一般法律行为的效力,并由代理人自己作为当事人而承担其法律效果。如表意人因误认有本人存在而为行为,则可基于错误而撤销之,自不待言。

关于本人死亡后的代理行为,其效力如何,有分析的必要。《民法典》总则编第174条规定:"被代理人死亡后,有下列情形之一的,委托代理人实施的代理行为有效:(一)代理人不知道并且不应当知道被代理人死亡;(二)被代理人的继承人予以承认;(三)授权中明确代理权在代理事务完成时终止;(四)被代理人死亡前已经实施,为了被代理人的继承人的利益继续代理。作为被代理人的法人、非法人组织终止的,参照适用前款规定。"

(三)须有代理权

代理行为在具备上述两项要件时,如果代理人有代理权,代理行为即直接对本人发生效力,由本人承担其法律后果。代理人有代理权,并在代理权限内实施的代理行为,法律上称为有权代理。须注意的是,表见代理和紧急代理也属于有权代理。有权代理之外的代理,即为无权代理(狭义无权代理)。无权代理,不能发生代理的效力。但无权代理如果经被代理人追认,则转变为有权代理。此所谓追认,实质上是被代理人进行补充授权,因此使本来无代理权的代理人获得了代理权。

第五节 代 理 权

一、关于代理权性质的学说

代理权为整个代理关系的基础。代理权的有无,原则上决定代理行为之是否有效。而关于代理权的性质,学说上有不同的见解。

(一)否认说

此说为法国学者所倡。认为代理不过是特定法律关系如委任的外部效力,并非独立的制度,故无所谓代理权。受此思想的影响,《法国民法典》只规定委任制度,没有严格意义上的代理制度。委任所发生的只是委任人与被委任人之间的法律关系,并不存在独立于委任关系的代理权。

否认说已为今日学者所不采。

(二)权力说

此说为英美法学者所倡。按照英美代理法,代理权是一种"权力"(the power of agency),代理是一种"权力—责任关系"(a power -liability relationship)。[14] 学者道里克(Dowrich)指出:代理人被授予改变本人与第三人之间的法律关系的权力,而本人则承担接受这种被改变了的关系的相应责任。[15]

(三)权利说

此说认为代理权为一种权利。在属于何种权利上又有不同,有学者认为代理权属于形成权,另有学者则认为代理权属于一种财产管理权。[16]

权利说之缺点是显而易见的。因为法律上所谓权利总是与某种利益相联系的。无论何种情形,一提到权利,总是意味着权利人有某种受法律保护的利益。即使非财产权,亦不例外。在代理关系中,代理人只负有义务,而不享受权利。即使在有偿代理,代理人获得报酬的权利和请求本人偿还垫付费用的权利,也不是基于代理关系,而是基于委托合同或其他基础关系。代理权虽称为"权",但究其性质,与一般之权利大不相同。所谓权利,以利益为基本要素。代理权并不包含利益,其行为之效果,直接归属于本人,于代理人并无所谓利益或不利益之可言,故非权利。[17]

(四)能力说

此说为现今之有力说,特别是在日本已成通说。[18] 此说认为代理权性质上与权

---

〔14〕 需说明的是,此处所谓 power -liability relationship 系美国法学中分析法律关系构成要素时具有特定含义的术语,其中的 liability 不同于违反义务所发生的 liability,即不同于前述的法律责任。参见 Wesley Newcomb Hohfeld, *Some Fundamental Legal Conceptions as Applied in Judicial Reasoning*, 23 Yale L. J. 16 (1913)。

〔15〕 See F. E. Dowrick, *The Relationship of Principal and Agent*, 17 M. L. R. 24(1954), 36; B. S. Markesinis & R. J. C. Munday, *An Outline of the Law of Agency* 7, 2nd ed. ,1986.

〔16〕 参见[日]北川善太郎:《民法总则》,有斐阁 1993 年版,第 165 ~ 166 页。

〔17〕 参见史尚宽:《民法总论》,台北,正大印书馆 1980 年版,第 476 页;郑玉波:《民法总则》,台北,三民书局 1979 年版,第 286 页;王泽鉴:《民法总则》,台北,三民书局 2000 年版,第 481 页。

〔18〕 参见[日]北川善太郎:《民法总则》,有斐阁 1993 年版,第 165 页。

利能力、行为能力相同,是一种法律上的能力。[19]

能力说虽较权利说为可采,但亦有不足,尤其是难以解释下述问题:首先,法律上所谓能力,有与主体不可分离的性质。因此,无论权利能力或行为能力均不得转让。何以本人竟能够将自己的能力授予他人?其次,法律上所谓行为能力概念,其本身即已包含代理能力在内,而无须他人之授予或法律特别规定。如果将代理权解释为一种能力,将如何解释这种因授权而获得的代理能力与代理人行为能力中所固有的代理能力之相互关系?最后,法律上所谓权利能力或行为能力,是民事主体据以取得某种权利或负担某种义务的资格,而代理权之目的非在使代理人取得某种权利或负担某种义务,而在于扩大本人的法律上交易活动,故非能力。[20]

(五)地位说

此说认为代理权既非权利也非能力,而属于一种法律上的地位。代理人因有此法律上地位,其所为之法律行为的效力得直接归属于本人。[21]

主张地位说的学者指出,代理权之所以非权利,因其非为代理人的利益而存在;之所以非能力,因其非在使代理人取得某种权利或义务。其对权利说和能力说的批驳显然是正确的,但对于代理权的本质何以为法律上地位的论证不足。应当说代理人也是一种法律上地位,将代理权解释为一种法律上地位,则何以区别代理人与代理权这两种法律上地位?且难以解释在某些情形,代理人没有代理权,其所为法律行为的效力何以仍能直接归属于本人。

二、代理权为一种法律权力

(一)代理权具有强大的法律效力

无可否认的是,代理权具有强大的法律效力。这种法律效力首先表现为对本人的拘束力,本人必须承担代理人在代理权限内所实施的法律行为的后果。这一拘束力是不可抗拒的。尤其在表见代理的场合,本人并无授权行为,亦须承担其法律后果。这种法律效力还表现在,凭借代理权,代理人可以改变本人与其他人的法律关系。所有权、债权等权利之行使,可以改变权利人自己与对方当事人(义务人)之间的关系,但不能改变对方当事人与其他人之间的关系。由此可见,代理权的法律效力已超过民法上的其他“权利”。把代理权解释为一种能力或资格,其缺点也在于此。民法上的任

[19] 参见胡长清:《中国民法总论》,中国政法大学出版社 1997 年版,第 303 页。
[20] 参见王泽鉴:《民法总则》,台北,三民书局 2000 年版,第 481 页。
[21] 参见史尚宽:《民法总论》,台北,正大印书馆 1980 年版,第 476 页;王泽鉴:《民法总则》,台北,三民书局 2000 年版,第 481 页。

何能力或资格,包括民事权利能力和民事行为能力,均不具有对他人的拘束力,均不具有改变另一人与其他人之间的法律关系的效力。

(二)权力说更具合理性

在关于代理权性质的学说中,最具合理性的是权力说。此说将代理权解释为一种法律上之力。凭借此法律上之力,代理人可以改变本人与第三人之间的关系,而本人则必须承受其后果。因此,代理权在性质上属于一种因法律规定所产生的,可以直接改变本人与第三人之间法律关系的权力。

(三)代理权系由法律所授予

值得注意的是,代理权这一权力并不是由本人授予的,而是由法律授予的。只是由于本人或代理人的行为使法律规则发生作用,其结果则是代理人获得了这一权力。[22] 换言之,正是本人向代理人所作的授权行为,使法律规则发生作用授予代理人以代理权。在此,本人的授权属于一种法律事实,代理人获得代理权是关于代理的法律规则适用于这一法律事实的结果。将代理权解释为由法律授予的权力,使在缺乏本人授权情况下的代理,得到了合理的说明。尽管有时本人并无授权行为,或者代理人超越了授权范围,法律出于维护本人利益或公共利益的考虑,仍然赋予代理人此种权力。本人的授权行为,只是能使代理人获得代理权的法律事实之一。此外,能够使法律赋予代理人以代理权的法律事实还有监护关系(法定代理)、外表授权(表见代理)及某种紧急情况(紧急代理)。[23]

(四)权力说符合《民法典》总则编的规定

将代理权在性质上解释为一种权力,符合《民法典》总则编的规定。第 162 条规定:"代理人在代理权限内,以被代理人名义实施的民事法律行为,对被代理人发生效力。"法律条文所使用的,既不是"权利",也不是"能力"或"资格",而是"权限"。权限者,法律权力之界限,解释为"能力"之界限或"资格"之界限,均不通。汉语中,权力与权限常相互代替。因此,将代理权解释为依代理制度所发生的一种法律权力或权限,符合《民法典》总则编的规定。

---

〔22〕 See B. S. Markesinis & R. J. C. Munday, *An Outline of the Law of Agency* 7 - 8, 2nd ed. ,1986.

〔23〕 参见梁慧星:《中国民法经济法诸问题》,法律出版社 1991 年版,第 85、89 页。

三、代理权发生原因

(一)依法律规定当然发生

这是法定代理权的发生原因。按照《民法典》总则编第23条的规定,“无民事行为能力人、限制民事行为能力人的监护人是其法定代理人”,其监护人身份是依法律规定产生法定代理权的法律事实。

(二)依本人授权行为发生

意定代理权的发生原因,为本人的授权行为。所谓授权行为,指本人对于代理人授予代理权的单方意思表示。依本书见解,本人的授权行为,仅是一种法律事实,基于此法律事实,使关于代理的法律规则发生作用而使代理人获得代理权。在实践中,授权行为常与某种基础法律关系相结合。这类基础关系是委托合同关系、合伙合同关系、承揽合同关系、劳动合同关系及企业内部组织关系等。授权行为并不剥夺本人的行为自由,但如当事人另有约定(排他性代理权),本人违反约定自为相关行为时,应对代理人负损害赔偿责任。

(三)依“外表授权”而发生

表见代理之代理权发生原因,为“外表授权”(apparent authority)。[24] 所谓外表授权,指具有授权行为之外表或假象,而无实际授权(actual authority)。外表授权,为产生代理权的原因之一。[25] 因外表授权而产生代理权,使本人承担代理行为的后果,是因为法律不允许当事人否认其他理性之人从当事人的言行中得出的合理推论。一个人的言行向第三人表明他已授权给某人,而实际上他并没有授权,即构成所谓外表授权。法律为维护交易安全和善意相对人利益,认为外表授权为发生代理权的法律事实。因此,外表授权的法律效力在于使表见代理人获得代理权,尽管他并未得到本人的实际授权。[26]

(四)依某种紧急情况而发生

在某种紧急情况下,无须本人授权,而法律直接授予当事人以代理权。即所谓紧

---

〔24〕 See Restatement (Third) of Agency § 2.03 (2006).

〔25〕 美国当代立法及判例将外表授权作为代理权的一种形式,而非代理人影响本人法律关系的一种特殊情形;无权代理是指不具有实际授权(包括默示授权)或外表授权。《第三次代理法重述》亦采此立场,而有别于《第二次代理法重述》,后者将外表授权归类为完全有别于代理权(实际授权或默示授权)的制度。参见Restatement (Third) of Agency § 2.03 Comment b (2006)。

〔26〕 参见梁慧星:《中国民法经济法诸问题》,法律出版社1991年版,第105~106页。

急代理。[27] 例如,船长、承运人、保管人,在某种紧急情况下,有权作为货主的代理人而处分其货物。

四、授权行为

(一)授权行为的独立性

罗马法将委任契约与代理关系相混淆,认为代理系委托契约之外部关系,不认为有独立的授权行为。1804 年《法国民法典》、1811 年《奥地利普通民法典》、1834 年旧《荷兰民法典》等继承此种思想,不承认代理是一项独立的法律制度,将有关代理的规则包含在委任合同中,代理人所为法律行为之效力归属于本人,被视为委任合同的一种附属性法律效果。例如,《法国民法典》第 1984 条规定:“委任或代理,为一方授权他方以委任人名义为委任人处理事务的行为”,旧《荷兰民法典》第 1829 条规定:“委任是受托人根据委托人的授权,以委托人的名义、为委托人执行事务的合同”,均未对委托合同与代理加以区别。

依现今民法理论,二者的区别是存在的:依委托合同,产生受托人的事务处理权,受托人依据此事务处理权,可以代委托人处理不涉及意思表示的事务,如为保管、照看、收租等行为。如受托事务涉及意思表示,如缔结买卖、租赁等法律行为,须代委托人为意思表示或受意思表示,则须委托人另外授予代理权,以解决受托人行为对相对人的效力问题。由此可见,代理权之授予使受托人(代理人)获得代理权,可据以代委托人(本人)为意思表示或受意思表示,并使其效力归属于委托人(本人)。在不涉及意思表示之事务委托,无须授予代理权,因此仅有委任合同而无代理;在涉及意思表示之事务委托,须另外授予代理权,此时代理与委任合同并存,委任合同为基础关系,代理为对外关系;在法定代理情形,代理权出于法律规定,仅有代理而无委任合同。

德国学者拉邦德(Laband)于 1866 年发表《代理权授予同其基础关系之区别》一文,力倡严格区别委任合同与代理权的授予,被誉为法学上的发现之一。[28] 拉邦德所主张的严格区别代理权的授予行为与委任合同的理论,对此后大陆法系民法典的编纂产生重大影响。1896 年《德国民法典》、1896 年《日本民法典》、1911 年《瑞士债务法》、1942 年《意大利民法典》、1966 年《葡萄牙民法典》、1992 年新《荷兰民法典》、

---

〔27〕 英美法系的紧急代理制度,近于大陆法系的无因管理。关于紧急代理之性质,判例学说见解不一。或认为系一种独立的代理权发生原因,或认为系授权的一种形式。美国《第二次代理法重述》采前说。《第三次代理法重述》采后说,其所称实际授权,实质上包括明示授权、默示授权与紧急代理权等,但不再使用“紧急代理权”一词。

〔28〕 参见王泽鉴:《法学上之发现》,载王泽鉴:《民法学说与判例研究》第 4 册,北京大学出版社 2009 年版,第 3 ~ 6 页。

1994 年《俄罗斯联邦民法典》、2009 年《欧洲民法典草案》,均受这一理论的影响,对委托合同与代理加以区别,将代理及代理权规定于民法总则(《德国民法典》《日本民法典》《葡萄牙民法典》《俄罗斯联邦民法典》)、债务法总则(《瑞士债务法》)、合同总则(《意大利民法典》《欧洲民法典草案》)或财产法总则(新《荷兰民法典》),另在债编分则或合同分则规定委托合同。如《德国民法典》第 167 条第 1 款规定:“代理权的授予应向代理人或向代理人对之为代理行为的第三人以意思表示为之。”其立法思想,认为授权行为为本人的单独行为。法国民法虽在立法上仍维持原有规定,但判例及学说均致力于改采区分原则。英美法上,代理权亦区别于合同。

代理权有基于法律规定而发生者,是为法定代理,旨在补充未成年人及有精神、智力障碍的成年人之私法自治。代理权有基于本人之授予者,是为意定代理,有时又称委托代理,旨在扩张私法自治。依通说,代理权之授予,并非契约,乃单独行为,不必得代理人的承诺即可成立。虽代理权之授予,通常伴有委托、雇用、承揽等基础法律关系,但在概念上代理权之授予应与委托等基础法律关系严加区别,兹分析如下:

第一,授权行为,未伴有基础法律关系者。如甲嘱乙代订酒席,属社交行为,虽无委托或雇用等基础法律关系,乙仍取得代理权。

第二,虽有基础法律关系,但未授予代理权。如甲雇用新店员乙,实习期间仅让其观摩,未授予与顾客订立契约之权。倘乙迳以甲之名义与顾客订立契约,应成立无权代理。

第三,授权行为,伴有基础法律关系。如乙与甲订立出卖不动产的委托合同,并授予代理权,即其适例。在此情形,甲所负处理出卖不动产之义务,系来自委托合同,与代理权之授予无关,故代理权之授予并非债之发生原因。

综上所述,代理权之授予,绝非委托合同等基础法律关系的外部效力,而是独立的法律制度,学者称为代理权的独立性。

中国民法思想亦严格区别代理与委托,认为代理权之发生非基于委托合同,而是基于本人之授权行为。委托合同为双方行为,而授权行为属于单方行为。

(二)授权行为为单方行为

关于授权行为的性质,有以下三种学说:

第一,委任契约说。以法国立法为代表。《法国民法典》第 1984 条规定:“委任或代理,为一方授权他方以委任人名义为委任人处理事务的行为。委任契约,须经受托人的承诺而成立。”

第二,单独行为说。此为德国学者之通说。其立法根据为《德国民法典》第 167 条:“代理权的授予,应向代理人或向代理人对之为代理行为的第三人以意思表示为之。”

第三,无名契约说。此说认为,代理权非来自委任,而是来自本人与代理人间的一种诺成的无名契约。此系日本学者的通说。[29]

我国《民法典》总则编第165条规定:“委托代理授权采用书面形式的,授权委托书应当载明代理人的姓名或者名称、代理事项、权限和期间,并由被代理人签名或者盖章。”依此规定,授权行为仅是委托人单方的意思表示,并不要求受托人的同意,可见授权行为系独立于委托合同的单方行为。

需注意的是,《民法典》总则编第170条关于职务代理的规定:“执行法人或者非法人组织工作任务的人员,就其职权范围内的事项,以法人或者非法人组织的名义实施的民事法律行为,对法人或者非法人组织发生效力。”基于法人、非法人组织之内部组织关系和劳务合同关系之代理,其代理权之授予,并不采取签发授权委托书的形式,而是与特定职务结合在一起:担任该特定职务即在其职权范围内拥有代理权。例如,法人、非法人组织之总经理、项目经理、部门经理、推销员、售货员等,拥有以法人、非法人组织名义,就其职权(职务)范围内的事项,与其他民事主体实施法律行为的代理权。

(三)授权行为的有因与无因

实际上代理权之授予与委托、雇用等基础法律关系多相伴而生,因此发生一个问题:作为授权行为原因的基础法律关系如不成立、无效或撤销时,授权行为是否受其影响?此即代理权授权行为是否具有无因性问题。对此,学说上有不同主张:

第一,授权行为无因说。此说认为,授权行为与基础关系各自独立,基础关系无效或撤销,不影响授权行为的效力,即认授权行为为无因行为。此为德国学者的通说。[30] 中国台湾地区学者中梅仲协先生主张此说。[31]

第二,授权行为有因说。此说认为,授权行为为有因行为,授权行为之效力取决于基础关系。基础关系无效或撤销,授权行为亦因而无效,代理权亦应消灭。中国台湾地区多数学者主张有因说。[32]

---

〔29〕 参见[日]北川善太郎:《民法总则》,有斐阁1993年版,第147页。但北川善太郎本人赞同单独行为说。

〔30〕 但在德国法上,授权行为并非一概无因,意定代理权随基础关系消灭而消灭。参见[德]维尔纳·弗卢梅:《法律行为论》,迟颖译,法律出版社2013年版,第1002~1008页;[德]迪特尔·施瓦布:《民法导论》,郑冲译,法律出版社2006年版,第541页。

〔31〕 参见梅仲协:《民法要义》,中国政法大学出版社1998年版,第140页。

〔32〕 参见王泽鉴:《民法总则》,台北,三民书局1996年版,第361页;郑玉波:《民法总则》,台北,三民书局1998年版,第309页;洪逊欣:《中国民法总则》,台北,三民书局1997年版,第465页。王泽鉴主张相对无因说,认为授权行为原则上独立于基础关系,但授权人可以特别的意思表示,使之从属于基础关系。或认为授权行为原则上从属于基础关系,但授权人可以特别的意思表示,使之独立。应解释当事人之意思,以决定基础法律关系与代理权之授予是否可以分离。当事人意思不明时,则宜认为代理权授予,应与其基础法律关系同其命运。王泽鉴后改采无因说,参见王泽鉴:《民法总则》,台北,三民书局2000年版,第499页。

我国《民法典》总则编及合同编,关于授权行为与委托合同等基础关系之间的关系问题,未设规定。从保护被代理人利益及法律关系简化考虑,似应采有因说,即认为授权行为原则上应从属于基础法律关系。基础法律关系如不成立、无效或撤销时,授权行为应同其命运。而从保护相对人利益及交易安全考虑,似应采无因说,因无因说符合严格区别代理权授权行为与基础关系之本旨,使相对人不必顾虑代理人与本人之间的内部关系,有利于促进交易安全。但若采无因说,纵然相对人为恶意,即明知基础关系不成立、无效或撤销,其与代理人所为法律行为仍对本人发生效力,显然有悖于法律不保护恶意者的宗旨,且在利益衡量上显失平衡,对于无辜或过错较轻之本人未免过苛。同时,相对人明知无代理权却仍可主张代理行为有效,将与表见代理制度形成规范冲突与体系违反,抵触表见代理制度保护善意第三人之宗旨。而若采有因说,当基础关系不成立、无效或撤销时,虽因代理权丧失而成为无权代理,然而相对人有理由信赖有代理权,仍可依表见代理的规定得到保护,因基础关系变动原属本人与代理人之间内部事项,非相对人所知,不影响相对人对有代理权表象之信赖,且法律推定相对人为善意,如欲推翻应由本人举证,故相对人之处境并不比无因说情形更为恶劣。一言以蔽之,无因说之优点,有因说同样具备;无因说之缺点,有因说却可克服。〔33〕因此,本书认为,除当事人有相反的意思表示外,应坚持授权行为的有因性。〔34〕

五、代理权的限制

代理人的代理行为具有为本人设定负担之效力,因此可能发生代理人利用代理权为自己或关系人谋利的风险。为保护本人利益,法律对代理权设有限制。

第一,禁止自己代理。代理人不得代理本人与自己为法律行为。基于自己代理所为法律行为,本人有权撤销,但本人同意、追认该行为或本人纯获利益者除外。〔35〕

第二,禁止双方代理。代理人不得同时作为相对人的代理人与本人为法律行为。基于双方代理所为法律行为,本人有权撤销,但本人同意、追认该行为者除外。〔36〕

第三,禁止代理权的滥用。代理人违背本人利益而行使代理权之行为,构成代理权的滥用。在意定代理,代理人如违反本人之意思,亦构成代理权的滥用;但如依本人之意思而行使代理权,虽背于本人之利益,不构成滥用。《民法典》总则编第 164 条第

---

〔33〕 另有学者认为,代理权之授予,有时并未伴随任何法律关系,据此可赞同无因说。本书认为,有因无因问题,指基础关系不成立、无效或撤销是否及于授权行为,在无基础关系之场合,自无所谓有因无因问题,至多仅可证明授权行为独立性,不足证明其无因性。

〔34〕 本书此前采授权行为无因说,第三版修订改采有因说。

〔35〕 《民法典》总则编第 168 条第 1 款规定:“代理人不得以被代理人的名义与自己实施民事法律行为,但是被代理人同意或者追认的除外。”

〔36〕 《民法典》总则编第 168 条第 2 款规定:“代理人不得以被代理人的名义与自己同时代理的其他人实施民事法律行为,但是被代理的双方同意或者追认的除外。”

2 款规定:“代理人和相对人恶意串通,损害被代理人合法权益的,代理人和相对人应当承担连带责任。”除相对人明知代理人滥用代理权之情形外,如代理人的行为显属滥用代理权,致相对人不可能不知该行为系滥用代理权,代理行为对本人亦不生效力。[37]

第六节 无 权 代 理

一、无权代理之意义

无代理权的人以他人名义实施的代理行为,称为无权代理。亦即无代理权之代理。无权代理在法律上并不当然无效。无代理权而以他人名义为代理行为,如经本人追认,即成为有权代理,发生与自始有代理权的代理同样的效力,而由本人承受法律行为的效果。如未经本人追认,则应由该无权代理人对相对人承担责任。无权代理,如本人不予追认,也只是不直接对本人发生效力,并不是不发生法律行为的效力。此外,无实际授权的代理具备表见代理的要件时,可无须本人追认而对本人发生效力,就其法律效果而言,属有权代理。故学说上为示区别,将无权代理分为表见代理与狭义无权代理。不具备表见代理要件的无权代理,即为狭义无权代理。本节仅讨论狭义无权代理。

我国《民法典》总则编第 171 条第 1 款规定:“行为人没有代理权、超越代理权或者代理权终止后,仍然实施代理行为,未经被代理人追认的,对被代理人不发生效力。”须注意,条文所谓“未经被代理人追认,对被代理人不发生效力”,该行为并非毫无效力,只是对被代理人不发生效力,而应由行为人(无权代理人)自己对相对人承担责任。

二、无权代理的发生原因

无权代理为无代理权之代理,无权代理的发生原因,不外以下三种:

第一,自始就不存在代理权。即行为人从未获得被代理人的授权,也不存在获得代理权的其他根据,而以代理人身份,对相对人为代理行为。

第二,一度有代理权,而该代理权因发生代理权消灭事由已经消灭。代理人在代理权消灭后仍以代理人身份对相对人为代理行为。

---

〔37〕 德国联邦最高法院持此见解,旨在平衡本人利益保护与交易安全保护。参见[德]迪特尔·梅迪库斯:《德国民法总论》,邵建东译,法律出版社 2000 年版,第 729~730 页。

第三,超越代理权范围。代理人始终有代理权,只是代理人所实施的代理行为超越了代理权范围。

基于上述三种原因,无权代理也可相应区分为自始无代理权的无权代理、代理权消灭后的无权代理及超越代理权的无权代理。

三、无权代理的效力

按照民法代理制度,无权代理行为本人不予追认的,该行为并非当然无效。只是不能依代理制度对本人发生代理行为的效力而已。这种情形,该无权代理行为,如果具备一般法律行为的有效要件,虽不发生代理行为的效力,仍将发生一般法律行为的效力,并由该无权代理人(行为人)自己作为当事人而承担其法律效果。《民法典》总则编第 171 条第 3 款规定,无权代理行为"未被追认的,善意相对人有权请求行为人履行债务或者就其受到的损害请求行为人赔偿。但是,赔偿的范围不超过被代理人追认时相对人所能获得的利益"。

四、本人的追认

无权代理经本人追认,即转变为有代理权之代理,发生代理行为的效力。无权代理是否转变为有权代理,取决于本人是否追认。在无权代理的情形,本人享有对无代理权人实施的法律行为予以追认的权利,即追认权。此追认权系法律为保护被代理人的利益而设。因为无权代理行为并不一定对被代理人不利,法律为保护被代理人利益及有利于市场交易秩序,特别设追认权制度,依被代理人的自由选择决定该无权代理行为是否对自己发生效力。

此追认权在法律性质上属于一种形成权。民法上形成权的效力在于,仅凭权利人单方的意思表示即可决定权利人与相对人之间的法律关系之变动。因此法律为平衡权利人与相对人的利益,对形成权的存续有期限的限制。在无权代理的情形,如允许被代理人的追认权长期存在,将不利于相对人和无权代理人的利益。鉴于此,《民法典》合同编第 171 条第 2 款规定,"相对人可以催告被代理人自收到通知之日起三十日内予以追认。被代理人未作表示的,视为拒绝追认"。这一规定要求本人在收到相对人的催告通知后的三十日内,作出追认或否认的表示,期间届满而未作出表示的,即视为拒绝追认。因此使该无权代理行为对本人不发生效力。《民法典》合同编第 503 条规定,"被代理人已经开始履行合同义务或者接受相对人履行的",视为追认。

五、相对人的保护

（一）相对人的催告权和撤销权

因代理为特殊的民事关系，涉及三方当事人的利益。关于无权代理，法律为保护本人的利益，使其有追认权，为保护无权代理之相对人的利益，使相对人有催告权和撤销权。此相对人撤销权也属于一种形成权，其效力在于：在本人对无权代理行为未予追认前，相对人可以行使撤销权，消灭该无权代理行为，因此使相对人与本人之间的法律行为归于无效。《民法典》总则编第 171 条第 2 款规定了相对人的催告权和善意相对人的撤销权。

（二）相对人撤销权的限制

按照《民法典》总则编第 171 条第 2 款的规定，唯有善意相对人才有此撤销权，而恶意相对人无此撤销权。此所谓“恶意”指相对人明知代理人无代理权，“善意”指相对人不知代理人无代理权。恶意相对人明知代理人无代理权，仍然与其为法律行为，使之承担本人不予追认所造成的后果，属于自甘冒险。故无赋予撤销权予以特别保护的必要。反之，善意相对人并不知道代理人无代理权，为平衡他与本人之间的利益，有必要在赋予本人追认权的同时，赋予善意相对人撤销权。并且，此善意相对人的撤销权须在本人未追认前行使，如果本人已经追认，善意相对人的撤销权即归于消灭。

六、无权代理人对善意相对人的责任

《民法典》总则编第 171 条第 3 款规定，无权代理人实施的“行为未被追认的，善意相对人有权请求行为人履行债务或者就其受到的损害请求行为人赔偿。但是，赔偿的范围不得超过被代理人追认时相对人所能获得的利益”。按照民法原理，无权代理人实施的行为本人不予追认，由该无权代理人自己作为当事人履行该法律行为中对相对人的义务，因此善意相对人有权请求无权代理人履行债务或者承担损害赔偿责任。须注意的是，此无权代理人的责任，系由法律规定直接发生的一种特别责任，不以无权代理人有故意过失为要件，属于一种无过失责任。但在相对人属于恶意即明知代理人无代理权的情形，无权代理人可以不承担损害赔偿责任。

七、无权代理人与恶意相对人分担损失

相对人如果知道或者应当知道代理人无代理权仍然与之为法律行为，即属于恶意相对人。恶意相对人的行为属于自甘冒险，当然不应享有请求无权代理人履行债务的请求权和损害赔偿请求权。但从立法政策考虑，无权代理行为不被追认的损害后果，全部由恶意相对人承受，亦有悖于民法公平原则，且无权代理人与恶意相对人对于该

损害结果之发生均有因果关系,故《民法典》总则编第 171 条第 4 款规定,此种情形,由“(恶意)相对人和行为人(无权代理人)按照各自的过错承担责任”。所谓“按照各自的过错承担责任”,实际是按照各自的过错“分担损失”。

第七节 表见代理

一、表见代理之意义

(一)表见代理的概念

所谓表见代理,是指本属于无权代理,但因本人与无权代理人之间的关系,具有授予代理权的外观即所谓外表授权,致相对人信无权代理人有代理权而与其为法律行为,法律使发生与有权代理同样的法律效果。表见代理制度之设立目的,在于保护交易安全。

(二)表见代理之存在理由

所谓外表授权,指具有授权行为的外表或假象,而事实上并无实际授权。按照英美法代理制度,外表授权是产生代理权的原因之一。因外表授权而产生代理权,使被代理人承担代理行为的效果,其法理基础与契约的客观理论(objective theory of contracts)出自同一原则:契约关系对当事人发生拘束力,是基于其所言而非其所想,契约因对要约的承诺而成立,其要约所指,系受要约人可合理理解的(客观)意思,而非要约人内心意思。本人以其行为形成有代理权之外观,纵有限制代理权之意思,亦仅属其内部关系,不足以否定外表授权的存在,不影响代理关系的成立,同理类推,正如要约人未表示于外部之意思,如不为受要约人所知,对要约人与受要约人之契约关系不生影响。于存在外表授权之情形,相对人无须证明本人有过失,正如受要约人主张要约人应受其意思表示约束时,无须证明要约人在表意上有过失。[38]

---

〔38〕 See Restatement (Third) of Agency § 2.03 Comment c (2006). 美国法上的外表授权法则,适用于第三人合理信赖行为人有代理权且此种信赖直接或间接归因于本人之表示的情形。非因本人之表示致第三人信赖有代理权的情形,则适用名义授权(ostensible authority)法则:本人如因故意或过失致第三人信赖行为人系为本人之计算而行事,第三人因此蒙受不利,而本人知晓第三人之信赖且此种信赖可致第三人蒙受不利,但未采取合理措施将无代理权的事实通知第三人,则代理行为仍对本人发生效力。依《第三次代理法重述》及美国某些法域之立场,名义授权法则的法理基础为禁反言原则(the principle of estoppel),其理由与要件皆有别于外表授权法则。后者不以第三人蒙受不利为要件。另有某些州将外表授权与名义授权作为同义词使用。参见 Restatement (Third) of Agency § 2.05 & Comment b, d (2006)。

依大陆法系民法，代理制度为私法自治之扩张或补充，本应尊重被代理人的意思，考虑被代理人的利益。在表见代理的情形，既然被代理人未作实际授权，自应不使发生代理之效力，以免使本人利益受不测之损害。但代理制度关系本人与相对人利益，若完全尊重本人的意思，势将置相对人利益于不顾，则世人皆不欲与代理人为交易，不仅市场交易受其影响，代理制度也将有名无实，难以实行。故对于本人与行为人间有特殊关系或有授权之表象的情形，承认表见代理。虽然，多少对本人有所不利，但可以保护交易安全，维持代理制度。由此可见，表见代理制度存在的理由，在于使个人的静的安全与社会的动的安全之协调。与民法上的善意取得制度、债权的表见让与制度、向债权准占有人的清偿制度等出于同一趣旨。德国学说上称为权利表见责任。法国学说将之归为表见理论的事例之一。[39]

《国际商事合同通则》亦采纳外表授权制度，其法理基础为诚实信用原则与禁止自相矛盾之行为原则。后者意指，如一方当事人的行为致他人产生信赖并基于该信赖合理行事，则该方当事人不得实施与前一行为自相矛盾的行为而使他人蒙受不利。相当于英美法上的禁反言原则。本人使第三人合理地相信行为人有代理权的，不得以行为人无代理权对抗第三人。[40]

我国原《民法通则》未规定表见代理。为了弥补这一立法漏洞，原《合同法》专设第 49 条规定表见代理："行为人没有代理权、超越代理权或者代理权终止后以被代理人名义订立合同，相对人有理由相信行为人有代理权的，该代理行为有效。"《民法典》总则编第 172 条沿用原《合同法》第 49 条的规定。

二、表见代理之要件

（一）须代理人无代理权

成立表见代理的第一项要件是，须代理人无代理权。如果代理人实际上拥有代理权，本属于有权代理，不发生表见代理问题。此所谓无代理权，指为代理行为当时无代理权或对于所实施的代理行为无代理权。至于该无权代理人此前是否曾经拥有代理权，或当时是否有实施其他法律行为的代理权，均非所问。

（二）须该无权代理人有被授予代理权之外表或假象

成立表见代理的第二项要件是，须该无权代理人有被授予代理权之外表或假象，

---

〔39〕 依法国学说，表见理论的适用要件有二：表见的客观要素，即应具备观察者认为是显示了法律状态的可见事实；表见的心理要素，即错误的信赖。参见［法］雅克·盖斯旦、吉勒·古博：《法国民法总论》，陈鹏等译，法律出版社 2004 年版，第 797～801 页。

〔40〕 See Unidroit Principles of International Commercial Contracts Art. 2.2.5 & Comment (2010).

亦即存在所谓“外表授权”。存在外表授权,是成立表见代理的根据。即使无权代理人以被代理人名义实施法律行为,如果不存在外表授权,换言之,该无权代理人与被代理人之间不存在任何授予代理权之外表或假象,也不发生表见代理问题。实际生活中,多数情形是该无权代理人此前曾经被授予代理权,但实施代理行为当时代理权已经终止,此即代理权消灭后的表见代理,或者该代理人于实施代理行为当时仍拥有代理权,只是所实施的代理行为超越了代理权范围,称为越权的表见代理。当然,也有自始就未曾被授予代理权的情形,例如被代理人曾明示或默示授予代理权而实际并未授予代理权,称为因本人明示或默示的表见代理。以上情形,该代理人曾经被授予代理权,或者当时拥有实施其他法律行为的代理权,或者被代理人曾有授予代理权的表示(尽管实际并未授权),即构成此所谓外表授权。

(三)须相对人有正当理由信赖该无权代理人有代理权

成立表见代理的第三项要件是,须相对人有正当理由信赖该无权代理人有代理权。《民法典》总则编第172条所谓“相对人有理由”一语,应当解释为“相对人有正当理由”。虽然该无权代理人有被授予代理权之外表或假象,如果未获得相对人的信赖(无论该相对人是否已经知道对方无代理权),则应属于狭义无权代理,不能成立表见代理。这种情形,如果被代理人不予追认,应由该无权代理人履行或承担责任。并且,不仅须获得相对人的信赖,还须相对人的信赖有正当理由。至于相对人的信赖是否有正当理由,应依实施法律行为的具体情形判断。例如,无权代理人曾是被代理人的雇员并在不久前曾作为被代理人的代理人同相对人订立合同,且相对人未得到该无权代理人已被解雇或撤销代理权的通知,或无权代理人持有证明代理权的证书而从该证书内容无法判定所订立的合同超越了代理权范围,或被代理人曾有授予该无权代理人代理权的表示,而相对人不可能知道被代理人实际上并未授予代理权,即应判定相对人的信赖有正当理由。

(四)须相对人基于此信赖与该无权代理人成立法律行为

成立表见代理的第四项要件是,须相对人基于上述信赖与该无权代理人成立法律行为。即使相对人有正当理由信赖该无权代理人有代理权,如果最后并未与该无权代理人成立法律行为,也不发生表见代理问题。只在相对人基于此信赖与该无权代理人成立了法律行为,才可能发生表见代理问题。需加说明的是,在具备上述四项要件时,相对人可以基于表见代理对被代理人主张有权代理的效果,但也不是非如此不可。相对人也可以依狭义无权代理的规定,撤销其所为的法律行为。表见代理制度的目的,在于保护善意相对人,当相对人主张代理行为有效时,被代理人不得主张代理权之不存在而与之对抗。因此,被代理人不得基于表见代理而对相对人主张代理之效果。被代理人如欲主张代理行为有效,仍须依无权代理的规定,对于无权代理人的代理行为进行追认。

三、表见代理适用范围的扩张趋势

表见代理制度的立法目的,在于保护相对人利益和交易安全,随着市场经济的发展和民法对交易安全的注重,其适用范围不断扩张。这里介绍两个类推适用表见代理的日本判例。

《日本民法典》第109条规定,对第三人表示授予他人以代理权意旨者,于代理权范围内,就该他人与第三人之间实施的行为,负其责任。第110条规定,代理人实施其权限外的行为,如第三人有正当理由相信其有此权限时,准用前条规定。第一个判例是最高裁判所昭和四十四年(1969年)12月19日判决。案情是,本人甲授予代理人乙以不动产担保借入金钱的权限,而代理人乙自称自己即甲本人,将该不动产出卖与第三人丙。而丙亦误信乙为甲,并与之订立购买契约。法院认为,代理人假称本人为权限外的行为的场合,对方相信该行为为本人自身的行为时,并非相信代理人有代理权;但从该信赖值得交易上的保护之点来看,与信赖代理人有代理权的场合并无二致。因此,以信其为本人自身的行为并有正当理由为限,应类推适用《日本民法典》第110条的规定,使本人对该行为结果负责。

第二个判例是东京地方裁判所平成三年(1991年)11月26日判决。案情是,代理人乙超越代理权,订立金钱消费借贷契约及以本人不动产设定抵押权的契约,因金额巨大,对方当事人要求本人确认,代理人以第三人冒称本人在契约书上签名盖印。法院认为,本案满足两个要件:其一,代理人有基本代理权;其二,对方相信该第三人为"本人"有正当理由。因此,应类推适用《日本民法典》第110条,使契约效力及于本人。这两则判例虽名为采类推适用方法,实际上属于以目的性扩张方法,补充法律对代理人冒充本人及以他人假冒本人案型未设规定的法律漏洞。代理人冒充本人及代理人以他人冒充本人案型,与第三人相信代理人有代理权的表见代理案型之间,并不存在类似性关系。对于上述案型适用法律关于表见代理的规定,其法理根据不在于类似性,而在于《日本民法典》第110条之规范意旨,即对交易上有正当理由的信赖应予保护。[41]

---

〔41〕 梁慧星:《民法解释学》,中国政法大学出版社1995年版,第281~282页。

第八章　诉 讼 时 效

第一节　时 效 概 述

一、时效制度

所谓时效,是指一定事实状态在法定期间持续存在,从而产生与该事实状态相适应的法律效力的制度。现代各国民法莫不规定时效制度。关于时效的成文法规定,最早见于罗马《十二表法》。

时效为法律事实之一种,属于自然事实中的状态。民法设时效制度,着眼于维护社会公共利益,维护社会经济秩序,因时效期间届满而发生与原权利人利益相反的法律效果。因此,时效制度的实质,在于对民事权利的限制。

民法时效制度,又分为两种,即取得时效和消灭时效。

二、时效制度的功能

(一)稳定法律秩序

一定的事实状态,无论是权利不行使的事实状态或者占有的事实状态,如果长期持续存在,必然以此事实状态为基础发生种种法律关系,时过多年之后若允许原权利人主张权利,将不仅推翻此长期持续存在的事实状态,而且势必一并推翻多年以来基于此事实状态而形成的各种法律关系,必将造成社会经济秩序的紊乱。实行时效制度,因法定期间的经过而使原权利人丧失权利,使长期存在的事实状态合法化,有利于稳定社会经济秩序。

(二)作为证据之代用

一种事实状态长期持续存在,必致证据湮灭,证人死亡,此事实状态是否合法,殊难证明。实行时效制度,凡时效期间届满,即认不行使权利的人丧失其权利,此系以时效作为证据之代用,可避免当事人举证及法庭调查证据的困难,节约诉讼成本,具有保护义务人之作用。

（三）促使权利人行使权利

如法谚所云：法律不保护在权利上睡眠之人。实行时效制度，使长期不行使权利的人丧失其权利，除有利于维持法律秩序稳定及避免证明困难外，其重要作用还在于督促权利人及时行使其权利，有利于更好地发挥财产的效用及促进社会经济流转正常进行。

三、取得时效与消灭时效之异同

（一）两种时效之异同

两种时效之差异点在于：其一，起源不同。取得时效起源于《十二表法》以前的习惯规则，消灭时效起源于裁判官法之出诉期限。其二，构成要件不同。取得时效以占有之事实状态为要件，消灭时效以权利不行使之事实状态为要件。其三，法律效果不同。取得时效为权利取得之根据，时效期间经过，原权利人丧失权利，占有人取得权利；消灭时效为权利消灭或者抗辩权发生之原因，时效期间经过，原权利人丧失权利或者义务人发生抗辩权，但义务人并不取得权利。

两种时效之相同点在于：其一，均以一定事实状态之存在为前提。取得时效以占有之事实状态为前提；消灭时效以权利不行使之事实状态为前提。两者所要求的具体事实状态虽有不同，但必须具备一定的事实状态则无二致。其二，均以一定期间的经过为要件。无论取得时效或消灭时效，均须上述事实状态，经过一个法定期间，方才发生时效的法律效力。无须一定期间之经过即发生法律效力者，如动产之即时取得、无主物之先占，皆不得谓为时效。其三，均以权利变动为其法律效果。无论取得时效或消灭时效，均产生变动原有权利义务关系的效果。

（二）关于两种时效异同的学说

第一，统一主义。中世纪的注释法学家，着眼于取得时效与消灭时效具有共同的法律本质，而主张两者为统一的法律制度，称为统一主义派。

第二，各别主义。以德国历史法学派创始人萨维尼为代表，着眼于取得时效与消灭时效的不同点，斥注释法学派为谬误，认为取得时效与消灭时效是两种不同的法律制度，称为各别主义派。

四、关于两种时效的不同立法

（一）统一主义立法

《日本民法典》接受统一主义派的主张，在民法典上对取得时效和消灭时效统一加以规定。《日本民法典》在第一编总则中设第六章时效,包含三节,第一节为时效通则,第二节为取得时效,第三节为消灭时效。《魁北克民法典》亦采统一主义。《法国民法典》原采统一主义立法,在第三编取得财产的各种方法中专设第二十章时效,对两者不加区分,并设统一的定义,即第2219条:时效谓依法律规定的条件,经过一定的期间,而取得财产的所有权或免除义务的方法。现已改采分别主义,除将第二十章改为消灭时效外,另在第二十一章规定占有与取得时效。

(二)各别主义立法

以《德国民法典》为代表。德国制定民法典时,采纳各别主义主张,对两种时效分别加以规定。即在第一编总则中,设第五章时效;[1]另在第三编物权的第三章所有权中,规定取得时效(第937～945条)。《葡萄牙民法典》《俄罗斯联邦民法典》均仿《德国民法典》,属于各别主义。

我国原《民法通则》仅规定诉讼时效,即消灭时效(第七章),而未涉及取得时效。2007年通过的《物权法》未规定取得时效,2017年通过的《民法总则》亦仅规定诉讼时效。2020年颁布的《民法典》仅总则编规定诉讼时效,物权编未规定取得时效。由此可见,我国民法仅有诉讼时效,无所谓取得时效。

五、诉讼时效与除斥期间

《民法典》总则编专设诉讼时效一章(第九章)。所谓诉讼时效,亦即消灭时效。

现代民法除诉讼时效制度外,另有除斥期间。所谓除斥期间,为法定的权利存续期间,因该期间经过而发生权利消灭的法律效果。

诉讼时效与除斥期间的区别如下:

第一,构成要件不同。诉讼时效需两个要件,即法定期间经过和权利持续不行使之事实状态;除斥期间只需一个要件,即法定期间经过。

第二,适用对象不同。诉讼时效适用于请求权;除斥期间适用于形成权。[2]

第三,法律效力不同。诉讼时效为消灭诉权或发生抗辩权,而实体权并不消灭;除

---

〔1〕《德国民法典》该章所定时效,相当于理论上所称消灭时效。但依德国民法,时效经过,并不使请求权消灭,仅发生义务人的抗辩权。故不应称为消灭时效。《德国民法典》迳称为时效,与取得时效系并列概念。

〔2〕我国《产品质量法》第45条第2款规定:"因产品存在缺陷造成损害要求赔偿的请求权,在造成损害的缺陷产品交付最初消费者满十年丧失……"此10年期间,若解释为除斥期间,则与除斥期间适用于形成权的法理相悖;若解释为诉讼时效期间,则与诉讼时效期间为可变期间的法理不符。本书认为,此10年期间,既非除斥期间,亦非诉讼时效期间,应属于法律对缺陷产品致人损害侵权责任请求权之诉讼时效期间的特别限制。

斥期间为消灭实体权。[3]

第四，法定期间是否可变。诉讼时效期间有中断、中止、延长，因此属于可变期间；除斥期间为绝对不变期间。

第五，起算点不同。诉讼时效之起算，民法上设有一般规定，原则上从知道或者应当知道权利被侵害时起计算；除斥期间之起算，民法未设一般规定，视各别而定，无各别规定者，解释上得认为自权利完全成立时起算。

六、诉讼时效规定的强行性

民法关于时效的规定，可否由当事人约定变更，各国家及地区规定不一。主要有以下三种：

第一，时效规定属于强行性规定，不得由当事人依自由意思予以排除，时效期间不得由当事人协议予以加长或缩短，时效利益不得由当事人预先予以抛弃。当事人关于排除时效适用、变更时效期间或预先抛弃时效利益的约定，依法当然无效。瑞士、意大利、葡萄牙、希腊、俄罗斯、魁北克、巴西、中国台湾地区等采此规定。

第二，允许当事人约定减轻时效，尤其是缩短时效期间，但不允许约定加重时效，尤其是延长时效期间。奥地利、荷兰、丹麦等国采此规定。《法国民法典》2008 年修正前、《德国民法典》2001 年修正前亦同。

第三，允许当事人约定减轻或加重时效，但设有一定限制。《法国民法典》2008 年修正后第 2254 条第 1 款第 1 句、第 2 款规定，当事人可以协议缩短或延长时效期间，亦可协议在法定的时效中止与中断事由之外增加其他事由。《德国民法典》2001 年修正后第 202 条第 1 款规定，因故意而发生责任的情形，不得预先以法律行为减轻时效。第 2 款规定，不得超出自法定时效起算点起 30 年时效期间以外以法律行为加重时效。《匈牙利民法典》第 325 条第 2 款规定，当事人得协议缩短时效期间，其协议须为书面始生效力；时效期间短于 1 年者，当事人得以书面形式延长，但最长不超过 1 年，其他情形延长时效期间的协议无效。西班牙、瑞典、丹麦、爱沙尼亚等国民法亦属此列。国际统一私法协会《国际商事合同通则》2004 年修订后第 10.3 条第 1 款规定，当事人可以变更时效期间。《欧洲合同法通则》第 14:601 条第 1 款、《欧洲民法典草案》第二编第 7:601 条第 1 款规定，当事人可协议变更时效的规定，特别是缩短或者延长时效期间。英国法律委员会亦在时效制度改革报告中建议明文允许当事人协议变更时效，并已提出新的时效法草案。由此观之，第三种立法例似已成发展趋势。其理由包括：时效制度之本旨在于保护债务人，债务人依协议自愿放弃时效利益，合乎私法自治，且未

---

〔3〕 因形成权有单方变动法律关系之力，故设除斥期间令其经过适当期间完全消灭，以免遗留危及法律秩序之后患。

必悖于公共利益,如将 3 年时效延长至 7 年,无损公共利益;法定时效期间及其他规则不分权利类型与实际情形而作划一规定,未必切合实际,且时效中止的法定事由等规则较具不确定性,不应排斥当事人以特约适应实际情形之自由。同时,设定对协议变更的最低限制,可维持私法自治与公共利益之平衡。[4]

上述三种立法主义,均有其理由。但考虑到诉讼时效制度的本质是对民事权利的法定限制,关乎社会公共利益和市场法律秩序的统一。若允许改变时效期间,难免被居于优势地位的企业和经营者滥用,不利于消费者、劳动者及中小企业合法权益的保护。且《民法通则》以来的裁判实践,肯定诉讼时效期间的规定属于强行性规定、诉讼时效期间绝对不允许当事人变更。故《民法典》总则编第 197 条第 1 款仍规定:“诉讼时效的期间、计算方法及中止、中断的事由由法律规定,当事人约定无效。”

第二节　诉讼时效的效力

一、关于诉讼时效效力规定的类型

诉讼时效即消灭时效的效力,因各国家及地区法的规定不同而有差异。各国家及地区关于诉讼时效效力的规定,可区别为三种类型。

(一)实体权消灭主义

此种立法,将诉讼时效的效力规定为直接消灭实体权。采纳德国学者温德夏德的主张。属于此种类型立法的代表为《日本民法典》。该法典第 167 条规定,债权因 10 年间不行使而消灭,债权或所有权以外的财产权,因 20 年间不行使而消灭。

(二)诉权消灭主义

此种立法,采纳德国学者萨维尼的主张。萨氏认为,诉讼时效完成后,其权利本身仍然存在,仅诉权归于消灭,此为罗马法消灭时效之本旨。时效届满后的权利,因诉权消灭不能请求法院为强制执行,即所谓自然债。属于此种主义的立法,有 1922 年《苏俄民法典》及《匈牙利民法典》。1922 年《苏俄民法典》第 44 条规定,起诉权,逾法律规定之期间而消灭。1994 年《俄罗斯联邦民法典》亦采诉权消灭主义(第 195、199 条)。《匈牙利民法典》第 325 条第 1 款规定,时效完成的请求权,不能在法院强制执行。

---

[4] See Principles, Definitions and Model Rules of European Private Law: Draft Common Frame of Reference (DCFR), Full Edition, Ⅱ. -7:601 Comments (2009).

(三)抗辩权发生主义

此主义系采纳德国学者欧特曼(Oertmann)的主张。欧氏认为,时效完成后,义务人因而取得拒绝履行的抗辩权。如义务人自动履行的,视为抛弃其抗辩权,该履行应为有效。属于此种主义的规定,有《德国民法典》、中国台湾地区"民法"、《葡萄牙民法典》、《国际商事合同通则》、《欧洲民法典草案》和1964年《苏俄民法典》。《德国民法典》第222条规定,消灭时效完成后,义务人有拒绝给付的权利。中国台湾地区"民法"、《葡萄牙民法典》、《国际商事合同通则》、《欧洲民法典草案》的规定与此相同。1964年《苏俄民法典》第87条规定,诉讼时效在起诉前过期,是拒绝应诉的理由。

二、中国民法采抗辩权发生主义

我国民法关于诉讼时效的规定究竟属于何种立法主义?按照原《民法通则》第138条的规定,超过诉讼时效期间,当事人自愿履行的,不受诉讼时效限制。[5] 由此可以断定,我国《民法通则》非采实体权消灭主义。鉴于原《民法通则》第135条规定,"向人民法院请求保护民事权利的诉讼时效为二年",学者解释,此请求人民法院保护民事权利的权利为诉权。因此认为《民法通则》关于诉讼时效的规定,采纳前述第二种立法主义,即诉权消灭主义。按照诉权消灭主义,诉讼时效期间届满,诉权消灭,法院应不经实体审理而驳回起诉,但法庭不经实体审理,无从知晓诉讼时效期间是否经过,可见诉权消灭主义与私权本质及程序法不符。因此,2008年最高人民法院发布《关于审理民事案件适用诉讼时效制度若干问题的规定》,改采抗辩权发生主义。[6] 此项解释立场获得立法机关的肯定,《民法典》总则编第192条第1款规定:"诉讼时效期间届满的,义务人可以提出不履行义务的抗辩。"

三、法庭可否不待当事人主张而主动适用时效

罗马法时效制度有一项重要原则,即时效只能由当事人主张而不能由法庭主动援用。发达国家和地区的民法,大抵继承了这一罗马法原则,禁止法庭主动适用诉讼时效。例如《法国民法典》第2247条规定,法官不得依职权援用时效的方法。《日本民法典》第145条规定,除非当事人援用时效,法院不得根据时效进行裁判。但是,在苏

〔5〕 此所谓自愿履行,包括三种情形:表示自愿履行并且已实际履行完毕;表示自愿履行但尚未履行;表示自愿履行后又反悔。所涉法律解释问题,参见梁慧星:《裁判的方法》,法律出版社2003年版,第85~86页。2008年最高人民法院《关于审理民事案件适用诉讼时效制度若干问题的规定》第22条同此意旨。

〔6〕 2008年最高人民法院《关于审理民事案件适用诉讼时效制度若干问题的规定》第4条规定:"当事人在一审期间未提出诉讼时效抗辩,在二审期间提出的,人民法院不予支持,但其基于新的证据能够证明对方当事人的请求权已过诉讼时效期间的情形除外……"(该规定已于2020年修正)。

联东欧社会主义国家,出于计划经济和单一公有制的要求,否定了这一罗马法原则。例如1964年《苏俄民法典》第82条规定,不论双方当事人申请与否,法院均应适用诉讼时效。

关于法院可否主动适用诉讼时效,我国原《民法通则》并无规定,学者拘泥于所谓社会主义民法理论,对第135条和第137条进行解释,认为法庭可依职权主动适用诉讼时效,而无须当事人主张。〔7〕 这一解释对审判实践产生了影响。〔8〕 20世纪90年代中期以来,民法理论和实务界已经认识到,法庭不待当事人主张而主动适用诉讼时效,违背民法时效制度的本质和市场经济的要求,加之《民法通则》规定的诉讼时效期间过短,更加严重不利于人民和企业合法权益的保护,人民法院和仲裁机构已经纠正不待当事人主张而主动适用时效的做法。〔9〕 2008年最高人民法院《关于审理民事案件适用诉讼时效制度若干问题的规定》第3条规定:"当事人未提出诉讼时效抗辩,人民法院不应对诉讼时效问题进行释明及主动适用诉讼时效的规定进行裁判。"此项裁判立场受到立法机关肯定,《民法典》总则编第193条明文规定:"人民法院不得主动适用诉讼时效的规定。"

四、诉讼时效届满后义务人的履行

诉讼时效期间届满后的请求权,因诉权消灭,变为不可诉请求权,即罗马法上所谓自然债。此种请求权,只是不能诉请法院强制履行,如义务人自愿履行,其履行有效,不得再以不知诉讼时效期间经过为由请求返还。《民法典》总则编第192条第2款规定:"诉讼时效期间届满后……义务人已经自愿履行的,不得请求返还。"

五、诉讼时效届满后义务人的承认

诉讼时效期间届满后,义务人作出愿意履行的意思表示或者在债权人的催款通知单上签字或盖章,应当视为对原债务的承认。该债权债务因此回复强制履行的效力。

---

〔7〕 参见梁慧星:《中国民法经济法诸问题》,中国法制出版社1999年版,第139页;梁慧星:《民法》,四川人民出版社1988年版,第179页。

〔8〕 1992年最高人民法院《关于适用〈中华人民共和国民事诉讼法〉若干问题的意见》(已失效)第153条规定:"当事人超过诉讼时效期间起诉的,人民法院应予受理。受理后查明无中止、中断、延长事由的,判决驳回其诉讼请求。"

〔9〕 2008年最高人民法院《关于审理民事案件适用诉讼时效制度若干问题的规定》第3条规定:"当事人未提出诉讼时效抗辩,人民法院不应对诉讼时效问题进行释明及主动适用诉讼时效的规定进行裁判。"第4条规定:"当事人在一审期间未提出诉讼时效抗辩,在二审期间提出的,人民法院不予支持,但其基于新的证据能够证明对方当事人的请求权已过诉讼时效期间的情形除外……"2015年最高人民法院《关于适用〈中华人民共和国民事诉讼法〉的解释》第219条规定:"当事人超过诉讼时效期间起诉的,人民法院应予受理。受理后对方当事人提出诉讼时效抗辩,人民法院经审理认为抗辩事由成立的,判决驳回原告的诉讼请求。"该司法解释已于2020年修正。

即使义务人不知时效期间届满的事实,也不得以不知诉讼时效期间届满为由主张诉讼时效的效果。《民法典》总则编第 192 条第 2 款第 1 句规定,"诉讼时效期间届满后,义务人同意履行的,不得以诉讼时效期间届满为由抗辩"。条文"义务人同意履行",指对债务作出承认或者表示愿意履行的意思或者为债务履行提供担保。所谓义务人对债务作出承认,如与债权人达成分期或延期还款的协议,请求债权人准予延期还款的函件,及在债权人催款的函件上签名或盖章等。所谓义务人表示愿意履行的意思,是指义务人作出愿意履行该给付的允诺。所谓义务人为债务履行提出担保,包括义务人为担保债务的履行而提供人的担保、物的担保或其他担保方式。[10]

六、诉讼时效完成后的债权仍可抵销

诉讼时效的完成(时效期间届满),不影响时效完成前已经适于抵销的债务的相抵。此在中国台湾地区"民法"第 337 条、中国《澳门民法典》第 841 条、《德国民法典》第 215 条、《意大利民法典》第 1242 条、《日本民法典》第 508 条、《土库曼斯坦民法典》第 453 条,均有明文规定。《法国民法典》虽无明文规定,但依其第 1290 条的规定,"债的抵销得依法律之效力当然发生,即使债务人不知,亦然"。则时效完成前适于抵销的债务,自两债务并存时起,已当然发生抵销的法律效力,自然不受此后完成的时效的影响。此项效力,《民法典》虽无明文规定,但实务中已有据此判决的案例。[11]

七、诉讼时效效力所及的范围

诉讼时效的效力应及于从权利,即主权利因时效届满不受保护,附属于主权利的从权利也因此不受保护。例如,合同履行请求权因时效届满不受保护,其违约金请求权也不受保护。但须注意的是,诉讼时效的效力不得及于担保物权。因担保物权虽属于从权利,但具有相对的独立性,且担保物权,属于支配权而非请求权,不在诉讼时效客体范围。因此,所担保的债权因时效期间届满而不能请求法院强制执行,债权人仍可以实行担保物权。例如,《德国民法典》第 216 条第 1 款规定,以抵押权、船舶抵押

〔10〕 最高人民法院《关于超过诉讼时效期间当事人达成的还款协议是否应当受法律保护问题的批复》(法复〔1997〕4 号),载《最高人民法院公报》1997 年第 2 期(总第 50 期);最高人民法院《关于超过诉讼时效期间借款人在催款通知单上签字或盖章的法律效力问题的批复》(法释〔1999〕7 号),载《最高人民法院公报》1999 年第 2 期(总第 58 期)。另参见日本最高裁判所昭和 45.5.21 判决,参见[日]北川善太郎:《民法总则》,有斐阁 1993 年版,第 229 页;日本最高裁判所昭和 41.4.20 判决,参见[日]圆谷峻、内田胜一编:《基本判例 2 · 民法总则 · 物权》,法学书院 1999 年版,第 55 页。

〔11〕 福建省福州市中级人民法院(2007)榕民初字第 575 号判决书(中国农业银行福建省分行营业部与福清华信食品有限公司侵权纠纷案)。其裁判要旨指出,"合同法第九十九条关于法定抵销所规定的可用于抵销的债务应指合法成立且尚未消灭的债务,只要满足标的物种类、品质相同、已届清偿期,且不属于依照法律规定或者按照合同性质不得抵销的债务,都可列入允许行使抵销权的债务范围,包括超过诉讼时效的自然债务",载《人民司法 · 案例》2011 年第 4 期。

权或质权担保的请求权,虽经时效消灭,但不妨害债权人就其担保物取偿。《日本民法典》第 396 条规定,抵押权,除非与其担保的债权同时,不因时效而对债务人及抵押人消灭。中国台湾地区“民法”第 145 条第(一)项规定,以抵押权、质权或留置权担保之请求权,虽经时效消灭,债权人仍得就其抵押物、质物或留置物取偿。

须注意的是,担保物权有占有型与非占有型之分。质权、留置权属于占有型担保物权,因担保物(动产、债权凭证)在债权人占有之下,虽债权因诉讼时效期间届满而不能强制执行,并不妨碍债权人就其担保物取偿,其理自明。抵押权非占有型担保物权,抵押物在抵押人占有之下,虽抵押权不在诉讼时效客体之列,似不宜使抵押权与所担保债权同受诉讼时效的限制,但在债权因时效期间届满不受法院保护之后,如抵押权长期存在,势必不利于抵押人对担保物的有效利用,不利于担保交易关系的稳定,并有助长抵押权人滥用优势地位之虞。[12] 鉴于此,《民法典》物权编第 419 条规定:“抵押权人应当在主债权诉讼时效期间行使抵押权;未行使的,人民法院不予保护。”使抵押权在实际上与所担保债权同受诉讼时效期间的限制。

第三节　诉讼时效的客体

一、诉讼时效客体的意义

所谓诉讼时效的客体,是指哪些权利应适用诉讼时效。这在实践上有重要意义。各国家及地区关于诉讼时效的客体,规定颇不一致。《日本民法典》第 167 条规定,以债权及其他非所有权之财产权为消灭时效的客体;《德国民法典》第 194 条规定,以请求权为消灭时效的客体;中国台湾地区“民法”第 125 条规定,以请求权为消灭时效的客体。中国《民法典》总则编虽然未明文规定以请求权为诉讼时效的客体,但通观第九章诉讼时效的全部条文,应当肯定,诉讼时效客体为请求权。请求权以外的权利,如物权、知识产权、人格权,因其性质为支配权,故不适用诉讼时效制度。

所谓请求权,指特定人得向特定人请求为一定行为的权利。请求权,以所由发生的法律关系为标准,可以分为:人格权保护请求权;身份关系上请求权;债权请求权;物权请求权。是否均可为诉讼时效的客体,各国立法不一,学说尚有争论。《民法典》总

---

〔12〕 新《荷兰民法典》第 3:323 条规定,债务履行请求权的诉讼时效完成的,担保该请求权的质权与抵押权消灭,但质押财产由质权人或第三人控制的,时效之完成不影响质权之行使。中国台湾地区“民法”第 880 条规定,以抵押权担保之债权,其请求权已因时效而消灭,如抵押权人于消灭时效完成后,五年间不实行其抵押权者,其抵押权消灭。通说及实务见解认为此五年系除斥期间。参见林诚二:《民法总则》(下),法律出版社 2008 年版,第 507 页所引注解。质权与留置权不受除斥期间限制。

则编第196条明文规定四类请求权不适用诉讼时效,[13]最高人民法院诉讼时效司法解释对于不适用诉讼时效的请求权亦有解释。[14]鉴于法律规定和司法解释较为简略,谨依民法理论分析如下。

二、债权请求权

诉讼时效的客体,主要是债权请求权。其中,基于合同债权的请求权,如履行请求权、损害赔偿请求权、违约金请求权、利息请求权、定金返还请求权;基于侵权行为的请求权,主要是损害赔偿请求权;基于无因管理的请求权,包括必要费用请求权、损害赔偿请求权;基于不当得利的请求权,主要是不当得利返还请求权;其他债权请求权,如因防止制止侵权行为致自己损害而可向受益人主张的补偿请求权、对紧急避险人的补偿请求权、高楼坠物损害补偿请求权。[15]

鉴于侵权行为制度的性质和立法目的,属于侵权行为请求权的停止侵害请求权、消除危险请求权、消除影响请求权,应不适用诉讼时效。

三、物权请求权

物权请求权,又称物上请求权,即基于物权的请求权。但物权请求权中,适用诉讼时效的,只是其中的返还财产请求权和恢复原状请求权。返还财产请求权,包括返还被非法占有财产的请求权、返还抵押物请求权、返还质物请求权、返还留置物请求权、返还租赁物请求权、返还遗失物请求权以及合同无效或被撤销后的返还请求权。[16]合同解除后的恢复原状请求权,[17]属于物权请求权性质,应当适用诉讼时效。

鉴于不动产物权变动采登记生效主义,非经登记不生效力,若许已登记不动产物权的权利人的返还请求权因时效期间届满而消灭,将动摇不动产登记制度的效力,因

---

〔13〕《民法典》总则编第196条规定:"下列请求权不适用诉讼时效的规定:(一)请求停止侵害、排除妨碍、消除危险;(二)不动产物权和登记的动产物权的权利人请求返还财产;(三)请求支付抚养费、赡养费或者扶养费;(四)依法不适用诉讼时效的其他请求权。"

〔14〕最高人民法院《关于审理民事案件适用诉讼时效制度若干问题的规定》第1条规定,下列请求权不适用诉讼时效:支付存款本金及利息请求权;兑付国债、金融债券以及向不特定对象发行的企业债券本息请求权;基于投资关系产生的缴付出资请求权;其他依法不适用诉讼时效规定的债权请求权。

〔15〕如《民法典》总则编第183条及侵权责任编第1190条第1款第2句、第1254条。

〔16〕《民法典》总则编第157条规定,合同无效或者被撤销后,因该合同取得的财产,应当予以返还;不能返还或者没有必要返还的,应当折价补偿。有过错的一方应当赔偿对方因此所受到的损失,双方都有过错的,应当各自承担相应的责任。

〔17〕按照《民法典》合同编第566条第1款的规定,合同解除后,尚未履行的,终止履行;已经履行的,根据履行情况和合同性质,当事人可以要求恢复原状、采取其他补救措施,并有权要求赔偿损失。

此已登记不动产所有人的返还请求权,应不适用诉讼时效。[18] 同理,登记的动产物权的权利人的返还请求权,亦应不适用诉讼时效。《民法典》总则编第196条第(二)项规定,“不动产物权和登记的动产物权的权利人请求返还财产”请求权,不适用诉讼时效。另外,《民法典》物权编第234条规定的确认物权请求权、第236条规定的排除妨害请求权和消除危险请求权[19],依其性质应不适用诉讼时效。

四、人格权保护请求权

人格权保护请求权,即除去侵害请求权、防止侵害请求权,依其性质应不适用诉讼时效。

五、基于身份关系的请求权

鉴于身份关系的性质,基于身份关系的请求权,包括夫妻同居请求权、离婚请求权、监护人对第三人请求交还被监护人的请求权、解除收养关系请求权等,应不适用诉讼时效。非纯粹身份关系的请求权,如夫妻间的损害赔偿请求权,基于财产权的性质,仍应适用诉讼时效。鉴于基于身份关系的赡养费、抚养费、扶养费请求权,承担养老育幼的特殊社会功能,《民法典》总则编第196条第(三)项规定,“请求支付抚养费、赡养费或者扶养费”的请求权,不适用诉讼时效。

六、基于财产共有关系的请求权

共有物分割请求权为分割共有物的权利,非请求其他共有人为分割行为之权利,为形成权之一种,而非请求权。[20] 鉴于财产共有关系的性质,只要财产共有关系存在,基于财产共有关系的共有物分割请求权就不消灭。因此,分割合伙财产请求权、分割家庭共有财产请求权,应不适用诉讼时效。[21] 但共有人订立分割共有物的协议后,基于该协议的移转分得部分所有权的请求权,属于债权请求权,应当适用诉讼时效。

七、基于相邻关系的请求权

鉴于不动产相邻关系的性质,基于相邻关系的请求权,如停止侵害请求权、排除妨

[18] 我国台湾地区“司法院”早期解释(院字1833、2145号解释)肯定包括所有物返还请求权在内的物权请求权,应适用消灭时效。但“司法院大法官会议”释字第107号解释明确表示,已登记不动产所有人的回复请求权,不适用消灭时效。

[19] 《民法典》侵权责任编第1167条。

[20] 参见王泽鉴:《民法总则》,台北,三民书局2000年版,第560页。姚瑞光先生认为,该权利既非一般请求权,亦非形成权,因其不可能因要求分割,即生分割之效果。参见姚瑞光:《民法物权论》,中国政法大学出版社2011年版,第87页。

[21] 《德国民法典》第758条明文规定:“废止共同关系的请求权,不罹于时效。”

害请求权、消除危险请求权,应不适用诉讼时效。[22] 但不动产相邻关系上的损害赔偿请求权,应当适用诉讼时效。

八、基于合伙、投资关系的请求权

鉴于合伙、投资关系的性质,基于这类关系的收益分配请求权、股息支付请求权,应不适用诉讼时效。[23]

九、基于储蓄关系、债券关系的请求权

鉴于储蓄关系、债券关系的性质,存款和利息支取请求权、债券还本付息请求权,应不适用诉讼时效。[24]

第四节　诉讼时效期间

一、诉讼时效期间的分类

(一)概说

现代各国家及地区诉讼时效制度,往往设有多种时效期间,如普通时效期间、特别时效期间、长期时效期间。例如,《法国民法典》所规定的普通时效期间为 5 年,特别时效期间为 10 年、20 年,长期时效期间为 30 年。《德国民法典》规定的普通时效期间为 3 年(2001 年新《德国债法》修正),长期时效期间为 30 年。新《荷兰民法典》规定的普通时效期间为 20 年,特别时效期间有 5 年、1 年等,长期时效期间可达 75 年(涉及特定类型的文物,如第 3:310a 条第 2 款、第 3:310c 条第 2 款)。《日本民法典》所规定的普通消灭时效期间债权为 10 年,所有权外的财产权为 20 年,特别消灭时效期间为 5 年、3 年、2 年和 1 年。中国台湾地区"民法"规定的普通时效期间为 15 年,特别时效期间有 5 年、2 年等。

上述国家和地区所规定的时效期间均较长,是为了保护权利人的利益,时效期间

---

[22] 《民法典》总则编第 196 条第(一)项规定:"请求停止侵害、排除妨碍、消除危险"请求权,不适用诉讼时效。须说明的是,此所谓"请求停止侵害、排除妨碍、消除危险"请求权,其法律根据既可能是《民法典》侵权责任编(第 1167 条),也可能是《民法典》物权编(第 236 条)。

[23] 最高人民法院《关于审理民事案件适用诉讼时效制度若干问题的规定》第 1 条规定,"基于投资关系产生的缴付出资请求权",不适用诉讼时效。

[24] 最高人民法院《关于审理民事案件适用诉讼时效制度若干问题的规定》第 1 条规定,"支付存款本金及利息请求权","兑付国债、金融债券以及向不特定对象发行的企业债券本息请求权",不适用诉讼时效。

过短于权利人不利。我国原《民法通则》所规定的时效期间显然过短,系受苏联民法思想的影响,着重于促使权利人尽快行使其权利,以图达到加速社会经济流转的目的。[25] 但时效期间过短,以致对债权人的保护不周,不适应市场经济的要求。现实中,仅 2 年的时效期间经过,债务人就可拒绝还债,与传统道德观念、社会正义和诚实信用原则抵触太甚,也与诉讼时效作为证据之代用的本质不符。鉴于此,《民法典》总则编第 188 条第 1 款规定普通时效期间为 3 年;第 2 款规定长期时效期间为 20 年。

(二)双重时效期间

按照民法原理,依时效期间之起算不同,分为主观时效期间与客观时效期间。主观时效期间,自权利人知道(应当知道)权利受侵害及义务人(加害人)之日起算;客观时效期间自权利成立之日起算。并且,普通时效期间(短期时效期间)属于主观时效期间,长期时效期间为客观时效期间。例如,《法国民法典》规定主观时效期间为 5 年,客观时效期间为 10 年、20 年;《德国民法典》规定主观时效期间为 3 年,客观时效期间为 20 年。《民法典》总则编规定的 3 年普通时效期间属于主观时效期间,20 年长期时效期间属于客观时效期间。此与民法原理及法、德等立法例相同,理论上称为"双重时效期间"。

3 年普通时效期间与 20 年长期时效期间的区别如下:其一,时效期间的起算点不同。3 年的普通时效期间,从当事人知道或应当知道权利受侵害及义务人之时起算;20 年长期时效期间,从权利成立(权利受侵害)之时起算。其二,期间性质不同。3 年的普通时效期间有中止、中断问题,性质上为可变期间;20 年长期时效期间不发生中止、中断问题,但可以延长。

《民法典》总则编设双重时效期间,其重要意义在实用上:凡权利人知道或应当知道权利被侵害及义务人的,即应适用 3 年普通时效期间,期间进行中可因法定事由发生中止、中断,但无论如何不得超过从权利被侵害时起的 20 年。此种情形,20 年的长期时效期间,为对 3 年普通时效期间因中止、中断而延长的限制。如权利人不知道或不应当知道权利被侵害及义务人的,则应适用 20 年长期时效期间,从权利被侵害时起算超过 20 年的,诉讼时效期间届满;即使在 20 年后权利人知道权利被侵害及义务人,亦不得再适用 3 年普通时效期间。此种情形,20 年时效期间应属于对 3 年普通时效期间的补充,因为在权利人不知道(不应当知道)权利被侵害及义务人的情形,3 年普通时效期间并未开始计算。

需说明的是,原《民法通则》即已规定双重时效期间,第 135 条规定 2 年普通时效期间(主观时效期间),第 137 条规定 20 年长期时效期间(客观时效期间)。《民法典》

---

〔25〕 参见梁慧星:《中国民法经济法诸问题》,中国法制出版社 1999 年版,第 138 页。

总则编维持了双重时效期间，并将原普通时效期间由 2 年改为 3 年。

这里举一个适用长期时效期间的案例：受害人因变压器高压电击伤害失去两条胳臂，损害发生时受害人年仅 10 岁，不知可以要求损害赔偿，不久父亲因煤矿坍塌被压死，母亲改嫁，受害人与年迈的祖父母生活，祖父母均不识字，地处偏僻，交通信息闭塞，不知法律。受害人于损害发生第 14 年后的 1994 年在街边用脚趾画画请求帮助时，一位律师告知有《民法通则》规定，可以向被告要求赔偿。一审、二审法院均以（2 年）诉讼时效期间经过为由驳回受害人的赔偿请求，最终再审法院依据原《民法通则》关于 20 年长期时效期间的规定支持了受害人的损害赔偿请求。

二、诉讼时效期间的起算

《民法典》总则编第 188 条第 2 款规定："诉讼时效期间自权利人知道或者应当知道权利受到损害以及义务人之日起计算。法律另有规定的，依照其规定……"需注意的是，所谓"法律另有规定的"，是指：其一，20 年长期时效期间，"自权利受到损害之日"起算（《民法典》总则编第 188 条第 2 款第 3 句）；其二，债务分期履行的，其诉讼时效期间"自最后一期履行期届满之日"起算（同法第 189 条）；其三，无行为能力人、限制行为能力人对其法定代理人的请求权，诉讼时效期间"自该法定代理终止之日"起算（同法第 190 条）；其四，未成年人遭受性侵害的损害赔偿请求权的诉讼时效期间，"自受害人年满十八周岁之日"起算（同法第 191 条）。[26]

因此，条文"自权利人知道或者应当知道权利受到侵害以及义务人之日"起算，是关于 3 年普通时效期间起算的原则规定。依此规定，诉讼时效开始计算，须具备两项要件：一是权利人知道（应当知道）其权利受到侵害的事实；二是权利人知道（应当知道）侵害其权利的义务人。仅具备第一项要件，知道（应当知道）其权利受到侵害，而不具备第二项要件即不知道（不应当知道）义务人，诉讼时效不开始计算。条文所谓"义务人"，包括违约人、加害人，所谓知道（应当知道）加害人，不仅指知道（应当知道）义务人是谁，还应包括知道（应当知道）义务人的住所及联系方式。因为知道谁是义务人及义务人的住所和联系方式，是权利人行使权利、向法院起诉的必备条件。

关于 3 年普通时效期间的起算，考虑到具体请求权的发生根据及标的不同，计算诉讼时效期间的起算时点，亦即决定权利人对权利被侵害"应当知道"之时点，亦有种种差异。谨依民法理论和各请求权的差异，分述如下：

---

〔26〕 鉴于对未成年人的性侵害行为的特殊性，受害人自己属于限制行为能力人或者无行为能力人，不可能自己寻求法律保护。于监护人疏于履行监护职责甚至监护人自己就是加害人的情形，受害人往往得不到法律救济。受害人成年之后自己寻求法律保护，却因诉讼时效期间超过被法院拒绝受理或者驳回。为了给受性侵害未成年人预留其成年之后寻求法律救济之机会，《民法典》总则编参考《德国民法典》的经验，创设未成年人遭受性侵害的损害赔偿请求权诉讼时效期间特别起算规则（第 191 条）。

第一,附条件、附期限的请求权,从条件成就、期限届至时起算。

第二,有履行期的请求权,从履行期届满时起算。

第三,无履行期的请求权,从权利人可行使权利之时起算。[27]

第四,物权请求权的起算,因请求权发生根据不同而有区别:非法占有财产的返还请求权,从该财产被非法占有且权利人知道(应当知道)占有人之时起算;质物和留置物的返还请求权,从所担保债务受清偿之时起算;租赁物的返还请求权,从租赁合同终止之时起算;合同无效或撤销后的返还请求权,从合同被确认无效或被撤销之时起算。

第五,标的为不作为的请求权,从义务人有违反行为之时起算。

第六,因违约行为而发生的强制实际履行请求权、损害赔偿请求权和违约金请求权,从违约行为发生之时起算。

第七,因侵权行为发生的请求权,从受害人知道有侵害行为及加害人之时起算。[28]

第八,返还不当得利请求权,从债权人知道或者应当知道不当得利事实及债务人之时起算。[29]

第九,因无因管理发生的请求权,管理人对本人的给付必要管理费用请求权、损害赔偿请求权,从无因管理行为结束并且管理人知道或者应当知道本人之日起计算;因不当无因管理发生的本人对管理人的损害赔偿请求权,从本人知道或者应当知道管理人及损害事实之日起计算。[30]

三、诉讼时效期间的中止

(一)时效期间中止的概念

所谓时效期间的中止,指在时效期间行将完成之际,有与权利人无关的事由而使

---

〔27〕 未约定履行期限或履行期限不明确的请求权,按照《民法典》合同编第511条第(四)项的规定,债权人可以随时要求履行。因此,3年的普通时效期间应当从债权人要求履行之次日起算。考虑到债权人长期不要求履行,3年的普通时效期间将无从开始计算,势将违背民法设立诉讼时效制度的目的,因此对于这类请求权应同时从该权利成立之日起计算20年长期时效期间,即无论债权人是否要求履行或何时要求履行,从该权利成立之日起满20年而无必须延长时效期间的特殊情况的,该请求权因20年长期时效期间届满而不受法律保护。最高人民法院《关于审理民事案件适用诉讼时效制度若干问题的规定》第4条规定,未约定履行期限的合同,依照《民法典》合同编第510、511条的规定,可以确定履行期限的,诉讼时效期间从履行期限届满之日起计算;不能确定履行期限的,诉讼时效期间从债权人要求债务人履行义务的宽限期届满之日起计算,但债务人在债权人第一次向其主张权利之时明确表示不履行义务的,诉讼时效期间从债务人明确表示不履行义务之日起计算。

〔28〕 因侵权行为发生的请求权,从受害人知有侵权行为及加害人之日计算3年普通时效期间,并同时从侵权行为发生之日起计算20年长期时效期间,即从侵权行为发生之日起满20年而无必须延长时效期间的特殊情况的,该请求权因20年长期时效期间届满。

〔29〕 最高人民法院《关于审理民事案件适用诉讼时效制度若干问题的规定》第6条。

〔30〕 最高人民法院《关于审理民事案件适用诉讼时效制度若干问题的规定》第7条。

权利人无法行使其请求权,法律为保护权利人而使时效期间暂停计算,待中止事由消灭后继续计算。

（二）时效期间中止的条件

依照《民法典》总则编第 194 条规定,“在诉讼时效期间的最后六个月内”,因不可抗力或者其他障碍“不能行使请求权的,诉讼时效中止”。依本条规定,发生诉讼时效期间中止的条件是:

第一,有使权利人不能行使其请求权的障碍,包括不可抗力及其他障碍。所谓其他障碍,包括无民事行为能力人或者限制民事行为能力人没有法定代理人,或者法定代理人死亡、丧失代理权或者丧失民事行为能力;继承开始后未确定继承人或者遗产管理人;权利人被义务人或者其他人控制等。

第二,此障碍发生或存续于时效期间的最后 6 个月内。发生在最后 6 个月之前且未存续至该 6 个月内的,不构成中止时效期间的事由。

（三）时效期间中止的效力

时效期间中止的效力,在于使时效期间暂停计算,待中止的原因消灭后,亦即权利人能够行使其请求权时,再继续计算时效期间。继续计算的时效期间如果不足 6 个月,应当延长到 6 个月。《民法典》总则编第 194 条第 2 款规定:“自中止时效的原因消除之日起满六个月,诉讼时效期间届满。”

四、诉讼时效期间的中断

（一）时效期间中断的概念

所谓时效期间的中断,指在有法定事由发生时,此前已计算的时效期间全归无效,待中断事由消灭后时效期间重新计算。

时效期间中断与时效期间中止,其立法宗旨均在于保护权利人利益,但二者有下述区别:

第一,发生中止的原因属于与当事人无关的客观情况,而发生中断的原因系当事人的行为,亦即取决于当事人的意思。

第二,在时效期间中止,中止以前已经进行的时效期间为有效,应与中止原因消灭后继续计算的时效期间合并计算;在时效期间中断,中断以前已经进行的时效期间无效,中断原因消灭后重新计算时效期间。

第三,在时效期间中止,中止原因应发生在时效期间的最后 6 个月内,才能发生中止的效力;在时效期间中断,中断原因无论发生在时效期间的哪一段,均应发生中断的效力。

(二)时效期间中断的法定事由

依《民法典》总则编第195条的规定,引起时效期间中断的法定事由如下:

第一,权利人向义务人提出履行请求。此所谓"权利人向义务人提出履行请求",根据最高人民法院《关于审理民事案件适用诉讼时效制度若干问题的规定》第8条第1款,应当包括以下情形:其一,当事人一方直接向对方当事人送交主张权利文书,对方当事人在文书上签字、盖章或者虽未签字、盖章但能够以其他方式证明该文书到达对方当事人的;其二,当事人一方以发送信件或者数据电文方式主张权利,信件或者数据电文到达或者应当到达对方当事人的;其三,当事人一方为金融机构,依照法律规定或者当事人约定从对方当事人账户中扣收欠款本息的;其四,当事人一方下落不明,对方当事人在国家级或者下落不明的当事人一方住所地的省级有影响的媒体上刊登具有主张权利内容的公告的。根据该解释第17条,还包括权利人对同一债权中的部分债权主张权利及向债务人发出债权转让通知。

第二,义务人同意履行义务。此所谓"义务人同意履行义务",根据最高人民法院《关于审理民事案件适用诉讼时效制度若干问题的规定》第14条,应包括义务人作出分期履行、部分履行、提供担保、请求延期履行、制定清偿债务计划等承诺。

第三,权利人提起诉讼或申请仲裁。向人民法院起诉是当事人依民事诉讼法行使诉权,请求法院给予保护,为中断时效期间的主要原因。向仲裁机构申请仲裁,与起诉相同。

第四,与提起诉讼或者申请仲裁具有同等效力的其他情形。根据最高人民法院《关于审理民事案件适用诉讼时效制度若干问题的规定》第11条,包括申请支付令;申请破产、申报破产债权;为主张权利而申请宣告义务人失踪或死亡;申请诉前财产保全、诉前临时禁令等诉前措施;申请强制执行;申请追加当事人或者被通知参加诉讼;在诉讼中主张抵销。根据该解释第12条,还包括权利人向人民调解委员会以及其他依法有权解决相关民事纠纷的国家机关、事业单位、社会团体等社会组织提出保护相应民事权利的请求。根据该解释第13条,还应包括权利人向公安机关、人民检察院、人民法院报案或者控告,请求保护其民事权利的。

(三)时效期间中断的效力

时效期间中断的效力,在于使此前已经进行的时效期间归于无效,另从中断时起重新计算时效期间。但因发生中断的原因不同,其重新计算时效期间的起算点亦有不同:

第一,属于权利人提起诉讼、提起仲裁、申请调解或向有关机构或机关要求保护民事权利等原因而致中断的，应从判决、裁定、裁决或调解协议生效或有关机构或机关作出决定之时起，重新计算时效期间。[31]

第二，属于权利人向义务人提出履行请求的，应从中断原因发生时起重新计算时效期间。

第三，属于义务人同意履行义务的，亦应从中断原因发生时起重新计算时效期间。

五、诉讼时效期间的延长

（一）时效期间延长的概念

前述关于时效期间中止、中断的规定，只能对 3 年的普通时效期间适用，而 20 年长期时效期间不适用中止、中断的规定。按照《民法典》总则编第 188 条第 2 款末句规定，20 年长期时效期间，“有特殊情况的，人民法院可以根据权利人的申请决定延长”。可知，所谓时效期间的延长，只能适用于 20 年长期时效期间。3 年普通时效期间，因有中止、中断的规定，不发生延长问题。

（二）时效期间延长的决定权在法院

时效期间的延长，与时效期间的中止、中断的一个重要区别在于：时效期间的延长，须由法院作出延长时效期间的决定，方才发生时效期间延长的效力。而时效期间的中止、中断则相反，只要有发生中止、中断的法定事由，即当然发生中止、中断的效力，而无须由法院作出决定。须注意的是，法院对于决定时效期间是否延长，有完全的裁量权。法律上的用语是“可以”延长，而不是“必须”延长。依法律本意，系将决定是否延长的裁量权委托法院行使。即委托法院就当事人所提出的客观情况是否属于“特殊情况”作出裁量，及就该特殊情况下是否延长时效期间作出裁量。即使当事人所提出的客观情况被认定为属于法律所谓“特殊情况”，法院在就是否延长时效期间作决定时，还应考虑是否有予权利人特殊保护的必要，基于权利人长期不行使权利的事实状态所发生的其他法律关系是否更有应予保护的理由，等等。

---

〔31〕 对于已取得执行名义的债权，《民事诉讼法》不用民法上的诉讼时效概念，而另创“申请执行时效”概念，但其原理与诉讼时效相同。《民事诉讼法》第 246 条规定：“申请执行的期间为二年。申请执行时效的中止、中断，适用法律有关诉讼时效中止、中断的规定。前款规定的期间，从法律文书规定履行期间的最后一日起计算；法律文书规定分期履行的，从最后一期履行期限届满之日起计算；法律文书未规定履行期间的，从法律文书生效之日起计算。”最高人民法院《关于适用〈中华人民共和国民事诉讼法〉的解释》第 483 条规定：“申请执行人超过申请执行时效期间向人民法院申请强制执行的，人民法院应予受理。被执行人对申请执行时效期间提出异议，人民法院经审查异议成立的，裁定不予执行。被执行人履行全部或者部分义务后，又以不知道申请执行时效期间届满为由请求执行回转的，人民法院不予支持。”

(三)可以延长时效期间的“特殊情况”

《民法典》总则编第188条第2款末句规定,“有特殊情况的,人民法院可以根据权利人的申请决定延长”20年最长时效期间。但未对所谓“特殊情况”作出明确规定。依解释,《民法典》总则编之规定20年长期时效期间,其立法者意思在于以此20年长期时效期间弥补3年普通时效期间对于权利人保护之不足;而关于时效期间延长的规定,又在于进一步弥补20年长期时效期间之不足。20年长期时效期间已经属于普通时效期间之例外,则20年长期时效期间在特殊情况下的延长,更属于例外之例外。鉴于此,对于时效期间的延长,当然应严格掌握,不允许滥用,对所谓“特殊情况”应作严格解释。

这里介绍一件以“特殊情况”延长20年长期诉讼时效的案例。通化市中级人民法院关于赵某强等诉通化市人民医院侵犯身份权赔偿案民事判决(2003年5月18日),案件事实是,原告乙于1981年10月29日在被告医院妇产科顺产一名男婴。按被告的规定,新生儿由院方医护人员在婴儿室看护3日。3日后,原告宫某同被告交予的男婴一同出院,该男婴取名赵某,由二原告抚养至今。2001年4月6日,赵某在大学参加义务献血时,得知自己的血型为AB型,二原告方知赵某并非其亲生子。后经多方寻找,并经辽宁省公安厅进行DNA亲子鉴定,结论为二原告与赵某无血亲关系,与原告宫某同在被告处生产的李某野之子孙某系二原告亲生子。造成这一后果的直接原因是被告疏于管理。二原告向人民法院起诉被告,已经超过20年长期时效期间。被告主张原告的诉讼请求已超过20年法定长期诉讼时效期间,不应受法律保护。二审法院认为,本案原告20年的时间不知权利受到侵害和不能主张权利,属于法律规定的“特殊情况”,决定延长诉讼时效期间,驳回被告的时效抗辩主张。[32]

(四)“禁止诉讼时效滥用的法理”

侵害自然人的生命、身体和健康的侵权行为,造成受害人的死亡或者严重残疾,如果仅因诉讼时效期间经过,即使事实证据确凿、因果关系清楚而加害人又有赔偿能力,却因适用诉讼时效的效果致受害人及其亲属得不到任何赔偿,不仅将使受害人或依赖其扶养的亲属坠入痛苦和绝望的深渊,也背离法律设诉讼时效制度的目的而违背公平正义。因此,发达国家和地区的法院,于这种情形,以诉讼时效滥用为由,拒绝加害人援用诉讼时效的抗辩,判决加害人承担损害赔偿责任。此项判例规则,受到民法学界的肯定,被称为禁止诉讼时效滥用的法理。

---

〔32〕　参见最高人民法院应用法学研究所编:《人民法院案例选》(2004年民事专辑,总第48辑),人民法院出版社2005年版。

适用禁止诉讼时效滥用法理的要件如下：其一，须属于侵害自然人的生命、身体、健康的损害赔偿请求权。其二，须请求权的证据完整、确凿，即有足够的证据证明请求权的存在。其三，须加害人有赔偿能力，即有实际的履行能力。其四，适用诉讼时效的效果显然违反公平正义。符合上述四项要件时，法院即认定义务人滥用诉讼时效，否定其适用诉讼时效的主张，并判决其承担赔偿责任。

鉴于科学技术和工业交通事业的高速发展，使人类面临各种各样的、防不胜防的不测之危险，造成死亡和严重残疾人数剧增。粗略估计，我国每年仅因高压输电设施、高速运输工具等高度危险源所造成的死亡和严重残疾人数，就在数十万以上。受害人多数属于社会生活中的弱者，因种种原因未及时主张权利，致时效期间届满而得不到任何赔偿的实例，比比皆是。

《民法典》总则编第 188 条第 2 款末句规定："有特殊情况的，人民法院可以根据权利人的申请决定延长"，其立法意旨，与发达国家和地区所谓"禁止诉讼时效滥用的法理"相同。但人民法院以"特殊情况"为由决定延长诉讼时效期间，仅限于 20 年长期诉讼时效。现实生活中，受害人虽然知道权利受侵害及加害人（3 年普通时效期间开始计算），而因种种原因在 3 年普通时效期间届满之后起诉，没有适用时效中止、中断的可能，将不能得到任何救济。尤其在受害人遭受人身伤害、死亡、严重残疾情形，加害人明明有经济实力亦不予赔偿，实在有悖于公平正义及民法悲悯情怀。既然《民法典》总则编第 132 条已明文规定禁止权利滥用原则，则人民法院审理侵害生命、身体、健康致受害人死亡或者严重残疾的侵权案件，即使 3 年普通时效期间已经届满，如果事实证据确凿、因果关系清楚且加害人有予以赔偿的经济实力，应当果断适用该法第 132 条禁止权利滥用原则，否定加害人的时效抗辩，判决加害人承担损害赔偿责任。

第九章　期日、期间

第一节　期日、期间的意义

一、时间的重要意义

时间也属于法律事实之一种，且时间在法律事实中占有重要位置，其适用亦最频繁。例如，自然人出生后须经过一定的时间，才能取得民事行为能力；或某种事实状态继续经过一定的时间，即发生权利变动的效果；或某种权利行使，仅限于一定时间内为之，始为有效；或以一定的时间决定法律行为效力之发生或消灭。由此可见，时间在民法上具有重要意义。

时间在法律上有期日与期间之别。

二、期日

所谓期日，是指一定的、不许分割的时间，如某时、某日、某月、某年。只须该时间特定，而不问其时间之长短，犹如时间流上所指定的一点，属于静态的观念。学者常将期日与几何学上的“点”相比拟。但期日与几何学上的点，非绝对相同。因几何学上的点，毫无长度可言，而期日只是不着眼于时间的长度，并非没有长度。

三、期间

所谓期间，是指某一期日与另一期日间的时间，亦即从一定时间继续到达一定时间。例如，某时至某时、某日至某日、某月至某月、某年至某年，或从某日起若干日、若干星期、若干月、若干年。期间必有一定长度，且有始有终，犹如时间流上截取的一个段落，属于动态的观念。学者常将期间比作几何学上的线。

需注意的是，法律上另有“期限”一词（见第六章第七节“附期限法律行为”），不可混同于期间。期限为关于时间的另一概念。二者的区别在于：期限指时间的计算，从某一时点开始计算，称为始期；迄自某一时点停止计算，称为终期。而期间指时间的经过，即自始期至终期之继续时间。换言之，期限为时间之计算，仅言其一端；期间为时间之经过,指两端之间。

期间因计算方法不同,分为连续期间与非连续期间。所谓连续期间,指自始期至终期,其间所有时日毫无间断地全部计算。例如,自 6 月 1 日起算至 8 月 31 日止,其间不分工作日、节假日、晴天、雨天,均连续计算。所谓非连续期间,指自始期至终期,非连续计算,而是将某些时日予以除外。例如,自 6 月 1 日起算,约定 3 个月,将不能工作之节假日、雨天除外,只计算实际工作日,凑足 90 日为止,并非至 8 月 31 日。

第二节 期日、期间的计算

一、计算方法

(一)自然计算法

自然计算法,系按实际时间精确计算的方法。例如,约定从本日 10 时起的 2 日,即自该时起计足 48 小时,为期间届满。依此计算法,以一日为 24 小时,一星期为 7 日,一月为 30 日,一年为 365 日。此自然计算法,所得结果固然精确,但有欠简便,用以计算长期间,则颇不方便。

(二)历法计算法

历法计算法,是指按日历所定之日、星期、月、年进行计算的方法。例如,约定 1 日之期间,则自零时迄于 24 时;约定 1 星期之期间,则从星期日至星期六;约定 1 月之期间,则从月之 1 日至月之末日;约定 1 年之期间,则自元月 1 日至 12 月 31 日。此历法计算法不论月之大小,年之平闰,悉依历之所定。其计算简便,但缺点在欠精确。

两种计算法,在以日或星期定期间的情形,结果并无不同。问题在于,以月或年定期间的情形,其计算结果有差异。例如,约定 1 个月的期间,从 2 月 1 日起算,如采历法计算法,则应于 2 月 28 日(平年)或 2 月 29 日(闰年)届满;而采自然计算法,则应算足 30 日,至 3 月 2 日或 1 日届满。两种计算方法,所得结果既有差异,则何种期间应采何种计算法,不能不由法律作出规定。例如《日本民法典》第 134 条第 1 款规定,以星期、月或年定期间者,依历计算。我国《民法典》总则编亦有规定,即第 200 条:“民法所称的期间按照公历年、月、日、小时计算。”应予说明的是,在以日、小时定期间的情形,两种计算法并无不同,此规定采历法计算法无实际意义;又条文中未区别连续期间与非连续期间,应解释为连续期间采历法计算法,至于非连续期间应适用自然计算法。

二、期间之起算点

(一)以小时定期间之起算点

《民法典》总则编第 201 条第 2 款规定:“按照小时计算期间的,自法律规定或者当事人约定的时间起计算。”例如,约定自本日 9 时起的 3 小时,则从该日 9 时起算至 12 时届满。

(二)以日、月、年定期间之起算点

《民法典》总则编第 201 条第 1 款规定:“按照年、月、日计算期间的,开始的当日不计入,自下一日开始计算。”例如,于 4 月 1 日约定 3 日的期间,则应从 4 月 2 日起算至 4 月 4 日 24 时届满;以月或年定期间,亦应如此,约定的当日不算入,而从次日开始计算。

三、期间最后一日之终止点

《民法典》总则编第 203 条第 2 款规定:“期间的最后一日的截止时间为二十四时;有业务时间的,停止业务活动的时间为截止时间。”依此规定,则凡属于有业务活动时间的,如营业时间、办公时间,则应以规定停止业务或营业的时间为期间之终止点。例如,业务时间为 8 时至 17 时,则应以期间最后一日的 17 时整,为终止点;而无业务活动时间的,则应以期间最后一日的 24 时整,为终止点。

四、期间最后一日之决定

期间之终止点既为期间最后一日之终止点,则如何决定期间之最后一日至关重要。此在以日定期间的情形,则算足该期间之日即为最后一日,不致发生问题。若以星期、月、年定期间的情形,则因是否正好自星期、月、年之第一日起算而有不同。若在以星期、月、年之第一日起算的情形,则当然以该期间之末日即星期六、月终、除夕,为期间最后一日。若不以星期、月、年之第一日起算,则应以最后之星期、月、年中与起算日相当之日的前一日,为期间之最后一日。此所谓相当之日,指与起算之日名称或数目相同之日。例如,起算之日为星期四,则凡星期四为相当之日;起算之日为 12 日,则凡 12 日为相当之日。此在以星期定期间的情形当不发生问题,而在以月、年定期间的情形,如遇最后之月无与起算之日相当之日,则应以该月之末日为期间最后一日。

以上述方法算出之期间最后一日,如果是星期日或其他法定休假日,则按照《民法典》总则编第 203 条第 1 款的规定,“期间的最后一日是法定休假日的,以法定休假日结束的次日为期间的最后一日”。因中国采行每星期五日工作制,则应解释为如遇最后一日是星期六、星期日或其他法定休假日,应以休假日的次日为期间最后一日。

第十章 权利的行使

第一节 权利行使概述

一、权利行使的意义

（一）权利行使的概念

一切权利行使均属于行为，但因所行使权利种类不同而其行为有异。概言之，无非法律行为、准法律行为、事实行为等民事合法行为及民事诉讼行为。

（二）与类似概念的区别

1. 权利之享有

所谓权利之享有，指权利人享有权利之利益。因权利系由法律上之力与法律所保护的利益两要素构成，权利主体实际享有此种利益，即为权利之享有。唯权利人本人可以享有其权利。此系从静的方面观察。权利的行使，指权利内容的实现，系从动的方面观察，且不限于权利人本人，其代理人及其他有行使权者均可行使。因此与权利之享有不同。

2. 权利之主张

所谓权利之主张，指权利人向相对人或法院表示自己为某权利之归属者之行为，如向法院提起权利确认之诉或向无权占有人要求返还所有物，其范围较狭。而权利行使泛指权利人依权利之作用所得为之一切行为，其范围较广，权利之主张亦被包括在内。因此，不可将权利行使，与权利之主张相混淆。

3. 权利之实现

所谓权利实现，指权利之内容已经实现，而权利行使指为实现其内容所为之行为。权利之实现，大多由于权利人行使其权利，但由于义务人履行义务而使权利获得实现的情形也不少。另需注意的是，通常情形，权利人行使权利之行为即可导致权利实现，但也有若干情形，除权利行使之行为外，还须有其他事实。如请求权采用给付之诉之方式行使，经法院作出胜诉判决生效之后，尚须经强制执行才能发生权利实现的后果。

因此,权利的行使与权利的实现,为不同的法律概念。

二、权利行使的方式

权利行使的方式,因权利性质、类型而不同。本书关于权利分类已经谈及,民法理论依据权利所具有法律上之力的不同,而分为支配权、请求权和变动权。支配权,即权利主体依自己的意思对权利客体为直接支配并排除他人干涉的权利,包括物权、人格权、知识产权。支配权具有法律上的支配力和排他力,故支配权由权利人自己采用事实行为或者法律行为的方式行使,不采用诉的方式行使。[1]

但支配权中的物权、知识产权因权利归属和内容发生争议时,当事人请求法院对系争权利的归属作出确认。这种情形,当事人以诉的方式行使的是确认权,而非支配权本身。确认权,属于法律为解决物权、知识产权归属争议特别赋予之救济权。确认权行使之诉,简称确认之诉。

请求权是权利人请求义务人为或者不为特定行为的权利。请求权所具有的法律上之力,为请求力。故请求权采用两种方式行使,一是权利人采属于准法律行为的履行催告通知方式行使;二是于义务人不主动履行义务时,可向法院提起诉讼,即采用诉的方式行使。作为请求权客体的义务人的行为,理论上称为"给付"。故请求权行使之诉,称为给付之诉。

变动权是权利人依自己的意思使法律关系发生变动的权利,包括形成权、抗辩权、可能权。形成权,是权利人依自己的意思使自己与他人之间的法律关系发生变动的权利,包括撤销权、解除权、抵销权。其中,撤销权必须采用诉的方式行使,解除权可以采用诉的方式行使,也可以采用通知(准法律行为)方式行使,抵销权仅以通知方式而不采用诉的方式行使。抗辩权是相对方以诉的方式或者其他方式行使请求权时用来加以对抗的权利,仅能够以主张抗辩的方式行使,而不能以诉的方式行使。可能权,是权利人以自己的行为使他人与他人之间法律关系发生变动的权利,如代理权、代表权、代位权。其中,代理权、代表权均仅采用法律行为方式行使,不采用诉的方式行使。唯代位权(如债权人代位权)须以诉的方式行使,但所行使的是请求权而非代位权自身。因此,在变动权中,仅属于形成权的撤销权必须采用诉的方式行使,不能采用通知(准法律行为)方式行使;解除权既可采用通知(准法律行为)方式行使,亦可采用诉的方式行使;属于形成权的抵销权,仅可采用通知(准法律行为)方式行使;抗辩权仅可采用主张抗辩的方式行使;可能权只能采用法律行为方式行使。所谓形成之诉,仅指形成权中的撤销权、解除权行使之诉。

总结而言,权利之行使方式分为非诉方式与诉的方式。非诉方式,指以法律行为、

---

〔1〕 人格权虽被归属于支配权,但人格权基于其特殊性不发生权利行使问题。见本书第三章第二节。

准法律行为及事实行为行使权利。并非所有的实体权均可采用诉的方式行使,可以或者必须采用诉的方式行使的实体权,仅有确认权(必须采用诉的方式行使)、形成权中的撤销权(必须采用诉的方式行使)和解除权(可以采用诉的方式行使)以及请求权(可以采用诉的方式行使)。于是,民事诉讼法将诉分为三种类型:确认权行使之诉,即确认之诉;形成权(撤销权、解除权)行使之诉,即形成之诉;请求权行使之诉,即给付之诉。

三、权利行使的限制

权利之行使,应依权利人的自由意思,原则上应不受干涉。此即权利行使之自由原则,本属于私法自治原则应有之义。罗马法上有"凡行使权利者,无论对于何人,皆非不法"之法谚,说明权利行使之绝对性,自罗马法以来成为支配民法领域不刊之真理。18 世纪以后,表现为所有权行使之绝对性原则。即所有权人行使其权利,纵然因此损害他人,亦不承担任何责任。但自 19 世纪末以来,民法思想发生变迁,所谓社会的权利思想渐成主流。认为权利本系社会的制度,其行使应有一定范围,如果权利之行使完全无视他人及社会利益,自属违反权利存在之理由。因此,对权利行使之绝对原则进行修正,认为权利行使应受一定限制,为现代民法之基本原则。现代各国法律,莫不对权利行使设有一定的限制。如《德国民法典》第 226 条,《日本民法典》新增第 1 条。《民法典》总则编第 132 条明文规定禁止权利滥用原则,属于对权利行使的限制性规则,此与现代法律之发展潮流相符。

应特别注意的是,对民事权利行使之限制,应有正当理由,并有一个合理的"度",以保障不至于走向彻底否定个人利益和个人权利的极端。

回顾 20 世纪以来的立法和判例学说,对权利的限制有所谓内部限制和外部限制两种途径。所谓内部限制,以德国《魏玛宪法》第 153 条规定所有权负有义务为滥觞,认为权利本身包含义务,权利应为社会的目的而行使,混淆权利与义务的界限,最后发展为对个人利益和个人权利的彻底否定。学说上提倡对权利的内部限制,目的在于实践公益优先之原则,必要时牺牲个人利益以维护社会公益。殊不知社会公益有真假之别,所谓内部限制很容易成为借社会公益之名以剥夺个人权利的依据。所谓外部限制,是在承认并保障权利之不可侵性、权利行使之自由性的前提下,以公法的措施适当限制权利之不可侵性,以民法上的诚实信用原则、禁止权利滥用原则及公序良俗原则限制权利行使之绝对自由性。概言之,通过权利的外部限制,可以较好地协调个人利益与社会利益,是为现今法治国家的通行做法。

中国有过几千年专制社会的历史,缺乏权利观念和民主法治传统,改革开放前曾经走过一段否定个人利益和个人权利的弯路,现在走上民主法治建设之路,人民和企业的权利意识、法律意识开始复苏,各种侵害个人和企业合法权益的事件还层出不穷,各种阻碍民主法治的因素和势力还严重存在,因此,中国立法在处理对权利行使的限制这一问题时,不可不慎之又慎!

四、权利保护方法

权利的保护方法,可以大别为两种:公力救济与私力救济。所谓公力救济,指权利遭受侵害时,权利人得请求国家以公权力排除侵害,实现其权利。所谓私力救济,指权利遭受侵害时,权利人迳以自己之腕力排除侵害,自行实现其权利。两种保护方法,就其进化过程而言,私力救济发生在先,而公力救济发生在后。因在人类社会发展初期,国家组织尚不健全,国家权力尚不发达,对于权利之保护,唯有私力救济一途径。因而私权之自救权被视为私权之附属权,而任由个人行使之。随着社会之进步,国家组织日益完善,国家权力日渐强大,保护私权之国家机关亦逐渐完备,此前之私力救济逐渐为公力救济所替代。因私力救济,易生流弊,弱者无从实行,强者每易仗势欺人,影响社会法律秩序。故国家愈进步,私力救济的范围愈益缩小。现代法治国家,以禁止私力救济为基本原则。私力救济,将在民法上构成侵权行为,在刑法上构成犯罪行为。但若绝对不许私力救济,亦于权利保护或有不周。因请求国家机关以公力救济,必需一定的程序及相当的时日,若处于情况紧急之时,非依私力救济,丧失时机,其权利将难以实现。且事态若不及时制止,势必扩大,将影响社会秩序,与法律维护社会秩序的宗旨亦不相符。因此,法治国家莫不在坚持以公力救济为原则的同时,于法律规定之限度内承认私力救济制度。即刑法、民法均规定正当防卫、紧急避险为法定免责事由。

第二节　诚实信用原则

一、诚实信用原则的意义

现代民法以诚实信用为权利行使之基本原则。所谓诚实信用,是市场经济活动中形成的道德规则。它要求人们在市场活动中讲究信用,恪守诺言,诚实不欺,在不损害他人利益和社会利益的前提下追求自己的利益。诚实信用原则为一切市场参加者树立了"诚实商人"和"诚实劳动者"的道德标准,隐约地反映了市场经济客观规律的要求。在历史上,诚实信用这一道德规则,曾长期以商业习惯的形式存在,作为成文法的补充而对民法关系起着某种调整作用。到了19世纪末,毫无限制的契约自由和自由放任主义已经造成种种弊端,以致各种社会矛盾空前激化,经济危机更加频繁和深重,社会经济生活动荡不堪。为了协调各种社会矛盾和冲突,立法者开始注重道德规范的调整作用,将诚实信用等道德规范引入法典,成为近现代民法的重要原则。

法律之吸收道德观念,始于罗马法。在罗马法上,诚实信用观念体现在一般恶意抗辩诉权中。学者认为,诚实信用原则与一般恶意抗辩同出一源,具有同一意义。法国民法的制定,正值自由资本主义时期,国家采自由放任主义政策。因此,《法国民法典》未采用罗马法一般恶意抗辩诉权,仅在第 1134 条第 3 款规定,"契约应以善意履行之"。此所谓"善意",即诚实信用。但在自由放任主义思想支配之下,上述条文只是当事人意思自治的补充,在法律实践上难有实际意义。1863 年的《撒克逊民法典》第 858 条规定,契约之履行,除依特约、法规外,应遵守诚实信用,依诚实人之所应为者为之。但依该法,当事人可依约定排除诚实信用原则之适用。由此可见,仍未越出契约自由的范围。至 19 世纪后期,由于社会经济生活之剧变,促成法律思想的变迁,即从所谓个人本位的法律思想,转变为社会本位的法律思想。

所谓社会本位的法律思想,在于谋求协调资产阶级内部大垄断集团与中小资本家之间的利害冲突,调和资本家与劳动者之间的利害冲突,调节因经济危机和社会动乱而混乱的经济关系。这也正好是德国、瑞士等国制定民法典时,立法者所面临的任务。为此,立法者不得不更加注重道德规范的调节功能。罗马法和《法国民法典》关于一般恶意抗辩和善意的零星补充性规定,已经不能满足需要。立法者需要规定伸缩性更大因而适应性更强的原则条款,以便使法官拥有较大的自由裁量权,可以更好地协调各种矛盾和调节社会经济关系。为此,《德国民法典》明文规定诚实信用为履行债的基本原则。此即著名的第 242 条:"债务人应依诚实信用之要求,并顾及交易习惯,履行其给付。"《瑞士民法典》进一步将诚实信用原则的适用范围扩大到一切权利的行使和一切义务的履行。其第 2 条规定:"任何人行使权利履行义务,均应依诚实信用为之。"中国国民政府时期制定中国民法,参酌德、瑞上述条文,而予以折中,将诚实信用原则规定在债之效力一节,作为行使债权、履行债务的基本原则。该法典第 219 条规定:"行使债权,履行债务,应依诚实及信用方法。"

尤其值得注意的是,"二战"结束以后,随着经济的恢复和发展,科学技术突飞猛进,各发达国家及地区进入现代化市场经济时期,社会关系更为复杂,各种新型案件层出不穷,使立法者穷于应付,不得不更加倚重法官的能动性,其结果是诚实信用原则的地位一再提高。日本于战后修订民法典,于总则编第 1 条第 2 款,明定诚实信用原则为民法之基本原则。中国台湾地区于 20 世纪 80 年代初修订"民法总则",鉴于"最高法院"态度保守,过分拘泥文义,误认诚实信用原则仅适用于债之关系,致妨碍法律进步,故于其第 148 条增设第 2 款:"行使权利,履行义务,应依诚实及信用方法。"确立诚实信用原则系属帝王条款,君临全法域之基本原则。[2] 学者称之为"世界最新之立

---

〔2〕 参见王泽鉴:《民法学说与判例研究》(第 5 册),台北,三民书局 1991 年版,第 29 页。

法”。[3]

我们已经看到,诚实信用原则的适用范围逐步扩大,不仅适用于契约的订立、履行和解释,而且最终扩及于一切权利的行使和一切义务的履行,成为民法之基本原则。其性质亦由补充当事人意思的任意性规范,转变为当事人不能以约定排除其适用,甚至不待当事人援引法院可直接依职权适用的强行性规定。究其本质,诚实信用原则,由于将道德规范与法律规范合为一体,兼有法律调节和道德调节的双重功能,使法律条文具有极大的弹性,法院因而享有较大的裁量权,能够据以排除当事人的意思自治,而直接调整当事人之间的权利义务关系。因此,诚实信用原则,被奉为现代民法的最高指导原则,学者谓之“帝王条款”。[4]

应予说明的是,中国于20世纪80年代中期制定《民法通则》,反映改革开放和发展社会主义市场经济的要求,并参考市场经济发达国家的经验,将诚实信用原则确立为民法之基本原则,其适用范围及于整个民事领域,凡一切民事主体,从事一切民事活动,均应遵循。与现代民法发展潮流颇为相合。

二、诚实信用原则的本质

(一)诚实信用为市场经济活动的道德准则

1. 关于诚实信用原则本质的学说

关于诚实信用原则之本质,学者间有不同认识。第一说,以诚实信用原则之本质为社会理想,如施塔姆勒(Stammler)称之为人类社会之最高理想,马立克(Manik)称之为道德理想,胡伯(Huber)称之为法律伦理;第二说,认为诚实信用原则本质上为市场交易中,人人可得期待的交易道德之基础,如邓伯格(Dernburg)及埃德曼(Endmann)均采此说;第三说,认为诚实信用原则之本质,在于当事人利益之平衡,如施耐德(Schneider)解为当事人双方利益之公平较量,埃格尔(Egger)称为公正估量双方之利益以谋求利益之调和。中国学者史尚宽先生指出,第一说及第二说均未免过于抽象,适用困难;第三说较为具体,便于适用,唯限于当事人双方利益之较量,尚嫌不足。除当事人利益外,社会一般公共利益,亦应在考虑之内。[5]

本书认为,第三说与第二说并不相悖,应将两说结合考虑,方能准确把握诚实信用原则之本质。唯在市场经济条件下,方才发生交易双方利益冲突及双方与社会一般公共利益冲突的问题。诚实信用原则,旨在谋求利益之公平,而所谓公平亦即市场交易

---

〔3〕 参见杨仁寿:《法学方法论》,台北,1987年自版,第171页。
〔4〕 参见王泽鉴:《民法学说与判例研究》(第1册),中国政法大学出版社1998年版,第303页。
〔5〕 参见史尚宽:《债法总论》,台北,荣泰印书馆1978年版,第319页。

中的道德。《美国统一商法典》将诚实信用定义为“事实上的诚实及对公平交易的合理商业准则的遵守”[第1-201条(b)款(20)项,2001年最新修正],即为明证。

2. 诚实信用属于市场活动的道德准则

诚如史尚宽先生所言,不可将诚实信用原则局限于当事人双方利益之较量。诚实信用原则涉及两重利益关系,即当事人之间的利益关系和当事人与社会之间的利益关系。诚实信用原则的目标,是要在这两重利益关系中实现平衡。在当事人之间的利益关系中,诚实信用原则要求尊重他人利益,以对待自己事务之注意对待他人事务,保证法律关系的当事人都能得到自己应得的利益,不得损人利己。当发生特殊情况使当事人间的利益关系失去平衡时,应进行调整,使利益平衡得以恢复,由此维持一定的社会经济秩序。在当事人与社会的利益关系中,诚实信用原则要求当事人不得通过自己的活动损害第三人和社会的利益,必须以符合其社会经济目的的方式行使自己的权利。在现代化市场经济条件下,诚实信用已成为一切市场参加者所应遵循的道德准则。它要求市场参加者符合于“诚实商人”和“诚实劳动者”的道德标准,在不损害其他竞争者、不损害社会公益和市场道德秩序的前提下,去追求自己的利益。

3. 诚实信用与善良风俗的区别

在此有必要论及诚实信用与善良风俗的界限问题。《法国民法典》将善良风俗与公共秩序并提,《德国民法典》只规定了善良风俗,而未规定公共秩序,而《日本民法典》和中国台湾地区“民法”系仿法国法,将公共秩序与善良风俗并列,且在学说判例中不予区分,合称公序良俗。何为良俗?学者均解为某一特定社会应有的道德准则。本书认为,虽然诚实信用与善良风俗均属于一种道德准则,但二者存在和发生作用的领域不同。诚实信用系市场交易中的道德准则,而善良风俗系家族关系中的道德准则,亦即性道德和家庭道德。因此,只要把握诚实信用原则为市场经济活动中的道德准则,便不至于与公序良俗原则发生混淆。

(二)诚实信用原则为道德准则的法律化

诚实信用虽说是市场经济活动中形成的道德准则,但在被立法者规定为民法典的一个法律条文之后,已经不再是单纯的道德规则,已成为一项法律规范。但与一般法律规范亦有不同,它是以道德为内容的法律规范。学者指出,诚实信用原则虽以社会伦理观念为基础,唯其并非道德,而是将道德法律技术化。换言之,诚实信用原则,是将道德规则与法律规则合为一体,因而同时具有法律调节和道德调节的双重功能,使法律获得更大的弹性,法官因而享有较大的公平裁量权。

(三)诚实信用原则的实质在于授予法院以自由裁量权

诚实信用原则的内容极为概括抽象,属于“白纸规定”。诚实信用原则之特征在于,其内涵和外延的不确定性。它是概括的、抽象的、无色透明的。它所涵盖的范围极大,远远超过其他一般条款。究其实质,是给法官的空白委任状。立法者正是通过这种空白委任状,授予法官以自由裁量权,使之能够应付各种新情况和新问题。学者指出,诚实信用这样的词语从规范意义上看极为模糊,在法律意义上没有确定的内涵和外延,其适用范围几乎没有限制。这种模糊规定或不确定规定,导源于这样的事实:立法机关考虑到法律不能包容诸多难以预料的情况,不得不把补充和发展法律的部分权力授予司法者,以模糊规定或不确定规定的方式把相当大的自由裁量权交给了法官。因此,诚实信用原则意味着承认司法活动的创造性与能动性。

三、诚实信用原则的功能

我们已经看到,诚实信用原则怎样从仅适用于债之关系的原则,上升为涵盖整个私法领域的基本原则,由补充性规定上升为强行性规定。又由于其内容极抽象,虽为客观的强行性规范,却可因社会变迁而赋予新的意义。德国学者赫德曼(Hedemann)指出,诚实信用原则之作用力,世罕其匹,为一般条款之首位。[6]

诚实信用原则具有以下三项功能。

(一)指导当事人行使权利履行义务的功能

如《瑞士民法典》第 2 条第 1 款规定,任何人均应依诚实信用行使权利履行义务。按照我国《民法典》总则编第 7 条的规定,凡一切民事主体,从事民事活动,均应遵循诚信原则、秉持诚实,恪守承诺。即要求当事人在行使权利履行义务时,应兼顾对方当事人利益和社会一般利益,使自己的行为符合于"诚实商人"和"诚实劳动者"的标准,只在不损害他人利益和社会利益的前提下,追求自己的利益。凡行使权利履行义务有悖于诚实信用原则,应构成违法。

(二)解释、评价和补充法律行为的功能

如《德国民法典》第 157 条规定,解释契约,应依诚实信用之要求,并顾及交易习惯。杨仁寿先生指出,诚实信用原则为解释、补充或评价法律行为的准则。[7] 诚实信用原则适用之结果,可创造、变更、消灭、扩张、限制约定之权利义务,亦可发生履行拒绝权及请求返还之拒绝权,更得以之为增减给付之依据,或成立一般恶意之抗辩。

(三)解释和补充法律的功能

一般而言,法律条文均极为抽象,适用于具体案件时,必须加以解释。进行法律解

---

〔6〕 参见杨仁寿:《法学方法论》,台北,1987 年自版,第 171 ~ 172 页。

〔7〕 参见杨仁寿:《法学方法论》,台北,1987 年自版,第 172 页。

释时，必须受诚实信用原则的支配，始能维持公平正义。此系诚实信用原则在法律解释上的功能。此外，在法律有欠缺或不完备，而为漏洞补充时，亦须以诚实信用原则为最高准则予以补充，其造法始不致发生偏差。[8]

四、诚信原则是否有修正现行法的功能

诚信原则是否有修正现行法的功能，亦即现行法有明文规定时法院可否不适用该现行规定而适用诚信原则，学说上有不同主张。

第一，否定说。此说认为诚信原则仅有补充法律漏洞的功能，没有修正现行法的功能。即不得以诚实信用原则排除现行法规定之适用，但可以诚信原则检验法律之善恶，为立法者修改法律提供依据。否定说的主要理由，是为了维护法律的权威，防止法官滥用诚信原则，借诚信原则之名而任意解释法律。[9]

第二，肯定说。即认为诚信原则不仅有补充法律漏洞的功能，而且有修正现行法规定的功能。其主要理由是，诚信原则为人类最高理想之体现，如果法律规定与人类最高理想不合，则应排除法律规定而直接适用诚信原则。[10]

各国判例学说的发展趋向，以否定说为有力。本书亦采否定说。主要理由是，在现代法治国家，立法机关根据人民意志而制定法律，如法律有不当或者错误，亦应经由立法机关予以修正。若允许个别法官以法律规定违背诚信原则为由而排除其适用，无异于允许法官个人意志凌驾于人民意志之上，借诚信原则之名曲解法律，必将损害法律的权威。

五、诚实信用原则的适用

（一）具体规定应优先适用

当关于待决案件法律有具体规定时，应优先适用该具体规定，而不能适用诚信原则。反之，当有具体规定时不适用该具体规定而适用诚信原则，法解释学上称为“向一般条款的逃避”，应予禁止。主要理由是，诚信原则为民法最高指导原则，在某种意义上，现行法之规定可以说是诚信原则之具体化。亦即立法者依据诚信原则，斟酌各种典型事态作利益衡量及价值判断，厘定构成要件及法律效果，形成个别制度。因此，法院于处理民事案件时，当然应先适用法律具体规定之个别制度。如果允许直接适用诚信原则而不适用具体规定，必将损害法律的权威。

---

〔8〕 参见杨仁寿：《法学方法论》，台北，1987 年自版，第 172 页。

〔9〕 参见［日］石田穰：《法解释学的方法》，青林书院新社 1980 年版，第 120 页。

〔10〕 参见史尚宽：《债法总论》，台北，荣泰印书馆 1978 年版，第 319 页。

(二)类推适用等漏洞补充方法应优先适用

关于某一案型,无法律规定即存在法律漏洞时,如果能够以类推适用等漏洞补充方法予以补充,则应以类推适用等方法补充法律漏洞,不得适用诚信原则。这种情形,若不以类推适用等方法补充法律漏洞,而直接适用诚信原则,亦属于“向一般条款的逃避”,应予禁止。只在依类推适用等漏洞补充方法仍不能解决时,才能适用诚信原则。主要理由是,类推适用等法律漏洞补充方法,同样是诚信原则或其他法律原则的具体化。依这些补充方法能够解决,却不采用,而直接适用诚信原则,将损害这些法律漏洞补充方法的权威和功能,并进而损害法律的权威,导致诚信原则的滥用。

(三)适用诚信原则与适用判例〔11〕

适用诚信原则与适用判例的关系,应区别以下两种情形:

第一,如果适用诚信原则与适用判例,可得出同一结论,则应适用判例而不适用诚信原则,因为判例为诚信原则的定型化。如果允许不适用判例而直接适用诚信原则,将损害判例的权威。

第二,如果适用诚信原则,与适用判例,得出相反的结论,则应适用诚信原则,而不适用判例。此种情形,应依法定程序变更原有的判例。

第三节　禁止权利滥用

一、禁止权利滥用的意义

权利之行使,必有一定界限,超过正当之界限而行使权利,即构成权利滥用。现代民法关于权利之行使,从正面规定须遵循诚实信用原则,复于反面规定禁止权利滥用原则。例如,《瑞士民法典》第 2 条第 1 款规定,任何人均应依诚实信用行使权利履行义务。同条第 2 款规定,显系滥用权利者,不受法律保护。《魁北克民法典》第 6 条规定,任何人行使权利应遵守诚实信用。第 7 条规定,不得以损害他人之意图或有悖于诚实信用的过度且不合理之方式行使权利。

行使权利致他人遭受损害非为不法,是为罗马法之原则。经十七八世纪个人主义或自由主义思潮之激荡,个人权利乃成为人格之构成要素。1789 年的法国《人权宣言》,称个人权利为“天赋人权”。此种权利,虽立法者亦不得剥夺。国家存在之理由,

〔11〕　最高人民法院推行“指导性案例制度”,所称“指导性案例”,即相当于发达国家和地区所谓“判例”。

唯在保护个人权利，法律之终极目的，亦在于此。此种思想在19世纪风靡一时，形成私法三大原则，即契约自由、财产权之绝对性、侵权责任之主观性。个人之权利，非有法律上原因，不得侵夺，其权利之行使，唯依个人自由意思。故所谓权利得绝对自由行使，法律不得加以干涉。苟在权利范围之外，是为无权利；而在权利范围之内，属于权利之合法行使。因此，在个人主义思潮之下，所谓权利滥用，在法律上为不可想象之事。19世纪末以来，法律之中心观念，乃由个人移向社会。法律之终极目的，不全在保护个人之自由与权利，整个社会之发展与人类之生存，亦应同时兼顾。1900年施行的《德国民法典》第226条规定，权利之行使不得专以损害他人为目的。此后，为各民法典所仿效。禁止权利滥用之原则，于是确立。[12]

我国原《民法通则》对于禁止权利滥用原则未有明文规定。但《宪法》第51条规定，"中华人民共和国公民在行使自由和权利的时候，不得损害国家的、社会的、集体的利益和其他公民的合法的自由和权利"。民法学者采合宪性解释方法，据此认为民法有禁止权利滥用原则。另有某些特别法规定具体情形的禁止权利滥用原则，如《公司法》第20条规定："公司股东应当遵守法律、行政法规和公司章程，依法行使股东权利，不得滥用股东权利损害公司或者其他股东的利益；不得滥用公司法人独立地位和股东有限责任损害公司债权人的利益。公司股东滥用股东权利给公司或者其他股东造成损失的，应当依法承担赔偿责任。公司股东滥用公司法人独立地位和股东有限责任，逃避债务，严重损害公司债权人利益的，应当对公司债务承担连带责任。"2020年《民法典》总则编已明文规定禁止权利滥用原则，即第132条："民事主体不得滥用民事权利损害国家利益、社会公共利益或者他人合法权益。"

二、权利滥用与侵权行为的区别

第一，构成权利滥用，须有正当权利存在，且属于权利行使或与权利行使有关的行为；而侵权行为事先并无正当权利存在，不属于权利行使或与权利行使无关。

第二，权利滥用禁止之立法目的，在于对民事权利之行使予以一定限制，通过对权利滥用的禁止或制裁以保护社会公益或他人利益；而侵权行为制度并无限制民事权利的目的。

第三，权利滥用以当事人有损害他人或社会利益的故意为要件，在行使权利时仅仅因为过失造成他人或社会利益损害的，尚不构成权利滥用；而侵权行为不以故意为要件，仅因过失侵害他人合法权益亦可构成侵权行为，甚至法律规定属于无过错责任的案型侵权行为之构成不考虑加害人是否具有故意过失。

---

〔12〕参见王伯琦编著：《民法总则》，台北，正中书局1979年版，第238～239页。

三、禁止权利滥用原则与诚实信用原则的关系

民法理论上关于权利滥用与诚信原则的关系,有不同的学说:

第一,重复适用说。依此说,诚信原则为指导权利人行使权利的原则,权利滥用为权利人行使权利违反诚信原则的法律后果,亦即行使权利如违反诚信原则即构成权利滥用。

第二,重复适用否定说。此说认为诚信原则与禁止权利滥用原则,各有其不同的适用范围,称为重复适用否定说。至于不同适用范围之划分,学者间亦有差异。有学者认为,诚信原则适用于债权法领域,而禁止权利滥用原则适用于物权法领域;有的学者认为,诚信原则适用于契约当事人之间、夫妻之间及父母子女之间等特别权利义务关系,而禁止权利滥用原则适用于上述特别关系以外的当事人之间的关系;有的学者主张将诚信原则适用范围中的特别关系扩及社会接触关系。

学说的发展趋势,最初是认为诚信原则与禁止权利滥用原则重复适用的学说占据了支配地位,成为通说,并为判例所采。但后来重复适用否定说出现并渐渐占了上风。〔13〕

四、禁止权利滥用原则的功能

禁止权利滥用原则的功能如下:

第一,作为侵权行为的判断基准。即以是否构成权利滥用作为侵权行为的认定标准。例如,土地租赁合同终止时,出租人对承租人的建筑物进行野蛮拆除而使其材料价值显著减少的案例,及工厂烟囱排放的亚硫酸气体使附近的农作物遭受损害的案例,法院均以权利滥用为根据认定土地出租人和工厂主的行为属于侵权行为 。

第二,使民事权利的范围明确化。指在因法律过分概括或抽象,或存在漏洞,致使权利范围界限不明的情形,以是否构成权利滥用作为权利范围之界限。例如,相邻土地所有人均为营业目的而利用地下水的情形,其中一方打了一口深井而妨碍另一方利用地下水,这种行为被判定为权利滥用。

第三,据以缩小民事权利的范围。因时代变迁,为了满足某些立法当时未预见到的社会需要,而以权利滥用作为缩小权利范围的根据。例如,法律规定承租人擅自转租标的物时出租人有权解除合同,但因住房紧缺为帮助没有住房的穷人而将承租房屋之一部擅自转租的,出租人行使解除权被法院判定为权利滥用。〔14〕

第四,强制调停权利人与他人的利益冲突。所谓以权利滥用为根据,强行调停权

---

〔13〕 参见[日]菅野耕毅:《信义原则与权利滥用的机能》,载[日]加滕一郎、米仓明编《民法的争点Ⅰ》,有斐阁1985年版,第6~11页。

〔14〕 参见[日]菅野耕毅:《信义原则与权利滥用的机能》,[日]加滕一郎、米仓明编《民法的争点Ⅰ》,有斐阁1985年版,第6~11页。

利人与他人的利益冲突,例如,土地所有人请求拆除电力公司铺设的地下水管道,被判定为权利滥用,是因为拆除地下水管道将导致社会和他人遭受巨大的损害。又如,土地所有人要求拆除他人所建的变电设施,被判定为权利滥用,是因为该变电设施,一旦拆除,将使该城区居民之生活陷于瘫痪,所有生产工厂均将停顿,而事实上复无其他适当土地取代,土地所有人仍本于所有权请求拆除地上变电设施,其权利行使行为,显然违反公共利益,应为法所不许。[15]

五、权利滥用的要件

第一,须有正当权利存在或与权利之行使有关。权利滥用的构成要件之一,是须有正当权利存在。如果不存在正当权利,而加损害于他人,属于侵权行为,与权利滥用无关。

第二,须行使权利损害他人或社会利益。有正当权利存在而行使权利的行为未损害他人利益或社会利益的,属于权利之正当行使,应受法律保护,当然不构成权利滥用。

第三,须具有损害他人或社会利益的故意。关于权利滥用是否以具有加害之故意为构成要件,学说有分歧。通说认为应有故意。但新近判例学说的发展,表现为否定此要件的趋势,值得重视。例如,日本学者主张以超过社会容许限度代替加害故意要件。民法学者北川善太郎指出,权利滥用的构成要件,因所涉及问题的情形而有不同,而作为共同的要件,须权利的行使超过了社会的容许限度。是否有加害目的等主观意图,并非必要条件。另外,关于社会容许限度的判断,应就具体情形依诚实信用原则对于权利人一方与相对方的利益关系进行比较。[16]

中国台湾地区"民法"第 148 条规定,权利之行使,不得违反公共利益,或以损害他人为主要目的。此所谓以损害他人为主要目的,亦即所谓有加害故意。若采严格解释,应就权利人主观意图判断其是否具有加害故意(目的)。但新近判例学说有从客观方面判断的趋势,即将权利人所获得的利益与所造成他人或社会利益之损害进行比较。例如,中国台湾地区"最高法院"1982 年台上字第 737 号判例认为:"查权利之行使,是否以损害他人为主要目的,应就权利人因权利行使所能取得之利益,与他人及社会因其权利行使所受之损失,比较衡量以定之。倘其权利之行使,自己所得利益极少而他人及社会所受之损失甚大者,非不得视为以损害他人为主要目的,此乃权利社会化之基本内涵所必然解释。"有立法例采类似立场,如新《荷兰民法典》第 3:13 条第 2 款规定,权利滥用是指专以损害他人为目的行使权利,以及无理由地行使权利致行使

〔15〕 参见王泽鉴:《民法物权》(第 1 册),台北,三民书局 1992 年版,第 7 ~ 8 页。
〔16〕 参见[日]北川善太郎:《民法总则》,有斐阁 1993 年版,第 20 页。

权利所实现的利益与所致损害失衡。

六、权利滥用的效果

权利滥用的效果,视权利行使之方法而有不同。如权利之行使为法律行为,则该法律行为应无效;如权利之行使为事实行为,则对因此遭受损害的他人,应成立损害赔偿责任;如该事实行为仍在继续,亦即权利滥用之状态持续存在,则受害人得请求停止之。概言之,权利滥用之效果,以承认权利存在而否认其行使为原则,而以权利丧失为例外。例如,父甲禁止子乙祭扫位于甲土地内之母亲坟墓,德国帝国法院认定甲之行为构成亲属权利之滥用,判决排除甲的权利滥用行为。[17] 又如,汽车批发商与汽车零售商签订附所有权保留条款的汽车贩卖契约,然后零售商将汽车出售给用户且价金支付完毕。由于零售商未向批发商支付价金,批发商基于所保留的所有权对用户请求交付汽车。日本最高裁判所昭和五十年(1975 年)2 月 28 日判决,认定此交付请求系批发商将自己所负担的价金回收不能的危险转嫁于用户,使已经支付了价金的用户遭受不测之损害,属于权利滥用。判决该批发商不得请求交付汽车。[18]

第四节 私力救济

一、自助行为

(一)自助行为的意义

自助行为,指为保护自己的权利,而对于他人的自由或财产施以拘束或毁损之行为。自助行为,依法不负赔偿责任。

如前所述,现代法律关于权利之保护,以实行公力救济、禁止私力救济为原则。例如,义务人拒绝履行给付,或无权占有人拒绝返还占有物,权利人不得自掏义务人腰包而取其金钱,或自扼义务人之手腕而夺其物品,于此情形,唯有向法院起诉,请求救济,否则构成侵权行为,而为法律所不许。但绝对禁止私力救济,有时难免对权利保护不

---

〔17〕 参见黄立:《民法总则》,中国政法大学出版社 2002 年版,第 509 页。

〔18〕 参见[日]北川善太郎:《民法总则》,有斐阁 1993 年版,第 20~21 页。依德国学说判例,在极其例外的情形,不作为亦可构成权利滥用而发生权利失效的后果,权利失效须符合严格的前提条件,包括:权利人在相当期间内能行使权利而未行使;依据对权利人行为的客观判断,义务人得合理地认为他不必再对权利人行使权利予以考虑;义务人确实基于对权利将不会被行使之信赖而调整了自己的行为;权利人嗣后行使权利的行为有悖于诚实信用。参见[德]迪特尔·施瓦布:《民法导论》,郑冲译,法律出版社 2006 年版,第 183 页;[德]卡尔·拉伦茨:《德国民法通论》(上),王晓晔等译,法律出版社 2003 年版,第 310~311 页。

周。因法院并非到处都是，而警察机关亦非随处均有，因而遇紧急情形而不及请求公力救济时，作为例外容许自助行为。容许自助行为既属于法律之例外，则对于其成立要件不能不严加限制。我国《民法通则》虽未规定自助行为，但在实际生活中权利人采自助行为以实现其权利，时亦有之。有鉴于此，2020年《民法典》侵权责任编增设第1177条明文规定自助行为规则。[19]

（二）自助行为的要件

1. 须为保护自己的请求权

须为保护自己的请求权，此系成立自助行为的基本要件。成立自助行为，仅以保护自己的权利为限，为保护他人的权利，不能成立自助行为。此与自卫行为不同。自卫行为并不以保护自己的权利为限，为保护他人的权利，亦可成立自卫行为。并非为保护自己的一切民事权利，均可成立自助行为。唯限于为保护自己的请求权，包括债权的请求权和物权的请求权，可以成立自助行为，但依其性质不得强制执行的请求权除外。《民法典》侵权责任编第1177条"合法权益"一语文义过宽，应当限缩其文义，解释为合法的请求权，而将支配权、变动权、确认权等民事权利排除在外。

2. 须情况紧迫不及请求公力救济

须情况紧迫不及请求公力救济，此为自助行为的必要前提。所谓情况紧迫，指非于其时为之则将致请求权无法实行。例如，债务人在国内没有财产而欲逃往国外，于其行将登船之时被债权人发现，此时若不加以阻拦，待债务人登船出境，则其请求权将无法实行或其实行将有显著困难。所谓不及请求公力救济（条文所谓"不能及时获得国家机关保护"），指因时间紧迫一时不能得到国家机关的援助。例如，自选商场发现某人夹带未付款商品即将离去，此时附近又无警察可资求助，即可认为不及请求公力救济。这种情形，商场限制该人离去并从其身上搜出、取回未付款商品，即属于自助行为。[20]

3. 须不超过必要的限度

在具备前述要件时，可以实行自助行为，但不应超过必要的限度。此项要件在《德国民法典》第230条、《葡萄牙民法典》第336条、《俄罗斯联邦民法典》第14条均有规定。可见自助行为不得恣意为之，在范围和程度上均有一定限制。如扣押其财物即可达到目的，则不得对财物加以毁损；如毁损其财物即可达到目的，则不得拘束其人

---

〔19〕《民法典》第1177条规定："合法权益受到侵害，情况紧迫且不能及时获得国家机关保护，不立即采取措施将使其合法权益受到难以弥补的损害的，受害人可以在保护自己合法权益的必要范围内采取扣留侵权人的财物等合理措施；但是，应当立即请求有关国家机关处理。受害人采取的措施不当造成他人损害的，应当承担侵权责任。"

〔20〕需注意的是，如果属于无端怀疑顾客而予以搜身，将构成侵犯消费者人格权的侵权行为。

身。无论如何，均不得伤害其身体。自助行为超过必要的限度者，应构成侵权行为，由行为人承担赔偿责任。条文所谓“保护自己合法权益必要范围”，即实行自助行为的“必要限度”。

4. 须及时请求国家机关予以处置

若从权利人可否实行自助行为的角度观察，则自助行为的成立要件以前两项，即须为保护自己的请求权及时机紧迫不及请求公力救济为已足。但若从事后判断权利人的行为是否构成自助行为的角度观察，则还应有第三项要件“须不超过必要的限度”和第四项要件须于事后“及时请求国家机关予以处置”。因为自助行为之实行，只是一种应急手段，一种于时机紧迫不及获得公力救济时的暂时的替代手段，而争执的问题并未最终解决。其最终解决仍须通过公力救济。因此，权利人于实行自助行为后，应及时请求国家机关予以处置。如实行自助行为后不及时请求有关国家机关予以处置，将不发生自助行为的效力，并由行为人承担侵权行为责任。此所谓请求国家机关予以处置，指将扣押的财物或拘束之人送交法院或警察机关，请求为适当处置。所谓适当处置，例如，对扣押之财物为诉前保全或责令清偿债务。

(三)自助行为的效果

权利人的自助行为如果具备前述要件，即可发生自助行为的效果。所谓自助行为的效果，指因实行自助行为所加于债务人的损害，自助行为人可不承担赔偿责任，即阻却违法性。按照《民法典》侵权责任编第 1177 条第 2 款“受害人采取的措施不当造成他人损害的，应当承担侵权责任”的规定，应当解释为，因自助行为超过必要限度或实行自助行为后未及时请求国家机关予以处置所造成的损害，或者其请求被国家机关驳回，则行为人应对受害人承担侵权损害赔偿责任。

二、自卫行为

(一)自卫行为的意义

自卫行为，指自己或他人的权利或公共利益遭受不法侵害或紧急危险时，所实行的防卫和避险行为。由于不法侵害和紧急危险发生突然，来不及请求国家机关的公力救济，若不允许当事人依靠自己的力量予以防卫或避免，必将使当事人自己或他人的合法权益或公共利益遭受重大损害。因此，法律承认自卫行为的合法性。不仅民法对自卫行为设有规定，刑法对自卫行为亦有规定，甚至在国际法上亦允许国家的自卫行为(自卫权)。不仅在自己的权利遭受不法侵害和紧急危险时可以实行自卫行为，在他人的权利或公共利益遭受不法侵害或紧急危险时，亦可实行自卫行为。此系自卫行为不同于自助行为之点。

自卫行为包括正当防卫行为和紧急避险行为两种。针对不法侵害所为的自卫行为，为正当防卫。针对紧急危险所为的自卫行为，为紧急避险。

（二）自卫行为免责之理由

各国法律均规定自卫行为可以作为免除民事责任和刑事责任的正当事由。关于自卫行为何以能够免责，学者间有不同的学说：

第一，意思说。此说认为，不法侵害和紧急危险发生于紧急之际，当事人无进行思考之余地，而仓促自卫，于是其所为之行为已失去意思自由，因此应不负责任。此系就行为人之意思立论，为旧时民、刑法学者所采之通说。

第二，权利行为说。此说认为，自卫行为属于行为人为保护自己权利而为的行为，应视为权利之行使行为，而权利之行使应不构成违法。因此，行为人不应承担责任。

第三，非常行为说。此说认为，不法侵害和紧急危险发生于非常之际，不可能由国家出面实行公力救济，唯有任由当事人自卫而听其自然而已。故此说亦称放任行为说。[21]

以上第一说以行为人意思立论，认为追究法律责任之根据为行为人之意思，无意思即无责任，虽与近代民法之过失责任原则相符，但自进入20世纪以来，因无过失责任之广为采用，此说已失其说服力。第二说将自卫行为视为权利之行使行为，难以解释为防卫他人所遭遇的不法侵害和紧急危险而实行的自卫行为，故不足采。现代法关于权利之救济，以公力救济为原则，以私力救济为例外。法律承认自卫行为之合法性，并非基于行为人丧失自由意思，也非将自卫行为视为权利之行使行为，实有其不得不然之理由。因不法侵害和紧急危险，事出非常，仓促之间难以获得公力救济，如不允许当事人自卫，必将招致重大损害。因此只好听其私力救济，而认可其行为的合法性，对于所发生的结果，于必要限度内，不追究行为人之责任。因此，上述三说中，以第三说较为妥当。

（三）正当防卫行为

1. 正当防卫的概念

所谓正当防卫，指对于现时不法侵害，为防卫自己或他人权利或公共利益，所为的行为。此种行为，虽致他人损害，行为人不负赔偿责任。

《民法典》总则编第181条规定："因正当防卫造成损害的，不承担民事责任。正当防卫超过必要的限度，造成不应有的损害的，正当防卫人应当承担适当的民事责任。"

---

〔21〕 参见郑玉波：《民法总则》，台北，三民书局1979年版，第395～396页。

2. 正当防卫的要件

上引《民法典》总则编条文,仅明示正当防卫的法律效果,而未明文规定正当防卫的构成要件。依民法理论,正当防卫应具备下述要件:

第一,须为现时不法之侵害。正当防卫的首要条件,是须有现时不法之侵害。若不存在侵害行为,当然谈不到正当防卫。而此侵害行为须具有违法性,即应属于不法侵害。法律所许可的侵害,例如,公务员之依法执行职务虽有侵害,也不成立正当防卫。其侵害行为仅须在客观上具有违法性即可,至于行为人之是否属于故意过失,均可不问。又此不法侵害须为现时之侵害,亦即其侵害行为已经开始实行而尚未完毕。换言之,对于正在进行的不法侵害,允许进行正当防卫,而对于尚未开始进行的不法侵害或已经进行完毕的不法侵害,均不允许进行正当防卫。

第二,须为防卫自己或他人权利或公共利益。所防卫的权利,不分公权、私权,也不分财产权或人格权。且不限于防卫自己的权利,防卫属于他人的权利或者公共利益,亦可成立正当防卫。

第三,须不超过必要限度。正当防卫行为,系针对正在进行的侵害行为而予以反击。因此,法律对正当防卫有程度的限制,要求不超过必要的限度。正当防卫行为,超过必要限度的,称为防卫过当,行为人应承担适当的责任。至于是否超过必要限度,应斟酌正当防卫人和不法侵害人双方具体情形及当时客观条件来决定。大体言之,其防卫行为须具备两项条件:其一,必要性。即以达到制止不法侵害之防卫目的为已足。例如,用威吓足以制止侵害者,不必加以实害;用腕力足以防卫者,不必用器械。其二,相当性。即考量因进行正当防卫所生的损害与所欲避免的侵害,是否大体相当。如进行防卫行为所生损害与所欲避免的侵害,在社会一般人看来显失均衡者,即应属于防卫过当。

3. 正当防卫的效果

具备上述三项要件,即构成正当防卫行为。正当防卫行为,属于违法性阻却事由之一种。虽正当防卫行为使不法侵害人受有损害,亦不构成侵权行为,正当防卫行为人依法不承担任何损害赔偿责任。但防卫行为超过必要限度,即属于防卫过当,防卫人对于所造成的不应有的损害,应承担适当的责任。此民事责任的成立,仅以防卫行为超过必要限度为要件,不考虑其是否具有过错,因此属于严格责任。如果本不存在现时不法之侵害,而误信为现时不法之侵害而进行防卫,属于所谓错觉防卫,或称假想防卫。错觉防卫行为人是否承担损害赔偿责任,应依侵权行为一般原则而决定。

(四)紧急避险行为

1. 紧急避险的概念

所谓紧急避险,指为避免自己或他人生命、身体、自由、财产之急迫危险,所为躲避危险的行为。此种行为,虽致他人损害,不负赔偿责任。《民法典》总则编关于紧急避险设有规定。

2. 紧急避险的构成要件

《民法典》总则编第 182 条关于紧急避险的规定,并未明示紧急避险的构成要件。依据民法理论,紧急避险的构成要件如下:

第一,须有急迫危险。如果不存在危险,当然谈不到紧急避险。所谓"危险",指一切危害而言,如天灾地变、战乱、强盗绑架、恶犬追逐均包括在内。所谓"急迫",指近在眼前,刻不容缓。凡危险已达急迫程度,即可以实行紧急避险行为,至于此急迫危险系由何种原因引起,均可不问。又此急迫危险之受危险对象应有限制,限于生命、身体、自由、财产四种。此与正当防卫不同。在正当防卫,只须权利受到不法侵害,而不问何种权利,均可实行正当防卫行为。而紧急避险唯限于生命、身体、自由和财产四种权利。此外之权利,例如名誉、信用受到危险,纵然属于急迫危险,亦不构成紧急避险的条件。凡生命、身体、自由和财产四种权利遭受急迫危险,不论是属于自己或属于他人,或属于社会公共财产,均可构成紧急避险的条件。此与自助行为之仅限于自己的权利不同。

第二,须为避免自己或他人生命、身体、自由、财产或公共财产上急迫危险而为避险行为。此要件指紧急避险之本体。紧急避险是一种为躲避危险而损害他人财物的行为,简称避险行为。所谓"他人",包括危险物之所有人及第三人。虽存在急迫危险,而未实行任何避险行为,当然不发生紧急避险问题。因此,讨论紧急避险,须有此避险行为。例如,为躲避肇事汽车而踏坏摊贩之商品,为避免大火延烧而拆毁邻人房屋。法律绝不允许借口紧急避险而损害他人生命、身体。并且,此避险行为须为避免自己或他人生命、身体、自由、财产或公共财产上急迫危险,无此避险目的而损害他人财物,不构成避险行为,而属于不法侵害他人,应成立侵权行为。

第三,须避险行为不超过必要限度。法律设紧急避险制度的目的,在于允许当事人于面临急迫危险时以较小的损害为代价避免遭受较大的损害。因此,对于避险行为应有限制,即要求当事人所实行的避险行为不超过必要限度。此"必要限度"一词,属于不确定概念。应于具体案件结合避险行为所加于他人的实际损害及所避免的急迫危险可能造成的损害,并考虑危险发生时的具体情形,进行综合判定。大体言之,避险行为须符合两项要求:其一,必要性。要求当事人所实行的避险行为应为避免危险所必要,亦即以达到避免危险为止。不允许以避险为借口,滥行损害他人财物之行为。能走避而不走避,损害危险物或他人财物的,不能成立紧急避险。其二,相当性。虽实行避险行为有其必要,但对因此所加于他人的损害程度应有限制。须所加于他人的实际损害,不超过所避免的危险可能造成的损害程度。为避免自己财产上之较小损害而加于他人财产较大损害,为法所不许。超过必要限度的避险行为,称为避险过当,避险人应负赔偿责任。

3. 紧急避险的效果

具备上述要件,即可成立紧急避险,避险人对于所加于他人的损害,依法不承担赔偿责任。

《民法典》总则编第182条对于避险行为所造成的损害应由何人承担有较详细的规定,区分为以下几种情形:

第一,如果危险是人为造成的,则应由引起危险发生的人承担赔偿责任。依解释,如果引起危险的人属于第三人,应由该第三人承担责任;如果引起危险的人是避险行为人,则应由避险行为人承担责任。换言之,这种情形避险行为人不能免责;如果引起危险的人是遭受危险的"他人",则该"他人"既是引起危险的人,又是享受避险利益的人,当然应由他对避险行为所造成的损害承担责任。

第二,如果危险是由自然原因造成的,《民法典》总则编第182条第2款规定"危险由自然原因引起的,紧急避险人不承担民事责任,可以给予适当补偿"。[22] 依解释,虽然危险是由自然原因造成的,但如果避险人是为避免自己所遭遇的危险,即避险人自己享受避险利益,则应由避险人对于避险行为所加于他人的损害给予适当的补偿,至于是否"适当"应衡量实际发生的损害与所避免的危险可能造成的损害及当时具体情形,决定之。如果避险人是为避免他人或公共财产所遭遇的危险,则避险人不应承担责任或给予补偿,这种情形应由享受避险利益的"他人"或"公共财产"的管理人对于避险行为所造成的实际损害给予补偿。

第三,因紧急避险采取措施不当或超过必要限度,即属于避险过当的,依《民法典》总则编第182条第3款,应由避险人对于所造成的不应有的损害承担适当的民事责任。此民事责任的成立,以避险措施不当或超过必要限度为要件,不考虑避险人是否具有过错,因此属于严格责任。

(五)自愿紧急救助行为

《民法典》总则编新创关于"自愿紧急救助行为"的规定。该法第184条规定:"因自愿实施紧急救助行为造成受助人损害的,救助人不承担民事责任。"所谓"自愿紧急救助行为",应指不承担救助他人义务(职责)的一般人(自然人),未受任何组织和个人的委托,见他人处于紧急危险状态而自愿、主动实施救助的行为。实施紧急救助他人的行为,却反而造成受助人损害,本应构成侵权责任,但考虑到行为人的目的及该法鼓励帮助、救助他人之目的,故本条规定,紧急救助行为,造成受助人损害的,救助人不

---

〔22〕《民法典》侵权责任编第31条沿用《民法通则》第129条,唯第2句有异。《民法通则》第129条第2句规定:"如果危险是由自然原因引起的,紧急避险人不承担民事责任或者承担适当的民事责任。"

承担民事责任。鉴于救助人本不负担予以救助之义务、未得受助人的委托，故此所谓民事责任，应为侵权责任而非违约责任，自不待言。

《民法典》总则编第 184 条为侵权责任之法定免责事由。法庭审理侵权责任案件，被告依据本条主张免责，理当承担证明自己的行为属于自愿紧急救助行为及救助行为造成受助人（原告）损害的举证责任。补充一点，本条立法目的鼓励自助行为，而将自愿紧急救助反而造成被救助人损害之风险，全归受救助人负担，有以目的正当视同社会正义之嫌。解释适用本条，须注意两点：其一，本条所谓自愿实施紧急救助的人和受助人，均应当限于自然人。法人、非法人组织实施救助行为，不应适用本条。根据民法的价值取向，不应当允许任何人借口所谓“自愿实施紧急救助”干涉法人、非法人组织的事务。其二，本条性质上属于法定免责事由。如严格贯彻本条，即使救助人因重大过失造成受助人重大损害也不承担任何责任，难免有以目的正当性代替社会正义之虞。由此可见，本条存在法律漏洞。〔23〕

考虑到现行刑法有过失伤害犯罪，于救助人的行为已足以构成刑法上的过失伤害罪时，建议不适用本条而直接追究行为人过失伤害的侵权责任。实际上是采用目的性限缩方法以限缩本条文义（适用）范围，而将因救助人重大过失造成受助人严重损害（如死亡、严重伤残）足以构成刑法过失伤害犯罪的案型，从本条适用范围中排除出去。〔24〕

---

〔23〕 此亦属于隐藏的漏洞。参见［德］卡尔·拉伦茨：《法学方法论》，商务印书馆 2003 年版，第 254 页。

〔24〕 实际上是采用目的性限缩方法补充法律漏洞。

第十一章　民法的效力、适用与解释

第一节　民法的效力

一、关于时的效力

（一）法律不溯及既往原则

法律从生效时起，凡以后所发生的事项均应适用。其生效前所发生的事项，当然不得适用。此即法律不溯及既往原则，为罗马法以来所公认。但须注意，此原则为司法原则，而非立法原则。立法时根据需要仍可明定法律有溯及的效力。此外，法律不溯及既往原则有其例外，即为了更好地保护公民、法人和其他组织的权利和利益而作的特别规定具有溯及力（《立法法》第84条）。[1]

（二）新法废改旧法原则

关于同一事项，倘有新法公布，纵然无废止旧法之明文，旧法亦当然自新法生效之时起废止。或关于同一事项，新法规定与原有法律某项规定不同，原有法律虽继续有效，但该项规定亦当然失效，而应依新法相应规定。[2] 此即新法废改旧法原则。但须注意，此原则仅对于同一位阶法律适用，对于不同位阶的法律，如一为法律一为行政法规，或者一为普通法一为特别法，即使公布有先后，亦不能适用。

---

〔1〕 如最高人民法院《关于适用〈中华人民共和国民法典〉时间效力的若干规定》（法释〔2020〕15号）第2条规定："民法典施行前的法律事实引起的民事纠纷案件，当时的法律、司法解释有规定，适用当时的法律、司法解释的规定，但是适用民法典的规定更有利于保护民事主体合法权益，更有利于维护社会和经济秩序，更有利于弘扬社会主义核心价值观的除外。"

〔2〕 如原《物权法》第178条规定："担保法与本法的规定不一致的，适用本法。"应当解释为，担保法有关担保物权的规定应于物权法生效之同时废止，而担保法上非有关担保物权的规定继续有效。又如《侵权责任法》施行之日起，《民法通则》关于侵权责任的规定同时废止。（按照《民法典》第1260条规定，《民法典》生效之日，此前的《民法通则》《合同法》《物权法》《侵权责任法》《担保法》《婚姻法》《收养法》《继承法》同时废止。）

二、关于人的效力

中国民法关于人的效力,系同时采用“属人主义”和“属地主义”两项原则。按照“属人主义”原则,凡具有中国国籍的自然人和法人,原则上均应适用中国法律。按照“属地主义”原则,凡在中国领域(包括领土、领空、领海)内从事民事活动的自然人和法人,无论是否具有中国国籍,均应适用中国法律。上述两项原则之例外,即关于涉外民事法律关系的法律适用问题,由《涉外民事关系法律适用法》加以规定,属于国际私法的内容,在此不作论述。

三、关于地的效力

民法原则上应适用于一国之全部领域。但亦有仅适用于特定地区的情形。如原《民法通则》第 151 条规定,民族自治地方的人民代表大会可以根据该法规定的原则,结合当地民族的特点,制定变通的或补充的单行条例或者规定。这类单行条例或规定,即只能适用于该民族自治地方。

第二节　民法的适用

一、法律适用的意义

(一)法律适用与法律遵守

如果对法律适用作广义的理解,则应指运用法律规范调整社会关系。因此,自然人和法人自觉按照法律规定从事民事活动,如缔结合同、履行义务,亦可称为法律适用。但通常所谓法律适用,属于狭义,其范围较窄,仅指法院或仲裁机构依据法律规范解决各类案件的活动。自然人和法人自觉按照法律规定从事活动,不称为法律适用,而称为法律的遵守。

中国为成文法国家,民法的适用,是指法院审理民事纠纷案件,在查清案件事实的基础上,根据民事法律规范,对本案诉讼请求进行审查并作出判决的裁判权行使行为。

(二)法律适用之所谓“法律”

法律适用之所谓“法律”,不限于全国人大及其常委会制定的法律,还应该包括国务院依据行政立法权制定的行政法规,但不包括地方性法规和规章(部门规章及地方人民政府规章)。这样理解还不够,还应当注意法律规定(条文)的类型区分。

法律、行政法规的规定(条文)分为五种类型:(1)原则性规定,如《民法典》总则编第3条至第9条关于民法基本原则的规定、第11条关于法律适用原则的规定、第130条关于权利自由行使原则的规定、第132条关于禁止权利滥用原则的规定;(2)“概括性规定”,如《民法典》总则编第60条关于法人独立承担责任的规定、第104条关于非法人组织的出资人或者设立人承担无限责任的规定、第109条关于一般人格权的规定、第111条关于个人信息受法律保护的规定、第143条关于民事法律行为有效要件的规定,物权编第209条关于不动产物权登记生效主义的规定、第214条不动产物权变动生效时间的规定、第311条关于善意取得制度的规定等;(3)定义性规定,如《民法典》总则编第57条关于法人定义的规定、第76条关于营利法人定义的规定、第87条关于非营利法人定义的规定、第114条关于物权定义的规定、第115条关于物的定义的规定、第133条关于民事法律行为定义的规定等;(4)辅助性规定,如《民法典》总则编第15条关于出生时间、死亡时间认定的规定,第64条关于申请变更登记的规定,第十章关于期间计算的规定以及物权编关于不动产登记的规定(第210~212条、第216~221条)等;(5)法律具体规定,即关于民事法律行为成立、不成立、生效、不生效、可撤销、解除的规定,以及关于民事主体享有权利、承担义务和责任的规定。

法律适用之所谓“法律”,非指法律、行政法规一切规定(条文),仅指其中可以作为裁判依据的法律规定(条文),即“裁判规范”,主要是:第五类“法律具体规定(条文)”、第一类“原则性规定”中的诚信原则(第7条)和禁止权利滥用原则(第132条)及第二类“概括性规定”,如《民法典》关于非法人组织的出资人或者设立人承担无限责任的规定(第104条)、关于一般人格权的规定(第109条)、关于个人信息受法律保护的规定(第111条)、关于民事法律行为有效要件的规定(第143条),以及关于不动产物权登记生效主义的规定(第209、214条)、关于善意取得制度规定(第311条)等。此外的法律规定,如除诚信原则和禁止权利滥用原则之外的基本原则规定、定义性规定和辅助性规定,均不具有裁判规范的性质,不能作为裁判的根据(非法律适用之所谓“法律”)。〔3〕

(三)法律适用之所谓“适用”

法律适用之所谓“适用”,是指法庭用某个法律规范作为裁判本案的法律根据并据以作出本案判决(的裁判权行使行为)。民法解释学上相对应的概念叫“涵摄”(subsumieren),即将本案事实“涵摄”于既有法律规范之下,以得出本案判决。易言之,即以某个法律规范作为大前提,以本案事实作为小前提,依形式逻辑推理得出本案判决(的操作)。

〔3〕　广义法律适用还应当包括没有法律规定情形适用习惯、司法解释、指导性案例、法理。这里省略不谈。

(四)法律适用的分类

第一,狭义的法律适用,即前文所谓"涵摄",将本案事实"涵摄"于某个法律规范之下,按照逻辑推理得出本案判决。因本案事实本在该法律规范适用范围之内,法官理当用该法律规范裁判其适用范围之内的本案。这是最常见的法律适用。

第二,参照适用,即"准用"。立法者明示授权法官用某个法律规范裁判本不在其适用范围(甚至立法目的范围)之内的(与其适用范围内的案件相)类似案件。例如,合同编第464条第2款规定,有关身份关系的协议,可以根据其性质"参照适用本编规定"。

第三,类推适用。指在没有立法者授权的情形,法官用某个法律规范裁判本不在其适用范围(甚至立法目的范围)之内的(与其适用范围内的案件相)类似案件。换言之,本案在法律上没有规定,也不能从习惯、司法解释或者指导性案例获得裁判依据时,基于法官不得以缺乏法律根据为由拒绝裁判案件的原则(原理),从现行法律找到其适用范围内案型与本案具有类似性的法律规范,即用该法律规范作为裁判本案的法律依据。[4]

(五)法律适用的逻辑

上述法律适用三种类型中,狭义法律适用为裁判实务中最常见的法律适用,简称"法律适用"或者"适用"。关于法律适用,法解释学上所使用的基本概念为"涵摄",指将待决案件事实置于法律规范构成要件之下,以获得特定结论的一种逻辑思维过程。若以法律规范(T)为大前提,以待决案件事实(S)为小前提,以特定法律效果之发生为其结论,则此法律适用的逻辑思维结构可表示如下:

$T \rightarrow R$(具备T构成要件者应适用R法律效果)

$S = T$(待决案件事实符合T构成要件)

$S \rightarrow R$(该待决案件事实应适用R法律效果)

概括言之,所谓法律的适用,指将法律规范适用于具体案件以获得判决的全过程。

二、法律适用的原则

鉴于裁判实务的通常情形,法庭审理的案件在现行法上往往有不止一个法律规范,法庭选择适用其中哪一个法律规范,须遵循一定的法律适用规则。《民法典》总则

---

〔4〕 例如,上海市第一中级人民法院2016终字4642号民事判决,就民办学校举办者的知情权,类推适用《公司法》第33条关于股东知情权的规定。

编第11条规定的特别法优先适用原则,是选择适用法律规范的最常用的规则。但需特别注意,法律适用的规则并非仅仅一个特别法优先适用原则。特别法优先适用原则只是两个或者多个法律规范相互之间存在一般与特殊的逻辑关系情形的适用规则。不存在一般与特殊的逻辑关系的情形,当然有别的法律适用规则。以下概述法律适用的规则,实务中也称为选用法律规范的原则。

(一)强行法优先于任意法适用

法律规范均有强制性,但以其强制性之强弱不同而划分为强行法与任意法。强行法,因所规定的事项涉及国家安全及公共秩序的维持,或基于其他公益上的理由,不允许个人依自由意思予以变更,而要求必须遵守,即排除了当事人的意思自由。例如,宪法、刑法、行政法等属于公法的法律,原则上均为强行法。任意法因所规定的事项与公益并无直接影响,而允许当事人予以变更,以意思表示排除其适用,即任意法仅作为当事人意思之补充。民法兼有强行法规范和任意法规范,如关于权利能力、行为能力的规定,企业法人设立、终止的规定,关于物权公示的规定,关于诚实信用原则和公序良俗原则的规定等,均为强行法规范。关于合同的规定则多为任意法规范。

民法的适用,以强行法优先于任意法为原则。凡对于该事项有强行法规范,即应适用强行法规范,而不能适用任意法规范。如《民法典》总则编关于民事责任的规定为任意法规范,而《消费者权益保护法》第26条第2款、第3款关于经营者减轻、免除其损害消费者合法权益所应负民事责任的格式合同条款无效的规定,则为强行法规范。在涉及消费者合同的免责条款时,应优先适用该第26条第2款、第3款的规定。

(二)特别法优先适用原则

所谓特别法优先适用原则,指法庭审理的案件(待决案件)在法律上有两个(或两个以上)法律规范的情形,如果该两个法律规范相互之间存在一般与特殊的逻辑关系,则应当优先适用属于特殊规则的法律规范,而不适用属于一般规则的法律规范。属于一般规则的法律规范,称为一般法,属于特殊规则的法律规范,称为特别法。在法律适用上,以特别法优先于一般法适用为原则。即对于待决案件有特别法时,应适用特别法,而不适用一般法;只在无特别法时,才适用一般法,一般法起补充特别法的作用。

一般法与特别法的划分有多种标准。以适用之地域划分,则适用于一切地域的法律为一般法,而仅适用于特定地域的法律为特别法。如《民法典》继承编的规定为一般法,而民族自治地方关于继承的特殊规定为特别法。以所适用之主体划分,则适用于一切民事主体的法律规定为一般法,而仅适用于特殊主体的规定为特别法。如《民法典》侵权责任编关于产品责任的规定为一般法,而《食品安全法》第九章关于食品生产经营者、食品检验机构等特别主体侵权责任的规定为特别法。以法律规定的事项为标准,则关于一般民事关系的规定为一般法,而关于特殊民事关系的规定为特别法。如《民法典》总则编为一般法,《票据法》《海商法》为特别法。但需注意,一般法与特别法的关系是相对的。例如,《保险法》关于保险合同的规定,相对于《民法典》合同编通则的规定而言,是特别法;但相对于仅规定海上运输保险合同的《海商法》而言,《保险法》规定一切保险合同关系,因此又属于一般法,而《海商法》关于海上运输保险的规定为特别法。补充一点,不可拘泥于《民法典》总则编第 11 条条文"其他法律"一语,误认为此项原则仅处理两个法律(本法与其他法律)之间的适用关系,而应当将"其他法律"理解为"其他法律规范",与此相应地将"本法"理解为"本法规定的法律规范"。

概而言之,特别法优先适用原则系基于待决案件在两个法律规范的适用范围之内,而两个法律规范相互之间构成一般法与特别法的逻辑关系。在裁判实务中,依特别法优先适用原则选择待决案件所应当适用的法律规范,应当遵循以下具体规则:其一,《民法典》与《民法典》之外的民事单行法对于待决案件均有规定,《民法典》的规定为一般法、单行法的规定为特别法,应当优先适用单行法的规定。其二,《民法典》(或者别的法律)的总则和分则对于待决案件均有规定,总则的规定为一般法,分则的规定为特别法,应当优先适用分则的规定。其三,法律之中两个法律条文对于待决案件均有规定,如该两个法律条文相互之间构成一般法与特别法的逻辑关系,则应当优先适用属于特别法的法律条文。其四,(规定待决案件的一个)法律条文包含两款(及以上)规定,如果前款规定与后款规定之间构成一般法与特别法的逻辑关系,则应当优先适用后款规定。但需注意,一个法律条文的两款之间不构成一般法与特别法的逻辑关系(如构成并立关系)的情形不少。其五,规定待决案件的法律条文仅一款而可分为"前段""后段",则"前段"为一般法(一般规定),"后段"为特别法(特别规定),应当优先适用"后段"规定。其六,规定待决案件的法律条文末句(或句末)为"但书"规定,则"但书"规定之前为一般法(原则规定),"但书"规定为特别法(例外规定),应当优先适用"但书"规定。

(三)请求权竞合情形的法律适用

现代民法所谓请求权竞合,指侵权责任请求权与违约责任请求权的竞合。即法律明文规定,于待决案件事实既符合侵权责任的构成要件、也符合违约责任的构成要件时,发生侵权责任请求权与违约责任请求权的竞合,当事人可以选择依据合同法行使违约责任请求权,或者依据侵权责任法行使侵权责任请求权。

《民法典》总则编第 186 条规定,"因当事人一方的违约行为,损害对方人身权益、财产权益的,受损害方有权选择请求其承担违约责任或者侵权责任"。按照此项规定,原告(受损害方)请求被告承担损害赔偿的案件,究竟适用侵权责任法的规范或者适用合同法(违约责任)的规范,应当由原告选择决定,原告起诉状未明确选择的,法庭应当予以释明,告知其在侵权法规范与违约责任规范之间选择其一。经法庭释明后,原告仍然不作选择的,应当驳回起诉。需注意的是,属于请求权竞合的待决案件,原告一旦作出选择(选择侵权责任规范或者违约责任规范),无论是否获得胜诉判决,均不得再依据另一法律规范起诉。换言之,在请求权竞合情形,如原告选择侵权责任请求权,则违约责任请求权归于消灭;反之,相同。

(四)规范重合情形的法律适用

所谓"规范重合",指待决案件事实符合两个或者多个法律规范的适用范围,而该两个或者多个法律规范相互之间不存在一般法与特别法的逻辑关系,并且也不构成权利竞合关系。"规范重合"情形,在民法上很常见。例如,购买的标的物属于赝品时,将符合瑕疵担保责任法律规范(《民法典》第 582 条)、欺诈的撤销权规范(《民法典》第 148 条)、重大误解的撤销权规范(《民法典》第 147 条)、产品瑕疵不能实现合同目的的法定解除权规范(《民法典》第 610 条)等的适用范围,而这些法律规范相互间既不具有一般法与特别法的逻辑关系,也不构成权利竞合关系,而属于"规范重合"。

规范重合情形的法律适用规则是:原告可选择其中任一法律规范作为起诉的法律依据,如果获得法院支持(获得胜诉判决),当然不得再依据(构成规范重合的)别的法律规范另案起诉;如果未获得法院支持(未获得胜诉判决),则尚可依据(构成规范重合的)另一法律规范另案起诉。买受人如依据《民法典》第 582 条起诉追究出卖人瑕疵担保责任未获得法院支持,尚可依据《民法典》第 148 条关于欺诈的规定起诉请求撤销买卖合同;如欺诈的撤销权行使之诉仍未获得法院支持,则不妨再依据《民法典》第 147 条关于重大误解的规定提起撤销权行使之诉;如果仍然未获得法院支持,则还可以再依据《民法典》第 610 条关于产品瑕疵不能实现合同目的的规定提起法定解除权行使之诉。

(五)原则性条文的适用

法律由具体规范与原则性条文构成一个规范体系。凡有具体规定时,应适用具体规定,只在无具体规定时,才能直接适用原则性条文。[5] 如诚实信用原则为原则性条文,但诚实信用原则之精神体现在很多具体规定中。例如,关于缔约过失责任的规定(《民法典》合同编第 500 条),关于合同当事人负有附随义务的规定(《民法典》合同

---

〔5〕 值得注意的是,《民法典》总则编规定了民事权利保护原则(第 3 条)、平等原则(第 4 条)、意思自治(合同自由)原则(第 5 条)、公平原则(第 6 条)、诚实信用原则(第 7 条)、公序良俗原则(第 8 条)、生态环境保护原则(第 9 条)及禁止权利滥用原则(第 132 条),其中仅诚实信用原则和禁止权利滥用原则,于未有具体法律规定时,可以作为裁判的依据。

编第509条第2款）等。凡对于该事项有具体规定的，应适用具体规定，不能直接适用诚实信用原则；只在无具体规定时，才能直接适用诚实信用原则。于法律有具体规定的情形，却适用原则性规定、不适用具体规定，即构成法律适用错误。

第三节　民法的解释

一、法律解释的必要性

实际上，法律的适用并非简单的三段论推理。在能够作三段论逻辑推理之前，首先须探寻可得适用之法律规范，即所谓“找法”。“找法”的结果有三种可能：其一，有可适用的法律规范；其二，没有可适用的法律规范，这种情形即存在法律漏洞；其三，虽有规定，却因过于抽象，须加以具体化。若出现第一种可能，即存在可适用的法律规范，则应进行下述作业：通过各种解释方法，确定该法律规范的意义内容；将该法律规范区分为构成要件及法律效果；再将构成要件区分为若干具体要素；审查待决案件事实是否符合该法律规范构成要件之全部要素，若符合，方可依“Subsumtion”得出判决。若出现第二种可能，即存在法律漏洞的情形，则应进行漏洞补充。若出现第三种可能，即属于不确定法律概念或一般条款，则应进行价值补充。待漏洞补充或价值补充得到可适用法律规范之后，方可继续进行区分构成要件及法律效果等作业。[6]

二、法律解释的意义

法律解释，是指阐明法律规范的确切含义、真实意旨、适用范围、构成要件和法律效果的工作。现代民法方法论认为，法律解释是正确适用法律的必要前提。法律规范之所以需要解释，在于法律所使用的语言文字本身具有多义性、模糊性和不确定性，不经解释难以了解法律规范的确切含义、真实意旨、构成要件和法律效果，还在于社会生活的复杂性和变动性，经常会发生一些复杂的、新类型案件，不经解释无法判断其是否属于某个法律规范的适用范围。因此，凡法律均须解释，法律必经解释，才能正确适用。

---

〔6〕过去的教科书讲法官“找法”，即法官在查清案件事实后，要寻找本案所应适用的法律条文。但依审判实践，原告起诉状中已经提出了本案应当适用的法律条文。亦即是原告和原告的代理人“找法”。原告诉状中建议法庭适用的法律条文，现今民法理论上称为“请求权基础”，即原告请求权的法律根据。法官的职责是判断原告的请求权基础（法律条文）是否适当。判断的方法是，看被告对此是否抗辩以及如何抗辩。如被告不抗辩，法官就据此认为原告提出的法律条文是适当的，进而适用该条文裁判本案。如被告对此进行抗辩（主张本案不应适用该条文），法官就应当审查被告的抗辩理由是否成立。如经审查认为被告的抗辩理由成立，当然不应适用原告建议的条文；如经审查认为被告的抗辩理由不成立，当然就要适用原告建议的法律条文。

三、法律解释的种类

(一)立法解释与司法解释

立法解释,是指有立法权的机关对民法规范所作的解释。立法解释的根据,是立法机关所拥有的立法权,及立法机关授予的解释权。根据现行《宪法》第 67 条的规定,全国人民代表大会常务委员会,有权对包括宪法在内的一切法律法规进行解释。国务院有权对自己制定的行政法规进行解释。

司法解释,是指最高人民法院对民事法律法规所作的解释。最高人民法院是我国最高司法机关,当然有权对民事法律法规应当如何正确适用作出解释。我国立法工作中,对于一些本应具体规定而暂时难以明确规定的事项,立法机关常常有意不作具体规定而留给最高人民法院进行解释。最高人民法院针对这类没有具体规定的事项作出的解释,具有准立法的性质。

无论立法解释或者司法解释,其根据都是立法权和司法权中当然具有的解释权,因此统称有权解释。

(二)裁判解释与学说解释

裁判解释,是指人民法院在审判民事案件时,结合所审理的具体案件,对民事法律法规的某个规范所作的解释。解释的目的,不是一般地了解某个民法规范的意义内容,而是通过解释以阐明该民法规范的意义内容、适用范围、构成要件和法律效果,以便将该民法规范适用于所审理的具体案件,以获得妥当的判决。此即民法解释学所谓法律解释的"个案针对性"特征。而前面谈到的立法解释和最高人民法院所作的多数司法解释(不包括针对下级人民法院请示的某个具体案件的解释),不具有这种"个案针对性"。裁判解释与前述立法解释和最高人民法院司法解释的另一个区别在于,裁判解释并不是根据什么解释权,而是直接根据审理案件的法院所拥有的对于该案的裁判权。审理案件的法院,虽然不具有一般地解释法律的权限(解释权),但它要进行裁判,要对所审理的案件作出判决,非对所适用的法律规范进行解释不可。因此,裁判解释的根据只能是裁判权。另外,裁判解释只对所裁判的案件当事人有效,不具有一般的法律效力。这也是裁判解释与立法解释、司法解释的重要区别。

学说解释,是指民法学者在著述或讲课中,结合实有的或者假设的案例对民事法律法规所作的解释。学说解释,在结合实有的或者假设的案例这一点,类似于裁判解释,因此具有"个案针对性"特征。但学说解释不具有法律效力,这是不言而喻的。因为学说解释往往展开充分的分析论述,着重于解释的理由即理论构成,且往往藉解释批评现行法的缺点,为法律修改提供建议,或批评法院判决。因此,学说解释往往成为立法解释、司法解释和裁判解释的参考。

值得注意的是，民法解释学上所讲的民法解释，着重于裁判解释和学说解释。

（三）广义解释与狭义解释

法院受理某个具体案件后查找可以适用于该案件的法律规范的工作，民法解释学上称为“找法”。找法的结果，有三种可能：第一种，有可适用的法律规范；第二种，没有可适用的法律规范，这种情形被称为存在法律漏洞；第三种，虽有规定，但属于不确定概念和一般条款，如“正当理由”、“合理期间”、“不合理危险”、“显失公平”或“诚实信用”等。在第一种情形，如果针对该案件事实存在多个法律规定，则首先应依据本章第二节“民法适用的原则”，从其中确定一个应适用的法律规定。然后进行确定该法律规范的意义内容、适用范围、构成要件及法律效果的工作，称为狭义解释。在第二种情形，即存在法律漏洞，须采用各种方法以获得可以适用于该案的法律规则，称为漏洞补充。在第三种情形，须结合该案件事实对不确定概念或一般条款加以具体化，例如断定本案事实是否已构成法律条文所谓“正当理由”，称为价值补充。从找法开始直到进行法律适用即进行三段论逻辑推理之前的全部工作，包括狭义解释、漏洞补充和价值补充，称为广义解释。[7] 以下仅叙述狭义解释的常用方法。

第四节　民法解释方法

一、文义解释

文义解释，又称语义解释，指按照法律条文用语之文义及通常使用方式，以阐释法律之意义内容。法律条文系由文字词句所构成，欲确定法律的意义，须先了解其所用词句，确定其词句之意义。因此，法律解释必先由文义解释入手，且所作解释不能超过可能的文义。否则，即超越法律解释之范围。解释法律，应尊重法条文义，始能维护法律的尊严及其安定性价值。为文义解释时，一般须按照词句之通常意义解释。因为法律是社会生活规范，系为全体社会成员而设，且法律概念多取之于日常生活用语，如人、动物、胎儿等。但如果日常生活用语在成为法律专用名词术语后，即有其特殊意义，而与一般日常用语不同，则应按照法律上的特殊意义解释。如“善意”，非指慈善心肠，而是指“不知情”。再如“风险负担”，非指自然意义上的风险，而是指“价金损失”。同一法律或不同法律使用同一概念时，原则上应作同一解释；作不同解释时，须

---

〔7〕 参见梁慧星：《民法解释学》（法律出版社 2015 年版）第十一章“法律解释方法”；第十二章“法律漏洞及其补充方法”；第十三章“不确定概念及一般条款的价值补充”。

有特别理由。文义解释得出复数解释结论时,应继之以其他解释方法。

二、体系解释

以法律条文在法律体系上的地位,即依其编、章、节、条、款、项之前后关联位置,或相关法条之法意,阐明其规范意旨之解释方法,称为体系解释方法。例如,原《民法通则》第 122 条关于产品责任的规定,属于过失责任抑或无过失责任,仅依法律条文之文义,难以判断,但采体系解释方法,考虑立法者在规定过失责任的一般侵权行为的第 106 条第 2 款之外,对产品责任设特别规定(第 122 条),及该条前后均为无过失责任的特殊侵权行为,因此断定该条应为无过失责任。体系解释方法的根据,在于法律体系的逻辑关系。但法律为人所制定,立法者在制定法律时对于法律结构体系的安排,不总是符合严密的逻辑,故体系解释也有其局限性。因此,体系解释仅为解释方法之一,不可过分强调,应在采体系解释方法的同时,采用其他解释方法如法意解释、目的解释,最后得出解释结论。

三、法意解释

法意解释,又称立法解释,或沿革解释,或历史解释,是指探求立法者或准立法者于制定法律时所作的价值判断及其所欲实现的目的,以推知立法者的意思。例如,我国《铁路法》第 13 条第 1 款所谓"提供饮用开水",依文义解释既可以解释为"有偿提供"也可以解释为"无偿提供",而采法意解释方法,依据《铁路法》起草、审议、通过的整个立法过程的有关资料,即可判断法律条文中所谓"提供饮水"应为"无偿提供"饮水。[8] 采法意解释时,立法史及立法过程中之有关资料,如一切草案、审议记录、立法理由书等,均为解释之主要依据。但法意解释也有其局限性。法律公布之后因社会生活发生重大变化,或者因其他相关法律法规的颁布、修改而致法律内容发生变更,事属常见。因此,法律越新,法意解释价值越大;法律越老,法意解释价值越小。

四、扩张解释

扩张解释,指法律条文之文义过于狭窄,不足以表示立法真意,故扩张法律条文之文义,以求正确阐释法律意义内容之一种解释方法。例如,原《民法通则》第 93 条关于无因管理的规定"没有法定的或者约定的义务,为避免他人利益受损失进行管理或者服务的,有权请求受益人偿还由此而支付的必要费用",[9]条文中仅言"由此而支出

---

〔8〕 参见梁慧星:《裁判的方法》(第 2 版),法律出版社 2012 年版,第 134 ~ 135 页。

〔9〕《民法典》总则编第 121 条修改为:"没有法定的或者约定的义务,为避免他人利益受损失而进行管理的人,有权请求受益人偿还由此支出的必要费用。"

的必要费用”，而管理人因无因管理活动致受有损失时，此项损失可否要求受益人赔偿？若谓此项损失不应赔偿，则显然不符立法本意。因此，最高人民法院解释此“必要费用”，“包括在管理或者服务活动中直接支出的费用以及在该活动中受到的实际损失”。此即扩张解释。再如受害人为无民事行为能力人，本无所谓过错，但法院解释“受害人过错”包括受害人的监护人的过错，因而适用过错相抵规则，判决减轻加害人的责任。此即采扩张解释方法。

五、限缩解释

限缩解释，又称缩小解释，指法律条文之文义过于广泛，不符合立法真意，故限缩法律条文之文义，使局限于其核心，以正确阐释法律意义内容的解释方法。例如，关于侵犯死者名誉案件，法律规定死者的“直系血亲”有诉权，而法律未规定代数限制。考虑到立法本意着重保护死者遗属的名誉及对先人的感情，因此法院采限缩解释，限于“五代内直系血亲”有诉权，而将超出五代的本案原告排除在外。

六、当然解释

当然解释，指法律虽无明文规定，但依规范目的的衡量，其事实较之法律所规定者更有适用理由，而径行适用该法律规定之一种法律解释方法。当然解释之法理依据，即所谓“举重以明轻，举轻以明重”。如公园禁止攀摘花木，则摘果伐干更在禁止之列。有过失尚且应负责任，具有故意则更应负责。此即当然解释。法院采当然解释时，通常在判决中使用“……尚且……当然更……”的句式。例如，在国家机关违法行为的结果等同于征收私人财产而请求补偿案件的判决中，认为“合法征收私人财产尚且应予补偿，违法行为结果等同于征收私人财产时，当然更应予以补偿”，即属于当然解释方法。

七、目的解释

所谓目的解释，指以法律规范目的为根据，阐释法律疑义的一种解释方法。德国学者耶林于 1877 年发表《法的目的》一书，提倡目的解释。他认为，法律是人类意志的产物，有一定目的，受目的律支配，与以因果律为基础，因而有必然因果关系的自然法则截然不同。故解释法律，必先了解法律所欲实现何种目的，以此为出发点，加以解释，始能得其要领。目的为解释法律之最高准则。自此以后，目的解释遂成为法律解释的重要方法。任何法律均有其立法目的，解释法律应以贯彻、实践立法趣旨为其基本任务。因此，任何人于解释法律时，须想到的基本问题是：为何设此规定，立法目的何在？于法律条文有不同解释时，应采合于目的之解释。

八、合宪性解释

所谓合宪性解释,指依宪法及阶位较高的法律规范,解释阶位较低的法律规范的一种法律解释方法。因法律秩序是一个阶层结构,犹如一座金字塔,最上层为宪法,其次为法律,再其次为法规。法律规范之效力,依其阶位而定,即法律和法规不得抵触宪法,法规不得抵触法律。因此产生了一项基本原则,即对于阶位较低的法律规范,应依阶位较高之法律规范解释之,以贯彻上层法律规范之价值判断,维护法秩序的统一性。此即合宪性解释。例如雇工受伤感染死亡一案,关于招工登记表中注明"工伤概不负责"在法律上是否有效,因法律并无明文,而依合同自由原则,似应解释为有效。法院在解释中引用我国《宪法》关于劳动保护的规定,认定该"工伤概不负责"约款因违反《宪法》关于劳动保护的规定而无效,[10]所采用的即为合宪性解释方法。

九、比较法解释

比较法解释,指引用外国立法例及判例学说作为一项解释因素,用以阐释本国某个法律规范意义内容的一种法律解释方法。例如,我国《产品质量法》第四章第46条规定:"本法所称缺陷,是指产品存在危及人身、他人财产安全的不合理的危险。"以"不合理的危险"定义"缺陷"概念,采纳美国产品生产者严格责任的经验,因此在具体案件判断是否属于"不合理的危险"时,可以参考美国关于如何判断不合理危险的判例学说。参酌外国立法例及判例学说以解释本国法律,系现代文明国家之通例。

十、社会学解释

社会学解释,指将社会学方法运用于法律解释,着重于社会效果预测和目的衡量,在法律条文可能文义范围内阐释法律规范意义内容的一种法律解释方法。社会学解释,须以文义解释为基础,在文义解释得出复数解释结果的情形,才能进行社会学解释。即预测不同解释结果将产生的社会效果,选择其中产生有利于社会、经济秩序和公序良俗的社会效果的解释结论,摒弃其中将产生不利于社会、经济秩序和公序良俗的解释结论。

---

〔10〕 1988年最高人民法院《关于雇工合同"工伤概不负责"是否有效的批复》(已失效)。

主要参考文献

胡长清:《中国民法总论》,中国政法大学出版社 1997 年版。

梅仲协:《民法要义》,中国政法大学出版社 1998 年版。

王伯琦编著:《民法总则》,台北,正中书局 1979 年版。

李宜琛:《民法总则》,台北,正中书局 1977 年版。

郑玉波:《民法总则》,台北,三民书局 1979 年版。

史尚宽:《民法总论》,台北,正大印书馆 1980 年版。

黄立:《民法总则》,中国政法大学出版社 2002 年版。

王泽鉴:《基础理论》,台北,1996 年自版。

王泽鉴:《民法总则》,台北,三民书局 2000 年版。

[日]北川善太郎:《民法总则》,有斐阁 1993 年版。

[日]内田贵:《民法Ⅰ:总则·物权总论》,东京大学出版会 1994 年版。

[日]三和一博、平井一雄:《要说民法总则》,苍文社 1989 年版。

[德]维尔纳·弗卢梅:《法律行为论》,迟颖译,法律出版社 2013 年版。

[德]迪特尔·梅迪库斯:《德国民法总论》,邵建东译,法律出版社 2000 年版。

[德]卡尔·拉伦茨:《德国民法通论》,王晓晔等译,法律出版社 2003 年版。

[德]迪特尔·施瓦布:《民法导论》,郑冲译,法律出版社 2006 年版。

[法]雅克·盖斯旦、吉勒·古博:《法国民法总论》,陈鹏等译,法律出版社 2004 年版。

Christian Von Bar and Eric Clive eds., *Principles, Definitions and Model Rules of European Private Law: Draft Common Frame of Reference* (DCFR), Full Edition, Sellier. European Law Publishers, 2009.

E. Allan Farnsworth, *Contracts*, Aspen Publishers, 2004.

Restatement (Second) of Contracts (1981).

Restatement (Third) of Agency (2006).